RELIGIÕES

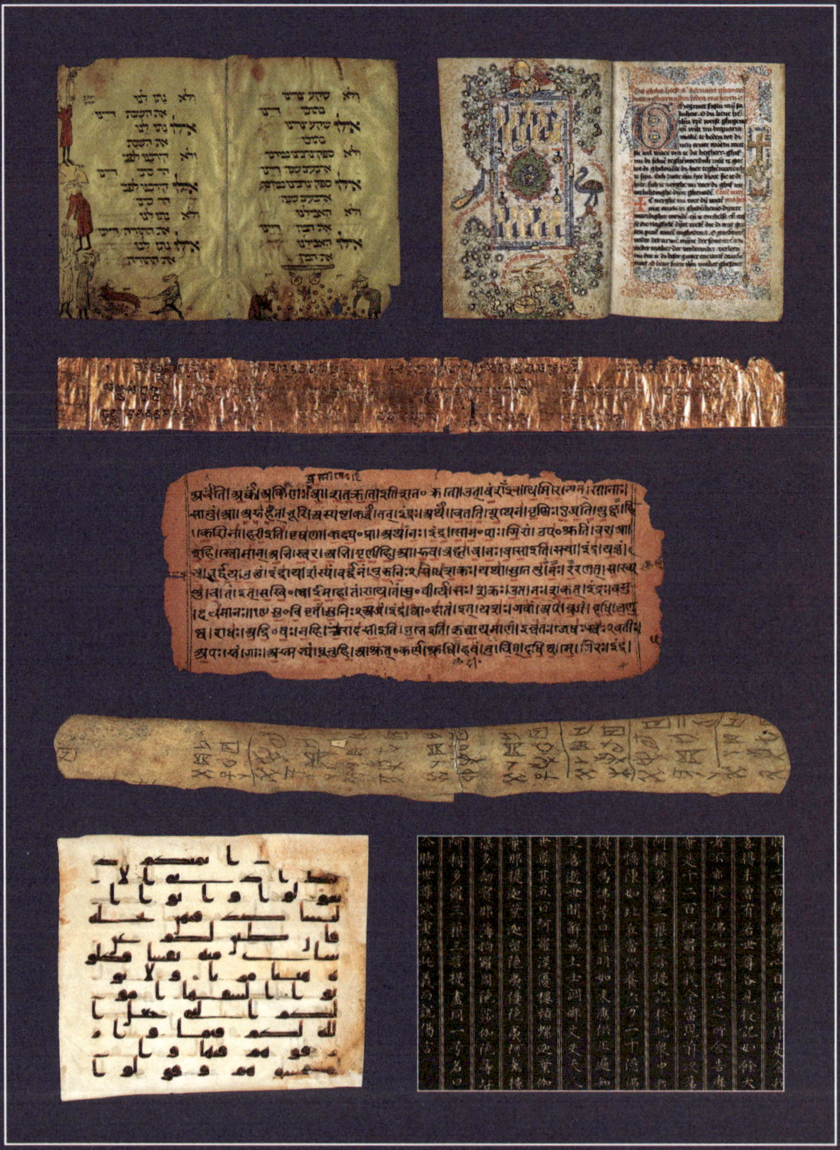

RELIGIÕES

História, tradições e fundamentos das principais crenças religiosas

Organizador: Michael D. Coogan

Tradução de
Graça Salles

PUBLIFOLHA

World Religions foi publicado originalmente no Reino Unido e na Irlanda em 2003 por Duncan Baird Publishers Ltd., Castle House, Sixth Floor, 75-76 Wells Street, Londres, W1T 3QH.
A edição brasileira segue o texto revisto e atualizado da edição inglesa de 2006.

EDIÇÃO ORIGINAL: DUNCAN BAIRD PUBLISHERS
Editor-geral: Michael D. Coogan
Editor: Peter Bently
Gerente de arte: Paul Reid
Projeto gráfico: Dan Sturges
Pesquisa iconográfica: Cecilia Weston-Baker
Mapas: Michael Taylor
Frisas decorativas: Neil Packer

COORDENAÇÃO DO PROJETO: PUBLIFOLHA
Assistência editorial: Camila Saraiva
Produção gráfica: Soraia Pauli Scarpa
Assistência de produção gráfica: Priscylla Cabral

PRODUÇÃO EDITORIAL E EDIÇÃO: ESTÚDIO SABIÁ
Revisão da tradução: Maria Cristina Guimarães Cupertino
Preparação de texto: Maria da Anunciação Rodrigues
Revisão: Célia Regina Rodrigues de Lima e Hebe Ester Lucas
Editoração eletrônica: Carla Castilho, Luçiana Benatti (assistente)

Dados Internacionais de Catalogação na Publicação (CIP)
(Câmara Brasileira do Livro, SP, Brasil)

Religiões / organizador Michael D. Coogan ; [tradução Graça Salles]. -- São Paulo : Publifolha, 2007.

Título original: World religions .
Bibliografia.
ISBN 978-85-7402-778-4

1. Animismo - História 2. Budismo - História. 3. Cristianismo - História 4. Hinduísmo - História 5. Judaísmo - História 6. Islamismo - História I. Coogan, Michael D..

07-0273 CDD-200.9

Índices para catálogo sistemático:
1. Religiões : História 200.9

PUBLIFOLHA
Divisão de Publicações do Grupo Folha
Al. Barão de Limeira, 401, 6º andar
CEP 01202-900, São Paulo, SP
Tel.: (11) 3224-2186/2187/2197
www.publifolha.com.br

Este livro foi impresso em CTP, em março de 2007, pela gráfica Bandeirantes em papel offset 120g/m².

SUMÁRIO

APRESENTAÇÃO

Dezenas de milhares de anos atrás, bem antes da invenção da escrita, acredita-se que os seres humanos já se dedicavam à religião. Estatuetas cuidadosamente esculpidas, pinturas rupestres admiravelmente executadas e complexos rituais fúnebres podem, com base em paralelos posteriores, ser interpretados como indício de atividade religiosa. Desde os tempos pré-históricos, portanto, a crença na existência de uma realidade maior que a humana serviu para definir e criar culturas e funcionou como um antídoto para a fragilidade e a evidente finitude da existência humana.

A religião assumiu incontáveis formas, e novas manifestações surgem continuamente. Este livro focaliza as tradições vivas que podem com propriedade ser chamadas de "religiões mundiais": o judaísmo, o cristianismo, o islamismo, o hinduísmo, o budismo, as tradições chinesas e as japonesas. Um critério para a escolha dessas sete tradições é o número de seus seguidores. O cristianismo (com quase 2 bilhões de seguidores), o islamismo (mais de 1 bilhão) e o hinduísmo (quase 800 milhões) estão claramente qualificados. O número de budistas é mais difícil de calcular, mas eles são a maioria da população do sudeste asiático e sua religião é um elemento básico das tradições japonesas. O número exato de chineses que seguem as práticas religiosas tradicionais é igualmente difícil de determinar, mas mesmo uma estimativa conservadora deve se situar nas centenas de milhares.

Um segundo critério é a difusão. Assim, embora a população judaica seja numericamente pequena — cerca de 13 milhões de pessoas —, a dispersão dos judeus palestinos desde os últimos séculos antes de Cristo resultou na presença judaica em todas as partes do mundo. No século XX essa dispersão diminuiu, embora dois terços dos judeus ainda vivam fora de Israel. O cristianismo e o islamismo, em particular, têm sido religiões ativamente missionárias, disseminando-se muito além do seu lugar de origem. No mundo moderno os migrantes muçulmanos, hindus e chineses levaram suas crenças e práticas religiosas para a maioria das regiões da Terra. De modo semelhante, o budismo se espalhou amplamente a partir da Índia e moldou profundamente a experiência religiosa dos asiáticos e, mais recentemente, de muitos ocidentais.

As tradições religiosas do Japão, embora bastante confinadas ao arquipélago japonês, também são incluídas neste livro em razão do tamanho da população (125 milhões) e de sua influência mundial.

O critério final para a inclusão neste levantamento é a importância histórica. Apesar do número de seguidores relativamente pequeno, o judaísmo teve enorme influência religiosa, intelectual e cultural. O cristianismo tem raízes na tradição judaica e muitos pontos de contato com a terceira grande fé monoteísta, o islamismo. Essas tradições foram essenciais na formação da cultura ocidental.

A adoção desses critérios significa que muitas outras tradições não são explicitamente tratadas neste levantamento. Algumas são antigas, como o zoroastrismo, ao passo que outras são rebentos relativamente modernos das que examinamos neste livro, como o sikhismo, o bahaísmo e o mormonismo, ou continuam confinadas sobretudo a uma única região, como o jainismo na Índia. Neste levantamento tampouco tratamos sistematicamente das incontáveis tradições sagradas iletradas das Américas, África, Oceania e outras, ou dos importantes sistemas de crença da Antiguidade (que em muitos casos foram suplantados pelas tradições incluídas neste livro). Contudo, nos capítulos que se seguem haverá oportunidade de comentar a sua influência na história e nas doutrinas das principais religiões vivas atuais.

Cada capítulo apresenta um amplo panorama de uma das sete religiões. Ao mesmo tempo, a fim de capacitar os leitores a comparar as sete tradições e a avaliar as suas semelhanças e diferenças, o material de cada

Mulheres indianas reúnem-se para uma refeição em honra da deusa Lakshmi. Atualmente as celebrações hindus são cada vez mais comuns em diversas partes do mundo, e a coexistência de várias tradições religiosas de origens geográficas diferentes é agora muitas vezes um fenômeno regional e até mesmo local.

Estatueta de c. 600 a.C. da deusa egípcia Ísis amamentando seu filho, o deus Hórus. Cultuada na Antiguidade no Oriente Próximo e no Mediterrâneo, Ísis, a mãe divina, forneceu um modelo antigo para a compreensão de Maria, mãe de Cristo (ver ilustração na página oposta).

capítulo está organizado de acordo com dez temas, cada um dos quais é tratado num artigo de duas ou quatro páginas. Em todo o livro, alguns tópicos importantes são destacados em textos laterais e em quadros.

A exposição temática de cada tradição é precedida de um ensaio introdutório que apresenta de forma concisa os traços essenciais da religião e sua importância e difusão ao longo da história e em nossos dias. Em seguida desenvolvem-se detalhadamente os dez temas seguintes:

ORIGENS E DESENVOLVIMENTO HISTÓRICO

Esses dois primeiros temas são tratados separadamente (judaísmo, cristianismo, islamismo e budismo) ou associados (hinduísmo, tradições chinesas, tradições japonesas). De modo geral, é impossível determinar o momento exato em que a maioria das religiões realmente "começou", dado que todos os sistemas de crença se ligam intimamente ao desenvolvimento de culturas cujas raízes muitas vezes remontam à distante Pré-História. Além disso, as fontes que descrevem as origens de uma fé podem datar de um período muito posterior ao dos acontecimentos que elas descrevem, e freqüentemente incorporam explicações mitológicas, além das históricas. A par dessas fontes complexas, o historiador das religiões pode dispor de pouca coisa para trabalhar em nossos dias, fora as pistas freqüentemente fragmentárias e enganosas fornecidas por arqueólogos e antropólogos.

Contudo, para os seguidores do budismo, do cristianismo e do islamismo, a origem de sua fé reside sem dúvida nos ensinamentos de um único indivíduo, cuja vida pode ser situada historicamente com considerável certeza. Por essa razão, nos capítulos que tratam dessas tradições, o tema "Origens" é objeto de uma exposição separada que focaliza a vida e a carreira de, respectivamente, Buda, Jesus e Maomé e seus primeiros seguidores. No caso dos judeus, o período formativo de sua fé é narrado numa única coleção de escritos — a Bíblia hebraica —, e assim o tema "Origens" desse capítulo também é desenvolvido num texto separado, que trata da história bíblica do povo e da terra de Israel.

ASPECTOS DO DIVINO

Como mencionamos acima, um componente central da religião é o que pode ser chamado de "divino", ou "uma realidade maior que a humana". O modo como se define essa realidade é o terceiro tema do livro: "Aspectos do divino". A realidade é una ou múltipla? Pessoal ou impessoal? Está fora ou dentro, próxima ou distante, é transcendente ou imanente? Cada tradição religiosa tem uma resposta diferente para essas perguntas, mas de uma perspectiva mais ampla essas respostas têm muitos pontos similares.

A distinção entre monoteísmo e politeísmo pode ser mais teórica do que real. No hinduísmo, por exemplo, um número muito grande de deuses e deusas é o centro da prática religiosa, mas de certo modo eles são considerados manifestações de uma única realidade divina subjacente, bem como vias de acesso a ela. A doutrina cristã fundamental da Trindade — a divindade existente em três pessoas — é misteriosa, mas para os cristãos não compromete o monoteísmo essencial da fé.

Mesmo as tradições monoteístas participam de um tipo de "politeísmo funcional", pelo menos num nível popular, com seus santos e demônios. Um exemplo importante é Maria, a mãe de Jesus, que para muitos cristãos forneceu um elemento feminino ausente num monoteísmo essencialmente patriarcal. Além disso, no cristianismo e no islamismo, e até certo ponto no judaísmo, Deus e os poderes do Diabo disputam permanentemente a supremacia.

A Nossa Senhora com o Menino, *do Mestre de San Miniato (em atividade entre os anos de 1460-90, aproximadamente). O caráter venerável, por vezes até mesmo divino, da Virgem Maria deriva em parte de tradições mediterrâneas que o cristianismo suplantou. Por exemplo, a imagem cristã de Maria com Jesus bebê no colo pode ter sua origem ligada diretamente às representações de Ísis e Hórus (ver ilustração na página oposta).*

TEXTOS SAGRADOS

Um dos modos pelos quais o divino se torna acessível aos homens são as escrituras. Todas as comunidades de fé letradas produziram coleções de textos ao longo do tempo. Eles são usados para o culto e a educação religiosa e às vezes também narram a história da tradição. Em muitas religiões os textos sagrados são considerados "revelados", ou seja, de inspiração ou autoria divina. Embora moldada por uma tradição em evolução, a literatura contribui para os estágios subseqüentes de desenvolvimento, por seu uso no ritual e no estudo. As escrituras de uma religião são o repositório dos princípios essenciais e a pedra de toque para as formulações de doutrina.

Em algumas tradições, o corpo, ou cânone, da literatura sagrada é fechado e os textos que o compreendem são relativamente antigos. Isso é muito claro no judaísmo, no cristianismo e no islamismo: as bíblias judaica e cristã e o Alcorão foram redigidos num estágio relativamente inicial da história de cada uma dessas religiões (embora as seitas discordem quanto ao *status* canônico de alguns livros denominados "apócrifos"). Contudo, essas três crenças monoteístas também conferem significação religiosa especial a outros textos, alguns igualmente antigos, embora não se atribua origem divina a eles. Em outras tradições o cânone é mais aberto, com textos de períodos tardios e às vezes composições orais.

Em todas as religiões uma tradição de comentário e interpretação se desenvolveu em torno do corpo central de escritos sagrados, e alguns desses textos subsidiários se tornaram veneráveis e até canônicos.

PESSOAS SANTAS

Todas as grandes religiões reconhecem a importância especial de um ou mais indivíduos para sua tradição. Às vezes eles são "fundadores", identificados de algum modo como responsáveis por certos aspectos essenciais da tradição, ou na verdade pela própria existência desta. Tais figuras podem ser reverenciadas como encarnações da divindade, como é o caso de Jesus e de Krishna; como escolhidos por Deus para uma revelação especial, como Moisés e Maomé; ou como pessoas que experimentaram extraordinárias percepções fundamentais, como Buda e Lao Tsé. Os escritos desses indivíduos e as narrativas de sua vida constituem freqüentemente o núcleo do cânone de textos sagrados de uma religião.

Além das figuras fundadoras, existe na maioria das religiões uma série de indivíduos que são respeitados ou venerados por sua vida exemplar e seus ensinamentos. Por vezes também se considera que essas pessoas atingiram um grau inusitado de santidade ou iluminação. Alguns são líderes, mestres e guias; outros são celebrados por sua virtude heróica, freqüentemente quando eram perseguidos. Muitas vezes um santo, sábio, monge, imã, freira, místico ou guru é venerado por toda a tradição, mas mais freqüentemente ele é objeto de veneração localizada.

PRINCÍPIOS ÉTICOS

Os princípios essenciais de conduta para os indivíduos e para toda a comunidade estão encerrados nos textos sagrados e incorporados na vida dos santos. Freqüentemente eles são formulados de modo conciso, como nos "Dez Mandamentos" do judaísmo e do cristianismo, e no "Caminho Óctuplo" do budismo. Às vezes são codificados a partir das escrituras, como os 613 mandamentos que a tradição judaica identifica na Torá.

Com o desenvolvimento de uma religião surgem desacordos quanto à aplicação de princípios antigos a situações novas. Os debates sobre questões de moralidade individual e social freqüentemente são ferozes e podem levar a dissidências e até à formação de novos subgrupos dentro de uma tradição. Ao mesmo tempo, cada comunidade e seita se empenha seriamente na tarefa de formular princípios éticos que capacitarão seus seguidores a alcançar o objetivo supremo da tradição — atingir a salvação, a redenção, a iluminação e a "libertação" da alma.

ESPAÇO SAGRADO

Todas as crenças estabelecem áreas em que o terreno e o sagrado se juntam. Os templos, mesquitas, igrejas e santuários públicos e domésticos são o local do culto privado ou coletivo, dos rituais de vida (como batizado e casamento), da educação religiosa e das festas e outras cerimônias, e neles estão centralizadas as atividades administrativas da hierarquia religiosa. Muitas religiões desenvolvem estilos próprios de construção para suas edificações, freqüentemente incorporando um complexo simbolismo e a arquitetura local.

Os seguidores de muitas crenças veneram certos aspectos da natureza, como montanhas, rios e fontes, e com grande freqüência a atribuição de santidade a esses lugares é bastante antiga, anterior à própria tradição. Outros locais são considerados sagrados por se associarem a um determinado santo e podem se tornar pontos de peregrinação.

TEMPO SAGRADO

Todas as tradições religiosas reconhecem algumas horas do dia ou do ano, algum momento do ciclo da vida humana ou até da história como tempo de aproximação especial ao sagrado. Os ritmos cósmicos do sol, da lua, dos planetas e das estrelas são incluídos no calendário religioso; a aurora e o pôr-do-sol são quase sempre considerados uma hora particularmente sagrada, mas há liturgias que estabelecem atos de devoção a ser realizados em outras horas do dia, da semana ou do ano. A maioria das tradições celebra o Ano-Novo como um momento de renovação na vida do indivíduo e da comunidade — um tempo de otimismo em que se pode invocar o sobrenatural esperando bênçãos. O Ano-Novo freqüentemente se liga ao ciclo da agricultura, assinalando o fim da colheita ou o início do plantio.

Ao longo da história o mesmo local pode se tornar sagrado para sucessivos grupos religiosos. Por exemplo, a grande mesquita Umayad, em Damasco (abaixo), construída em 705-710, foi erigida no lugar de uma igreja bizantina cristã dedicada a São João Batista que, por sua vez, substituíra um templo greco-romano de Zeus/Júpiter.

Em Nagano, no Japão, crianças limpam ritualmente uma estatueta de Buda no templo de Zenkoji durante a festa do Dia da Criança. Essas celebrações são um modo importante de envolver desde cedo os devotos na vida religiosa de sua comunidade.

As cerimônias sagradas ("ritos de passagem") também marcam os momentos fundamentais de transição no ciclo da vida humana, sobretudo o nascimento, a maturidade sexual e o casamento, além da morte. Em muitas tradições também há atos destinados a honrar os ancestrais de cada um. Esses ritos ligam os indivíduos e as famílias à comunidade.

Grande importância é dada igualmente à comemoração de fatos relevantes na história de uma religião, como o nascimento ou a morte de um fundador. A peregrinação a lugares ligados a indivíduos, acontecimentos ou objetos reverenciados constitui forma importante de culto.

MORTE E VIDA APÓS A MORTE

A mortalidade é uma preocupação humana fundamental, e por isso constitui um grande ponto de convergência da prática e da crença religiosas. O momento da morte costuma ser acompanhado de alguma forma de rito sagrado, e a maioria dos sistemas de crença confia em que o indivíduo vá continuar a existir de algum modo após a morte. Muitas crenças concebem regiões além deste mundo que são destinos temporários ou permanentes dos mortos: o céu (regiões celestes de beatitude) para os justos e o inferno (regiões infernais de sofrimento) para os condenados. Para as religiões originadas na Índia é fundamental a idéia de que depois da morte uma alma reencarna numa nova forma física, cuja natureza depende dos méritos ou deméritos acumulados pelo indivíduo. Quem persegue os ditames éticos de sua crença freqüentemente o faz com o objetivo expresso de atingir a libertação da morte ou a imortalidade abençoada na presença do divino. Os budistas, que consideram as sucessivas reencarnações como uma entrega a uma eternidade de sofrimento humano, buscam a libertação do ciclo perpétuo de renascimento e morte. O judaísmo é uma exceção, pois não considera de importância religiosa fundamental as questões relativas ao que acontece após a morte; por essa razão, "Morte e vida após a morte" é omitido na estrutura desse capítulo.

O presidente de Cuba, Fidel Castro, saúda Sua Santidade o papa João Paulo II no aeroporto de Havana no dia 21 de janeiro de 1998. A influência do papa sobre as populações católicas de todo o mundo tem sido por vezes causa de atrito entre a Igreja e os governos nacionais, sobretudo nos Estados comunistas, como Cuba, que oficialmente promovem o ateísmo.

SOCIEDADE E RELIGIÃO

As principais tradições religiosas do mundo têm refletido e moldado os valores das sociedades. Historicamente, os líderes religiosos tiveram influência no estabelecimento de programas morais, sociais e políticos, e em muitos países isso acontece até hoje. Contudo, o surgimento de governos seculares modernos por vezes criou tensões entre as estruturas civil e religiosa. Isso tem explicação no fato de que às vezes se supõe que os interesses da "Igreja" e do "Estado" — ou quaisquer termos equivalentes usados — são sempre distintos e que assim a dedicação das comunidades religiosas às questões de um Estado moderno é uma "interferência". Muitos dos problemas enfrentados pelas sociedades atuais, entretanto, suscitam questões éticas que residem no âmago de preocupações religiosas fundamentais e freqüentemente bastante antigas. Por exemplo, a guerra, de modo geral, ou uma guerra específica, é permissível? O divórcio ou o aborto, ou a engenharia genética, devem ser proibidos?

Para os seguidores de uma fé específica, a decisão entre associar-se ao governo civil ou assumir uma atitude institucional independente dele pode ser difícil. Duas questões ilustram esse dilema. A primeira liga-se à igualdade dos sexos. Até que ponto as religiões que preservam paradigmas antigos (como a exclusão de mulheres no sacerdócio) podem legitimamente defender uma mudança na condição das mulheres? Outra questão é a tolerância da diversidade cultural. Se as próprias escrituras e a história de uma crença promulgaram a idéia de que ela tem o melhor, ou o único, caminho para a salvação (como quer que se defina a palavra), como pode essa religião incentivar a sociedade em geral a conceder igualdade a outras tradições talvez antitéticas a ela?

Nas páginas que se seguem, renomados especialistas em seu campo discutem e esclarecem esses e outros temas complexos. Juntos, eles realizaram um levantamento vívido e fidedigno dos mistérios profundos, das vigorosas obras intelectuais, da impressionante lógica e coerência internas e das magníficas expressões de santidade que constituem as maiores e mais duradouras realizações das principais crenças do mundo.

Michael D. Coogan,
professor de Estudos Religiosos no Stonehill College, em Easton, estado de Massachusetts, e diretor de Publicações do Harvard Semitic Museum

Capítulo Um

JUDAÍSMO

Carl S. Ehrlich

O Tetragrammaton, o nome de Deus escrito com quatro letras (YHWH), está no centro desta iluminura de uma Bíblia hebraica copiada na Espanha em 1384. O nome é considerado tão sagrado que não pode ser pronunciado.

PÁGINA OPOSTA *Perto do mar Morto. Os "Pergaminhos do Mar Morto", que incluem os mais antigos manuscritos remanescentes de muitos livros bíblicos, foram descobertos neste lugar em 1947. São anteriores à destruição do Templo de Jerusalém, no ano 70.*

Uma página com iluminuras da primeira edição completa (Itália, 1475) da Arba'ah Turim, *famosa codificação da lei judaica feita por Jacob ben Asher.*

INTRODUÇÃO

Com cerca de 13 milhões de seguidores, o judaísmo é hoje a menor das religiões mundiais. Contudo, teve uma influência e uma distribuição geográfica inversamente proporcionais ao seu tamanho. Suas origens remontam à religião de Estado do antigo reino de Judá, que se extinguiu em 586 a.C. (ver p. 20). Os judeus sobreviventes enfrentaram o desafio de adaptar sua religião nacional a uma comunidade exilada dispersa entre o Egito e a Mesopotâmia. Seu sucesso é indicado pelo próprio desenvolvimento do judaísmo e pela profunda influência formativa dessa religião sobre duas outras grandes crenças, o cristianismo e o islamismo.

A Diáspora ("dispersão") ocorrida depois de 586 a.C. levou o judaísmo para quase todos os cantos do mundo, e a religião desenvolveu-se sob a influência das culturas que a abrigaram. A influência foi recíproca, porque os judeus atuaram como grandes transmissores de conhecimento. Por exemplo, a erudição árabe e da Grécia antiga que os judeus sefarditas levaram consigo quando foram expulsos da Espanha foi uma importante centelha para o Renascimento europeu.

Como religião, o judaísmo tem três elementos essenciais: Deus, a Torá e Israel. É considerada a crença monoteísta mais antiga, e seus adeptos acreditam num Deus universal e eterno, criador e soberano de tudo o que existe. Deus estabeleceu uma relação especial, ou aliança, com um povo, os judeus, ou Israel, e lhe deu a tarefa de ser uma "luz para as nações" (Isaías 49:6). No judaísmo não se imagina que todas as pessoas venham a se tornar judias, mas existe a esperança de que o mundo inteiro reconheça a soberania de um único Deus. Em troca do zelo divino por Israel os judeus têm o dever de seguir os ensinamentos de Deus, a Torá (ver pp. 30-3). Esse é o plano sobre o qual Deus e Israel se encontram. A Torá contém os mandamentos éticos e rituais (*mitzvot*) cuja observância leva a participar da santidade ética e moral de Deus.

A palavra "Israel" designa uma entidade política histórica, um povo, uma nação, um sistema de crença, um grupo social, uma cultura. Essa falta de uma definição única e clara é uma das razões pelas quais continua havendo tanto debate entre os judeus sobre a questão de *quem é judeu* (ver pp. 49-51). Embora a religião, com suas crenças, modo de vida e rituais, tenha servido de base para a identidade judaica, um papel importante também foi desempenhado por uma consciência histórica compartilhada e uma solidariedade étnica. Ao mostrar o caminho para o futuro que trará a redenção, o judaísmo dialoga permanentemente com sua história.

AS POPULAÇÕES JUDAICAS NO MUNDO

Dos cerca de 13 milhões de judeus existentes em todo o mundo, aproximadamente um terço — 4,7 milhões — vive em Israel (cuja população é de quase 6 milhões) e dois terços na Diáspora, com 5,8 milhões nos Estados Unidos e cerca de 2,3 milhões na Europa. Jerusalém, com 422 mil judeus entre seus 603 mil habitantes, é a quarta cidade com maior número de habitantes judeus do mundo, depois de Nova York (1,75 milhão), Miami (530 mil) e Los Angeles (490 mil). (Fonte de estatísticas: World Jewish Congress, 1997.)

Populações judaicas nacionais

- 1 milhão ou mais
- 500.000-999.999
- 250.000-499.999
- 100.000-249.999
- 50.000-99.999
- 25.000-49.999
- 10.000-24.999
- 0-9.999

Populações judaicas em cidades

- Cidade com mais de 100 mil judeus
- Outra cidade ou vilarejo

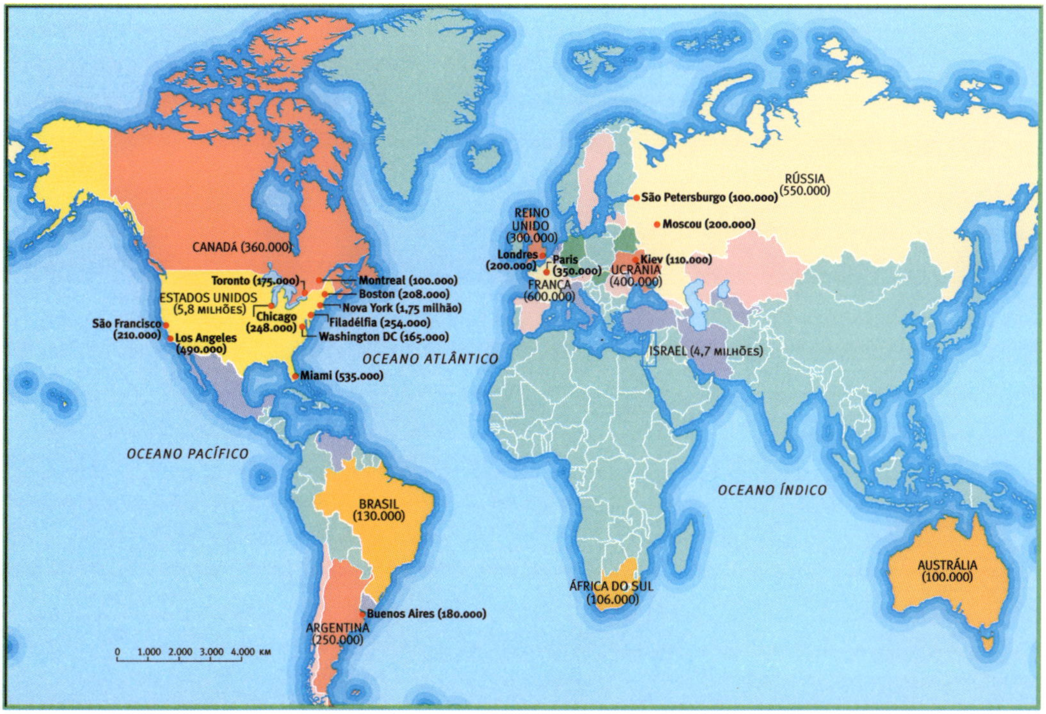

Isaac sendo amarrado, mosaico da sinagoga de Beth Alfa, construída no século VI no norte de Israel. Representa os acontecimentos do Gênesis 22:1-19, em que Deus pôs à prova a profundidade da fé de Abraão ordenando-lhe o sacrifício do filho.

O passado lendário, registrado nos primeiros livros da Bíblia, forneceu um sentimento de identidade comum entre elementos tribais díspares. De acordo com o relato bíblico, Deus, que criou o céu e a terra, fez um acordo pessoal com Abraão, um nômade sem pátria vindo da Mesopotâmia. Em recompensa pela fé de Abraão, Deus lhe prometeu uma pátria em Canaã — a terra futura de Israel — e numerosa descendência. Abraão teve um neto, Jacó (a quem Deus renomeou como Israel), que com seus filhos e respectivas famílias foi para o Egito fugindo da fome. Eles serviram ao faraó, mas seus descendentes tornaram-se escravos até que Deus os libertou. Comandados por Moisés, os israelitas deixaram o Egito (fato conhecido como Êxodo) e foram para o monte Sinai, onde fizeram uma aliança eterna com Deus. Na tradição judaica foi esse o evento formativo da história dos judeus e o nascimento do monoteísmo. Mas os israelitas demonstraram falta de fé e foram condenados a vagar no deserto durante 40 anos antes de entrar na terra prometida de Canaã.

As pressões dos primitivos habitantes de Canaã e dos recém-chegados filisteus forçaram as 12 tribos de Israel a se unir, relutantes, em torno de uma monarquia. O primeiro rei, Saul, foi sucedido por Davi e Salomão; este inaugurou uma era de ouro que desde então se tornou o centro das aspirações judaicas. Devido a transgressões posteriores, Deus puniu os

CRONOLOGIA

Antes de 1200 a.C.	• Época tradicional de Abraão, Jacó e outros ancestrais de Israel; fuga para o Egito; Êxodo; conquista de Canaã
1200-1000 a.C.	• Formação do antigo Israel como grupo étnico-religioso
1000 a.C.	• Davi torna-se rei
c. 960 a.C.	• Ascensão de Salomão, que constrói o Primeiro Templo
c. 925 a.C.	• Israel se divide em Estados rivais: Israel e Judá
722 a.C.	• Israel é conquistado pela Assíria; Isaías faz suas profecias
586 a.C.	• Judá é conquistado pela Babilônia; o Templo é destruído e as classes dirigentes exilam-se
538 a.C.	• Ciro II da Pérsia permite aos exilados retornarem e reconstruírem o Templo
458 a.C.	• Esdras em Jerusalém
164 a.C.	• Reconsagração do Segundo Templo pelos asmoneus
63 a.C.	• Judá é dominado pelos romanos
66-73	• Primeira Guerra Judaica, contra Roma
70	• O Segundo Templo é destruído
132-135	• Segunda Guerra Judaica (revolta de Bar Kokhba); martírio do rabino Akiva
c. 200	• A Mishna é codificada sob a direção do rabino Judá, o Príncipe
c. 400	• O Talmude judaico é concluído
c. 500	• O Talmude babilônico é concluído
882-942	• Vida de Saadia Gaon, diretor da Academia de Sura, na Babilônia
1096	• Massacre dos judeus da Renânia durante a Primeira Cruzada
Sécs. X-XII	• "Idade de Ouro" dos judeus espanhóis
1135-1204	• Vida de Maimônides
1492	• Expulsão dos judeus da Espanha
1648-49	• Massacre dos judeus ucranianos
1665-66	• Atuação de Shabbetai Zvi ("Messias Místico")
1789-91	• A Revolução Francesa inicia emancipação dos judeus da Europa ocidental
1844	• Sínodo da Primeira Reforma em Brunswick, na Alemanha
1897	• Primeiro Congresso Sionista em Basiléia, na Suíça
1933-45	• Políticas nazistas anti-semitas culminam com a eliminação maciça de dois terços dos judeus europeus
1948	• Declarado o Estado de Israel (14 de maio)
1967	• Israel toma a Margem Ocidental, lado ocidental de Jerusalém, o Sinai e as colinas de Golã na Guerra dos Seis Dias entre árabes e israelenses
1972	• Movimento de reforma ordena sua primeira rabina
1973	• Israel rechaça invasão árabe (Guerra do Yom Kippur)
1977	• Início do processo de paz entre árabes e israelenses
1995	• Acordos de Oslo preparam o caminho para a coexistência pacífica entre árabes e israelenses

judeus com a perda de seu santuário nacional e de sua pátria. Contudo, eles mantêm a esperança de que o arrependimento sincero leve à restauração de sua relação com o divino.

Com muita freqüência a história dos judeus foi apresentada como uma litania de desastres. Desde o período helenístico (330-63 a.C.) a diferenciação dos judeus foi muitas vezes objeto de zombaria e incompreensão. Os governos muçulmanos perseguiram os judeus algumas vezes, mas a Europa cristã fez do antijudaísmo uma questão de política comum. Para uma crença ainda abalada pelos efeitos da perseguição nazista (1933-45), a focalização no sofrimento judeu é compreensível, mas constitui uma base precária para assentar uma identidade. Por essa razão, há entre os judeus uma tendência a acentuar os aspectos positivos da sua cultura. Tem-se dado mais atenção às grandes criações literárias: a Bíblia, o Talmude, poesia, filosofia, teologia e ética. Esse é um período de grande criatividade, em que muitos judeus que antes não eram praticantes estão redescobrindo a alegria de viver uma vida judaica.

Um fator importante na redescoberta de um "judaísmo positivo" foi a criação do Estado de Israel. Questões políticas e a preocupação de definir o judeu e o judaísmo são inegavelmente fontes de tensões entre Israel e as comunidades da Diáspora. Freqüentemente mais preocupado com questões existenciais, o judaísmo agora está suficientemente confiante para se voltar para temas internos de importância étnica e religiosa.

O local tradicional do monte Sinai, no atual Egito. De acordo com a Bíblia hebraica, foi no Sinai que Deus transmitiu a lei a Moisés e estabeleceu uma aliança eterna com Israel.

Uma romã de marfim, possivelmente parte da decoração do Primeiro Templo, construído pelo rei Salomão c. 950 a.C. A inscrição hebraica, não totalmente legível, diz: "Pertencente à [casa de YHWH?], sagrada para os sacerdotes".

UMA FÉ EM CONSTRUÇÃO

A mais antiga referência aos israelitas é uma inscrição na chamada "Estela de Israel", erigida pelo faraó Merneptah do Egito (que governou entre 1213 e 1203 a.C.), a qual indica que na época uma entidade étnica chamada "Israel" existia no planalto de Canaã. Nos dois séculos seguintes, que os arqueólogos chamam de Idade do Ferro I (1220-1000 a.C.), o povoamento da região montanhosa central acelerou-se. Parece provável que as várias unidades tribais tenham se unido num Estado-nação durante a transição para a Idade do Ferro II (1000-586 a.C.), quando outros Estados menores surgiram na região.

Uma inscrição do século IX a.C. descoberta recentemente em Tel Dan, no norte de Israel, menciona Davi como fundador de uma dinastia, mas as glórias legendárias da monarquia unida israelita não têm testemunhos arqueológicos. Depois da morte de Salomão o reino se dividiu entre dois Estados rivais, Israel no norte e Judá no sul. Antes de sua destruição pelos assírios em 722 a.C., Israel era o Estado maior, mais rico e mais importante. Mas, como foi escrita por escribas de ascendência judaica, a Bíblia apresenta uma imagem sempre negativa do reino do norte. Sua avaliação de Judá é mais variada, embora seus julgamentos se baseiem em critérios teológicos, e não políticos. Por exemplo, o rei Ezequiel, cujo governo desastroso levou o reino a se reduzir à cidade de Jerusalém e seus arredores, é louvado por sua fidelidade religiosa. Por fim, em 586 a.C., Nabucodonosor da Babilônia conquistou Judá, destruiu o reino com seu centro religioso, o Templo de Jerusalém (ver pp.

MONOTEÍSMO ISRAELITA

Textos descobertos em todo o Oriente Próximo ajudaram a situar a religião israelita num contexto cultural mais amplo. Vários mitos bíblicos, assim como imagens e designações usadas em contextos divinos, têm paralelos entre os vizinhos de Israel. O mais admirável são as ligações com a religião dos canaanitas, que os israelitas supostamente desalojaram.

A implausibilidade histórica de um êxodo de larga escala a partir do Egito suscitou um questionamento sobre a pessoa de Moisés e seu papel na introdução do monoteísmo israelita. Embora uns poucos especialistas continuem seguindo o modelo bíblico, em que se apresenta no início da história da nação um monoteísmo puro, a tendência dominante é pressupor um desenvolvimento extenso da religião. A formação de Israel como entidade nacional girou em torno de sua divindade nacional, YHWH (ver p. 26). Contudo, parece que os primeiros israelitas não consideravam YHWH sua única divindade. A existência de outras, que serviam a outras nações, não foi explicitamente negada até o final do período do Primeiro Templo (antes do exílio babilônico). No século VIII a.C. a imagem de uma aliança sagrada de Israel com Deus foi usada pela primeira vez pelo profeta Oséias. A exclusividade implícita nessa noção — de que Israel devia obediência a uma única divindade — pode ter levado, a longo prazo, ao desenvolvimento da idéia de que havia apenas um Deus, que controlava todo o destino humano. Qualquer que seja a sua origem, esse conceito teológico radical possibilitou ao povo de Judá persistir em sua fé mesmo depois de ter perdido a independência.

40-1), e deportou membros das classes superiores. Mas os exilados conservaram sua religião nacional, estabelecendo durante séculos de dispersão um precedente para o judaísmo como uma fé de exílio.

A fim de conservar sua identidade, os judeus foram forçados a adaptar sua religião. O Deus nacional judeu foi definitivamente reinterpretado como o Deus universal de toda a história humana. Por isso, os desastres que ocorreram com os judeus representam a punição que o Deus único aplicou a eles, e não o triunfo da Babilônia e de suas divindades. Essa teologia, por sua vez, levou a um exame detalhado da relação entre o divino e o humano e das exigências ritualísticas e éticas que ela acarretava. Entrelaça-se a essas questões a necessidade de preservar — alguns especialistas dizem "formular" — as antigas tradições dos exilados. Começa assim a tradição de erudição dos judeus, que em primeiro lugar fez surgirem muitos textos da Bíblia (ver pp. 30-3).

O império da Babilônia caiu em 539 a.C., dominado pelos persas. Estes permitiram o retorno de todos os exilados e restauraram suas práticas religiosas. Um pequeno número de judeus voltou à Judéia e reconstruiu o Templo, que foi consagrado em 515 a.C. O judaísmo teve novamente um santuário central e um grau de autogoverno, e assim começou o padrão pelo qual uma presença judaica na terra de Israel coexistiu com comunidades judaicas no mundo externo, coletivamente conhecidas como Diáspora ("dispersão"). As comunidades mais antigas da Diáspora foram as da Babilônia e do Egito. No período persa (539-330 a.C.), sob o comando dos ex-exilados Esdras e Neemias, a lei religiosa judaica e a lei comum foram a mesma. Isso permitiu aos judeus da Diáspora conservar certa autonomia dentro das culturas em que viveram.

A Judéia foi subjugada pelos gregos depois das conquistas de Alexandre, o Grande (356-323 a.C.). Seus sucessores continuaram a política de helenização, impondo a cultura grega nas terras dominadas. Na esfera religiosa isso incluiu a identificação das divindades dos povos conquistados com as do panteão grego. A sociedade judaica dividiu-se entre os helenistas, que defendiam uma rápida conciliação com o sistema helenístico, essencialmente muito aberto e tolerante, e os pietistas, que consideravam esse sistema inimigo do monoteísmo exclusivo do judaísmo. O governante grego Antíoco IV Epifânio (175-164 a.C.), cujo reino incluía a Judéia, apoiou os judeus helenistas, o que culminou em 167 a.C. com a proibição de muitas práticas judaicas e com a construção de um altar de Zeus no Templo. Liderados pelo sacerdote Matatias e seu filho Judas Macabeu, os pietistas se rebelaram, conquistaram para os judeus certa autonomia e reconsagraram o Templo profanado em 164 a.C. (ver também p. 46). Ironicamente, a dinastia dos asmoneus, fundada pelos rebeldes, tornou-se grande defensora da cultura helênica até que, arruinada pela corrupção, a Judéia foi dominada pelos romanos em 63 a.C.

A BÍBLIA E A ARQUEOLOGIA

A disciplina da arqueologia bíblica foi fundada no século XIX para demonstrar a veracidade da Bíblia. Em certo sentido ela obteve algum êxito, pois se sabe muito mais sobre o mundo onde se estabeleceu a história bíblica de Israel.

Contudo, a interpretação teológica da Bíblia sobre a história de Israel continua no mínimo não corroborada e no máximo efetivamente contrariada pela arqueologia. Por exemplo, os milhares de textos antigos descobertos não contêm nenhuma menção a Abraão, Sara ou os outros ancestrais de Israel, nem a Moisés ou a uma permanência israelita no Egito. Tampouco a conquista de Canaã por Josué ou as glórias de Davi e Salomão foram atestadas arqueologicamente. A tendência atual é considerar os registros bíblicos e arqueológicos como entidades separadas.

O rei Davi toca harpa. De um manuscrito hebreu do fim do século XIII encontrado no norte da França. Os judeus reverenciam Davi como fundador da "idade de ouro" de Israel antigo e autor de muitos salmos.

DE HERODES A HERZL

Tal como é conhecido e praticado hoje, o judaísmo tem suas raízes nas insurreições da antiga Palestina romana. Inicialmente os romanos exerceram seu domínio por meio de uma dinastia judaica dependente fundada por Herodes, o Grande (37-4 a.C.), um governante implacável e eficiente de quem muitos judeus desconfiavam por ser descendente de judeus convertidos à força. Seu reino foi marcado por um programa ambicioso de obras que incluíram uma grande reforma do Segundo Templo.

Herodes foi sucedido por seu filho, Arquelau, cujo governo foi tão opressivo que os romanos o depuseram em 6 d.C., e a partir de então a Judéia foi governada durante várias décadas por uma sucessão de prefeitos romanos. Os judeus finalmente se sublevaram contra o poder dos ocupadores no ano de 66, mas depois de alguns sucessos iniciais a revolta (a Primeira Guerra Judaica) sucumbiu ao poder avassalador da Roma imperial. Após um horrível cerco, Jerusalém foi tomada e o Templo arrasado (ano 70). Outra tentativa de vencer o controle romano na Palestina (a revolta de Bar Kokhba, ou Segunda Guerra Judaica, 132-135) resultou no banimento temporário dos judeus de Jerusalém. As aspirações nacionais judaicas foram esfaceladas até o século XX.

LÍNGUAS JUDAICAS

Ao longo da história, os judeus adotaram naturalmente o idioma das várias terras onde viveram, a fim de se comunicar uns com os outros e com seus vizinhos. Diversas línguas judaicas se desenvolveram com base em idiomas locais, como o ladino, na Espanha, e o iídiche, na Alemanha.

Como a Bíblia era o texto fundamental compartilhado pelos judeus, a língua hebraica serviu para unir esse povo em todo o mundo. Uma vez que era o idioma das Escrituras, passou-se a considerar que o hebraico se imbuía de uma aura de santidade. Em todas as épocas ele possibilitou aos judeus comunicar-se e rezar juntos.

A ascensão do sionismo no início do século XX levou ao renascimento do hebraico como língua falada, não mais restrita apenas à esfera religiosa.

Tropas romanas desfilam com peças saqueadas do Templo no ano 70. Do Arco de Tito, em Roma (construído no ano 80).

OS FARISEUS E OUTROS GRUPOS

Saduceus, essênios, zelotes, fariseus e o movimento de Jesus são alguns dos grupos de seitas judaicas dos últimos dois séculos do período do Segundo Templo (164 a.C.-70). Os saduceus eram o grupo sacerdotal de Jerusalém. Os essênios retiraram-se da sociedade geral e durante a Primeira Guerra Judaica supostamente esconderam em Qumran os "Pergaminhos do Mar Morto". Os zelotes eram fanáticos anti-romanos. Os únicos grupos que sobreviveram à destruição do Templo, no ano 70, foram os fariseus e o movimento de Jesus. Este originou o cristianismo (ver p. 58), ao passo que os fariseus, liderados por Yohanan ben Zakkai (ver texto principal), foram os pais do judaísmo rabínico.

O judaísmo farisaico acreditava não só na Torá escrita (a Bíblia) como também na "Torá oral", leis transmitidas verbalmente desde Moisés e adaptadas a novas circunstâncias (ver pp. 30-3). Os fariseus democratizaram a erudição judaica: suas academias eram abertas a todos os homens e seu ideal de rabino era um homem preparado para uma profissão. Por acreditar na vida após a morte, eles puderam aceitar as freqüentes agruras deste mundo.

Visitantes judeus diante do túmulo de Yohanan ben Zakkai, fundador da academia de Yavneh no fim do século I, em Tiberíades, no litoral ocidental do mar da Galiléia, no norte de Israel.

Embora Jerusalém estivesse cercada durante a Primeira Guerra Judaica, um *rabbi* (professor), Yohanan ben Zakkai, teve permissão dos romanos para fundar uma academia de estudos judaicos em Yavneh (Jamnia), próximo da costa, entre a atual Tel Aviv e Ashdod. Ben Zakkai percebeu que o futuro do judaísmo não estava na vã tomada de armas contra Roma, mas na tradição escolástica representada pela seita dos fariseus (veja o quadro acima).

Dentro de poucos anos o centro da vida e dos estudos judaicos na terra de Israel tinha mudado para a Galiléia, em cujas academias gerações de eruditos debateram as minúcias dos costumes e da lei dos judeus e sua aplicação à vida cotidiana. Esse processo se refletiu fora da Palestina nas grandes academias judaicas da Babilônia, que por volta de 500 produziram o Talmude babilônico, a obra mais influente do judaísmo nos últimos 1.500 anos (ver p. 30). O judaísmo entrou num longo período de introspecção erudita, durante o qual seus seguidores viveram quase sempre uma existência precária, constituindo minoria entre culturas dominantes freqüentemente hostis.

No apogeu do Império Romano calcula-se que um décimo da população de Roma era judaica. Além disso, um grande número de não-judeus foi atraído para o judaísmo, mas não se converteu devido à dificuldade

OS *KHAZARS*

Por volta do ano 740 os círculos dominantes de um povo turco chamado *khazars* converteram-se ao judaísmo. Não se sabe por que eles fizeram isso, embora se possa ligar o fato à sua situação precária no Cáucaso, entre os mundos cristão bizantino e muçulmano.

Os *khazars* puderam se manter como país governado pelo judaísmo durante cerca de dois séculos, até serem conquistados pela Rússia. Cerca de 150 anos depois dessa transferência de domínio, o poeta judeu espanhol Judah Halevi (morto em 1141) escreveu uma discussão filosófica do judaísmo chamada *Kuzari*, na forma de um debate diante do rei *khazar* sobre os méritos diversos do judaísmo, do cristianismo e do islamismo. De acordo com Halevi, o rei escolheu o judaísmo por causa da argumentação racional a favor deste.

representada por exigências como a da circuncisão masculina. Uma derivação do judaísmo, o cristianismo, como defendido por Paulo (ver p. 60), não impunha essas leis especificamente judaicas, sendo uma alternativa mais agradável para os não-judeus atraídos pelo monoteísmo ético.

A história dos judeus na cristandade é de perseguição quase constante. Massacres, expulsões e conversões forçadas foram comuns, e os judeus eram inculpados de calamidades naturais como a Peste Negra (1348-49). Excluídos da maioria das profissões, os judeus europeus normalmente se tornavam comerciantes e agiotas (a usura era proibida para os cristãos). Sofrendo restrições de domicílio, a partir do século XVI eles foram segregados em bairros chamados "guetos", devido à área de Veneza onde se situou o primeiro deles.

SEFARDITAS E ASQUENAZES

No judaísmo faz-se uma distinção importante entre os sefarditas ("espanhóis"), que localizam sua origem na Espanha medieval, e os asquenazes ("alemães"), descendentes dos judeus da Alemanha medieval. Os sefarditas viram-se presos entre as forças do cristianismo e do islamismo que lutavam pelo controle da península Ibérica. Entre os séculos X e XII, sob o domínio muçulmano, os judeus espanhóis tiveram sua "Idade de Ouro", um grande período de erudição, criatividade e influência judaicas, que se encerrou com o antijudaísmo fanático da dinastia muçulmana dos almôadas, em meados do século XII.

A reconquista cristã da Espanha trouxe mais perseguições, até que em 1492 foram expulsos todos os judeus que não quiseram se converter. Eles se fixaram na Holanda, no norte da África, na Itália e no Império Otomano; alguns sefarditas chegaram até as Américas. Os exilados desempenharam um grande papel na transmissão da erudição árabe, uma semente importante para o Renascimento europeu.

Os judeus da Alemanha medieval concentraram-se nas margens do Reno, mas essas vibrantes comunidades foram devastadas pela Primeira Cruzada, em 1096.

O centro da vida judaica no norte da Europa deslocou-se para o leste, e Vilnius, na Lituânia, foi considerada por muitos a nova Jerusalém. No século XX, a maior concentração de asquenazes estava na Polônia e na Rússia, apesar da vida difícil e cheia de restrições. Com a emigração em massa (sobretudo para os Estados Unidos) e o Holocausto, a maioria dessas comunidades desapareceu.

Um terceiro grupo, muitas vezes incluído equivocadamente entre os sefarditas, é o dos judeus cujos ancestrais viveram no Oriente Médio, o Edot ha-Mizrah ("Comunidades do Leste"). Cada grupo tem sua própria tradição e história. Por mais de mil anos a antiga comunidade da Babilônia foi a principal do judaísmo; outro grupo importante vivia no Iêmen. A maioria dos judeus dessas comunidades fugiu ou emigrou para Israel depois de 1948.

Outras comunidades judaicas antigas desafiam uma classificação rigorosa na China, na Índia e na Etiópia.

Garoto sefardita segura o rolo da Torá durante a cerimônia do seu bar mitzvah *em Jerusalém.*

A situação dos judeus sob o domínio muçulmano também foi precária, mas em épocas de tolerância eles se tornaram médicos, comerciantes, funcionários de tribunais, cientistas e poetas. O ponto alto a esse respeito foi a "Idade de Ouro" dos judeus da Espanha muçulmana (séculos X-XII).

Os judeus foram importantes mediadores entre culturas. Uma vez que suas comunidades se espalhavam pela Europa, Ásia e norte da África, eles eram parte integrante do comércio internacional e, com suas habilidades lingüísticas, um notável meio de difusão do conhecimento.

As pressões da vida na Europa central e ocidental levaram ao deslocamento de muitos judeus para a Europa oriental, onde as coisas se revelaram pouco melhores. Com sua situação tornando-se mais desesperadora, um número crescente de judeus voltou-se para o misticismo e a especulação messiânica como fonte de esperança num mundo hostil. Surgiram falsos messias, o mais famoso dos quais foi Shabbetai Zvi (1626-76), de Esmirna, na Turquia (ver p. 29).

A partir do século XVIII a situação dos judeus como párias da sociedade européia cristã pareceu melhorar, durante o Iluminismo e com sua posterior emancipação em muitos países. Pela primeira vez eles tiveram direitos civis iguais em algumas nações da Europa ocidental e no Novo Mundo. Contudo, a aceitação plena só ocorria com o batizado, e muitos judeus conquistavam a entrada na sociedade geral à custa do seu judaísmo. Aqueles que não se dispunham a renunciar a ele constituíram a força propulsora do movimento de reforma judaico do início do século XIX. Embora alguns aplaudissem as inovações radicais dos reformadores, outros os consideravam apóstatas do verdadeiro judaísmo. O resultado foi a divisão do judaísmo nos três principais movimentos atuais: Reformado, Conservador e Ortodoxo (ver pp. 48-51).

No fim do século XIX, o desenvolvimento de teorias de supremacia racial derivadas do pensamento evolucionário darwiniano fez surgir uma nova forma de antijudaísmo, o anti-semitismo (ver texto à direita). Esse fenômeno funesto alcançou seu ponto máximo com o assassinato de dois terços dos judeus europeus — um terço de todo o povo judeu — durante o Holocausto (1941-45), nome dado à sistemática matança em massa que marcou o clímax das políticas anti-semitas da Alemanha nazista (1933-45).

As aspirações judaicas não terminaram com esse desastre sem paralelo. Outro movimento judeu, o sionismo, foi fundado por Theodor Herzl (ver p. 37) no fim do século XIX, em parte inspirado no pensamento nacionalista europeu. Batizado a partir de Sion, antigo nome poético de Jerusalém, o sionismo via uma solução para a velha "questão judaica" no retorno dos judeus à Palestina e em sua revitalização como nação (ver também p. 37). Em 1948, de acordo com o Plano de Divisão das Nações Unidas do ano anterior, estabeleceu-se uma entidade nacional de Israel, encerrando 1.900 anos de privação de direitos civis.

Estrela-de-davi com a palavra "Jood" ("judeu", em alemão) e documento de identidade de um judeu emitido pelas autoridades nazistas que ocupavam Amsterdã em 1943. A estrela devia ser usada do lado de fora da roupa, identificando como judeu a quem a usava.

"ANTI-SEMITISMO"

A expressão "anti-semitismo" é usada atualmente para designar qualquer ocorrência de antijudaísmo, seja ela motivada por raça, religião ou política. Foi cunhada em 1879 por Wilhelm Marr, agitador político alemão que redefiniu o tradicional sentimento antijudaico, fazendo do ódio aos judeus uma questão racial e não simplesmente religiosa. O lamentável sucesso das opiniões de Marr é indicado pela adoção dessa expressão pelos movimentos políticos virulentamente antijudaicos do fim do século XIX e início do XX, incluindo o mais notório deles, o nacional-socialismo (nazismo) de Hitler.

DEUS, O SUPREMO

O judaísmo concebe Deus como transcendente, acima da natureza e do mundo, mas presente no mundo no sentido de que se comunica com as pessoas por vários meios. A tradição cabalística *tzimtzum* ("autolimitação") sustenta que Deus, mesmo sendo onisciente e onipotente, não quis controlar totalmente o mundo, concedendo livre-arbítrio à humanidade a fim de lhe dar a ocasião de provar a sua maturidade.

Como criador, Deus é a realidade suprema por trás de toda existência terrena, dotando a história de um sentido moral. A essência de Deus é a divindade, mas o judaísmo não é dualista: Deus é o criador do bem e do mal. Ao tratar da razão da existência do mal e do sofrimento no mundo, os teólogos empregaram a idéia do *tzimtzum* para explicar o triunfo temporário da inclinação humana para o mal. A enormidade do Holocausto, entretanto, provocou uma crise na teologia judaica, e alguns pensadores questionaram a natureza e até a existência de Deus.

O judaísmo enfatiza que a humanidade é forçada a recorrer a uma linguagem limitadora e a metáforas para caracterizar um Deus que está inerentemente além da capacidade descritiva das palavras. O melhor que se pode fazer é listar, discutir e aprender com os atributos de Deus, dos quais os mais importantes são a justiça e a compaixão. Eles foram equiparados em alguns círculos judeus contemporâneos aos aspectos masculino e feminino de Deus. Assim como Deus precisa estar preparado para recompensar e punir seus filhos como um pai, também a divindade deve demonstrar compaixão por seus filhos como uma mãe.

O Deus de Israel recebia uma designação, de uso comum durante o período bíblico: "Tetragrammaton", o inefável nome de quatro letras, representado em hebraico pelas consoantes YHWH (ver ilustração à p. 15). No judaísmo pós-bíblico considerava-se YHWH sagrado demais para ser pronunciado, e buscaram-se substitutos para evitar dizer essa palavra. O mais comum é Adonai ("meu Senhor"). Em alguns círculos judeus, Adonai também se tornou sagrado demais para ser pronunciado, a não ser em preces, e por isso outros circunlóquios passaram a ser usados, como Hashem ("o Nome"). As formas alternativas de se referir a Deus incluem recitações dos atributos divinos (como "o Sagrado" e "o Misericordioso"). A presença de Deus no mundo é referida como Shekhinah, palavra feminina que foi fonte de muitas especulações místicas judaicas sobre os aspectos masculino e feminino de Deus. A Shekhinah tornou-se também um conceito importante na moderna teologia feminista.

Em oposição a modos mais racionais de abordar o divino, existem correntes místicas no judaísmo. A mais influente é a Cabala (ver p. 32).

UMA ALIANÇA ETERNA

A Bíblia fala de vários tipos de aliança (em hebraico *brit*, também grafado *berit* ou *brith*) com Deus. Um deles é a relação pessoal entre um indivíduo e Deus, marcada nos homens pelo rito da circuncisão (*brit milah*, "aliança da circuncisão"). Outro é a aliança entre um povo e Deus, simbolizada pelo pacto feito no monte Sinai. A aliança do Sinai entre Deus e Israel tem seu modelo nos antigos tratados do Oriente Próximo em que um suserano estabelecia uma relação formal com um vassalo. Em troca da libertação da escravidão, os israelitas reconheceram a suserania de Deus observando os mandamentos divinos. Assim, considera-se que cumprir os mandamentos é a obrigação do judaísmo para com Deus, que em troca se obriga a cuidar dos judeus ao longo da história. A quebra dessa relação mútua por um dos lados é considerada uma transgressão injustificável.

A relação exclusiva entre Israel e Deus se expressa na prece da Shema, que se tornou a principal profissão de fé dos judeus. Seu nome se deve à primeira palavra do Deuteronômio 6:4: "Ouve [Shema], ó Israel, YHWH é nosso deus, YHWH somente" (ou "YHWH é nosso deus, YHWH é um"). Na versão ampliada da prece são acrescentados a esse verso outros do Deuteronômio e de Números.

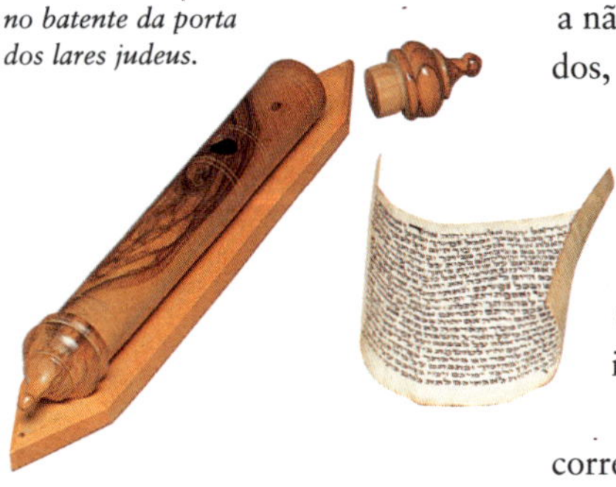

Um mezuzá e o manuscrito que ele encerra, com as palavras da prece da Shema. O mezuzá é colocado no batente da porta dos lares judeus.

REPRESENTAÇÕES DO SAGRADO

Ao contrário das divindades do mundo pagão, representadas por várias formas animais e antropomórficas, o Deus do judaísmo não tem forma, é invisível e está além da capacidade de intelecção dos seres humanos. O judaísmo preocupou-se em enfatizar isso evitando representações artísticas que poderiam se confundir com tentativas de retratar a divindade. A proibição está codificada no Segundo Mandamento (Êxodo 20:4-6, Deuteronômio 5:8-10).

A interpretação do mandamento gerou tensões entre os judeus que proibiram a arte figurativa em geral — referidos como iconoclastas — e os que a permitiram em quase todos os contextos. Durante o final dos períodos romano e bizantino, rabinos que não permitiam a iconografia em seu ritual divino rezavam em sinagogas com belos pisos de mosaico (ver p. 18) e paredes enfeitadas com cenas bíblicas. Alguns mosaicos até representavam cenas não-judaicas, retratando por exemplo Hélios, o deus grego do sol. Considerava-se, entretanto, que o contexto judaico desprovia essas imagens de qualquer significado religioso e assim elas podiam servir como representações do ciclo de vida universal.

Pelos séculos afora o pêndulo oscilou entre os extremos. Contudo, o judaísmo sempre teve alguma forma de tradição artística, apesar de freqüentemente circunscrita.

Parte da Hagadah "Cabeça do Pássaro", produzida na Alemanha, c. 1300. O artista retrata personagens bíblicos com cabeça de pássaro para evitar a acusação de tentar criar uma imagem divina.

ולא שקע צרינו בתוכו דיינו
אילו שקע צרינו בתוכו
ולא ספק צרכינו במדבר ארבעים שנה דיינו
אילו ספק צרכינו במדבר ארבעים שנה
ולא האכילנו את המן דיינו
אילו האכילנו את המן

ולא נתן לנו את השבת דיינו
אילו נתן לנו את השבת
ולא קירבנו לפני הר סיני דיינו
אילו קירבנו לפני הר סיני
ולא נתן לנו את התורה דיינו
אילו נתן לנו את התורה

MESSIANISMO E REDENÇÃO

O judaísmo desenvolveu a idéia messiânica como resposta à catástrofe nacional, oferecendo esperança a um povo sofrido. A própria palavra "messias" deriva do hebraico *mashiach*, "o que é ungido" por Deus com o óleo para um propósito específico. Na Bíblia vários indivíduos são designados "messias" por terem sido ungidos, inclusive reis, sacerdotes, profetas e até não-israelitas. Mas a Bíblia não liga essas figuras a "o" Messias (um conceito posterior), que daria início ao fim dos tempos redentor, embora freqüentemente se tenham empregado passagens para sustentar uma ou outra concepção messiânica.

Outros textos bíblicos, datados do exílio babilônico e de períodos subseqüentes, expressam a esperança de que Israel viveria mais uma vez em liberdade sob o governo glorioso de um membro da casa real de Davi. Alguns textos também mencionam o desejo de que um segundo Aarão fosse seu alto sacerdote, ou de que um segundo Moisés inspirasse novamente o povo com o dom de profecia.

No período do Segundo Templo essas várias esperanças de futuro associaram-se a aspectos do pensamento apocalíptico. O resultado foi a idéia de um messias iminente que salvaria os judeus da opressão e instauraria o governo de Deus ou então governaria na glória depois que Deus tivesse salvado os judeus. À medida que Herodes e o domínio romano se

O profeta Elias no monte Carmelo, conforme a descrição de I Reis 18. No período rabínico era freqüente a crença em que o reaparecimento de Elias anunciaria a chegada do messias no fim dos tempos, uma idéia vinda de Malaquias: "Eis que eu vos enviarei o profeta Elias, antes que venha o grande e terrível dia do Senhor" (Ml 3:23 na Bíblia judaica; Ml. 4:5 na Bíblia cristã). Este mural de c. 245 é da sinagoga da antiga cidade de Dura-Europo, na Síria.

SHABBETAI ZVI

A maioria dos movimentos messiânicos confinou-se a um tempo e a um lugar específicos, mas um deles convulsionou todo o mundo judeu. Em 1665 Shabbetai Zvi, ou Tzvi (1626-76), um místico errante que nasceu em Esmirna, na Turquia, apareceu na terra de Israel, onde o visionário Nathan de Gaza o proclamou o messias.

Shabbetai foi saudado em todo o mundo judeu, desmoralizado pouco tempo antes pelos terríveis *pogroms* cossacos liderados por Bogdan Chmielnicki em 1648-49, na Ucrânia. Os judeus de todo o mundo se prepararam para a chegada do reino de Deus, mas Shabbetai foi preso pelo sultão e se converteu ao islamismo para não ser executado. Porém, ainda conservou seguidores que consideravam sua conversão uma degradação necessária do messias antes de seu glorioso triunfo. Para a maioria dos judeus, contudo, Shabbetai ilustra o dito do rabino Yohanan ben Zakkai, do século I: segundo ele, se você estiver indo plantar uma árvore quando alguém lhe disser que o messias chegou, vá saudá-lo, é claro, mas primeiro plante a árvore.

Gravura holandesa contemporânea do "messias místico" do século XVII, Shabbetai Zvi.

tornaram mais opressivos, vários indivíduos se proclamaram messias, como Simon bar Kokhba, que liderou os judeus numa revolta antiromana fracassada (a Segunda Guerra Judaica, em 132-135). A maioria dos rabinos rejeitou as alegações feitas em nome dele; uma exceção foi o grande Akiva (ver p. 37). Não está claro se Jesus de Nazaré se considerava o messias, mas muitos de seus seguidores o consideravam, pois chamavam-no *christos* ("Cristo"), a palavra grega para *mashiach* (ver p. 55).

Embora os "Pergaminhos do Mar Morto" já mencionem a idéia de dois messias (sacerdotal e real), pode ter sido depois da revolta de Bar Kokhba que essa idéia se desenvolveu; um messias descenderia da casa de José e o outro da casa de Davi. O messias descendente de Davi, cujo domínio assinalaria o estabelecimento do reino de Deus na terra, seria precedido por um descendente do patriarca José, que comandaria as forças do bem contra as do mal. Sua derrota e morte seria o prelúdio para a intervenção de Deus na história, quando ele estabeleceria seu reino sob o domínio do segundo messias, o messias davídico.

Segundo uma tradição, o messias foi criado no início dos tempos e está esperando com Deus o momento da redenção. De acordo com outra teoria, um messias humano em potencial caminha pela terra em cada geração. Existe até uma tradição de que um messias leproso, mendigo, se senta nos portões de Roma à espera de seu momento na história. O filósofo racionalista Maimônides (ver p. 37) rejeitou a idéia de um messias que atuaria fora da história humana e combateu os apocalípticos, segundo os quais ele inauguraria o fim dos tempos. Contudo, formulou a crença na chegada do messias como um dos seus 13 artigos de fé judaica.

UM DIÁLOGO ENTRE ÉPOCAS

Num contexto judeu tradicional, a Bíblia não é lida sozinha. Por exemplo, as bíblias rabínicas (Miqra'ot Gedolot) justapõem comentários de diferentes épocas e países, começando com o de Rashi (rabino Salomão ben Isaac, 1040-1105; ver p. 37), do norte da França, ao texto da Bíblia em hebraico e aramaico. Assim o leitor é convidado a participar da antiga e permanente discussão sobre o significado do texto bíblico. Essa investigação não visa a chegar a uma interpretação definitiva, e sim a expandir o conhecimento da pessoa sobre as possibilidades interpretativas, numa admissão de que a verdade sempre tem muitas facetas.

A LEI VIVA

O texto religioso fundamental do judaísmo é a Torá, uma palavra freqüentemente traduzida como "lei" mas que originalmente significava "ensinamento" ou "instrução". No sentido estrito, a Torá é constituída pelos cinco primeiros livros da Bíblia, também conhecidos como os Cinco Livros de Moisés ou o Pentateuco. Eles incluem os relatos bíblicos das origens do mundo, dos ancestrais de Israel, da escravização dos israelitas no Egito e da sua libertação, do recebimento dos mandamentos de Deus no monte Sinai e das perambulações dos israelitas no deserto antes de sua entrada na Terra Prometida. Da Torá os rabinos da época talmúdica (por volta dos séculos II a VII) destilaram 613 mandamentos que compõem a vida e os costumes dos judeus.

O termo "Torá" também é freqüentemente usado para se referir à Bíblia como um todo, que é composta de três partes. Na seqüência do Pentateuco, a segunda seção se relaciona aos Profetas (Nebiim) e contém obras históricas e de profecias. A terceira consiste em 11 livros conhecidos como Escritos (Ketubim) ou Hagiographa, uma miscelânea de poesias, sabedoria, profecia e história. Outra designação para a Bíblia é Tanakh, um acrônimo derivado das iniciais de Torá, Nebiim e Ketubim.

A divisão da Bíblia em três partes reflete não só a ordem em que ela foi escrita mas também a importância relativa dos textos na tradição

A MISHNA E O TALMUDE

Defrontando-se com a perda do Templo e seus rituais no ano 70, Yohanan ben Zakkai (ver pp. 22-3) percebeu que a chave para a sobrevivência do judaísmo estava na transmissão da erudição judaica e na transferência dos símbolos da religião do Templo para outros aspectos da vida judaica. Em sua academia em Yavneh, e em outras que se seguiram a ela, os rabinos desenvolveram um sistema de leis e costumes por meio de uma intensa discussão da tradição judaica e sua adaptação a novas circunstâncias. Essas decisões rabínicas, ou "lei oral", que abarcam todos os aspectos da vida religiosa e secular, foram codificadas em c. 220 pelo rabino Judá, o Príncipe, na Mishna ("Aquilo que É Ensinado"), dividida em seis "ordens" e subdividida em 63 "tratados".

A Mishna tornou-se a base para outras discussões nas várias comunidades judaicas. Os debates rabínicos sobre a Mishna, com um vasto âmbito que incluía as opiniões da maioria e da minoria, foram compilados no Talmude de Jerusalém (c. 400) e no Talmude da Babilônia (c. 500). O Talmude da Babilônia tornou-se a compilação prototípica das tradições judaicas. Os dois Talmudes usam o mesmo texto da Mishna mas diferem no registro dos debates, ou Gemara. O Talmude ("Estudo") atingiu o *status* de um texto sagrado, da mesma estatura da Bíblia, na opinião rabínica. Toda uma literatura de acréscimos (Tosafot), comentários e comentários aos comentários continuou até a época moderna.

Seguindo a recomendação do tratado Pirke Avot ("Ética dos Pais") de que se construísse "uma cerca em torno da Torá", os rabinos tentaram salvaguardá-la com outros preceitos e costumes. Teoricamente se considerou menos grave violar uma das "cercas" do que um dos 613 mandamentos originais da Torá propriamente dita. Na prática, o imediatismo dos preceitos mais novos freqüentemente garantiu que ela fosse mais honrada.

judaica. O Pentateuco, a Torá propriamente dita, orgulha-se de ser a fonte suprema das crenças e práticas judaicas e também um objeto de veneração. Os rolos da Torá de cada comunidade são abrigados na sinagoga num nicho ou arca especial numa parede, contra a qual os devotos rezam, tradicionalmente na direção de Jerusalém. Um trecho diferente, ou *parashah*, do rolo da Torá é recitado na sinagoga a cada semana, e assim as Escrituras são lidas integralmente num ciclo anual ou trienal. Depois da *parashah* lê-se como complemento uma passagem mais curta dos Profetas. A leitura das Escrituras na sinagoga fez surgir outra designação hebraica para a Bíblia: Miqra' ("A que é lida [em voz alta]"), um cognato direto do Alcorão árabe.

A destruição do Primeiro Templo em Jerusalém em 586 a.C. e a do Segundo Templo em 70, com as conseqüentes perdas de identidade nacional, forçaram os judeus, em ambos os casos, a compilar por escrito suas tradições a fim de lhes garantir a sobrevivência. Isso levou, no primeiro caso, à redação de extensas partes da Torá e dos Profetas, e, no segundo, à compilação das tradições orais que acabariam por integrar a Mishna e depois o Talmude (ver quadro na página oposta).

A tradição rabínica põe a chamada "Torá oral", a herança talmúdica, no mesmo nível da Torá escrita. Afirma-se que ambas foram dadas por Deus a Moisés no monte Sinai. A Torá escrita foi revelada para todo Israel. A Torá oral foi legada por um círculo de iniciados até sua compilação por escrito pelos rabinos, muitos séculos depois. Assim, "Torá" pode se referir tanto às tradições bíblicas e talmúdicas quanto, no sentido mais amplo, à totalidade da lei e dos costumes judaicos. Por ter a forma de um livro, os judeus puderam carregar essa "pátria portátil" aonde quer que fossem.

Ao formular a crença de que a Torá oral foi revelada no monte Sinai ao mesmo tempo que a Torá escrita, os rabinos da época talmúdica determinaram o princípio importante e influente de que o desenvolvimento da lei e da tradição judaicas foi uma parte da mensagem revelada tanto quanto a própria Torá. A importância dessa doutrina é ilustrada vividamente pela história de Moisés na academia de Akiva, o grande rabino do século I (ver p. 37). O profeta não consegue compreender nenhuma parte da discussão até que um estudioso fundamenta seu argumento na Torá propriamente dita, os livros escritos pelo próprio Moisés. Então este compreende

OS LIVROS DA BÍBLIA HEBRAICA

A Torá (Pentateuco)

• Gênesis • Êxodo • Levítico • Números • Deuteronômio

Os Profetas (Nebiim)

• Josué • Juízes • Samuel • Reis • Isaías • Jeremias • Ezequiel • "Os Doze Profetas Menores" (Oséias, Joel, Amós, Abdias, Jonas, Miquéias, Naum, Habacuc, Sofonias, Ageu, Zacarias, Malaquias)

As Escrituras (Ketubim)

• Salmos • Provérbios • Jó • Cântico dos Cânticos • Rute • Lamentações • Eclesiastes • Ester • Daniel • Esdras-Neemias • Crônicas

Um rolo da Torá e sua caixa decorada, feitos para uma comunidade judaica do Iraque no século XIX.

No Muro Ocidental (ver p. 41), um garoto israelense de 13 anos faz a primeira leitura pública da Torá como parte da cerimônia de seu bar mitzvah, *para assinalar a entrada na idade adulta.*

que a tradição que ele passou para Israel não é monolítica e estática, mas sujeita a mudanças com o tempo.

Muitas das obras de interpretação religiosa posteriores à Torá e ao Talmude adquiriram *status* semicanônico no judaísmo. Um dos mais antigos entre esses textos é na verdade uma tradução da Bíblia para o aramaico, conhecida como Targum ("Tradução").

A interpretação judaica tradicional normalmente está de acordo com o método erudito conhecido como *midrash* ("investigação"), o exame de um texto bíblico a fim de extrair percepções legais (Midrash Halaka) ou não-legais (Midrash Hagadah). A Midrash Hagadah é mais apreciada e acessível a todos. O texto do Talmude contém essas duas abordagens à interpretação, e o método do *midrash* ainda é empregado hoje na reelaboração da tradição para uma nova época.

Ao longo dos séculos a exposição dos aspectos legais da tradição judaica gerou uma ampla literatura de comentários, acrescentando comentários aos comentários sobre os textos tradicionais. Houve também tentativas de codificar as tradições legais judaicas. Desses códigos de leis, os mais famosos e influentes foram a *Mishneh torah* ("Cópia da Torá") de Maimônides (ver p. 37) e o *Shulhan Arukh* ("Mesa Posta") de Joseph Caro (1488-1575). Eles organizam a prática judaica por assunto e assim podem ser usados como ferramentas de referência. Na verdade, cobrem todos os aspectos a partir de uma perspectiva judaica.

Junto com essas tentativas abrangentes de apresentar a totalidade da prática judaica, fizeram-se compilações de respostas (*responsa*) dadas pelos rabinos a perguntas que surgiram na vida cotidiana do povo ju-

O *ZOHAR* E A CABALA

Uma reunião de escritos em aramaico do fim do século XIII chamada *Zohar* ("Esplendor") é o texto de base da Cabala, o movimento místico mais influente do judaísmo. O *Zohar* foi provavelmente escrito pelo místico espanhol Moisés de León (morto em 1305), que afirmava tê-lo compilado dos escritos de um respeitado rabino do século II, Simon bar Yohai.

Em sua tentativa de penetrar o mistério da divindade, a Cabala recorreu ao *Zohar* para desenvolver um conceito complexo de Deus como um mistério central desconhecido (o *Ein Sof*) e dez aspectos (*Sefirot*). A isso foi agregado um simbolismo intricado, cujo estudo aproximava o iniciado da compreensão da verdade suprema.

O Iluminismo e a ascensão do racionalismo reduziram a influência do *Zohar*. Nos últimos anos, contudo, houve um aumento da especulação mística judaica entre os judeus ultra-ortodoxos e hassídicos, assim como entre os que são influenciados pelo pensamento da Nova Era e do milênio ou estão empenhados na busca moderna da espiritualidade.

deu. Essa literatura continua aumentando, com mais pungência pela publicação das *responsa* escritas durante o Holocausto, que refletem o desejo dos judeus de continuar seguindo seu modo de vida, mesmo quando sob extrema pressão.

Uma passagem do Talmude conclui que o estudo da Torá iguala em mérito todas as demais atividades éticas, porque é a porta de entrada para todas elas. Essa preocupação com o estudo e a prática da Torá em todos os seus aspectos garantiu a contínua vitalidade e sobrevivência do judaísmo ao longo dos milênios.

O SIDDUR E A HAGADAH

Dois livros se destacam dos demais devido à sua importância no contexto da vida e do ritual judaicos. O primeiro é o Siddur, ou livro de orações. Existem muitas versões do Siddur para as preces diárias, do sabá ou dos dias santificados. Há também diferenças entre as versões dos asquenazes e dos sefarditas, assim como entre as dos movimentos ortodoxos, conservadores e reformados. No entanto, todas elas compartilham uma estrutura e uma liturgia básicas.

Depois das orações preliminares, que servem para criar o tom espiritual para o que vai se seguir, vem a primeira parte importante do serviço. Essa seção gira em torno da prece da Shema (Deuteronômio 6:4), a principal profissão de fé judaica no Deus único (veja p. 26), começando com uma chamada para o culto. Deus é então louvado como o criador. O amor de Deus por Israel e a aceitação da Torá por Israel fornecem o histórico para a esperança de uma redenção final. A parte seguinte do serviço é conhecida como a Amidah ("De pé"), uma vez que é costume ficar de pé enquanto se recita a prece. É composta pela versão para o dia da semana de 19 ações de graças que agradecem a Deus por prover tanto aos indivíduos quanto à comunidade. O serviço se encerra com a Aleinu, uma oração que antecipa uma época em que o mundo se unirá na crença em um Deus único, e com os enlutados recitando o Kaddish, que exalta Deus e também serve como divisor entre as outras partes do serviço.

O segundo livro é a Hagadah, a "Recontagem" da história do Êxodo dos israelitas do Egito, chefiados por Moisés. O livro é a base da refeição familiar cerimonial (Seder) da Páscoa, durante a qual o grande ato divino de libertação é recitado e revivido de geração em geração.

A Hagadah entremeia a narrativa bíblica com a interpretação rabínica e a *midrash*. É estruturada de modo didático e para prender o interesse das crianças; assim, tem papel importante na formação da identidade judaica.

Uma página com iluminuras da Hagadah *Feibush, produzida na Alemanha em c. 1470. É uma das* hagadahs *mais ricamente decoradas remanescentes desse período, com ilustrações do artista Joel ben Shimon.*

O ROLO DA TORÁ E O ESCRIBA

O Sefer Torah (Rolo da Torá) é o objeto mais sagrado do judaísmo. Cada letra do rolo precisa ser esmeradamente manuscrita por um *sofer* (escriba), como o iemenita mostrado aqui, que treinou durante sete anos. A Torá é escrita em pergaminho produzido com a pele de um animal *kosher*, e sua feitura exige cerca de um ano.

Depois de ser meticulosamente examinado por um *sofer* e outros especialistas, um rolo asquenaze é coberto ("vestido") por um "manto" protetor bordado, quase sempre ricamente decorado, sobretudo com coroas. Remates de prata, ou *rimmonim* ("romãs", em hebraico), também podem ser colocados sobre os pegadores do rolo. Na comunidade sefardita os rolos da Torá são encerrados em cilindros de madeira ou metal decorados, forrados de veludo (ver, por exemplo, a ilustração da p. 24).

O Rolo da Torá permanece coberto sempre que não está sendo usado para leituras. Ao recitar o que está num rolo o leitor pode seguir o texto com um ponteiro, ou *yad* ("mão", em hebraico), para evitar tocar as Escrituras. O *yad* freqüentemente é de marfim ou madeira. Costuma medir 15 ou 20 centímetros e ter numa das extremidades uma mão em miniatura na posição de apontar.

Se uma única letra se apaga com o tempo, o rolo fica inutilizável até que um *sofer* o recupere. Um rolo que finalmente se torna usado demais para poder ser restaurado é levado para um cemitério judeu e aí é enterrado.

TRANSMISSORES DE LEIS, ERUDITOS, FUNDADORES

No judaísmo, embora os seres humanos possam aspirar à santidade por meio de suas ações, geralmente se evita a veneração de mortais. Figuras do passado são objeto de emulação, mas não de culto: a divisão entre os reinos divino e humano persiste. Não há apoteose no judaísmo.

Dois indivíduos pairam acima dos outros na tradição judaica: Moisés (ver quadro abaixo) e o rei Davi, o primeiro deles como transmissor de leis, profeta e ser humano exemplar, e o segundo como líder político, poeta e ser humano com defeitos, a quem Deus, apesar disso, olhou de modo

MOISÉS

Moisés recebendo os Dez Mandamentos no monte Sinai. Ilustração para a Hagadah de Sarajevo, datada do século XIV e produzida para judeus da Espanha muçulmana.

Embora não se possa fazer nenhuma declaração histórica sólida sobre a vida e a pessoa de Moisés, ele é a figura central da narrativa do Pentateuco e do judaísmo posterior. Na Bíblia, é Moisés que Deus escolhe para libertar os israelitas da escravidão egípcia e levá-los pelo deserto até a Terra Prometida. Por meio dele a aliança divina com Israel foi selada e os mandamentos transmitidos. Assim, Moisés é a figura básica da criação do judaísmo e o judeu arquetípico. Ele é o único ser humano com quem Deus se comunicou cara a cara e o primeiro e maior dos profetas. Na época rabínica Moisés tornou-se Moshe Rabbenu, "Moisés, nosso guia", o protótipo do rabino. Além disso, é o ideal do líder compassivo.

Moisés talvez seja mais conhecido em sua função de transmissor de leis. Ele não era considerado o legislador, mas o instrumento por meio do qual Deus deu os mandamentos a Israel, e não seu autor real. Apesar disso, foi para a autoridade de Moisés que o posterior judaísmo rabínico apelou em sua interpretação da tradição judaica. De acordo com os rabinos, no monte Sinai Moisés recebeu não só as tradições escritas na Torá como também as tradições orais registradas pela primeira vez durante a época rabínica (ver p. 31). Desse modo, Moisés se torna o primeiro elo da cadeia da tradição que leva aos rabinos.

Apesar da importância de Moisés no judaísmo, ele permaneceu sempre um ser humano. Talvez seja até para evitar a possibilidade de deificação que a Bíblia enfatiza que o lugar de seu sepultamento é desconhecido (Deuteronômio 34:6) e, portanto, não pode ser objeto de peregrinação e veneração.

protetor. A lendária época de ouro de Davi e seu filho Salomão é uma grande fonte de inspiração dos judeus e se liga estreitamente às esperanças messiânicas (ver pp. 28-9).

Entre outras figuras bíblicas, Esdras é considerado o segundo transmissor de leis. No período que se seguiu ao exílio babilônico, ele promulgou a Torá como a lei da terra e por meio dele Deus concedeu ao povo de Israel a bênção de uma relação especial a serviço do Divino.

O protótipo do judeu rabínico foi Hillel (século I a.C.), o exemplo da erudição judaica incutida de profunda humanidade e humildade. Hillel lutou pela melhoria do mundo (*tikkun olam*). O Talmude relata que, quando um candidato à conversão lhe pediu que lhe ensinasse toda a Torá, Hillel respondeu: "O que é detestável para você, não faça a ninguém. O resto é comentário. Vá e estude". O rabino Akiva (c. 50-135), talvez o maior erudito do período rabínico, era um pastor analfabeto até os 40 anos. Seguidor de Simon bar Kokhba, que se dizia messias (ver p. 29), Akiva foi assassinado pelos romanos e morreu dizendo as palavras da principal profissão de fé judaica, a prece da Shema (ver p. 26).

O Talmude menciona uma mulher, Beruria (século II), cuja erudição se igualava à de qualquer homem. Contam-se muitas histórias sobre sua sabedoria e humanidade, e ela inspirou gerações de mulheres judias a buscar o acesso à erudição que tradicionalmente era reservada aos homens. Seu marido, o rabino Meir, foi outro mestre renomado.

Os dois famosos sábios medievais são Rashi e Rambam, acrônimos, respectivamente, dos rabinos Shlomo Yitzhaki (Salomão ben Isaac, 1040-1105) e Moisés ben Maimon (ou Maimônides, 1135-1204). Rashi nasceu em Troyes, na França, estudou na Alemanha e representa a última florescência dos judeus da Renânia antes de sua dizimação na Primeira Cruzada. Seu grande feito foi tornar a erudição judaica acessível a todos com comentários sobre a Bíblia e o Talmude. De modo inusitado, ele transmitiu seu conhecimento às suas filhas. Maimônides, brilhante polímata e físico do sultão do Egito, é mais conhecido pela *Torá mishneh*, uma tentativa de codificar a lei judaica e torná-la acessível a todos (ver p. 32), e pelo *Guia dos perplexos,* uma defesa filosófica racionalista da fé judaica que transcendeu os limites do judaísmo.

Moses Mendelssohn (1729-86) foi incontestavelmente o primeiro judeu moderno. Brilhante erudito e filósofo, era o queridinho da *intelligentsia* alemã não judaica numa época em que os judeus estavam começando a romper as barreiras sociais que os tornavam cidadãos de segunda classe. Como força propulsora por trás do Haskalah (o "Iluminismo Judaico"), tentou mesclar com o judaísmo os ideais gerais do Iluminismo europeu e foi o primeiro a confrontar uma questão que desde então ocupou o judaísmo: como reter a identidade do indivíduo como judeu e ao mesmo tempo estar aberto e receptivo à modernidade.

HERZL E O SIONISMO

O mais famoso movimento intelectual e político judeu moderno recorre à antiga esperança do retorno do povo à terra de Israel, ao messianismo (ver pp. 28-9) e ao nacionalismo moderno. Theodor Herzl (1860-1904), jornalista judeu austríaco, convenceu-se de que a única solução para a "questão judaica" consistia em os judeus tornarem-se novamente um Estado-nação. Em 1897 ele organizou em Basiléia, na Suíça, o primeiro Congresso Sionista, prevendo que dentro de 50 anos seu sonho se realizaria.

A afirmação de Herzl parecia ridícula, mas a idéia se enraizou e muitos judeus se estabeleceram na Palestina quando o país era governado pelos britânicos (1918-48). Em 1947 a ONU votou a divisão da terra em Estados judeu e árabe separados, e em 14 de maio de 1948, véspera da saída dos ingleses, declarou-se o Estado de Israel. Em 1949 os restos mortais de Herzl, considerado o fundador espiritual do moderno Israel, foram levados de Viena e reenterrados em Jerusalém.

Manuscrito italiano do fim do século XIV da Torá mishneh, *de Maimônides, de quem se diz: "De Moisés a Moisés não houve ninguém como Moisés".*

AS LEIS DE NOÉ

A teologia rabínica afirma que toda pessoa justa, judia ou não, pode atingir o mundo que está por vir. Enquanto se espera dos judeus que vivam de acordo com os 613 mandamentos, o sistema ético dos não-judeus deve concordar com as sete "leis de Noé", que Deus determinou para Noé depois do lendário Dilúvio. Essas leis proíbem a idolatria, a blasfêmia, o assassinato, crimes sexuais, roubo e crueldade com animais e recomendam que se estabeleçam tribunais da lei.

Em geral o judaísmo se concentra em como viver neste mundo, não em como se preparar para outro nível da existência, e a natureza da vida após a morte nunca teve um papel importante na teologia, na vida ou no ritual judaicos.

Como fonte do modo de vida judaico, a Torá ocupa o lugar de honra na sinagoga, no nicho ou na arca da Torá. Esta arca do século XVII é de Cracóvia, na Polônia.

O CAMINHO DE ISRAEL

No judaísmo, a crença num Deus único está intimamente ligada aos princípios éticos que regulam a vida humana. A vida ética é um gesto de devoção à vontade de Deus e uma imitação do divino. Uma vez que Deus é santo e justo, os judeus devem igualá-lo nesses e nos demais aspectos do ser divino. Os 613 mandamentos (*mitzvot*) que os rabinos destilaram do Pentateuco ou da Torá propriamente dita formam a base de uma vida ética (ver pp. 30-1). Esses mandamentos, junto com o enorme corpo de tradições neles baseado, são conhecidos como a Halaka, literalmente "caminhada" — ou seja, o caminho em que Israel deve andar neste mundo.

No tratado Pirke Avot ("Ética dos Pais") do Talmude, o mestre Simão, o Justo, afirma que o mundo tem sua base na Torá (os mandamentos e sua observação), no serviço divino (culto e louvor a Deus) e nos atos de bondade (boas ações para com os semelhantes). Na mesma obra, Simão ben Gamliel expressa isso mais abstratamente ao afirmar que o mundo existe por causa da verdade, da justiça e da paz. Em nenhum dos casos a motivação para uma vida de bondade é a recompensa potencial para o comportamento ético: fazem-se boas ações por elas próprias, porque elas são *mitzvot* ordenados por Deus. A observação dos *mitzvot*, sobretudo na adversidade, é vista como a santificação do nome de Deus (*kiddush Hashem*), ao passo que transgredi-los o macula (*hillul Hashem*).

Prover aos pobres, fracos e deficientes assume assim um significado religioso, e a assistência aos outros teve um grande papel no desenvolvimento de uma ética judaica. As comunidades judaicas sempre tiveram sistemas altamente organizados de bem-estar social, para os quais todos são solicitados a contribuir de acordo com sua capacidade. Outro fator é o conceito de *tikkun olam* ("melhoria do mundo"), o desejo de tornar o mundo um lugar melhor do que ao se entrar nele. Todos esses elementos ajudam a explicar por que no mundo moderno os judeus freqüentemente estiveram na dianteira da luta por justiça e mudança social.

O judaísmo não adere à doutrina do pecado original, mas acredita que cada ser humano nasceu com potencial para fazer tanto o bem quanto o mal. O indivíduo precisa arcar com a responsabilidade de suas ações, e a vida se torna uma luta entre a inclinação para o bem (*yetzer ha-tov*) e a inclinação para o mal (*yetzer ha-ra*). Quem luta com a ambigüidade moral e triunfa sobre a tentação é — de acordo com a sua visão — mais altamente considerado do que aquele que levou uma vida sem nenhuma culpa. O livre-arbítrio é um conceito importante no judaísmo. Ao contrário dos animais, o ser humano é capaz de escolher entre o certo e o errado. Contudo, Deus é onisciente e por isso sabe que rumo uma pessoa irá escolher.

Existem duas categorias de injunções éticas no judaísmo: as que pertencem à relação entre o homem e Deus e as que dizem respeito à relação entre os seres humanos. No Yom Kippur, o Dia do Arrependimento, ou Expiação, a comunidade confessa coletivamente suas transgressões contra Deus, que então a perdoa. Contudo, a expiação só é completa se cada indivíduo pede perdão a quem ele lesou no ano que termina. Deus não pode perdoar transgressões que ocorrem entre seres humanos, apenas as que são dirigidas contra ele.

KASHRUT

As leis judaicas sobre alimentação são designadas genericamente como *kashrut*, do hebraico *kasher* ("adequado", "próprio") — ou *kosher*, na pronúncia asquenaze/iídiche. O *kashrut* lança luz sobre três áreas importantes do pensamento judaico. Para começar, as leis sobre alimentação ilustram a não-racionalidade da observância judaica. Houve tentativas de dar uma base racional e científica às leis *kashrut*, mas isso implica ignorar a premissa básica por trás da observância de todos os mandamentos: a submissão à vontade de Deus. Os mandamentos representam as exigências de Deus ao povo judeu, em troca da assistência divina. Como tais, não exigem uma base racional.

Segundo, o desenvolvimento das leis do *kashrut* ilustra o desejo rabínico "de construir uma cerca em torno da Torá" (Pirke Avot). Para proteger os ensinamentos mais importantes da Torá os rabinos acrescentaram outros preceitos aos do Pentateuco. Por exemplo, o mandamento "não cozinharás o cordeiro no leite de sua mãe" é de óbvia importância, pois somente ele, de todas as injunções da Torá, aparece três vezes (Êxodo 23:19 e 34:26; Deuteronômio 14:21). O que quer que tenha significado em seu contexto original, os rabinos trataram de evitar sua transgressão com o acréscimo de alguns outros preceitos. Assim, proíbem a ingestão de pratos com leite e carne ao mesmo tempo e estipulam que é preciso esperar algum tempo depois de comer carne antes de consumir leite.

Em terceiro lugar, as leis do *kashrut* são uma expressão da santidade da vida em sua totalidade. Na visão dos judeus, os homens primitivos eram vegetarianos, e o consumo de carne é uma concessão feita por Deus depois do Dilúvio. Mas nem todos os animais podem ser consumidos, e aqueles que o são devem ser tratados do modo certo. Pássaros e mamíferos *kosher* precisam ter todo o seu sangue retirado, pois o sangue é considerado a força da vida e é impróprio para o consumo humano. Os animais devem ser mortos do modo mais rápido e indolor possível — a criatura que sofre indevidamente não é *kosher*. A crueldade com animais viola a crença ética básica do judaísmo, que por isso proíbe a caça.

Açougue kosher *de Londres, cidade que, depois de Paris, tem a maior população judaica da Europa.*

Uma reconstituição moderna do santuário central do Templo de Herodes, parte de uma maquete existente no hotel Holyland, de Jerusalém, que representa a cidade como provavelmente era no século I.

SANTUÁRIOS

O judaísmo orienta-se ao mesmo tempo para a comunidade e para a família. No mundo moderno isso se reflete em dois tipos essenciais de espaço sagrado: a sinagoga e o lar. Num certo sentido, o precursor de ambos foi o Templo de Jerusalém, que ficava numa vasta plataforma elevada (o monte do Templo ou Haram al-Sharif) onde hoje ficam o Domo da Pedra muçulmano e a mesquita de Al-Aqsa (ver p. 116). A Bíblia é o único testemunho do Primeiro Templo, erigido pelo rei Salomão e que permaneceu de pé de c. 950 a 586 a.C. Provavelmente seu início foi uma capela ligada ao palácio real, como aconteceu com várias estruturas semelhantes em outras culturas do Oriente Próximo.

Destruído pelos babilônios, o Templo de Salomão foi reerguido durante o domínio persa e reconsagrado em 515 a.C. Esse Segundo Templo muito provavelmente era uma estrutura simples até que Herodes, o Grande, rei dos judeus (37-4 a.C.), reformou-o dando-lhe grandiosidade. Sua glória foi curta, pois no ano 70 os romanos o destruíram. Nada resta do Templo atualmente, embora se veja parte da grande plataforma em que ele ficava, ampliada por Herodes e escorada por maci-

A TERRA DE ISRAEL

De acordo com a Bíblia, a bênção de Deus a Abraão compôs-se de uma promessa dupla de descendentes e terra. O povo judeu se considera o cumprimento da primeira promessa; a segunda é satisfeita pelo povo de Israel que mora na terra de Israel. Talvez seja um paradoxo exclusivamente judeu a existência de uma religião à qual uma pessoa nascida em qualquer lugar do mundo pode pertencer e que ao mesmo tempo se liga intimamente a um pequeno território.

Conforme a crença judaica, assim como há níveis de santidade na disposição do Templo (ver o texto principal), há também níveis de santidade geográfica. Israel é mencionado como a Terra Santa, cuja capital é Jerusalém, a Cidade Santa. É o centro do mundo (Ezequiel, 5:5 e 38:12), onde as esferas divina e humana estão em contato mais próximo do que em qualquer outro lugar. A terra de Israel é o eixo em torno do qual gira a vida de todos os judeus. O calendário judaico (ver p. 45) ajusta-se apenas à mudança das estações ocorrida em Israel. Durante séculos a vida religiosa de todos os judeus teve presente a passagem do tempo numa terra que freqüentemente estava muito longe.

Desde a destruição do Primeiro Templo, uma porção apreciável do povo judeu viveu mais ou menos permanentemente no exílio. Houve épocas em que a vida dos judeus foi dirigida pelas comunidades da Diáspora, que não viviam na Terra Santa, e épocas em que a comunidade judaica de Israel era a mais importante. As concessões mútuas entre Israel e a Diáspora constituíram uma das tensões criadoras subjacentes ao desenvolvimento do judaísmo.

Mas, independentemente do grau de fixação nos locais de sua dispersão ou do grau de lealdade para com o país em que residiam, a ligação com a terra de Israel e a esperança de uma volta a ela na época messiânica (ver pp. 28-9) tiveram papel fundamental na identidade e na teologia dos judeus do mundo inteiro. O nascimento do moderno Estado de Israel logo depois do Holocausto e a posterior integração a ele de refugiados judeus de todo o mundo foram considerados um dos grandes milagres da história judaica. Para alguns, a criação de um Estado judaico quase dois milênios depois do fim do último deles é um arauto da era messiânica (*athalta d'geulah*).

ças muralhas de retenção. As obras herodianas remanescentes incluem o Muro Ocidental, o lugar mais sagrado do judaísmo (ver texto à direita).

O entorno do Templo tinha claramente áreas de crescente santidade e acesso tanto mais limitado quanto mais próximo se estivesse do santuário central. Na época de Herodes essas áreas incluíam o Pátio dos Gentios, que os não-judeus não podiam ultrapassar, depois o Pátio das Mulheres, o Pátio dos Israelitas (ou seja, apenas homens judeus) e o Pátio dos Sacerdotes. O Templo, propriamente dito, tinha um átrio, um salão principal e finalmente um santuário interno (o Santo dos Santos), ao qual apenas o alto sacerdote tinha acesso em um dia do ano (Yom Kippur, o Dia do Arrependimento, ou Expiação; ver p. 46). O Templo não era uma instituição democrática, tampouco igualitária.

As origens da sinagoga são incertas. Os judeus devem ter encontrado um modo de continuar no exílio sua vida comunitária e religiosa depois da destruição do Primeiro Templo, no século VI a.C. Mas as primeiras sinagogas arqueologicamente atestadas datam de cerca de meio milênio depois, no final do período do Segundo Templo. A própria palavra "sinagoga", derivada de uma tradução para o grego da expressão hebraica *bet keneset* ("lugar de reunião"), indica sua função pública. Depois do ano 70, com a ascensão e o triunfo do judaísmo rabínico, que tinha sua

O MURO OCIDENTAL

As ruínas do Templo conservaram-se sagradas após sua destruição, até mesmo depois de todos os seus vestígios terem sido eliminados devido a outras construções. Durante muitos séculos os romanos, os cristãos e os muçulmanos proibiram os judeus de ir ao monte do Templo, e assim eles deslocaram sua devoção para o trecho remanescente da muralha ocidental de retenção. As autoridades religiosas judaicas também declararam proibida a circulação no monte do Templo, temendo que alguém pudesse pisar inadvertidamente onde o Santo dos Santos outrora ficava. O Muro Ocidental, ou "das Lamentações", tornou-se assim o local mais sagrado do judaísmo.

Um judeu ortodoxo reza no Muro Ocidental. Os fiéis costumam depositar preces manuscritas nas fendas entre as maciças pedras da construção herodiana.

LUGARES DE PEREGRINAÇÃO

Embora o judaísmo oficialmente evite o culto a personalidades, diversos lugares foram identificados como local de sepultura de figuras bíblicas e tornaram-se objeto de peregrinação. Eles incluem os supostos túmulos dos patriarcas e matriarcas em Hebron; de Raquel, próximo a Belém; de Davi e Absalão, em Jerusalém; e muitos outros (mas não o de Moisés — ver p. 36). Os túmulos de rabinos e outros guias espirituais famosos também se tornaram local de veneração, assim como aconteceu com lugares associados às glórias e tormentos da história dos judeus.

Contudo, o local de peregrinação mais popular é o Muro Ocidental, o lugar mais sagrado do judaísmo (ver p. 41).

base de poder na sinagoga, pode-se argumentar que o Templo tornou-se supérfluo para a continuidade da existência do judaísmo, apesar das eternas esperanças de reerguê-lo.

A perda do Templo resultou numa expansão do papel da sinagoga, que de centro comunitário e casa de estudos passou a ser também um estabelecimento para os serviços religiosos anteriormente realizados pelo Templo. Grande parte dos rituais do Templo se concentrava nos sacrifícios, que pela lei judaica não podiam ser oferecidos em nenhum outro lugar. Assim, na sinagoga os sacrifícios foram substituídos por mais estudos e serviços divinos em conjunto. Isso veio a ter uma conseqüência profunda no desenvolvimento do judaísmo rabínico, que tentou manter a lembrança dos rituais do Templo para a eventualidade da restauração do santuário, mas também continuou o processo de reinterpretação desses rituais e o estabelecimento da sinagoga como entidade independente. Por meio da instituição da sinagoga o judaísmo rabínico fez surgir a capacitação do indivíduo judeu. Na visão judaica isso finalmente levou à compreensão da descrição bíblica de Israel como "um reino sacerdotal e uma nação sagrada" (Êxodo 19:6).

Embora o Templo e seu local sejam inerentemente sagrados para o judaísmo, o que é sagrado não é uma sinagoga em si, mas sim as ações

A arca da Torá na sinagoga de Altneu, em Praga, um grande centro de erudição judaica na Idade Média. A arca substitui o lugar do Santo dos Santos no antigo Templo, no qual a Arca da Aliança, com os Dez Mandamentos, foi depositada no período do Primeiro Templo (c. 960-586 a.C.). Quase sempre a arca da Torá é o elemento de decoração mais elaborado numa sinagoga (ver também ilustração à p. 38).

ali executadas e os objetos postos dentro de suas paredes (os rolos da Torá, os objetos mais preciosos do judaísmo e os livros de orações; ver pp. 30-4). É isso o que torna a sinagoga o "pequeno santuário" (Ezequiel, 11:16) de Israel no exílio, sem um Templo. As sinagogas são tradicionalmente orientadas na direção de Jerusalém. No interior da parede voltada para a Cidade Santa fica um nicho ou "arca" que abriga os rolos da Torá. Destaca-se nas sinagogas ortodoxas a área de assentos para as mulheres, freqüentemente atrás de uma cortina ou num mezanino.

Com a redefinição e a volta à prática do ritual do Templo no judaísmo rabínico, o lar judeu também se tornou um lugar do sagrado. Isso é indicado pelo mezuzá, uma caixinha que contém um rolo de pergaminho, fixado no batente da porta dos lares judeus (ver p. 26). O mezuzá contém as palavras da principal profissão de fé, a prece da Shema (Deuteronômio 6:4) e as duas primeiras bênçãos a ela associadas. Fica assim evidente que quando se cruza o limiar do lar entra-se num espaço dedicado a Deus e a um código de ética. Embora os rabinos do período talmúdico tenham instituído o culto na sinagoga para corresponder ao programa de sacrifícios do Templo, em casa o altar foi substituído pela mesa. Num contexto doméstico, comer assume conotação ritual e se torna para os judeus um importantíssimo ato sagrado de serviço divino.

SIMBOLISMO

Um lugar de santidade para os judeus pode conter qualquer um dos vários símbolos fundamentais do judaísmo. O primeiro que vem à mente de muitos é a estrela-de-davi (Magen David), de seis pontas. Mas esse é um símbolo relativamente moderno, empregado como tal pela primeira vez em Praga no fim da Idade Média. O chão com mosaicos das sinagogas dos períodos romano e bizantino nos dá um vislumbre do que os judeus da época rabínica consideravam seus símbolos característicos. O lugar de honra é ocupado pelo candelabro de sete velas (*menorá*), representado também num famoso relevo no Arco de Tito, em Roma, que mostra objetos saqueados do Templo no ano 70 (ver ilustração à p. 22). Esse ainda é um símbolo judeu claramente reconhecível, assim como, em muitos lugares, a trombeta de chifre de carneiro (*shofar*).

Menos conhecidos na época moderna são os ramos de palmeira (*lulav*) e fruta cítrica (*etrog*), usados na festa do Sucot (ou Tabernáculos; ver p. 46). Uma pá de incenso é outro símbolo comum, lembrando que a queima de incenso era importante nos ritos do Templo.

Um menorá, *ou candelabro de sete velas, retratado numa Bíblia hebraica com iluminuras produzida em Portugal, c. 1300.*
Um grande menorá *destacava-se no antigo Templo (ver p. 22).*

O RITMO DA VIDA

Garota recita o Haftarah (texto dos Profetas) na cerimônia em que se torna uma bat mitzvah *("filha do mandamento"), quando assume todas as obrigações da maturidade judaica. Para as meninas, esse rito básico de passagem ocorre aos 12 ou 13 anos; para os meninos, aos 13 (ver quadro na página oposta).*

A vida judaica tradicional expressa preocupações éticas e religiosas e um sentido de conexão com a experiência histórica judaica. Atinge-se isso com rituais ajustados a ciclos diários, semanais, mensais e anuais, assim como ao ritmo de eventos fundamentais do ciclo de vida.

A relação do indivíduo com Deus e a gratidão pelo dom divino da vida são predominantes no ritual diário. Os judeus reúnem-se para rezar três vezes por dia, e cada ato de oração corresponde a um dos três sacrifícios diários que ocorriam no Templo antigo. Um sentido de comunidade é importante no culto diário feito pelo indivíduo, e algumas orações podem ser recitadas apenas na presença de um quórum (*minyan*), tradicionalmente de três homens adultos (de 13 anos ou mais). Enfatiza-se muito a higiene pessoal, que reflete a perfeição e a pureza divinas. Há bênçãos para praticamente todas as situações surgidas durante o dia, o que impregna de santidade até as tarefas mais mundanas.

O SABÁ (*SHABAT*)

O erudito Ahad Ha-Am (1856-1927) disse: "Mais do que Israel conservou o sabá, o sabá conservou Israel". A observância de um dia universal de oração, estudo e descanso a cada sétimo dia serviu para unir o povo judeu desde os tempos antigos, e já aparece no primeiro relato da Criação, na Bíblia, como parte da ordem cósmica divina (Gênesis 2:2-3).

De acordo com o modo judeu tradicional de contar os dias, que começam e terminam ao anoitecer, o sabá (*shabat*, em hebraico) dura do crepúsculo da sexta-feira até o anoitecer de sábado. Acendem-se velas no início e no final do sabá para assinalar a divisão entre a semana de trabalho mundana e a suspensão sagrada do tempo terreno. A leitura do *parashah*, o trecho da Torá designado para aquela semana, e de uma passagem complementar dos textos proféticos é muito importante na liturgia da sinagoga no sábado de manhã.

Os rabinos da época talmúdica relacionaram 39 tipos de trabalho proibidos no sabá, determinando-os a partir da lista de atividades envolvidas na construção do antigo Templo de Jerusalém. O modo como se deve interpretar essas proibições da Antiguidade levando-se em conta circunstâncias novas tem gerado controvérsias internas ao longo dos séculos.

Antigamente, na terra de Israel, trechos da Torá (ver p. 31) eram lidos a cada semana, num ciclo que durava três anos, mas hoje a norma é a tradição babilônica de ler a Torá inteira num ciclo anual. No sabá (ver texto lateral, na página oposta), o trecho da semana é lido e estudado integralmente. Também se lêem partes dele nos domingos e quintas-feiras — os dias de mercado do antigo Israel.

Embora *nissan*, o primeiro mês do calendário judeu, caia na primavera no hemisfério norte (março-abril), o Ano-Novo Judeu (Rosh Hashaná) só é comemorado no sétimo mês (*tishrei*, setembro-outubro). Isso ocorre devido à variação nos tempos antigos entre um ano que começava com a primeira colheita da primavera e outro que começava no fim do ano agrícola. O Rosh Hashaná celebra a renovação anual do ato

O CALENDÁRIO

O calendário judaico antigo ainda é usado num contexto religioso. Seu ponto de partida é a Criação, calculada a partir da Bíblia: assim, 1999 corresponde ao ano judeu de 5759-60. O calendário anual associa as contagens solar e lunar. Os meses são calculados pela lua, e muitos feriados caem na lua cheia. Sete vezes a cada ciclo de 19 anos acrescenta-se um mês ao ano, para que os feriados continuem caindo na estação certa.

RITOS DE PASSAGEM

No judaísmo dá-se grande ênfase aos estágios básicos do ciclo de vida do indivíduo e à sua comemoração em moldes judaicos. Desde o nascimento até a morte, há um ritual para tudo.

Com oito dias de vida um garoto entra na comunidade judaica e participa da aliança desta com Deus ao ser circuncidado ritualmente (*brit milah*, "aliança da circuncisão"); durante a cerimônia ele recebe seu nome. As meninas sempre foram acolhidas entre o povo judeu e recebem seu nome num serviço de sabá; recentemente, porém, alguns judeus criaram cerimônias mais semelhantes ao *brit milah* para celebrar o nascimento de uma filha: as *simchat bat* ("regozijar-se com uma filha") ou *brit bat* ("aliança da filha").

Desde a Idade Média a chegada de um menino à maturidade religiosa é comemorada na cerimônia do *bar mitzvah* ("filho da aliança"), na qual o garoto de 13 anos é chamado para ler a Torá pela primeira vez. Os judeus liberais também concedem essa honra às meninas numa cerimônia equivalente, a ***bat mitzvah*** ("filha da aliança").

A cerimônia de casamento tem três partes principais. Primeiro há a assinatura de um contrato de casamento que une legalmente (*ketubbah*), escrito tradicionalmente em aramaico. Depois vem a cerimônia do anel, ou *huppah*, cujo nome provém do dossel portátil de casamento usado na cerimônia. O *huppah* acontece quase sempre, mas não obrigatoriamente, na sinagoga. A última etapa é o *yihud*, quando o casal fica sozinho — tradicionalmente para consumar o casamento, embora hoje em dia esse tempo sirva mais como um espaço de calmaria durante um dia agitado.

*Contrato de casamento (*ketubbah*) veneziano do século XVIII. O* ketubbah *muitas vezes tem ilustrações coloridas e é colocado em destaque na casa.*

O mandado de divórcio (*get*) precisa ser acordado pelo casal. No judaísmo tradicional apenas o homem pode expedir um *get*, mas a mulher pode solicitar um tribunal judaico a fim de compelir o marido a fazê-lo.

É desejável morrer proferindo a Shema, a principal profissão de fé do judaísmo (ver p. 26). Uma semana de luto intenso (*shivah*) segue-se ao funeral, que ocorre idealmente um dia após o falecimento. Depois, há um mês (*sheloshim*) de luto menos intenso, durante o qual se volta à vida normal. A transição se completa após mais dez meses de luto. O falecido é lembrado no aniversário de sua morte (*yahrzeit*). Em todas essas ocasiões recita-se em louvor a Deus o Kaddish ("Santificação"), a oração tradicional do luto.

Uma garota acende o candelabro do Hanukká. Para o Hanukká existe um menorá *especial de nove velas — uma para cada dia da festa e a nona para acender as demais.*

divino da criação no momento em que o ciclo se fecha. O Ano-Novo inaugura um período de dez dias de reflexão e introspecção conhecido como "Dias de Arrependimento" (Yamim Noraim). Essa é uma época solene que cada um dedica a resolver as pendências que tem com seus semelhantes. Acredita-se que durante esse período Deus determina o destino das pessoas durante o ano seguinte. O clímax do período é o Yom Kippur (ver texto lateral, embaixo).

Começando no décimo quinto dia de *tishrei* e durando uma semana, a comemoração do Sucot (Festa dos Tabernáculos) é a primeira das "festas de peregrinação" anuais (assim chamadas porque na Antiguidade os homens judeus eram convocados a visitar o Templo em Jerusalém nessas ocasiões). Originalmente uma comemoração do final da colheita, ela recebeu novo significado. Os abrigos temporários ou barracas (*sukkot*, singular *sukkah*) ocupados pelos antigos agricultores por ocasião da colheita foram reinterpretados para representar as cabanas em que os israelitas moraram durante os 40 anos de perambulação no deserto antes de chegar à Terra Prometida. No Sucot a tradição manda que se coma ou — se o clima permitir — durma nessas cabanas, revivendo assim o passado bíblico e rememorando a fragilidade da existência humana.

Ao final do Sucot vem um duplo dia santo. Primeiro, o Shemini Atzeret ("Oitavo Dia de Reunião"), uma observância bíblica de significado incerto. Segue-se o Simchat Torá ("Regozijar-se com a Lei"), em que o ciclo anual de leituras semanais da Torá se completa e recomeça com a leitura cerimonial do Deuteronômio 34 e do Gênesis 1. A leitura é precedida de sete séries alegres de giros e danças com os rolos da Torá da comunidade.

A festa de Hanukká ("Reconsagração"), que ocorre no fim de dezembro durante oito dias, é uma das poucas festividades religiosas pré-modernas que não têm origem bíblica. Comemora a vitória dos judeus sobre os governantes gregos da Síria e a reconsagração em 164 a.C. do Templo de Jerusalém (ver p. 21). Originalmente a festa talvez fosse uma comemoração atrasada do Sucot, que não pôde ser feita em 164 a.C. porque o Templo tinha sido profanado. De acordo com uma lenda posterior, o feriado comemora o milagre de uma medida de óleo que queimou durante oito dias em vez de um único como se esperava.

O décimo quinto dia do *shevat* (Tu Bishvat), que cai em janeiro ou fevereiro, marca a época anual de plantar árvores na terra de Israel. Um elemento da festa atual é a captação de recursos para projetos de reflorestamento em Israel.

Um feriado bíblico menos importante mas enormemente popular é o Purim. Comemora a salvação dos judeus durante um iminente massacre na época do Império Persa, conforme relata na Bíblia o Livro de Ester (Megillat Esther), cuja leitura coletiva é a parte principal da festa. O Purim, uma lição de esperança para gerações de judeus, assumiu um

YOM KIPPUR

O dia santo de Yom Kippur (Dia do Arrependimento, ou Expiação), o décimo do Ano-Novo, é um dia de jejum dedicado ao arrependimento coletivo perante Deus. É costume tradicional vestir-se de branco, símbolo de pureza, e abster-se de várias atividades, inclusive comer e beber, fazer sexo e banhar-se. É fundamental no ritual do Yom Kippur a leitura do Livro de Jonas, uma meditação sobre a profecia e o arrependimento.

O feriado começa no anoitecer e finda na noite seguinte, quando três estrelas aparecem no céu (25 horas depois); soa então o chifre de carneiro (*shofar*) e em seguida quase sempre se quebra o jejum coletivamente. No final do Yom Kippur a pessoa é considerada pura e pode começar o ano com a ficha limpa.

clima quase carnavalesco, com desfiles e fantasias. Presentear, especialmente os pobres, também é costume do Purim.

Na lua cheia do primeiro mês começa a observância da Páscoa (Pessach), que dura uma semana. Originalmente uma festa de peregrinação que celebrava os primeiros frutos do ano agrícola, a Páscoa foi remodelada como uma comemoração do Êxodo do Egito. O foco ritual da festividade, que ocorre na noite em que o Anjo da Morte passou sobre as casas dos israelitas no Egito (Êxodo 12:11-12; 12:27), é a recordação do grande ato divino de salvação. A principal comemoração da Páscoa acontece numa abundante refeição ritual (Seder), durante a qual a história do Êxodo é contada com a leitura da Hagadah (ver p. 33). As crianças e os adultos têm papéis determinados, e todos os judeus devem se considerar pessoalmente livres da escravidão.

Sete semanas depois do início da Páscoa acontece a terceira das festas de peregrinação, a Festa das Semanas (Pentecostes, ou Shavuot), antiga comemoração da colheita do trigo. Ela celebra a revelação no monte Sinai, sete semanas após o Êxodo. Lê-se no Livro de Rute o trecho sobre a época da colheita, uma leitura adequada para esse feriado.

O nono dia de *av* (Tishah b'Av), em julho ou agosto, é um dia de jejum pós-bíblico no qual supostamente ocorreram alguns desastres da história judaica, como a destruição do Templo em 586 a.C. e 70, e a expulsão dos judeus da Espanha em 1492.

FERIADOS ATUAIS

Dois novos feriados tornaram-se quase universalmente considerados pelos judeus modernos. O Dia da Lembrança do Holocausto (Yom ha-Shoah) é observado em memória dos 6 milhões de judeus mortos pelos nazistas e seus aliados na Segunda Guerra Mundial. Ele acontece cerca de duas semanas depois da Páscoa, quando os judeus do Gueto de Varsóvia se revoltaram contra seus opressores em 1943. Obviamente é um dia de luto.

Já o Dia da Independência de Israel (Yom ha-Atzmaut) é uma comemoração alegre da recuperação aparentemente milagrosa do povo judeu, que depois do Holocausto assistiu à declaração da independência do Estado de Israel em 14 de maio de 1948.

Uma família sefardita celebra o Seder (refeição do Pessach). O chefe da família segura um matzah *(pão sem fermento), que simboliza o pão que, na pressa de fugir do Egito, os israelitas não tiveram tempo de assar completamente (Êxodo 12:39).*

JUDAÍSMO REFORMADO E IDENTIDADE JUDAICA

O movimento reformado teve uma influência importante sobre outros ramos do judaísmo e tem estado em primeiro plano na criação de estratégias para enfrentar as novas realidades sociais. Contudo, como muitas das suas decisões são alcançadas independentemente dos outros ramos do judaísmo, ele freqüentemente entra em conflito com seus correligionários. Um bom exemplo disso é o modo como redefine a identidade judaica. Existem dois modos de ser judeu. Um é se converter ao judaísmo; o outro é nascer judeu.

Nascer judeu significou tradicionalmente ter mãe judia, uma vez que a identidade judaica é matrilinear. Entretanto, em sua tentativa de ser sensível aos altos índices de casamentos com não-judeus entre os judeus modernos, o movimento reformado americano expandiu a definição de judeu, passando a incluir quem quer que tenha mãe ou pai judeu e seja criado como judeu. Entre os demais ramos do judaísmo, contudo, apenas o pequeno movimento reconstrucionista (ver p. 51) adotou essa redefinição.

O JUDAÍSMO NO MUNDO MODERNO

Para o judaísmo, o período moderno começou no fim do século XVIII, quando os judeus da Europa oriental e das Américas se emanciparam gradualmente do seu *status* de segunda classe. Enquanto estavam excluídos da sociedade, os judeus foram capazes de conservar sua religião e identidade distintas. Contudo, na pressa de se tornar membros plenamente aceitos do corpo político, muitos optaram pelo batismo cristão. A necessidade de se converter ao cristianismo não existe mais, mas a tentação de se assimilar à sociedade ocidental continua exercendo uma forte influência sobre muitos judeus. Apesar disso, um grande número de outros judeus tentou enfrentar a modernidade dentro do contexto do

A divisão dos sexos nos atos de culto entre os judeus ortodoxos foi adotada desde 1967 no Muro Ocidental, em Jerusalém (ver p. 41), onde uma cerca separa as mulheres (na direita) dos homens.

judaísmo. Suas diversas respostas levaram a uma vibrante renovação da teologia judaica e a profundas divisões religiosas e ideológicas dentro da comunidade judaica mais ampla.

O primeiro movimento judeu moderno, o judaísmo reformado, surgiu na Alemanha no século XIX como uma tentativa de aliar o monoteísmo ético judeu às filosofias da Europa pós-Iluminismo (ver p. 25). O judaísmo reformado é uma teologia eclética que permite a seus seguidores escolher que aspectos da tradição religiosa seguirão. Como tal, ressalta mais a ética do que o ritual e enfatiza a ação social dentro e fora dos limites da comunidade judaica (ver também o texto lateral, na página oposta).

De todos os movimentos judeus, a ortodoxia é o mais difícil de definir, porque se divide em muitas correntes, desde a ortodoxa centrista moderna até a hassídica (ver quadro abaixo) e a ultra-ortodoxa, de direita. Além disso, ao contrário de outros ramos do judaísmo, ela não tem um corpo organizador central. A moderna ortodoxia nasceu em

HASSIDISMO

Originalmente um movimento pietista, místico e extático, o hassidismo (de *hasid*, "pietista") começou como uma reação contra a ortodoxia estabelecida do judaísmo da Europa oriental. Suas origens remontam aos ensinamentos do carismático Israel ben Eleazar (1700-60), conhecido como o Baal Shem Tov ("Mestre do Bom Nome"). Ele e seus seguidores tentaram redescobrir a alegria inerente a atos simples do serviço divino e da oração. A ortodoxia intelectual entrincheirada do grande professor Elijah ben Solomon (1720-97), conhecido como o Vilna Gaon ("Gênio de Vilnius", na Lituânia), opôs-se a eles. Elijah excomungou o hassidismo — ironicamente, porque o hassidismo tornou-se defensor da ortodoxia fundamentalista no judaísmo. Os descendentes dos dois grupos são hoje aliados ortodoxos no combate à suposta diluição do judaísmo tradicional.

As comunidades hassídicas organizam-se em dinastias, centralizadas num rabino carismático, ou *rebbe*. Os *rebbes* são profundamente reverenciados. Em nenhuma dinastia hassídica isso é tão evidente quanto no grupo chamado Hassidismo de Lubavitch, que chegou a ponto de reivindicar o *status* de messias a seu falecido *rebbe*, Menachem Mendel Schneerson (1902-94). Alguns grupos hassídicos podem ser identificados pelas roupas diferentes, reminiscentes da moda dos nobres (não-judeus) que entraram em contato com os judeus moradores das *shtetls* ("aldeias" judaicas) da Europa oriental no século XVIII.

Judeus hassídicos conversam numa rua de Jerusalém. Eles usam o casaco longo e o chapéu de aba larga que caracterizam vários grupos hassídicos.

A HALAKA HOJE

Durante a maior parte da história do judaísmo rabínico e pós-rabínico, não se questionou a autoridade e a origem divina da Halaka, o corpo da lei judaica (ver p. 38). Contudo, o racionalismo e o historicismo levaram ao reconhecimento, entre os que estavam abertos a essas correntes de pensamento, de que a Halaka sempre foi um sistema adaptável. As divisões entre os judeus modernos têm em sua raiz a questão da autoridade da Halaka e de se ela deve ser vista como imperativa em sua totalidade ou como fonte de prática a partir da qual se pode escolher com base num julgamento pessoal informado.

meados do século XIX, na Alemanha, em reação ao surgimento de tendências reformistas radicais. Sob a liderança do rabino Samson Raphael Hirsch (1808-88), ela se desenvolveu obedecendo à divisa "Torá associada ao conhecimento secular". Hirsch percebeu que a comunidade judaica não podia se permitir retirar-se num gueto intelectual autoimposto, mas tinha de enfrentar a modernidade. Ao contrário dos reformadores, ele acreditava que se poderia chegar a isso dentro do contexto de uma vida judaica com observância tradicional. Assim, a moderna ortodoxia está aberta à investigação científica de todos os campos do conhecimento humano, com exceção das áreas que entram em conflito com seus dogmas religiosos básicos, tais como as críticas modernas à Bíblia. Uma crença fundamental da ortodoxia é a origem divina da Torá escrita e oral, e assim, embora as novas circunstâncias peçam novas normas, as circunstâncias são interpretadas no contexto da Halaka (o corpo integral da lei judaica); a Halaka não é talhada para se ajustar às circunstâncias (ver texto à esquerda).

O movimento conservador do judaísmo nasceu como uma tentativa de encontrar um meio-termo entre os reformadores e os ortodoxos. Assim, ele é "conservador" se comparado ao reformado, mas "liberal" em comparação com o judaísmo ortodoxo. Embora seus antecedentes intelectuais também se localizem na Alemanha, o movimento conservador como tal nasceu nos Estados Unidos. Ele representou uma acomodação entre os

Beth Shalom, uma sinagoga conservadora de Filadélfia, na Pensilvânia, projetada pelo arquiteto (não-judeu) Frank Lloyd Wright e consagrada em 1959. Essa interação artística entre os mundos judeu e não-judeu tem um precedente antigo no Templo de Salomão, construído pelos fenícios.

reformadores liberais alemães, que constituíam a maioria dos judeus americanos do século XIX, e a inundação de imigrantes judeus europeus de formação tradicional que chegou aos EUA entre 1881 e 1924. Como a ortodoxia, o judaísmo conservador baseia-se na Halaka, mas é em geral mais flexível em sua interpretação da tradição judaica. Ele seguiu o exemplo do movimento reformado ao conceder às mulheres igualdade na vida religiosa (ver texto à direita), mas rejeita a atitude reformada quanto à patrilinearidade (ver p. 48). Contudo, essa atitude foi aceita por um descendente liberalizador do judaísmo conservador, o movimento reconstrucionista, que vê o judaísmo como uma civilização em constante evolução, e teve grande influência no desenvolvimento intelectual do judaísmo na América do Norte.

Embora os trágicos acontecimentos do Holocausto e a criação do Estado de Israel tenham servido para, durante quase meio século, unir os judeus do mundo inteiro, recentemente eles começaram a voltar parte da sua atenção para questões religiosas internas. Devido à importância de Israel para o povo judeu, o moderno Estado secular foi freqüentemente um campo de batalha entre seitas conflitantes. Os fundadores do Estado de Israel eram sobretudo sionistas seculares, que de bom grado deixaram para as autoridades ortodoxas oficiais o controle das questões religiosas e, conseqüentemente, sociais. Isso levou a sociedade israelense a se dividir em uma maioria secular desinteressada de religião e uma minoria ortodoxa politicamente poderosa. Para preservar sua influência, as autoridades religiosas tomaram medidas que garantiram o reconhecimento da ortodoxia como a única forma legítima de judaísmo em Israel. O judaísmo ortodoxo tornou-se assim a religião do Estado de Israel, levando a uma deslegitimização de outros ramos do judaísmo. A ironia é que a maioria esmagadora dos judeus da Diáspora, que foram um esteio financeiro e político para Israel, pertence a seitas não-ortodoxas.

Israel foi imaginado como um porto seguro para todos os judeus, e a Lei do Retorno a Israel concede cidadania automática a qualquer judeu que emigre para o país. Entretanto, elementos ultra-ortodoxos em Israel procuraram invalidar a autoridade de rabinos não-ortodoxos — e, na verdade, dos judeus não-ortodoxos em geral — na Diáspora, sobretudo quanto à questão de definir quem é judeu (ver p. 48). Em todo o mundo, judeus conservadores, reconstrucionistas, reformados e ortodoxos liberais contra-atacaram, numa tentativa de proteger os direitos de todos os judeus de Israel e também para diversificar e enriquecer a vida judaica por vezes unidimensional de Israel.

A efervescência e o turbilhão contemporâneos entre os judeus, inclusive tensões entre Israel e as comunidades da Diáspora, podem ser frustrantes para os que se envolvem ativamente nessas lutas. Mas são também sinal da saúde e vitalidade permanentes do judaísmo como um todo.

JUDAÍSMO E GÊNERO

Historicamente, o judaísmo foi sempre patriarcal. Durante a maior parte do tempo foram os homens que assumiram os papéis públicos e determinaram a interpretação dos textos e tradições religiosos, enquanto as mulheres cuidavam da família e numa primeira etapa transmitiam aos filhos o judaísmo. Os rabinos interpretavam positivamente essa situação, afirmando que as mulheres estavam livres das demoradas obrigações religiosas ou *mitzvot*. Assim, uma vez que apenas os homens eram obrigados a fazer as preces públicas diárias, esse se tornou um domínio deles e as mulheres eram dispensadas (ou excluídas, dependendo do ponto de vista da pessoa). Na verdade, as mulheres tinham de se sentar separadas na sinagoga. Por não serem obrigadas pelo *mitzvah* a estudar textos judeus, era-lhes tradicionalmente negada uma educação judaica rigorosa.

Desde o advento do judaísmo liberal as mulheres ganharam um papel maior na vida pública judaica. O movimento reformado abriu caminho para a redefinição do lugar das mulheres na sinagoga. Sentando-se junto com os homens nas reuniões liberais, elas acabaram tendo uma participação igual no serviço da sinagoga, e em 1972 o judaísmo reformado tornou-se o primeiro a ordenar rabinas e cantoras: em 1985 os três movimentos judaicos liberais estavam fazendo isso.

Essa atribuição de poder também teve considerável influência na ortodoxia. A importância do estudo da Torá pelas mulheres é agora reconhecida em muitos círculos, e dá-se mais atenção a questões da lei judaica que interessam diretamente às mulheres, como o divórcio. O feminismo judaico levou a um reconhecimento maior dos aspectos femininos de Deus, especialmente o Shekhinah (ver p. 26).

Capítulo Dois

CRISTIANISMO

Rosemary Drage Hale

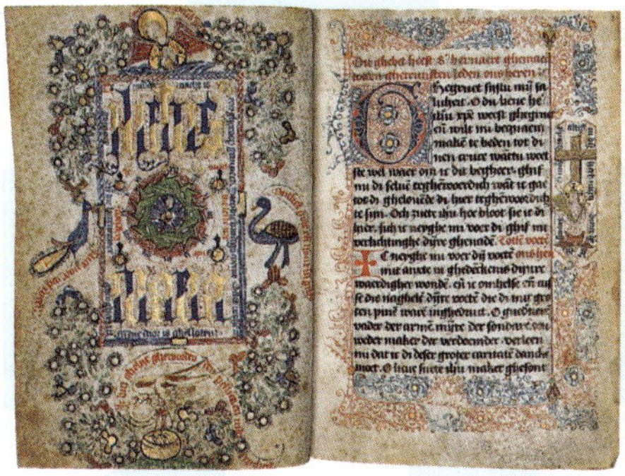

Livro de orações holandês com iluminuras, 1475. O rico simbolismo da página da esquerda inclui um pelicano que alimenta o filhote com seu próprio sangue (embaixo), representando o sacrifício salvador de Cristo.

PÁGINA OPOSTA *Cristo em Majestade, mosaico de c. 1050 da Basílica de Santa Sofia, em Istambul (ex-Constantinopla), que foi a principal igreja da cristandade ortodoxa. Construída no início do século VI, hoje é um museu.*

INTRODUÇÃO

Logo depois da crucificação (c. ano 30) de Jesus de Nazaré, um pregador judeu que curava os doentes, surgiu no mundo greco-romano um novo movimento religioso que iria mudar o mundo para sempre. Um círculo íntimo de discípulos de Jesus e muitos dos seus seguidores acreditavam que ele era o Cristo, ou Messias, um redentor divino da humanidade, que tinha ressuscitado depois de morrer. Eles começaram a espalhar essa mensagem e também os ensinamentos de Jesus, baseados no amor a Deus e aos semelhantes. A partir desse "movimento de Jesus" surgiu a fé cristã, agora a maior religião do mundo, com cerca de 2 bilhões de adeptos espalhados por quase todos os países.

O cristianismo é uma tradição monoteísta centralizada na fé em um Deus único (o criador eterno que transcende a criação e ao mesmo tempo é ativo no mundo) e em Jesus Cristo como o salvador e redentor da humanidade. O cristianismo afirma que Deus encarnou — plenamente humano — em Jesus. Os cristãos acreditam que Jesus morreu numa cruz e ressuscitou fisicamente de entre os mortos. A crença na Santíssima Trindade, o mistério sagrado do Pai, Filho e Espírito Santo como um Deus uno ("três em um"), é fundamental para a tradição cristã.

Existem centenas de grupos cristãos, ou "denominações", sendo os principais o catolicismo romano (o ramo de fé mais numeroso), o ortodoxo oriental e o protestantismo. Falando de modo amplo, os católicos devem obediência a um papa infalível (o pontífice de Roma), o chefe da

Sacerdotes ortodoxos etíopes participam de uma celebração da Páscoa em Jerusalém para assinalar a ressurreição de Cristo. Acredita-se que esta tenha ocorrido no terceiro dia após sua crucificação, provavelmente num local que hoje está dentro da atual Cidade Velha, mas que no tempo de Jesus ficava nos arredores de Jerusalém.

AS POPULAÇÕES CRISTÃS NO MUNDO

Legenda

(Atenção: "Principalmente" = 80% ou mais; "Grande" = 20% ou mais)

- Principalmente católica romana
- Principalmente protestante
- Principalmente ortodoxa oriental
- Principalmente católica com grande minoria protestante
- Principalmente protestante com grande minoria católica
- Principalmente protestante com grande minoria ortodoxa
- Principalmente ortodoxa com grande minoria católica
- Principalmente ortodoxa com grande minoria muçulmana
- Principalmente cristã (sem predomínio de nenhuma denominação)
- Principalmente cristã com grande minoria não-cristã
- Cristãos/não-cristãos bastante equilibrados
- Principalmente não-cristã
- Principalmente não-cristã com grande minoria cristã

- ● Sede da denominação ocidental
- ● Patriarcado ortodoxo nacional autônomo
- ■ Sede do patriarcado ortodoxo
- ■ Lugar de peregrinação

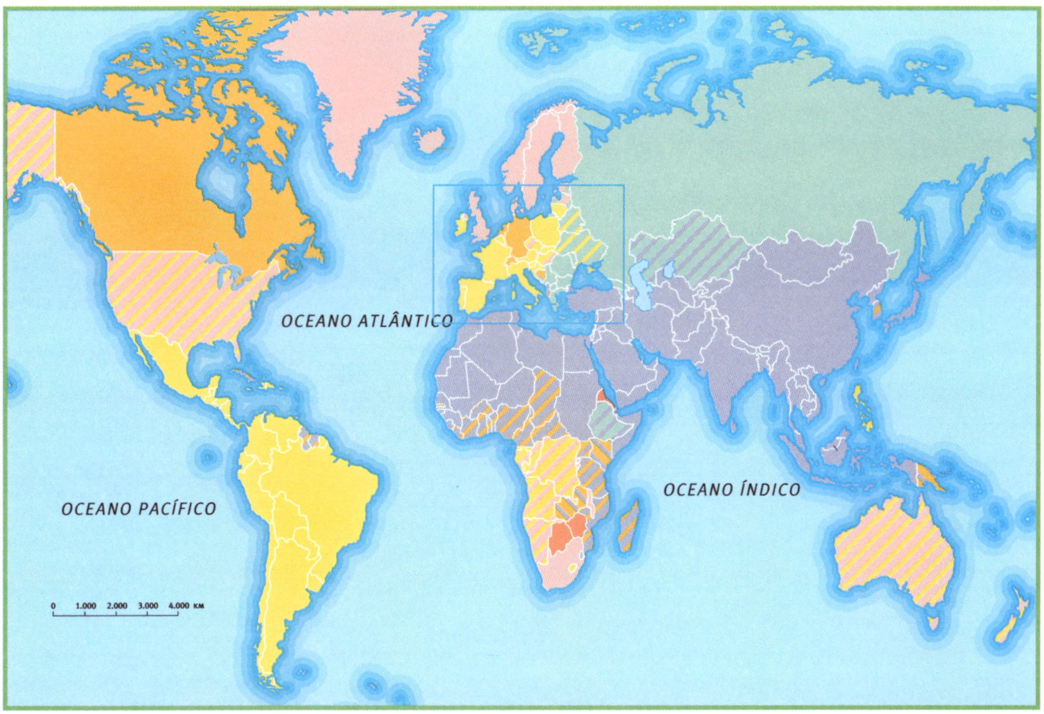

A Coroação da Virgem, *de Lorenzo di Niccolò (em atividade em c. 1400). A veneração aos santos na Igreja Católica Romana concentra-se na devoção a Maria, a virgem mãe de Cristo, aqui retratado coroando-a Rainha do Céu, um dos seus títulos.*

Igreja. Seu culto é esmeradamente litúrgico e se concentra em sete sacramentos (atos considerados concessores da graça divina) — batismo, eucaristia (a ceia do Senhor, ou sagrada comunhão), crisma, penitência (sacramento da reconciliação), matrimônio, ordenação sacerdotal e extrema-unção (unção dos agonizantes). O culto dos santos tem um papel importante na prática devocional católica.

A ortodoxia oriental, semelhante em certos aspectos ao catolicismo romano, mantém uma forte continuidade histórica com a Igreja antiga, mas resiste à idéia da autoridade investida num único dirigente. As igrejas ortodoxas são governadas por bispos, patriarcas e conselhos. Os padres ortodoxos podem se casar, se o fizerem antes da ordenação. O culto também é centrado nos sacramentos e se destaca pelo uso de ícones (imagens sagradas) como auxiliares da espiritualidade.

O movimento protestante data do século XVI, quando Martinho Lutero e outros reformadores cristãos rejeitaram muitos aspectos da Igreja romana, inclusive a autoridade papal. O protestantismo acabou abrangendo um número notável de ramificações, com variadas visões sobre o governo da Igreja, modos de culto, exigências para o sacerdócio e atitudes em relação à eucaristia, aos santos, ao batismo e à salvação. Todos os protestantes, contudo, rejeitam a autoridade do papa e concordam quanto à autoridade suprema da Bíblia. Eles só reconhecem dois sacramentos (o batismo e a eucaristia), embora para alguns protestantes até mesmo estes sejam mais simbólicos que sacramentais. Os protestan-

CRONOLOGIA *Todas as datas são d.C., exceto quando se indica o contrário*

- **c. 4 a.C.** • Nascimento de Jesus de Nazaré
- **c. 30** • Crucificação de Jesus
- **c. 40-64** • Apostolado de Paulo
- **c. 70-100** • Os evangelhos do Novo Testamento são escritos
- **313** • Édito de Milão encerra perseguição aos cristãos no Império Romano
- **325** • Concílio de Nicéia afirma a doutrina da Santíssima Trindade; elabora-se o Credo de Nicéia
- **392** • Império Romano proíbe o paganismo
- **354-430** • Vida de Agostinho de Hipona, teólogo
- **c. 543** • Morte de São Bento, fundador do monasticismo ocidental
- **590-604** • Pontificado do papa Gregório, o Grande
- **638-56** • Árabes conquistam Egito, Palestina, Síria e Mesopotâmia
- **800** • Carlos Magno é coroado imperador de Roma pelo papa Leão III
- **863** • São Cirilo e São Metódio iniciam a conversão dos eslavos
- **950-1000** • Conversão de toda a Europa
- **1054** • Divisão das igrejas oriental (Ortodoxa) e ocidental (Católica Romana)
- **1095-99** • Primeira Cruzada para a Terra Santa
- **1182-1226** • Vida de Francisco de Assis, fundador da ordem franciscana
- **1237** • Inquisição instituída para combater a heresia
- **1225-74** • Vida de Tomás de Aquino, teólogo
- **1378** • "Grande Cisma" na Igreja ocidental, com papas rivais em Roma e Avignon, na França
- **1414-17** • Concílio de Constança; termina o cisma
- **1453** • Constantinopla cai em poder dos turcos
- **1492** • A "Reconquista" da Espanha completa-se
- **1517** • Martinho Lutero inicia a Reforma
- **1534** • Funda-se a Igreja Anglicana
- • Inácio de Loyola funda a Companhia de Jesus (jesuítas)
- **1536** • João Calvino publica os Institutos da Religião Cristã
- **1545-63** • Concílio de Trento
- **1542-82** • Jesuítas iniciam missões na Índia, no Japão e na China
- **1618-48** • Guerra dos Trinta Anos
- **1647** • George Fox começa a organizar a Sociedade dos Amigos (quacres)
- **1666** • A Igreja Ortodoxa russa divide-se entre reformadores e "Crentes Antigos"
- **1726** • O movimento evangélico ("Grande Despertar") começa na América do Norte
- **1738** • John Wesley, fundador do metodismo, começa a pregar
- **1830** • Joseph Smith funda o mormonismo
- **1869-70** • Primeiro Concílio Vaticano
- **1910** • Encontro de missionários em Edimburgo lança moderno ecumenismo
- **1948** • Cria-se o Conselho Mundial de Igrejas
- **1963-65** • Segundo Concílio Vaticano

tes têm ministros como dirigentes da Igreja, mas de modo geral sustentam a idéia de Lutero do "sacerdócio de todos os crentes".

Até uma geração atrás podia-se supor que quem se identificava como "católico", "metodista", "batista" etc. compartilhava uma ampla visão do mundo com outros da mesma denominação. Isso não é mais verdade. Questões como homossexualismo, ordenação feminina e aborto são amplamente debatidas nas congregações. Em muitas igrejas de hoje "fundamentalistas" e "liberais" opõem-se mutuamente.

Mas há também forças consideráveis que tentam enfatizar a unidade cristã, ou "ecumenismo". Desde 1948 o Conselho Mundial de Igrejas tenta reunir igrejas que aceitam Jesus Cristo como Deus e salvador. Esse organismo auxilia instituições como a ONU e realiza um amplo programa de ajuda a refugiados e vítimas de calamidades em todo o mundo.

Apesar das diferenças, dos desacordos e por vezes da hostilidade aberta e da violência que marcaram as relações interdenominacionais, todos os cristãos concordam hesitantemente sobre algumas questões, além da teologia e das Escrituras básicas da tradição. Todos sustentam que viver em comunhão e em fraternidade é uma condição vital para o culto cristão. Há acordo quanto às virtudes cristãs essenciais: "fé, esperança e caridade" (1 Coríntios 13:13) e quanto à crença de que uma vida vivida tanto quanto possível como uma imitação de Cristo é "o caminho cristão". Alguns críticos viram nas idéias cristãs de sofrimento paciente e de "dar a outra face" uma morbidade ou uma renúncia doentia ao mundo. No essencial, entretanto, o cristianismo afirma a vida. A encarnação de Deus como Cristo é simbolizada como luz na escuridão do mundo, e a Ressurreição é vista como uma afirmação jubilosa da esperança, demonstrando o amor de Deus por sua criação.

Uma igreja ortodoxa romena em Humor, na Moldávia. Embora esse tipo de exterior decorado seja exclusivo da Romênia, imagens sagradas são um traço distintivo da prática devocional ortodoxa oriental em geral.

"NO PRINCÍPIO"

A história de Jesus é preservada principalmente no Novo Testamento, nos quatro evangelhos de Mateus, Marcos, Lucas e João (ver pp. 68-9). Os evangelhos são vistos acima de tudo como proclamações sobre o "reino de Deus" e sobre Jesus como filho de Deus e redentor da humanidade. Mas de modo geral se concorda quanto ao fato de que Jesus nasceu durante o reinado de Herodes, o Grande (que governou Judá entre 37 e 4 a.C. como um reinado subordinado ao Império Romano), filho de uma mulher chamada Maria, casada com José, judeus piedosos, e de que ele foi criado em Nazaré, na Galiléia, no norte da Palestina.

Os relatos sobre o nascimento de Cristo nos evangelhos de Mateus e Lucas criam desde o início uma aura de mistério divino: um anjo, Gabriel, aparece para a donzela Maria e anuncia que ela irá milagrosamente conceber um filho divino por meio do Espírito Santo; três sábios, ou magos, viajam para o lugar onde Jesus nasce, seguindo uma estrela que, acreditam eles, os levará até o "rei dos judeus". Um anjo diz aos pastores que cuidam do rebanho naquela hora: "Para vocês nasceu hoje na cidade de Davi um Salvador, que é o Messias [Cristo], o Senhor" (Lucas 2:11).

JESUS E O JUDAÍSMO

O cristianismo atingiu seu maior êxito na conversão de não-judeus, mas surgiu da tradição do judaísmo. Jesus era judeu, assim como sua família e a maioria das figuras do Novo Testamento, que em grande parte reflete uma perspectiva cristã judaica. Sua mensagem se dirigia aos judeus, que formaram o núcleo de seus primeiros seguidores.

É difícil responder que tipo de judeu era Jesus. Ele esteve ligado em várias ocasiões a muitos dos diversos grupos que constituíam o judaísmo da época (ver p. 23). Certamente teve contato pelo menos com os fariseus, a quem os Evangelhos muitas vezes o mostram em oposição.

A história judaica é cheia de pretensos messias (ver pp. 28-9), e não foi a designação de Jesus como messias que levou à cisão entre seus seguidores e o judaísmo, e sim a abolição da natureza obrigatória da lei judaica (por exemplo, eles rejeitaram a insistência na circuncisão) e sua crença na divindade de Jesus. O judaísmo sustenta que, assim como o humano não pode ser divino, Deus não pode ser humano.

Apesar do triunfo final do cristianismo dos gentios (não-judeus), uma comunidade cristã judaica continuou existindo na Palestina por alguns séculos após a morte de Jesus.

A sinagoga de Cafarnaum, cidade que serviu de base a Jesus para sua pregação na Galiléia, foi erigida em c. do ano 300 no lugar da construção que ele teria conhecido. As sinagogas eram os centros de poder dos fariseus, com quem Jesus teve uma série de disputas sobre questões da lei judaica, como as regras sobre alimentação e a observância do sabá. Contudo, suas diferenças faziam parte do debate da época.

Entrada triunfal de Jesus em Jerusalém no final de sua pregação (à direita) e a Santa Ceia (à esquerda), última refeição com seus 12 principais discípulos antes da Crucificação. De um livro de cenas da vida de Cristo produzido em Constantinopla em c. 1650.

Os evangelhos relatam o batismo de Jesus adulto (ver p. 82) por João Batista, figura significativa e profética de quem se diz que preparou o caminho para a revelação da identidade de Cristo como Filho de Deus. O batismo marcou o começo da pregação de Jesus na Galiléia e em torno dela. Ao iniciá-la, ele se cercou de 12 discípulos principais, conhecidos como apóstolos (do grego *apostolos*, "mensageiro" ou "delegado" de Cristo), que depois de sua morte foram considerados seus sucessores e assumiram a responsabilidade pela disseminação da crença em Jesus como messias e redentor. As narrativas do Evangelho falam de Jesus como um profeta miraculoso. Descrevem milagres de cura e mortos se levantando, exorcismo de demônios, transformação da água em vinho, multiplicação de pães e peixes para alimentar uma grande multidão — atos que seus seguidores consideraram prova de seu messianismo.

A morte e a ressurreição de Jesus são tão significativas para a criação do cristianismo quanto seu nascimento e sua pregação. Há um largo consenso de que em Jerusalém, na época da festa judaica da Páscoa, Jesus foi traído por um de seus seguidores e preso. Interrogado pelas autoridades judaicas, ele foi levado perante o governador romano, Pôncio Pilatos, e julgado culpado de dizer-se rei dos judeus, uma alegação blasfema de acordo com a lei judaica e que para os romanos constituía traição. Jesus foi condenado à morte por crucificação, uma punição que os romanos impunham normalmente aos criminosos e traidores.

O movimento de Jesus, contudo, não morreu com seu líder. Logo depois da crucificação um pequeno grupo de judeus começou a proclamar que Jesus havia ressuscitado e que com essa ressurreição as esperanças messiânicas de Israel tinham sido preenchidas. Eles dificilmente poderiam prever o sucesso espantoso de sua pregação.

"CRISTO" E "CRISTÃOS"

"Cristo" é a tradução para o grego (*christos*) da palavra hebraica *mashiach* ("messias" ou "o ungido por Deus"). Embora inicialmente fosse apenas um título, ao identificar Jesus como messias a palavra logo se tornou parte do seu nome próprio, "Jesus Cristo". Daí seus seguidores terem sido chamados de "cristãos", palavra aparentemente usada pela primeira vez para designar os seguidores de Jesus em Antióquia, na Síria. O uso de Cristo como nome, e não como título, ocorre numa das mais antigas referências a Jesus por um não-cristão. O historiador romano Tácito escreve no século I sobre uma "superstição" comum entre os judeus de Roma, iniciada por um homem que ele grafa "Chrestos".

DOIS MILÊNIOS DE FÉ

Jesus e os discípulos no jardim de Getsêmani. Mosaico romano da Igreja de San Apollinare Nuovo, em Ravena, Itália (consagrada em 549). Cristo e seus 11 discípulos (Judas Iscariotes o havia traído) são representados com roupas de patrícios da aristocracia romana.

Nos anos que se seguiram imediatamente à Crucificação, a maioria dos que acreditavam em Jesus como messias eram judeus palestinos. Mas a partir de c. 40 isso mudou radicalmente, à medida que os cristãos levavam sua mensagem aos não-judeus. A história dessa missão começa com Saulo de Tarso, judeu da Diáspora que falava grego e era cidadão romano; ele usava um nome clássico, Paulo, assim como seu nome hebraico. Saulo/Paulo começou como perseguidor e participou do apedrejamento de Estêvão — reverenciado como o primeiro mártir cristão — em Jerusalém. Logo depois, a caminho de Damasco para prender outros seguidores de Cristo, ele teve uma visão de Jesus e se converteu (Atos 9:1-19 e 22:5-16). Paulo iniciou então uma missão zelosa, permanente e bem-sucedida para converter os gentios da Grécia e da Ásia Menor. Foi um dos primeiros a articular uma teologia cristã distinta da prática e da lei judaicas.

Em sua disseminação, o cristianismo dos primeiros tempos enfrentou muitos obstáculos. Os cristãos se recusavam a fazer sacrifícios às divindades greco-romanas ou a reconhecer o imperador romano como um deus como exigia a lei. Assim, o simples fato de ser cristão era considerado traição e muitos cristãos foram martirizados. Seu exemplo, entretanto, serviu como propaganda da nova religião e para unir os cristãos. A perseguição acabou efetivamente depois que o Édito de Milão (ano 313) do imperador Constantino decretou a tolerância em relação a todas as religiões. Em 392 Teodósio I declarou o cristianismo a única religião do império.

ORTODOXIA E HERESIA

As palavras "herético" e "heresia" (do grego *hairesein*, "escolher") referem-se a cristãos que optaram por divergir da doutrina e da crença ortodoxas. Para sobreviver e florescer, a Igreja antiga precisava formular um sistema uniforme de crenças e um cânone de textos fixo. A ortodoxia eclesiástica foi determinada por grupos de bispos e teólogos que se encontravam em concílios para discutir questões como celibato sacerdotal, o papel das mulheres, a autoridade das Escrituras e a forma da liturgia.

E mais importante: eles discutiam a Santíssima Trindade (ver p. 65) e como expressar a relação entre Deus e Cristo, uma questão complexa que está no centro das primeiras heresias, como o maniqueísmo, o marcionismo, o arianismo e o montanismo. O debate levou à formulação do Credo, uma declaração essencial na crença cristã, pelos concílios de Nicéia (ano 325) e Calcedônia (451).

O CISMA ORIENTE-OCIDENTE

A ruptura entre as Igrejas do Oriente (Ortodoxa) e do Ocidente (Romana) em 1054 marcou o fim de um processo gradual que tem suas raízes nas diferenças culturais entre o Império Romano do Ocidente, de fala latina, e o Oriente grecófono. Essa divisão foi reforçada por uma longa história de diferenças doutrinais que incluíram as controvérsias sobre a definição da natureza dual (humana e divina) de Cristo e sobre a devoção a ícones (em grego *eikon*, "imagem"), representações de figuras sagradas como Cristo, Maria e os santos. Durante várias décadas do século VIII dominaram os iconoclastas ("quebradores de imagens") do Oriente, que consideravam idolatria o uso de ícones nas igrejas, e incontáveis obras de arte sagradas foram destruídas. Porém, depois disso os ícones passaram a ser tratados no Oriente como algo não apenas simbólico mas intrinsecamente sagrado e capaz de conferir graça a seus devotos. Essa atitude não foi aceita no Ocidente.

O que finalmente dividiu a Igreja foi a questão da obediência ao papado romano. No Ocidente a autoridade eclesiástica suprema passou a caber ao papa, o bispo de Roma, cuja legitimidade remontava ao próprio Cristo por intermédio do apóstolo Pedro. No Oriente, contudo, a autoridade competia a um episcopado composto por todos os bispos. Os problemas chegaram ao auge em 1054, quando uma discussão sobre a recusa da comunidade bizantina do sul da Itália a prestar homenagem ao papa Leão IX levou à excomunhão da Igreja do Oriente, que retaliou com uma contra-excomunhão.

Cenas da vida dos santos Floro e Lauro. Ícone russo de Novgorod do início do século XVI.

O período inicial da história cristã freqüentemente é chamado "era patrística", numa referência aos *Patres Ecclesiae* ("Padres da Igreja"), os grandes teólogos cujas obras ajudaram a moldar o pensamento e a doutrina cristãos. Talvez o mais influente deles tenha sido Santo Agostinho (354-430), bispo de Hipona, no norte da África. Os bispos (do grego *episkopos*, "fiscalizador") tinham sido instituídos no início desse período para atuar como chefes espirituais das comunidades cristãs, sendo os de Roma, Antióquia, Jerusalém, Alexandria e Constantinopla considerados "patriarcas" da Igreja.

No final do século V o poder secular do Império Romano do Ocidente sucumbiu aos invasores germânicos. Na época, contudo, as igrejas do Ocidente e do Oriente bizantino continuaram unidas. Os Estados feudais que se desenvolveram posteriormente na Europa ocidental medieval organizaram-se de acordo com um sistema em que os elementos mais poderosos eram o monarca, a aristocracia e a Igreja. O Estado e a Igreja freqüentemente estavam em conflito, mas chegou-se ao consenso de que o monarca decidiria sobre as questões temporais, ao passo que o papa exerceria autoridade suprema sobre as questões espirituais. O problema da autoridade papal estaria no centro do primeiro grande cisma da Igreja, entre o Ocidente e o Oriente (ver o quadro acima).

MONASTICISMO

O fundador do monasticismo foi Santo Antão (c. 251-356), que viveu uma vida solitária de preces no deserto egípcio. Incontáveis outros seguiram seu exemplo, tornando-se eremitas isolados ou formando comunidades dirigidas por um abade ou abadessa. Essa renúncia à vida mundana passou a ser reverenciada como paradigma de virtude cristã.

Um famoso mosteiro antigo, em monte Cassino, perto de Nápoles, foi fundado por São Bento de Núrsia (480-550). Sua "regra" (conjunto de diretrizes espirituais e administrativas) foi a base do monasticismo ocidental durante séculos (e continua a sê-lo até hoje nos mosteiros beneditinos). Freiras e padres fazem votos de castidade e obediência e se dedicam sobretudo à oração e aos cânticos diários do Ofício Divino (ver p. 82). A regra de São Bento inclui normas quanto às horas de sono, o trabalho manual e as horas de leitura e refeição.

A CONTRA-REFORMA

A Reforma protestante incitou uma renovação do catolicismo romano conhecida como Contra-Reforma. Promovido pelo Concílio de Trento (1545-63), o movimento de reforma católico viu não só o fim de muitas das práticas (como a venda de indulgências) que tinham irritado os reformistas como também a criação de novas ordens, como a dos jesuítas (Companhia de Jesus), padres intelectualmente rigorosos que, sob a orientação de seu fundador, Inácio de Loyola (1491-1556), quiseram pôr nova ênfase na assistência pastoral e na obra missionária.

A Contra-Reforma também levou à reafirmação da supremacia dos sacerdotes, dos sacramentos e da autoridade do papado nas áreas em que ele continuou dominando. O novo otimismo dentro do catolicismo refletiu-se num grande florescimento da arte sacra.

Retrato de Martinho Lutero, líder do movimento de Reforma alemão, pintado em 1529 por um dos seus primeiros seguidores, o artista Lucas Cranach (1472-1553).

O cristianismo ocidental (romano) continuou a se expandir durante uma sucessão de Cruzadas, a partir de 1095 — expedições militares que visavam à expulsão dos muçulmanos que tinham invadido a Terra Santa, antes judaica e cristã. A interação com a civilização islâmica também pôs a cultura ocidental em contato, por meio da erudição árabe, com as tradições filosóficas da Grécia antiga, sobretudo com Aristóteles. Essa redescoberta trouxe vigor renovado à filosofia cristã, refletido na obra dos teólogos cuja abordagem coletiva é conhecida como "escolástica". O maior pensador escolástico foi provavelmente São Tomás de Aquino (1225-74) (ver p. 64), para quem as questões de razão, conhecimento e revelação estavam na dianteira da tentativa de conciliar os sistemas filosóficos antigos com a teologia cristã.

O florescimento medieval da erudição cristã coincidiu com o surgimento das universidades na Europa e com a reforma da longa tradição do monasticismo beneditino (ver p. 61). Essa reforma resultou no surgimento de várias ordens novas, assim como na formação das ordens mendicantes dos dominicanos e franciscanos, que originalmente tentaram levar uma vida pobre e humilde, numa imitação de Jesus e seus discípulos.

Antes do século XVI, John Wyclif (ou Wycliffe, 1330-84), na Inglaterra, e Jan Hus (1373-1415), na Boêmia, tinham começado a questionar a autoridade da hierarquia eclesiástica e a se opor ao que consideravam suas práticas corruptas. Os dois foram condenados como heréticos, mas suas críticas continuaram a receber apoio entre os leigos.

Em 1517, Martinho Lutero (1483-1546), frade agostiniano de Wittenberg, na Alemanha, afixou publicamente suas 95 "teses", declarações que criticavam Roma por vender "indulgências" — promessas de reduzir o tempo da pessoa no purgatório (ver p. 85). Apesar da oposição da Igreja, o movimento alemão de reforma ganhou velocidade e em poucos anos a divisão do cristianismo ocidental tinha se tornado irrevogável. Em 1529 os signatários de um protesto formal contra a repressão aos reformistas receberam o nome de "protestantes", e o nome pegou.

O protestantismo defendia essencialmente a autoridade das Escrituras sobre a de uma hierarquia eclesiástica. Reformadores radicais como Ulrich Zwingli (1484-1531) e João Calvino (1509-64) opuseram-se a certos aspectos da liturgia romana e ao celibato dos padres. Ao contrário dos que seguiram a idéia de Lutero de salvação pela fé e não pelos feitos, Calvino acreditava na predestinação: alguns fiéis eram destinados à salvação, outros não. Hoje a palavra "protestante" cobre uma grande proliferação de denominações (ver texto lateral, na página oposta).

Governantes seculares adotaram a causa da Reforma por várias razões. Muitos concordaram com as críticas dos reformadores; outros viram uma oportunidade de se apossar da riqueza da Igreja. As origens de uma das maiores seitas, a anglicana (a igreja da Inglaterra e suas afiliadas, como o episcopalismo), ligaram-se aos problemas conjugais do monarca Henrique VIII (reinado de 1509 a 1547), a quem o papa recusou o divórcio.

Com sua nova ênfase na santidade do casamento e da família, o protestantismo teve uma influência negativa sobre o monasticismo, e em muitas áreas reformadas os mosteiros e conventos quase desapareceram.

A era da Reforma e da Contra-Reforma (ver texto lateral, na página oposta) coincidiu com o início do colonialismo europeu. À medida que os europeus expandiram seus horizontes para as Américas e outros lugares, missionários empenhados em fazer "discípulos de todas as nações" (Mateus 28:19) tiveram um profundo impacto sobre a disseminação do cristianismo em todo o mundo. Embora continue até hoje, a atividade missionária foi alterada pelo ecumenismo, movimento que começou com um encontro missionário internacional e multidenominacional em Edimburgo, em 1910. O ecumenismo visava a promover a cooperação e o diálogo entre as denominações e encerrar séculos de desconfiança e hostilidade entre os cristãos de diferentes tradições.

À medida que o cristianismo entrou no período moderno, o Iluminismo do século XVIII, a Revolução Industrial e o surgimento do capitalismo industrial, bem como os avanços da ciência desde o século XVII, exerceram poderosas influências racionalistas e céticas sobre a fé. A urbanização e a secularização, particularmente no Ocidente, estiveram entre os fatores que mudaram os papéis e funções tradicionais desempenhados pela Igreja e sua comunidade em períodos históricos anteriores.

Contudo, como qualquer tradição religiosa viva, a vitalidade da fé cristã se evidencia num processo contínuo de reforma e pluralismo interno. Hoje, mais de 400 denominações identificam-se como cristãs.

Serviço na "Catedral de Cristal", uma moderna igreja protestante evangélica em Orange County, na Califórnia.

DENOMINAÇÕES PROTESTANTES

As principais igrejas organizadas do protestantismo incluem os luteranos, os batistas, os metodistas, os presbiterianos, os anglicanos (ou episcopais), a Sociedade dos Amigos (quacres), os menonitas, os mórmons e os cientistas cristãos. O anglicanismo tem a liturgia mais elaborada, baseando seu culto, em todo o mundo, no Livro de Oração Comum. Os batistas, uma das maiores igrejas protestantes (com muitos subgrupos), enfatizam a experiência religiosa pessoal e o batismo adulto. Entre outros grupos, os adventistas do sétimo dia celebram o sabá no sábado e adotam algumas leis de dieta do Velho Testamento. Denominações como a das testemunhas-de-jeová são chamadas de "milenaristas" porque acreditam que Cristo logo voltará para o combate apocalíptico do Armagedon, depois do qual reinará por mil anos.

O evangelismo é comum a várias igrejas protestantes. Os evangélicos normalmente se consideram "renascidos" em Cristo, enfatizam a conversão pessoal e com freqüência se dedicam a evangelizar o mundo. Os pregadores evangélicos têm uma orientação fortemente bíblica.

Estimulado pelos evangélicos da televisão e pelas missões em todo o mundo, um dos movimentos que mais crescem é o pentecostalismo, fenômeno relativamente prestigiado também entre os católicos romanos. Ele enfatiza muito o evangelismo (proclamação da palavra de Deus) e é essencialmente carismático, ou seja, consideram-se as experiências extáticas, como falar em línguas desconhecidas, um elemento vital do culto. A palavra "pentecostalismo" refere-se à descida do Espírito Santo entre os apóstolos no dia de Pentecostes (Atos 2:1-4).

O VERBO FEITO CARNE

"No princípio era o Verbo, e o Verbo estava com Deus, e O Verbo era Deus [...] E o Verbo se fez carne e habitou entre nós, e vimos sua glória." Embora os eruditos modernos possam contestar a autenticidade e a autoria das linhas iniciais do Evangelho de João, poucos questionariam sua importância para a compreensão das origens do cristianismo.

Elas fazem eco ao começo da Bíblia hebraica, o Velho Testamento cristão — "No princípio Deus criou o céu e a terra" (Gênesis 1:1) —, mas também revelam uma diferença crucial entre o cristianismo e sua religião paterna, o judaísmo. Aqui, nas palavras de João, a divindade é criada sob a forma de carne, na natureza humana de Jesus de Nazaré, e essa pessoa divina é vista como o Filho de Deus, redentor da humanidade.

Santo Agostinho prega a seus discípulos. Ilustração inglesa de c. 1100 para a obra de Agostinho De civitate Dei *("A cidade de Deus").*

REVELAÇÃO E VERDADE

A teologia cristã é um assunto extremamente complexo e tem muitas formas e métodos — teologias natural, prática, sistemática, mística, pastoral, especulativa e, mais recentemente, teologia da libertação (ver p. 87), para citar apenas algumas. Mas ela pode ser dividida *grosso modo* em dois tipos: dogmática e moral. A teologia dogmática, a ciência das verdades teóricas de Deus, busca estabelecer doutrinas e artigos de fé fundamentais. Recorrendo às Escrituras e à tradição, a teologia dogmática trata geralmente de questões relativas ao conceito de Santíssima Trindade (ver quadro, na página oposta). A teologia moral, embora baseada no dogma cristão, é a ciência das verdades morais práticas e visa a explicar as leis divinas e a relação da humanidade com Deus.

A investigação teológica cristã tem uma história dinâmica que remonta aos primeiros tempos da Igreja. A partir de um tema básico que permite desdobramentos — "a natureza de Deus" —, os teólogos tratam sistematicamente de uma ampla série de questões pertinentes aos interesses doutrinais, como a "cristologia" (estudo da pessoa e da natureza de Jesus); a "mariologia" (estudo do papel de Maria na Encarnação), a "soteriologia" (revelação relativa à redenção e à salvação) e a "escatologia" (revelação referente ao fim do mundo).

Há discurso teológico no Novo Testamento, mas a disciplina distinta da teologia surgiu apenas com os "Padres da Igreja", como Santo Agostinho, que foi a fonte das idéias cristãs básicas de que a humanidade sofre de uma doença moral hereditária derivada do pecado original de Adão (ver p. 74) e de que apenas a graça de Deus pode oferecer a salvação.

Mais tarde, com o desenvolvimento das universidades européias na Idade Média, a teologia foi alçada ao cume dos estudos como "rainha das ciências". Esse foi o período da teologia "escolástica", um modo sistemático de extrair conclusões teológicas baseadas em "silogismos" (raciocínio dedutivo). O teólogo escolástico mais importante foi São Tomás de Aquino (1225-74), autor da *Suma teológica*, obra de grande influência que tenta sintetizar a razão e a fé à luz da redescoberta da filosofia grega antiga, sobretudo a de Aristóteles, empreendida pela Europa ocidental por meio da erudição muçulmana. Influentes até no catolicismo moderno, o estudo e a continuação da obra de São Tomás são conhecidos como "tomismo".

Depois das reformas protestantes e do Iluminismo a investigação teológica diversificou-se e à pluralidade do pensamento acrescentou-se o surgimento de diversas perspectivas denominacionais. A razão crítica e os avanços científicos desafiaram ainda mais o pensamento teológico. Friedrich Schleiermacher (1768-1834), saudado como fundador da teologia protestante, sustentou que a teologia não podia ser circunscrita pela razão e pela moralidade, mas apenas pelo sentimento humano de dependência de um ser infinito. Ludwig Feuerbach, autor de *A essência do cristianismo* (1814), afirmava que Deus é uma projeção mental cujo objetivo é responder a esperanças humanas e satisfazer a necessidades humanas. No século XX Paul Tillich (1886-1965) viu a teologia no contexto do mundo moderno, sustentando que a fé cristã é um dos vários modos de lidar com a "relação fundamental" entre a existência e Deus. Acima de tudo, a história da teologia cristã é uma sucessão complexa de traduções, interpretações e reconstruções diversas dos mistérios da fé.

A SANTÍSSIMA TRINDADE

A Trindade é uma doutrina fundamental do cristianismo e tem desafiado os teólogos ao longo da história da religião. Ela sustenta que há um único Deus, mas que Ele se compõe de três pessoas — Pai, Filho e Espírito Santo — adoradas como uma unidade. A idéia de Deus como "um em três e três em um" continua sendo um dos mistérios mais sagrados para as Igrejas oriental e ocidental.

É consenso entre a cristandade que a Bíblia não contém ensinamentos explícitos sobre a Santíssima Trindade. Os evangelhos de Mateus, Marcos e Lucas enfatizam a humanidade de Cristo, ao passo que o de João destaca sua divindade. Os primeiros teólogos ressaltavam entusiasticamente a natureza divina de Jesus, mas debatiam como o cristianismo poderia continuar monoteísta se Jesus e Deus teriam de ser considerados divinos. Já no século II Tertuliano (155-222) usou o termo "trinitas" ("trindade", em latim) no discurso teológico, ensinando que Deus é "uma substância" formada por "três pessoas". Orígenes (185-254) insistiu em que a fé cristã se baseia na unidade de um Deus transcendente (que criou a humanidade), coeterno com o Filho (que redimiu a humanidade) e o Espírito (que a santificou). No século IV os teólogos consolidaram a situação ortodoxa de Deus como três pessoas numa única natureza e colocaram essa doutrina nas primeiras linhas da declaração de fé conhecida como o "Credo de Atanásio".

Os Padres Capadócios — teólogos da Ásia Menor cujos textos a ortodoxia oriental ainda considera vitais e doutrinariamente válidos — discordaram quanto à questão da geração do Filho e da "procedência" do Espírito Santo. Um tema doutrinal central no cisma Oriente-Ocidente (ver p. 61) foi a insistência do Oriente em que o Espírito "procedeu" (originou-se ou surgiu) do Pai *pelo* Filho, ao passo que o Oriente defendia a processão a partir do Pai *e do* Filho.

A Santíssima Trindade, *do pintor húngaro conhecido como Mestre da Trindade. Deus, o Pai, entronado, segura o Filho crucificado, sobre cuja cabeça paira o Espírito Santo na forma de uma pomba branca. Os teólogos medievais comparavam a Santíssima Trindade às três faculdades humanas da memória, do intelecto e da vontade, presentes numa personalidade.*

UMA UNIÃO MÍSTICA

O misticismo cristão é essencialmente teísta, ou seja, centra-se na realidade transcendente de Deus e enfatiza o amor divino. De modo geral ele reflete a relação divina com a alma. Os escritos de místicos cristãos costumam ser divididos em duas vertentes: a discussão intelectual da filosofia mística e as descrições de experiências do misticismo prático. Independentemente do tipo, um tema comum na literatura mística cristã é a inexprimibilidade ou inefabilidade da união mística com Deus. O misticismo filosófico analisa a natureza da união divina; já o misticismo prático tende a usar a linguagem metafórica para descrever a experiência em si.

Embora as narrativas pessoais da experiência mística cristã variem bastante, todos os místicos cristãos descrevem de algum modo uma consciência direta da presença de Deus, que os eruditos e os teólogos costumam definir como "união mística" (em latim "*unio mystica*") com

"MISTICISMO INCORPORADO"

A literatura mística cristã relata várias experiências espirituais "incorporadas" como: a aparição física de Cristo ou de Maria; a audição da voz de Deus ou de anjos; a gravidez mística pela devoção ao Menino Jesus.

Existem relatos de devotos que atingiram o êxtase místico acompanhado de manifestações físicas como desmaio, levitação, acessos de choro e transe. Esses estados supostamente surgem da atividade divina na alma e são acompanhados de perda ou de intensificação dos sentidos. No século XIII, quando a devoção ao Cristo sofredor era intensa, São Francisco de Assis (1182-1226) tornou-se o primeiro místico a receber a *stigmata*, as marcas das cinco chagas de Jesus crucificado.

No século XVI, a espanhola Santa Teresa de Ávila, mística, reformadora e organizadora da ordem das carmelitas, sustentava que a experiência extática era um dos estágios no caminho da união mística com Deus. Seus textos autobiográficos e o tratado sobre o caminho místico, *O castelo interior*, foram escritos durante a época tumultuada da Inquisição espanhola e por isso apresentam apenas descrições cautelosas dos estágios do êxtase e do enlevo.

O êxtase de Santa Teresa, *de Gian Lorenzo Bernini (1598-1680). A escultura retrata o que Teresa chamava de "transverberação": a experiência da perfuração da alma pelo amor de Deus (representado aqui com as feições de Cupido).*

Deus. A união mística freqüentemente envolve uma ampla preparação, um caminho de vida que começa com um "despertar", seguido de um período de purgação, uma "iluminação" e finalmente a experiência da união. Para outros é uma experiência transcendente que chega de súbito, sem preparação, mas transforma a vida.

As raízes da mística cristã estão nas Escrituras. Paulo, sobretudo, ensinou que pelo amor a Cristo o cristão pode vivenciar a presença de Deus. Mas, embora o misticismo do início do cristianismo incluísse um destacado elemento contemplativo, era essencialmente intelectual e filosófico e recorria ao pensamento grego e romano. Por exemplo, o filósofo pagão Plotino (205-270) escreve longamente sobre a idéia do Absoluto, sustentando que a renúncia ao mundo e a contemplação ofereciam o caminho mais perfeito para a união com Deus. Agostinho (354-430), tentando conciliar a filosofia grega com a teologia cristã, via Deus como o centro de toda a realidade, transcendendo o pensamento e o ser concreto. O primeiro a usar a expressão "teologia mística" foi o escritor conhecido como Pseudo-Dionísio, o Areopagita (c. 500), que colocou num plano intelectual o ascetismo do início do cristianismo. Ele falou sobre a presença divina oculta e afirmou que só se atingia o conhecimento de Deus com a negação de si mesmo acompanhada do esvaziamento da mente pelo afastamento de todos os pensamentos.

A Igreja medieval assistiu a um florescimento da experiência mística. Os místicos se perceberam como instrumento de Deus, e, embora vivessem vidas contemplativas, papas e governantes seculares pediam seu conselho. Os vários místicos famosos do período incluem a notável Hildegarda de Bingen (1098-1179), abadessa alemã que relatava suas visões proféticas e apocalípticas usando símbolos alegóricos. O místico francês São Bernardo de Claraval (1090-1153) usou as imagens bíblicas do Cântico dos Cânticos para representar a união da alma com Cristo como um casamento metafórico. Na Itália, São Francisco de Assis (1182-1226), fundador da ordem dos franciscanos, praticou um misticismo baseado na "imitação de Cristo" (ver também o quadro da página oposta). Juliano de Norwich (1342-c. 1415), um dos muitos místicos medievais ingleses, centrou-se na infinidade e incomensurabilidade do amor divino e empregou a metáfora de Cristo como mãe.

Depois da Reforma, as opiniões dos protestantes sobre o misticismo foram geralmente negativas, mas alguns deles, como Jakob Boehme (1575-1624), relataram experiências de união mística com Deus.

Mais recentemente, os místicos recorreram a tradições místicas fora do cristianismo. Thomas Merton (1915-68), por exemplo, inspirou-se no budismo. O apelo do misticismo continua vibrante, pois os cristãos ainda encontram inspiração em seus esforços para comunicar o profundo e intenso mistério da união da alma com Deus.

A PRECE DE JESUS

O misticismo contemplativo é fundamental na ortodoxia oriental e se baseia numa técnica meditativa para a união com Deus que envolve a constante repetição da Prece de Jesus: "Senhor Jesus Cristo, tende piedade de mim, um pecador". A prece, do século V, ainda é recitada nas igrejas ortodoxas.

A prática devocional de repetir a Prece de Jesus chama-se "*hexychasm*" (da palavra grega para "quietude"). Os praticantes dizem que ela produz um estado de tranqüilidade espiritual em que eles têm uma experiência de sabedoria sagrada, uma participação na natureza de Deus. Um famoso santo e místico grego, Gregório de Palamas (1296-1359), foi um dos que relataram essa comunhão direta com o divino.

Fazendo essa prece o devoto também espera ter a experiência de uma visão da Luz Divina, imaginada como igual à luz da Transfiguração (Mateus 17:1-9 e passagens análogas em Marcos e Lucas).

Gravura do século XVII que mostra Jakob Boehme, um dos místicos protestantes mais importantes. Luterano, Boehme afirmou ter experimentado o conhecimento da natureza da Trindade (ver p. 65).

IDIOMAS DA BÍBLIA

A Bíblia hebraica (o Velho Testamento cristão), originalmente escrita sobretudo em hebraico, foi traduzida para o grego no século III a.C. para o uso dos judeus da Diáspora que falavam grego. Essa versão, "dos Setenta" ou "Septuaginta", foi considerada confiável pela Igreja antiga e continua a sê-lo para a Igreja Ortodoxa Grega. O Novo Testamento foi escrito em grego.

Depois do estabelecimento do cânone o papa contratou o bispo Jerônimo da Dalmácia (340-420) para traduzir a Bíblia cristã para o latim, idioma do cristianismo ocidental. A obra de Jerônimo (382), a Vulgata (do latim *Versio Vulgata*, "tradução comum"), foi a Bíblia padrão para a cristandade romana até a Reforma e continua sendo a fonte oficial das traduções católicas.

O latim tinha deixado de ser falado na Idade Média, quando apenas os sacerdotes e os leigos instruídos podiam ler a Bíblia. Comentários, paráfrases e até bíblias inteiras surgiram em vários idiomas, mas foi só com a Reforma que as bíblias vernaculares proliferaram, com a insistência das igrejas protestantes em que as Escrituras fossem acessíveis a todos. Hoje todos os ramos do cristianismo incentivam os fiéis a ouvir e ler a Bíblia em sua língua nativa, e ela foi traduzida para mais de 2 mil línguas.

O CÂNONE CRISTÃO

Os cristãos consideram que a Bíblia foi inspirada por Deus e é o texto mais sagrado do cristianismo. Ela se compõe de duas partes: o Velho Testamento, essencialmente a Bíblia hebraica (ver pp. 30-31), que representa a primeira aliança ("testamento") de Deus com a humanidade; e o Novo Testamento, a aliança com Jesus Cristo, na qual se cumprem as promessas de Deus a Israel. Os 27 livros do Novo Testamento, compostos no século seguinte à morte de Cristo, registram seu nascimento, ministério, paixão ("sofrimento") e ressurreição. Contêm também os Atos dos Apóstolos, com um relato da missão de Paulo entre os gentios, e cartas de Paulo e outros (ver quadro na página oposta). O último livro, Apocalipse, é uma visão profética sobre o fim dos tempos.

O núcleo da compilação é formado por quatro "evangelhos" (palavra do inglês antigo que traduz o termo grego *euaggelion*, "boa notícia") atribuídos a autores chamados Mateus, Marcos, Lucas e João (os "evangelistas"). Desde o fim do século XVIII os eruditos se referem aos três primeiros evangelhos como "sinópticos" ("vistos conjuntamente"), porque, quando observados um depois do outro, percebe-se que têm muitas semelhanças de forma e conteúdo. O Evangelho de João, ou o "Quarto Evangelho" (c. 95), é bastante diferente em estilo e tom.

Os cristãos e os judeus compartilham a maioria dos textos da Bíblia hebraica, mas nos primeiros tempos a Igreja reordenou-os para que o Velho Testamento se concluísse com os livros dos profetas. Assim, o Velho Testamento termina com o livro de Malaquias, cuja referência ao profeta Elias como precursor do messias foi interpretada pelos escritores do Evangelho como uma alusão a João Batista (Mateus 11:7-15 e Lucas 1:16-17).

Capa de prata esmaltada para o Evangelho feita na Armênia em 1658. À direita, a capa, propriamente dita, representa Deus entronado acima do Templo, com retratos de profetas do Velho Testamento; à esquerda, a contracapa mostra Jesus diante do Templo e imagens dos 12 discípulos.

O cânone do Novo Testamento se compõe de textos que a Igreja antiga considerava inspirados por Deus e via como os que melhor comunicavam a experiência religiosa dos cristãos. Não eram obra de um único indivíduo ou concílio da Igreja, mas evoluíram passo a passo durante vários séculos. Já em 160 o teólogo Tertuliano usava as palavras "Novo Testamento" para se referir a uma reunião de textos do século I que evocavam Cristo. Mas foi só no início do século V que os 27 livros do atual Novo Testamento tiveram aceitação universal.

Desde o início, a Igreja reconheceu alguns textos como "apócrifos" (literalmente: "escondidos"), significando que eles tinham mérito histórico ou espiritual especial mas não deviam ser considerados revelação divina. A aceitação de alguns desses textos é fonte de discordância entre as igrejas protestante, católica e ortodoxa.

A Bíblia está aberta a uma ampla série de interpretações e já foi usada para justificar práticas opostas, tais como poligamia e monogamia. Para muitos cristãos, particularmente os que pertencem a congregações fundamentalistas, a Bíblia é toda ela revelação: cada palavra é inspirada por Deus e portanto literalmente verdadeira e destituída de erro. Algumas comunidades têm uma interpretação mais alegórica. Existem eruditos que lêem a Bíblia como literatura e usam métodos de crítica literária para compreender o seu mérito, tentando desenrolar os fios de autoria e gênero. A interpretação bíblica também se relaciona diretamente com o estilo de tradução, uma tendência que remonta à Bíblia alemã de Martinho Lutero e até a antes. Novas traduções (ver texto lateral, na página oposta) continuam a refletir a variedade de perspectivas interpretativas.

Edição impressa (1561) da Bíblia de Martinho Lutero. A Igreja Católica acusou o reformador de "traduzir erroneamente" algumas passagens para refletir a doutrina luterana, por exemplo as palavras de Paulo sobre justificação pela fé (Romanos 3:28).

AS CARTAS DO NOVO TESTAMENTO

O gênero literário da epístola, ou carta, é um elemento importante nos textos que constituem o Novo Testamento. Embora os Evangelhos sejam narrativas referentes aos acontecimentos da vida e dos ensinamentos de Jesus, as cartas são comunicações públicas dirigidas às novas comunidades de convertidos (quatro são dirigidas a indivíduos). Elas eram efetivamente um meio de levar adiante a atividade missionária. Por isso, empregavam freqüentemente o estilo retórico da época e eram lidas em voz alta nos sermões.

As cartas também forneciam um meio de responder aos oponentes dos cristãos. Embora se refiram a situações específicas, os teólogos que decidiram o cânone do Novo Testamento perceberam nelas uma qualidade atemporal e tão essencial à formação da fé como os Evangelhos e os Atos.

O núcleo das Epístolas são treze cartas "paulinas" atribuídas tradicionalmente a Paulo (embora especialistas hoje questionem a autoria de algumas delas). Originalmente escritas em grego, como o restante do Novo Testamento, elas refletem a missão de Paulo nas comunidades gentias e estabelecem sua autoridade como apóstolo de Cristo. As duas cartas para Corinto, na Grécia, esboçam suas opiniões sobre questões doutrinais e éticas daquela comunidade, como a natureza da Ressurreição, o celibato e a ingestão de alimento sacrificado para um deus pagão.

Na carta aos gálatas (comunidade cristã da Ásia Menor), Paulo afirma que um gentio não precisa ser circuncidado para se tornar cristão. Com isso, marcou uma importante divergência na prática cristã em relação à herança judaica.

MÁRTIRES, SANTOS E ANJOS

No cristianismo, homens e mulheres cuja vida seja considerada de extrema virtude ou que tenham morrido como mártires são reverenciados como "santos" (do latim *sanctus* ou *sancta*, que significa "sagrado" ou "sagrada"). A veneração a esses indivíduos envolve evocá-los e também reverenciar e tentar imitar a espiritualidade de uma vida que exemplificou ideais religiosos e morais. As práticas associadas à devoção aos santos incluem ofertas, invocações, promessas e pedidos de curas e milagres. Por residirem no céu, próximos a Deus, acredita-se que os santos tenham o poder especial de interceder junto a ele em nome do solicitante. A vene-

Ícone cretense da Virgem com o Menino, datado do século XVI. A reverência especial da Igreja oriental a Maria reflete-se no Akathistos, *hino do século V ainda usado no culto, e no seu título grego,* Theotokos *("Portadora de Deus").*

A VIRGEM MARIA

Pelos séculos afora um culto popular de veneração de Maria, mãe de Cristo, se expandiu nas vertentes oriental e ocidental do cristianismo. A devoção a Maria desenvolveu-se primeiro no Oriente, sendo registrada já no século IV. Mais tarde, o Segundo Concílio de Nicéia (787) determinou que, embora só se pudesse adorar plenamente a Deus, o grau de veneração devido a Maria era mais alto que o dos outros santos.

Na Igreja ocidental a veneração de Maria desenvolveu-se bem mais tarde, mas ainda é especialmente vibrante na Igreja Católica Romana. No século XII costumavam chamá-la apenas "Nossa Senhora" ou "Minha Senhora" (Notre Dame, Madonna), e centenas de igrejas foram consagradas a ela. Durante séculos os teólogos debateram doutrinas como a da "Imaculada Conceição" (segundo a qual Maria, assim como Cristo, foi concebida sem pecado; ver p. 74) e a da "Assunção", pela qual ela subiu fisicamente ao céu. Nos tempos modernos há muitos exemplos de aparições de Maria em lugares como Fátima, em Portugal (ver p. 76).

A devoção a Maria, como a dedicada a outros santos, baseia-se nos seus poderes de intercessão. A fé nesses poderes surge da crença de que seu filho, Jesus, não pode recusar um pedido da mãe. Existem inúmeras histórias da compaixão de Maria pelos que invocam seu nome. Por essa razão, ela freqüentemente é retratada como a mãe misericordiosa e benevolente de todos os seus devotos.

No protestantismo, Maria não é venerada, sendo honrada como a mãe de Cristo, mas não ocupa uma posição tão importante quanto na ortodoxia oriental ou no catolicismo romano.

ração dos santos envolve uma relação recíproca: o fiel declara lealdade e devoção, e em troca o santo oferece proteção e intercessão.

A devoção aos santos começou no período da perseguição no Império Romano. A crença nos poderes de sua intercessão foi uma extensão cultural das práticas greco-romanas, em que se acreditava que os que tiveram morte heróica exerciam poderes sobrenaturais. A palavra "mártir" (do grego *marturos*) significa "testemunha" (de Cristo), e as mulheres e os homens que enfrentaram a morte nesse período foram exemplos e heróis do início do cristianismo. Os nomes dos mártires desse período, como Perpétua e Felicidade (ambas mortas em 203), foram incluídos na liturgia de antigas comunidades. Séculos depois seus restos seriam venerados como relíquias e testemunho do período de estabelecimento da fé. Os corpos dos primeiros mártires e santos foram enterrados em altares de igrejas, e não em cemitérios.

Curas, exorcismos e milagres diversos se associaram à reverência aos restos mortais dos santos, e à medida que essa prática aumentou, a partir do século IV e pela Idade Média, cresceu também a procura por relíquias sagradas: ossos e outros objetos ligados ao santo. Sob a orientação dos líderes da Igreja, a cristandade tornou-se uma rede de sepulturas sagradas e "relicários" (santuários com relíquias). Durante muitos séculos a devoção a uma série de santos foi elemento fundamental do culto público e privado. Um calendário de dias santos fornecia aos devotos um guia diário para a meditação.

A devoção popular aos santos foi fundamental para o cristianismo medieval. Às relíquias dos santos somaram-se relatos escritos, ou "hagiografias" (do grego *hagios* ou *hagia*, "santo", e *graphia*, "escrito") de sua vida e milagres, que incentivaram a devoção aos santos e apresentaram suas relíquias como instrumentos vivos do poder divino. Particularmente popular foi a *Legenda áurea*, uma coletânea de histórias de milagres escrita no século XIII por Jacopo de Varazze (ou Voragine). Mais tarde, no século XVIII, a obra *Vidas dos santos*, de Alban Butler, incluiu 2.565, dispostos de acordo com a inserção de seus dias festivos no calendário.

Alguns santos só eram venerados localmente, ao passo que outros o eram por toda parte. Entre estes os mais destacados são Maria (ver quadro, na página oposta) e seu marido, José, o carpinteiro. Descrito nos Evangelhos como

Relicário do Vaticano, de prata, banhada a ouro e bronze. Feito para o papa Pio II (que pontificou de 1458 a 1464) para abrigar relíquias supostamente de Santo André Apóstolo, incorpora mais de 200 pedras preciosas e semipreciosas.

"justo" (Mateus 1:19), José é reverenciado como marido compassivo e atencioso, e por ter protegido o menino Jesus, que Maria concebeu por obra do Espírito Santo. A devoção e a obediência a Deus são aspectos essenciais desse caráter exemplar.

À medida que as práticas de devoção aos santos se expandiram e desenvolveram, o mesmo aconteceu com a idéia de "santos patronos". De acordo com essa noção, a vida e as lendas dos santos, e os milagres a eles atribuídos, passaram a ser considerados evidência de ajuda especializada. Assim, Santa Luzia (morta em 304), de quem se disse que teve os olhos milagrosamente recuperados depois de ter sido cegada por seus perseguidores, tornou-se patrona dos doentes dos olhos. A ajuda de São Sebastião, soldado romano que se recuperou de ferimentos de flechas, era buscada para a proteção contra a peste e outras doenças, que na época greco-romana eram consideradas causadas pelas flechas dos deuses (posteriormente Sebastião sofreu um penoso martírio).

Como protetor de Cristo, José, marido de Maria, veio a ser venerado como patrono da Igreja universal (desde 1870) e dos pais, carpinteiros e trabalhadores. Por se acreditar que ele morreu em paz, algum tempo antes da Crucificação, na companhia de sua amada família, José também é considerado santo patrono dos agonizantes.

As associações e comunidades religiosas freqüentemente escolhem um santo como patrono especial, e é costume do catolicismo romano dar aos

CANONIZAÇÃO

O processo católico romano para acrescentar novos indivíduos à lista oficial de santos é conhecido como "canonização". Embora o papa mantenha o direito exclusivo de conferir santidade, no Vaticano um grupo de especialistas na lei eclesiástica examina todas as provas referentes a qualquer candidato à canonização. O processo, complexo e extenso, permanece praticamente o mesmo há 400 anos, embora tenha sido bastante acelerado desde a ascensão do papa João Paulo II em 1979. Primeiro a vida do candidato é submetida a uma rigorosa investigação, para averiguar sua reputação de santidade e ortodoxia. Verificam-se os registros de sinais divinos — acontecimentos inexplicáveis que podem ser considerados milagres. Então a pessoa santa é "beatificada" (declarada "bem-aventurada") e se permite a veneração local. Provas subseqüentes de que Deus continuou a atuar por meio da intercessão da pessoa beatificada levam à repetição do processo. No final dele o papa pode declarar o candidato santo, digno de veneração universal.

A canonização é relativamente rara, tendo surgido apenas cerca de 300 novos santos nos últimos oito séculos. Ao longo dos anos o Vaticano também descanonizou vários santos por constatar que as provas que respaldaram sua santificação tinham sido deficientes. Entre eles figuram alguns muito populares e conhecidos, como São Jorge e São Cristóvão.

São Miguel Arcanjo, ícone russo da escola de Stroganov, c. 1600. Reverenciado como protetor da Igreja contra as forças do mal, Miguel freqüentemente é representado como guerreiro.

filhos nomes de santos, acreditando que isso lhes garantirá seu amparo e proteção especiais.

Os fiéis ortodoxos orientais veneram um número bem menor de santos, e sua devoção tende a se concentrar nos Padres da Igreja (ver p. 61) e nos primeiros mártires, cujos ícones são abundantes nas igrejas e nos lares. As igrejas protestantes reverenciam sobretudo os profetas do Velho Testamento e os apóstolos, mas consideram a veneração dos santos uma prática idólatra e só admitem os poderes de intercessão de Cristo. Contudo, as denominações anglicana e luterana recomendam alguns nomes para lembrança e agradecimentos.

A Igreja Católica Romana é a única denominação cristã com um procedimento formal para identificação de santos (ver quadro, na página oposta) e impõe regulamentos específicos para seu culto. Embora se incentive a veneração de santos, nem eles nem suas relíquias podem ser objeto de adoração, reservada apenas às pessoas da Santíssima Trindade (Pai, Filho e Espírito Santo).

ANJOS

O título de santo é usado para muitos anjos — seres sobrenaturais que supostamente residem no céu e têm poderes extraordinários. Os anjos aparecem com freqüência na Bíblia, onde louvam a Deus e protegem os fiéis. Mas os anjos bíblicos, como indica seu nome (do grego *aggelos*, "mensageiro"), atuam principalmente como mensageiros de Deus, intermediários entre o céu e a terra; entre eles estão os arcanjos ("anjos principais") Gabriel, Rafael e Miguel. No Velho Testamento os anjos anunciam o nascimento de Ismael, Isaac e Sansão, e nos Evangelhos anunciam o de João Batista e de Jesus e também proclamam a Ressurreição e admoestam José de Nazaré em seus sonhos.

No início do século VI o escritor Pseudo-Dionísio, o Areopagita, fala dos anjos como parte de uma hierarquia de forças celestiais, cada uma com uma função cósmica específica. Encarregados de supervisionar aspectos das questões humanas, os anjos agem como salvadores, admoestadores e incentivadores. A idéia do anjo da guarda — anjo protetor designado por Deus para cada pessoa — deriva das Escrituras (sobretudo Salmo 91:11) e também da crença greco-romana nas divindades protetoras. No catolicismo romano, 2 de outubro é o dia de festa dos anjos da guarda, e a festa de São Miguel cai no dia 29 de setembro (celebrado pelos anglicanos como a festa de São Miguel e Todos os Anjos).

O interesse pelos anjos é amplo e encontrado atualmente em todos os ramos do cristianismo, mas de modo geral o protestantismo minimizou a crença no seu poder sobrenatural e até na sua existência.

O CAMINHO DE CRISTO

Ao longo da história do cristianismo houve pouca variação nos princípios fundamentais destinados a guiar os devotos no caminho cristão de vida. As injunções éticas cristãs freqüentemente assumem a forma de imperativos divinos ou mandamentos. As fontes confiáveis para a ética cristã são essencialmente os Dez Mandamentos, que Moisés supostamente recebeu de Deus no monte Sinai (Êxodo 20:2-17; Deuteronômio 5:6-21), e as pregações de Jesus. Em ambos os casos as fontes das Escrituras permaneceram relativamente invariáveis, embora os católicos romanos e os luteranos por um lado e as Igrejas ortodoxa oriental e protestante reformada por outro difiram ligeiramente em seu ordenamento dos Dez Mandamentos. A interpretação das Escrituras também variou em contextos históricos, sociais e geográficos diferentes e de uma denominação para outra. O mesmo conjunto de princípios foi usado, por exemplo, para justificar no passado a manutenção do *statu quo* pela Inquisição e atualmente a promoção de um programa social radical pelos teólogos da libertação (ver p. 87).

Os Dez Mandamentos, ou Decálogo ("Dez Palavras" ou "Dez Ditos"), enunciam obrigações religiosas e sociais fundamentais, e na Bíblia são explicitamente a palavra de Deus. Abrangem a relação correta do indivíduo com Deus, com seus pais, a esposa e a comunidade. Os quatro primeiros mandamentos tratam da relação do indivíduo com Deus — deve-se adorar apenas a Deus (evitando a idolatria), respeitar o sábado e honrar o nome de Deus. Em seguida a uma admoestação para que se honrem os pais, os cinco últimos mandamentos centram-se no comportamento ético

PECADO E VIRTUDE

Os primeiros teólogos cristãos interpretaram a desobediência de Adão e Eva à ordem divina de não comer do fruto de uma das árvores do Jardim do Paraíso (Gênesis 2:17) como a perda da graça pela humanidade e como símbolo da inadequação humana diante da liberdade moral. De acordo com Paulo, ao sucumbir à tentação Adão introduziu o pecado no mundo; Agostinho desenvolveu essa idéia na doutrina do "pecado original", pela qual todo ser humano (exceto Cristo e Maria; ver p. 70) herda de Adão a tendência para o pecado. Essa doutrina continua válida no catolicismo romano.

O cristianismo medieval reconheceu os Sete Pecados Capitais — orgulho, cobiça, luxúria, ira, gula, inveja e preguiça — como fonte dos demais pecados. Considerou-se que o orgulho estava no fundo de todos os defeitos, o que é atestado num texto apócrifo que diz: "O início do orgulho é pecado" (Eclesiástico 10:13). Os sete pecados foram personificados em sermões, nas artes plásticas, na literatura religiosa, sendo freqüentemente apresentados em luta contra seus opostos: humildade, generosidade, castidade, brandura, temperança, amor fraterno e diligência.

Prudência, temperança, fortaleza e justiça são as Virtudes Cardeais ("essenciais"), ao passo que "fé, esperança e caridade" (como disse Paulo em Coríntios 13:13) são as Virtudes Teologais. Estas constituem o que Atos 9:2 chama de Caminho (cristão). Em geral, concorda-se que a principal virtude cristã, como diz Paulo, é o amor — a Deus e a nossos semelhantes.

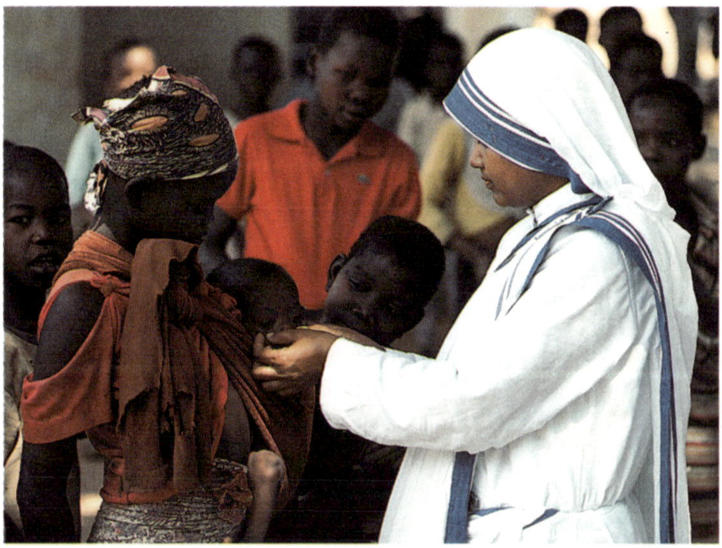

Uma das Missionárias da Caridade, irmandade católica romana fundada na Índia pela freira albanesa madre Teresa (1910-97) e voltada para a ajuda aos doentes e destituídos, trata de jovens vítimas da guerra em Moçambique. Os atos altruístas de caridade (do latim caritas, *"amor", "afeição") estão entre as expressões mais elevadas da virtude cristã.*

AS BEM-AVENTURANÇAS

No Sermão da Montanha (ver texto principal) Jesus apresenta uma lista de nove bênçãos para a boa conduta. Uma delas, por exemplo, é: "Bem-aventurados os mansos, porque herdarão a terra" (Mateus 5:3-12). Essas bênçãos são as "Bem-Aventuranças" (do latim *beatus*, "abençoado"), para as igrejas ocidentais, ou "Mandamentos da Bem-Aventurança", no Oriente. Ao contrário dos Dez Mandamentos, não são formuladas como imperativos éticos. Afirmam qualidades às quais os seguidores de Jesus devem aspirar para atingir a vida eterna no céu e fazem eco às virtudes básicas do cristianismo: humildade, simplicidade e desejo ativo de honestidade, pureza de coração, compaixão, conciliação e disposição de sofrer perseguição devido à fé.

Lucas 6:20-26 apresenta uma versão diferente delas, incluindo uma série contrastante de maldições.

O monte das Bem-Aventuranças, local tradicional do Sermão da Montanha, na margem noroeste do lago da Galiléia. A Igreja Católica Romana das Bem-Aventuranças é de 1936.

na sociedade, com imperativos de não roubar e tampouco cobiçar os bens alheios, levantar falso testemunho, matar ou cometer adultério.

O Evangelho de Mateus contém o extenso relato de um discurso que Jesus fez para uma multidão numa colina. O chamado Sermão da Montanha (Mateus 5-7) é fundamental para as bases éticas do cristianismo. Jesus começa dizendo à multidão que não veio para revogar a lei judaica de Moisés, mas sim para cumpri-la. Ele prossegue estabelecendo um novo sistema ético que estende a lei mosaica de um modo que se tornou fundamental para a formação de uma moralidade cristã distinta. Amplia o mandamento "Não matarás", fazendo-o incluir até o fato de alimentar raiva contra o outro; expande o mandamento contra o adultério para que abranja desejos lúbricos; e reforça a injunção contra a invocação em vão do nome do Senhor, nela inserindo praguejar falando em céu, terra ou em si próprio (ver quadro acima.)

Contudo, o núcleo da ética cristã reside na reavaliação que Jesus faz dos mandamentos sobre o amor. Mais tarde, no Evangelho de Mateus, quando um fariseu lhe pergunta qual é o grande mandamento da lei, ele cita a Bíblia: "'Amarás o Senhor teu Deus de todo o teu coração, de toda a tua alma e com todo o teu entendimento' [Deuteronômio 6:6]. Esse é o grande e primeiro mandamento. O segundo, semelhante a esse, é: 'Amarás o teu próximo como a ti mesmo' [Levítico 19:18]. Desses dois mandamentos dependem toda a lei e os profetas" (Mateus 22:36-40). Num plano pessoal, as pessoas devem amar não só quem lhes devolve esse amor, mas também seus inimigos, e com eles se reconciliar.

O BOM SAMARITANO

Na famosa parábola do Bom Samaritano (Lucas 10:29-37) Jesus oferece a sua interpretação para o conceito de "próximo" tal como este é usado nos mandamentos e exemplifica o comportamento moral que ele espera de seus seguidores.

Nessa história um homem é deixado à morte por ladrões. Os supostos homens santos (subentende-se) do seu próprio povo ignoram sua provação, e ele é ajudado por um samaritano — seguidor de uma tradição religiosa encontrada em Samaria (entre a Judéia e a Galiléia) e ligada ao judaísmo, embora diferente deste. A maioria dos ouvintes de Jesus teria desconfiado dos samaritanos ou lhes seria hostil. Mas na parábola Jesus diz que o samaritano representa o verdadeiro "próximo": não simplesmente alguém que pertence à mesma família, nação ou religião — mas quem quer que, sem expectativa de recompensa e com um coração puro, estenda o amor a todos.

A CASA DO SENHOR

A palavra "igreja" é usada para designar todo o corpo de fiéis cristãos e qualquer denominação específica. Aplica-se também ao lugar onde se acredita que Deus resida na terra e onde os cristãos se reúnem para a devoção privada ou o culto público. Essas funções se refletem nos termos usados em muitas línguas para esse espaço sagrado: *church*, *Kirche*, *église*, *iglesia* etc. — derivados das palavras gregas *kuriakos* [*domos*] ("[casa] do Senhor") ou *ekklesia* ("reunião").

A proliferação atual de denominações cristãs reflete-se numa enorme variedade de estilos arquitetônicos e disposições do espaço interno. Contudo, durante os primeiros anos da história cristã, no período da perseguição romana, os fiéis se encontravam em casas particulares ("igrejas domésticas") para o culto e reuniam-se secretamente em catacumbas subterrâneas para enterrar seus mortos. Com o fim da perseguição, no século IV, eles puderam se reunir publicamente. Na época de imperadores como Constantino, templos pagãos foram demolidos ou convertidos para o uso cristão e construíram-se novas e imponentes igrejas, freqüentemente glorificando, além de Deus, o governante terreno. Muitas delas abrigavam

Um dos principais locais da Terra Santa é a Igreja da Natividade, em Belém, construída sobre a gruta onde se diz que Jesus nasceu. A igreja, que tem a planta das basílicas romanas, foi construída pelo imperador Constantino em 326 e restaurada no século VI depois de um incêndio.

LUGARES DE PEREGRINAÇÃO

Todo ano, milhares de peregrinos cristãos visitam lugares ligados à vida de Cristo, como Belém, Jerusalém e locais na Galiléia. Existem muitos outros pontos de peregrinação fora da Terra Santa, a maioria deles ligada a relíquias de santos, veneradas pelo poder sagrado que supostamente têm. As peregrinações são atos de devoção, para pedir ou agradecer a um santo sua intercessão, ou de penitência.

Entre os lugares de peregrinação mais famosos (ver mapa à p. 55) incluem-se Santiago de Compostela, na Espanha (onde estão as relíquias de São Tiago Apóstolo), e a catedral de Canterbury, na Inglaterra (com o túmulo de São Tomás Becket, arcebispo de Canterbury assassinado em 1170). Na Idade Média, Santiago rivalizava com Roma como local de peregrinação. A peregrinação a Canterbury inspirou a Geoffrey Chaucer, escritor inglês do século XIV, os *Contos de Canterbury*, série de histórias supostamente contadas por peregrinos em viagem para o santuário de São Tomás Becket.

Muitos centros de peregrinação surgiram em torno de locais de aparição da Virgem Maria, sobretudo nos países católicos romanos. Alguns dos mais notáveis estão em Fátima (Portugal), Lourdes (França) e Czestochowa (Polônia). Em Lourdes, em 1858, uma menina camponesa disse ter tido visões de Maria numa gruta onde apareceu uma fonte, desde então considerada milagrosa para os doentes. Todo ano milhares de fiéis afluem à Igreja do Rosário, construída sobre a gruta.

ossos de mártires ou outras relíquias, formando uma rede de locais sagrados de peregrinação (ver texto lateral na página oposta).

As primeiras igrejas originalmente cristãs do Ocidente eram no estilo da *basilica* (latim, do grego *basilike*, "real"), a principal construção pública em toda cidade romana, local de reunião e também tribunal. A igreja basílica tem um eixo longitudinal dominante que vai do pórtico até o coro (ou santuário) — a área na extremidade (oriental) desse eixo onde fica o altar e da qual o serviço é conduzido. No século V todas as grandes cidades da cristandade tinham pelo menos uma igreja com planta de basílica, oferecendo amplo espaço para as congregações que cresciam.

No início da Idade Média surgiu outro tipo arquitetônico, a igreja cruciforme, assim chamada porque sua planta tem a forma de cruz, com duas áreas laterais, ou "transeptos", que levam para fora da "nave" (do latim *navis*, literalmente "navio"), o longo eixo principal. Na Igreja Ortodoxa os locais de culto são normalmente construídos segundo uma planta quadrada e encimados por domos característicos.

Humilde ou suntuosa, a igreja cristã é um lugar sagrado de adoração e reverência, que pretende comunicar a seus congregados os mistérios e o drama da salvação cristã. Essa intenção transparece nos grandes triunfos artísticos dos estilos românico (c. 1000-1150), gótico (c. 1150-1550) e

O SIMBOLISMO CRISTÃO

Os primeiros cristãos freqüentemente indicavam o uso sagrado de casas ou catacumbas por meio de símbolos pintados ou entalhados como um peixe (símbolo do batismo, de Cristo e da Ressurreição), um pastor carregando um cordeiro (uma imagem de origem pagã), as letras A e Ω (a primeira letra e a última do alfabeto grego, indicando que Cristo é o começo e o fim de todas as coisas — ver Apocalipse 1:8) e o Chi-Rho, um monograma das letras gregas X e P (as duas primeiras de "Cristo", em grego).

Os cristãos raramente usavam imagens de Cristo crucificado ou da cruz antes de o imperador Constantino, o Grande (306-337), ter abolido a crucificação, e a partir daí a lembrança de sua função de castigo degradante para criminosos começou a perder força.

Os próprios opositores pagãos do cristianismo usavam imagens da cruz para zombar de Cristo e seus seguidores.

O ALTAR

O foco da maioria das igrejas cristãs — na extremidade ocidental ou no centro, dependendo da planta — é o altar, que pode ser uma peça intricadamente esculpida ou uma simples mesa de madeira, mármore ou pedra. Essa situação de convergência indica seu papel especial: na Igreja antiga, e até hoje no catolicismo romano, na ortodoxia oriental e no anglicanismo, é nele que se celebra a eucaristia (ver pp. 82-3). O altar está impregnado de um mistério religioso especial e a área em torno dele freqüentemente é reservada apenas para o clero.

Com o estabelecimento da doutrina da transubstanciação (a crença, posteriormente rejeitada pelos protestantes, de que o pão e o vinho da eucaristia tornam-se milagrosamente corpo e sangue de Cristo), o altar passou a ser considerado a morada de Deus. Os fiéis mostram reverência ajoelhando-se diante dele.

No catolicismo romano e na ortodoxia oriental um "tabernáculo", ou "sacrário", receptáculo ornamental para a "hóstia" (pão consagrado), fica no altar principal ou num altar lateral, e nas duas tradições uma lamparina ou velas queimam sempre perto dele. Durante a liturgia também fica no altar um cálice decorado para servir o vinho e uma patena para a hóstia. Nas festas especiais da Igreja Católica Romana o pão consagrado é exibido para veneração num santuário portátil chamado "ostensório".

O altar normalmente é encimado por um crucifixo e às vezes por um painel decorado chamado retábulo. Nas igrejas protestantes o altar (freqüentemente chamado "mesa do Senhor") costuma ser mais simples, apenas com uma cruz singela colocada nele ou acima dele.

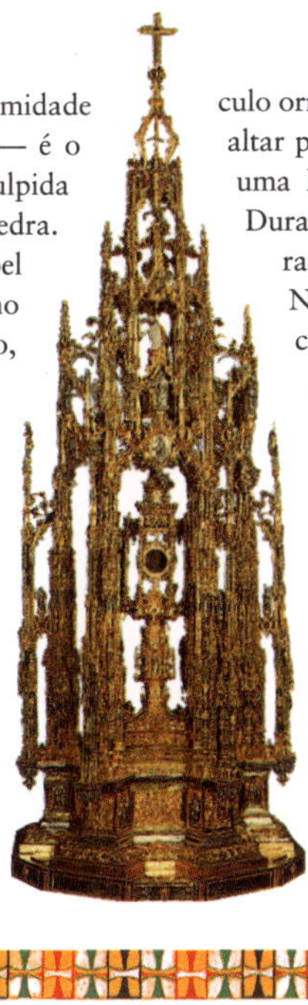

Ostensório da catedral de Toledo, na Espanha, do século XIII. Seu estilo gótico, ascendente, que culmina num pináculo, é o de muitas igrejas da Europa ocidental do período.

barroco (c. 1550-1750) da arquitetura cristã ocidental. Pedras compactas e ornamentação brilhantemente esculpida ou pintada, tetos abobadados e espirais ascendentes, luz e cor glorificavam o divino e inspiravam o fiel.

Com uma ênfase na luz e no espaço elevado, o projeto da igreja medieval baseou-se numa interação do simbolismo teológico com a harmonia geométrica. A orientação espacial era essencial; a entrada ficava no oeste, o lugar do pôr-do-sol, da escuridão e da morte, que o fiel simbolicamente deixava para trás ao entrar no santuário e se aproximar do altar na extremidade leste da igreja, a direção do sol nascente, da luz e da ressurreição. O lado norte representava o Velho Testamento e o sul o Juízo Final e o paraíso cristão na terra, a Nova Jerusalém.

Independentemente do período ou da denominação, alguns elementos importantes do projeto da igreja permaneceram mais ou menos invariáveis, como o altar (ver p. 77), o coro, a nave, o púlpito e (no Ocidente) os bancos. Em muitas igrejas três degraus marcam o limite entre o santuário e a nave, onde a congregação se reúne, mas nas igrejas ortodoxas há uma divisória, ou iconóstase ("lugar de imagens"), ricamente decorada com ícones (ver quadro, na página oposta). As igrejas anglica-

IMAGENS DO SAGRADO

Em todas as épocas da tradição cristã suas histórias e mistérios sagrados se manifestaram em esculturas de pedra e madeira, complexos mosaicos, afrescos, retábulos entalhados e vitrais (ver texto lateral, na página oposta). Para a massa analfabeta de fiéis medievais as imagens religiosas atendiam a um objetivo didático, além de promover a consciência espiritual e a contemplação. Os temas das imagens eclesiásticas naturalmente incluem Deus, Cristo, Maria, santos e acontecimentos das Escrituras e da história cristã.

Em vários períodos alguns cristãos opuseram-se com vigor à veneração de imagens em igrejas, tentando às vezes livrá-las por completo das imagens sagradas (com exceção da cruz, normalmente), sob a alegação de que transgridem o mandamento bíblico contra a idolatria (Êxodo 20:4). No século VIII os iconoclastas ("destruidores de imagens") da Igreja oriental conseguiram proibir oficialmente todos os ícones durante várias décadas, e os protestantes mais radicais dos séculos XVI e XVII retiraram a decoração de muitas igrejas, substituindo os vitrais das janelas por vidro simples e caiando os afrescos. A majestade austera que hoje apresentam muitas catedrais medievais da Europa protestante é resultado dessa ação; na Idade Média elas provavelmente eram lugares de colorido impressionante.

Santuário de uma igreja ortodoxa russa em Harbin, na província de Heilongjiang, na China. No alto dos degraus a iconóstase (ver texto principal) é adornada com ícones de Cristo, Maria e dos santos. A entrada na área localizada atrás da divisória, onde fica o altar, é permitida apenas aos sacerdotes.

A rosácea (janela em forma de rosa) do transepto norte da catedral de Notre-Dame em Chartres, na França. A Virgem no trono com o filho no colo (no centro) é circundada por imagens de anjos e do Espírito Santo (na forma de pomba), reis de Israel e profetas do Velho Testamento.

nas costumam ter uma grade de comunhão, onde os fiéis tradicionalmente se ajoelham para receber do padre a eucaristia.

O púlpito é um estrado elevado de pedra ou madeira usado para leitura das Escrituras ou sermões. Nas igrejas protestantes, onde a leitura das Escrituras é essencial no serviço, ele pode ficar numa posição de grande destaque. Os bancos longos ou cadeiras para os fiéis foram uma inovação medieval do Ocidente: por muitos séculos os cristãos ficavam de pé durante a liturgia, como ainda acontece na maioria das igrejas ortodoxas orientais.

Embora quase todos os locais de culto cristão se chamem igrejas, outros termos também são usados. Historicamente uma "catedral" (forma abreviada de "igreja catedral") abrigava a *cathedra*, assento oficial ou trono do bispo do lugar. No catolicismo romano o papa dá a certas igrejas o título privilegiado de basílica, indicando que a igreja contém um altar apenas para o uso dele próprio ou de seu representante (aqui o emprego da palavra "basílica" distingue-se de seu sentido puramente arquitetônico; ver p. 77). As capelas (do latim *cappella*, literalmente "capinha" — a palavra deriva de um famoso santuário medieval perto de Tours, na França, que contém a capa de São Martinho) são espaços de culto ou igrejas de tamanho reduzido, subsidiários ou particulares. Pode haver uma capela num dos lados da nave principal ou do coro de uma igreja maior, dentro de uma instituição privada como uma escola, hospital ou mesmo aeroporto, ou ainda em uma residência real ou aristocrática. Muitas denominações protestantes empregam esse termo para designar seus lugares principais de culto.

LUZ TRANSFORMADA

Entre as realizações arquitetônicas das catedrais românicas e góticas da Europa ocidental está o desenvolvimento do vidro colorido, graças ao qual o espaço interno se encheu de luz e cor. As janelas de vitral podem registrar retratos ou narrativas da Bíblia ou de santos, ou ser mais geométricas e abstratas.

A forma e as proporções de algumas janelas, como as rosáceas da catedral de Chartres, na França, podem ter significado numerológico sagrado (por exemplo, grupos de três representam a Santíssima Trindade; de quatro, os Evangelhos etc.).

O conceito da igreja como morada de Deus levou na época medieval à idéia de que a estrutura física da construção representava a Virgem Maria, o receptáculo em que Deus tornou-se encarnado. O abade Suger, que viveu na França no século XII, comentou que as janelas com vitrais demonstravam a natureza do grande mistério do parto da Virgem, pois a luz vinha através deles e fazia-se gloriosa sem romper o vidro.

LITURGIA E FESTAS

Fiel é abençoada pelo arcebispo oficiante durante o serviço de Natal numa igreja ortodoxa russa de Moscou.

Na tradição cristã a palavra "liturgia" tem duas utilizações. De modo geral ela se aplica a todos os serviços públicos da Igreja, por oposição a uma ampla série de devoções particulares. A palavra também se refere a um evento ritual específico, que para os fiéis católicos romanos e ortodoxos é sinônimo da celebração da eucaristia (sagrada comunhão ou ceia do Senhor) e designa a celebração das Escrituras. O termo "liturgia", em si (do grego *leitourgia*, "obra do povo"), conota o aspecto altamente congregacional da maior parte do culto cristão, no qual os fiéis se reúnem para participar da liturgia falando, cantando e rezando em uníssono.

Os cristãos observam um calendário litúrgico, ou ciclo anual de dias santos, que se move entre duas festas principais, fundamentais em todos os ramos do cristianismo: o Natal, uma celebração da natividade, ou nascimento, de Jesus (ver texto à esquerda), e a Páscoa, que comemora sua ressurreição redentora (ver quadro, na página oposta). Ambas são precedidas por períodos especialmente sagrados, o Advento e a Quaresma, respectivamente. O Advento (do latim *adventus*, "chegada") é a expectativa do nascimento de Jesus e também de sua segunda vinda. Nas tradições ocidentais ele abrange os quatro domingos anteriores a 25 de dezembro, ao passo que para a ortodoxia oriental o Advento inclui os quarenta dias anteriores ao Natal. Todas as igrejas, entretanto, reconhecem o primeiro domingo do Advento como o início do ano litúrgico.

A Páscoa é precedida pela Quaresma, um período preparatório de 40 dias de arrependimento, jejum e abstinência que começa na Quarta-Feira de Cinzas. Os dias imediatamente anteriores à Quaresma são quase por toda parte marcados por divertimentos que terminam na terça-feira de carnaval, ou Terça-Feira Gorda, tradicionalmente o último em que se pode comer carne antes da Páscoa — de onde deriva o termo "carnaval" (a partir do italiano *carne*).

Depois da Páscoa vem o Domingo de Pentecostes (do grego *pentekoste*, "quinto [dia]"), que comemora a descida do Espírito Santo para os discípulos de Jesus (Atos 2:1-4). No relato do Novo Testamento esse acontecimento foi marcado pela glossolalia ("falar em línguas desconhecidas"), fenômeno que caracteriza o pentecostalismo de nossos dias (ver texto lateral, na p. 63).

No cristianismo oriental dois outros dias santos são de importância vital: o jejum da Transfiguração (6 de agosto), que lembra a aparição gloriosa de Jesus com Moisés e Elias (Mateus 17:1-13; Marcos 9:2-13; Lucas 9:28-26), e a Festa da Assunção de Maria (15 de agosto), que comemora a sua subida, com corpo e alma, ao céu.

NATAL

O Novo Testamento oferece poucos indícios sobre a época do nascimento de Jesus, embora já se tenha comentado que os pastores palestinos vigiavam seus rebanhos nas montanhas à noite no verão, e não no inverno. No Império Romano o solstício de inverno era observado no dia 25 de dezembro como a celebração do Sol Invencível (Sol Invictus), e essa era também a época da Saturnália, uma festa exuberante e popular. No fim do século IV, com a abolição por Roma das festas pagãs, a data do Sol Invictus foi adotada como a do nascimento de Jesus, que nos Evangelhos (João 8:12) é saudado como a "luz do mundo".

Tomando o dia 25 de dezembro como ponto de partida, a Igreja foi capaz de calcular outras celebrações cristãs, como a Anunciação (Lucas 1:26-38), no dia 25 de março; a Circuncisão (Lucas 2:21), em 1º de janeiro; e a Epifania, ou Teofania, que marca a homenagem dos magos do Oriente ao messias (Mateus 2), em 6 de janeiro.

PÁSCOA

A Páscoa, celebração da morte e ressurreição redentoras de Jesus, é a festa mais sagrada da Igreja. Como judeu praticante, Jesus foi a Jerusalém comemorar a Páscoa, ou Pessach (ver p. 47). Mateus, Marcos e Lucas referem-se à última refeição de Jesus com os discípulos — a "Última Ceia" — como a ceia da Páscoa, depois da qual ele foi preso, julgado e condenado. Sua execução se deu no dia seguinte, marcado pelos cristãos como Sexta-Feira Santa e a festa mais solene da fé. Ele morreu em poucas horas, e devido à proximidade do sabá (do anoitecer da sexta-feira até o anoitecer do sábado; ver p. 44) enterraram-no às pressas.

De acordo com os Evangelhos, no domingo um grupo de mulheres encontrou a sepultura vazia; um mensageiro divino anunciou-lhes que Jesus havia subido da mansão dos mortos. A Ressurreição é comemorada no Domingo de Páscoa, dia mais festivo do calendário cristão. No início do cristianismo muitos a comemoravam no Pessach (que cai no décimo quarto dia do mês judaico de nissan, época do equinócio da primavera), mas posteriormente a Igreja decidiu-se pelo domingo seguinte à primeira lua cheia depois do equinócio.

A semana anterior ao Domingo de Páscoa é chamada Semana Santa. Na ortodoxia oriental e no catolicismo romano ela inclui as liturgias da Quinta-Feira Santa (que marcam a Última Ceia e o Lava-Pés dos discípulos por Cristo — João 13); a Sexta-Feira Santa (Crucificação e fim da Quaresma); o Sábado Santo (o corpo de Cristo é deposto no túmulo); e a Vigília Pascal, em que os fiéis esperam a chegada do Domingo de Páscoa, à meia-noite.

Procissão em Mompox, na Colômbia, no Domingo de Ramos, o domingo anterior à Páscoa e o primeiro dia da Semana Santa. Ela lembra a entrada de Jesus em Jerusalém num burro, quando as pessoas espalharam diante dele ramos (de palmeira, segundo João 12:13).

Fiel ortodoxa russa acende uma vela numa igreja moscovita. Esse ato privado de devoção normalmente se acompanha de um momento de reflexão silenciosa e oração pessoal.

Ao longo dos séculos, as festas de santos locais e outras comemorações regionais, como a consagração de uma igreja, deram ao calendário litúrgico considerável variação e confusão. Em 1582, como parte de uma grande reforma do calendário, o papa Gregório XIII sistematizou os dias santos para a Igreja Católica Romana. As igrejas protestantes eliminaram a maioria deles, julgando-os desprovidos de base bíblica, mas em meados do século XVIII a maioria das Igrejas e Estados da Europa ocidental havia adotado a alteração de Gregório para o velho calendário juliano, que tinha um hiato de 12 dias em relação ao ano solar desde seu estabelecimento na época de Roma.

Contudo, embora a maioria dos países ortodoxos tenha adotado o calendário gregoriano para uso secular, a Igreja Ortodoxa continuou observando o calendário juliano. Assim, há uma discrepância com relação às datas da Páscoa e do Natal entre a Igreja Católica Romana e denominações protestantes, de um lado, e a Igreja Ortodoxa, de outro. Por exemplo, o dia 25 de dezembro, no calendário juliano, cai no que no calendário gregoriano é o dia 6 de janeiro, ao passo que a data diferente dos ortodoxos para o equinócio da primavera afeta do mesmo modo a marcação da Páscoa ortodoxa (ver p. 81).

O cristianismo tem vários rituais que lembram e exaltam a vida de Cristo e levam o fiel a uma proximidade direta com o sagrado. Eles incluem os sacramentos, a leitura da Bíblia, orações recomendadas, jejuns e peregrinações (ver p. 76). Para muitos monges, freiras e padres, o ritual diário inclui a obrigação de cantar o "Ofício Divino", que envolve uma série de atos públicos de culto diário chamados "horas" — laudes, prima, terça, sexta, noa, vésperas, completas e matinas.

Fundamental para o ritual cristão é a celebração dos atos sagrados conhecidos como "sacramentos". A maioria dos cristãos concorda em que o próprio Cristo instituiu dois sacramentos: o batismo (ritual de iniciação na comunidade de fiéis, durante o qual o batizando costuma receber o nome) e a eucaristia, ou ceia do Senhor, rememoração ritual da Paixão. Os dois sacramentos têm sido motivo de intenso desacordo e hoje são responsáveis por algumas das principais diferenças entre as denominações. O batismo, que envolve a imersão na água ou aspersão, é um ritual que em várias denominações inicia os bebês na religião e lhes confere um nome. Outros cristãos batizam apenas os adultos.

O significado e a importância da eucaristia (do grego *eucharistia*, "ação de graças"), que para muitos é o sacramento criador do cristianismo, também tem sido fonte de grande controvérsia. Para os devotos católicos romanos, ortodoxos orientais e alguns anglicanos, o pão ("hóstia") e o vinho dados aos fiéis literalmente se transformam no corpo e no sangue de Cristo por meio do ato da consagração pelo padre. Esse mistério da fé é chamado de "transubstanciação". Os luteranos aceitam uma idéia

CULTO PRIVADO

As observâncias litúrgicas, como a celebração de sacramentos, são os rituais tradicionais do culto cristão, mas uma grande série de rituais não-litúrgicos quase espontâneos, sem estruturação, como as orações, constitui uma parte importante da vida ritual de muitos cristãos. Na ortodoxia oriental inclui-se aí a devoção aos ícones. Estes ocupam um lugar especial no lar, onde uma lamparina, vela ou incenso queima diante deles durante a oração. Muitos católicos romanos também acendem velas e oram em igrejas fora das horas de serviço. Em reclusão, rezam a ave-maria, prece à Virgem, e o pai-nosso, contando as orações num colar de contas, ou rosário. Ensinado por Jesus a seus discípulos, o pai-nosso (Mateus 6:9-13; Lucas 11:2-4) é fundamental nas devoções de todos os cristãos.

modificada chamada "consubstanciação", que significa que as substâncias do pão e do vinho coexistem com o corpo e o sangue. Os calvinistas e muitos anglicanos acreditam que não há mudança física no pão e no vinho, mas que eles transmitem ao fiel a força do corpo e do sangue (idéia chamada "virtualismo"). A maioria das outras denominações protestantes acredita que a eucaristia é apenas um rito de comemoração e que não há transformação do pão e do vinho.

No catolicismo romano e na ortodoxia apenas os fiéis batizados podem participar da eucaristia. Nessas igrejas afirma-se também que cinco outros sacramentos levam a força divina à vida do devoto. São eles: a crisma (renovação do batismo com óleo sagrado), a penitência (arrependimento pelos pecados), o casamento, a ordenação (investidura nas funções do sacerdócio) e a extrema-unção (unção dos doentes e agonizantes). As duas tradições sustentam que os sacramentos são necessários para garantir a salvação, mas a maioria das denominações protestantes acredita que o batismo e a eucaristia são obrigatórios em razão da autoridade das Escrituras, porém não essenciais para a salvação.

O DIA DO SENHOR

No século II o sabá cristão, ou Dia do Senhor (Apocalipse 1:10), passou para o primeiro dia da semana (domingo) em vez do último (sábado), não só para diferenciá-lo do sabá judaico (ver p. 44) como também, e sobretudo, porque foi nesse dia que Jesus ressuscitou. Nos domingos os cristãos regularmente reúnem-se para reviver ou relembrar a Santa Ceia. Na liturgia da eucaristia isso se faz com os comungantes ingerindo o pão e o vinho; entre os protestantes (Liturgia da Palavra), leituras da Bíblia são acompanhadas por homilias ou sermões. Os católicos romanos referem-se à liturgia da eucaristia como a "missa", termo derivado das palavras latinas *ite missa est* ("estão dispensados") pronunciadas pelo padre ao término do serviço.

Os rituais ligados ao Dia do Senhor lembram e celebram principalmente o que os cristãos consideram o sacrifício do corpo e do sangue de Jesus. A maioria dos rituais cristãos que celebram a eucaristia incorpora as seguintes palavras dos Evangelhos (Lucas 22:19-20), freqüentemente pronunciadas por um padre ou ministro: "E, tomando o pão, deu graças, partiu-o e deu-o a eles, dizendo: 'Este é o meu corpo, que é dado por vós; fazei isso em memória de mim'. Do mesmo modo, ao fim da ceia, ele tomou o cálice e disse: 'Este é o cálice da nova aliança em meu sangue, derramado em favor de vós'".

Devota num serviço protestante evangélico ao ar livre em Manila, nas Filipinas, recebe de um ministro o pão consagrado da ceia do Senhor. Fiéis católicos, anglicanos e ortodoxos orientais usam o termo "eucaristia", mas muitas comunidades cristãs também dizem "comunhão", ou "ceia do Senhor", lembrando a história bíblica da Última Ceia, a derradeira refeição de Jesus com seus discípulos antes de ser preso e crucificado.

OS MORTOS QUERIDOS

Enquanto julga na balança a alma de um morto, um anjo rechaça o diabo; Guariento di Arpo (c. 1310-70).

No núcleo do cristianismo está a crença na vida eterna depois da morte. Sua base é a atividade redentora de Deus para salvar a humanidade pecadora, manifestada na encarnação e ressurreição de Cristo e ampliada para todos os fiéis. Assim como acontece com outros elementos essenciais do cristianismo, os devotos encontram na Bíblia a autoridade para a doutrina da imortalidade. Uma das passagens mais citadas é João 3:16: "Pois Deus amou ao mundo de tal maneira que deu o seu Filho unigênito, para que todo o que nele crê não pereça, mas tenha a vida eterna". O reconhecimento ritual da crença na vida eterna é incluído em algumas liturgias cristãs pela recitação de um credo (declaração de fé). A última linha de todos os credos cristãos afirma a fé do devoto na ressurreição do corpo e na "vida eterna".

A salvação, palavra que designa o estado de redenção e reconciliação com Deus, é um objetivo espiritual fundamental dos cristãos. Com exceção do conceito calvinista de predestinação — segundo o qual apenas alguns devotos eleitos se salvarão —, na maioria das comunidades protestantes apenas a fé do devoto, a aceitação de Jesus Cristo, garante a salvação. Para o catolicismo romano e a ortodoxia oriental a salvação depende também da fé nos mistérios da Igreja e do cumprimento dos sacramentos (ver pp. 82-3). O fato é que todos os cristãos consideram que os homens têm uma alma imortal.

Embora haja distinções entre os cristãos quanto ao que qualifica a pessoa para a salvação ou a condenação eterna, é consenso em todas as denominações que os salvos passarão a eternidade recompensados no paraíso ou no céu, ao passo que os condenados serão punidos para sempre no inferno. A localização exata da vida eterna é uma questão complexa tanto para os teólogos quanto para os devotos. Na Idade Média os cristãos viam quatro locais possíveis para a alma depois da morte: céu, inferno, purgatório ou limbo. No Velho Testamento a palavra "céu" refere-se ao firmamento azul, a região acima das nuvens onde Deus mora, e o Novo Testamento menciona recorrentemente o "reino dos céus" ou "reino de Deus" como um lugar onde os devotos estão gloriosamente diante de Deus. Para os cristãos de hoje o céu é definido como um estado de glória e alegria triunfais na presença da visão beatífica de Deus.

A indisposição com Deus leva ao estado de perdição no inferno. Ao longo da história cristã o inferno foi visto como um lugar de punição indescritível, um horror eterno, presidido pelo diabo, ou Satanás. Os condenados são afastados para sempre de Deus; assim, sua moradia supostamente é tão distante quanto possível do céu, localizada nas trevas abrasadoras. A autoridade bíblica para a imagem do inferno encontra-se no Evangelho de Mateus, num relato vívido do grande Dia do Juízo Final. Cristo está sentado em majestade separando os salvos dos condenados e diz a estes: "Apartai-vos de mim, malditos, para o fogo eterno, preparado para o diabo e seus anjos" (Mateus 25:41).

Para os cristãos medievais o purgatório (do latim *purgare*, "expurgar, limpar") era o lugar onde as almas que não estavam condenadas nem livres do pecado sofreriam durante algum tempo depois da morte e seriam limpas dos pecados. Essa crença se baseava na idéia de que o pecado e Deus não podem coexistir e que a alma precisa estar sem pecado para entrar no paraíso eterno. Nos ensinamentos do catolicismo moderno o purgatório é um estado de punição para os justos que no momento da morte não tinham a alma livre de pecado ou cujos pecados não foram perdoados por Deus pelo sacramento da penitência (ver p. 83). Os reformadores protestantes rejeitaram a crença no purgatório. Já o limbo, não mais aceito hoje pela Igreja católica, seria um lugar tranqüilo, mas sem Deus, para bebês não batizados.

O ENTERRO DOS MORTOS

No cristianismo o modo tradicional de cuidar dos mortos é o enterro. Os costumes variam historicamente e incluem grande diversidade regional. As práticas de sepultamento são uma expressão da crença cristã na imortalidade. Como acontece com outras tradições religiosas, o modo de remover os mortos é um rito de passagem, ao se deixar um mundo por outro. O zelo para com os mortos exige rituais cerimoniais. O corpo é preparado e exposto para o adeus, seguindo-se o enterro ou cremação. Os serviços funerários e as tradicionais vigílias têm um aspecto consolador e freqüentemente se encerram com uma refeição compartilhada pelos enlutados.

A REVERÊNCIA AOS MORTOS

Muitas denominações homenageiam os mortos com preces e dias santificados. A data desses eventos varia: na ortodoxia grega os mortos são lembrados na véspera da Sexagésima (segundo domingo antes da Quaresma) ou na véspera de Pentecostes, ao passo que o feriado equivalente dos ortodoxos armênios cai na segunda-feira da Páscoa. O Dia dos Mortos (Finados) dos católicos romanos (2 de novembro) tem sua origem no culto medieval dos mortos e é o dia santificado mais importante, depois do Natal e da Páscoa. Em muitos países é uma data muito carregada de emoção, ocasião para rezar e lembrar os que partiram.

No México colonial, os missionários espanhóis fizeram uma combinação do Dia dos Mortos com uma festa religiosa indígena pré-hispânica dedicada aos falecidos, que resultou no famoso Dia dos Mortos mexicano. Como em outros lugares, os cristãos visitam os túmulos dos parentes e os decoram. Além disso, os mexicanos preparam piqueniques no cemitério, e depois disso contam histórias sobre a vida do morto e lhe deixam oferendas. Numa refeição à noite a família compartilha um pão chamado *pan de muerto*; é sinal de sorte morder o esqueletinho de plástico escondido num dos seus pedaços.

Túmulos decorados por parentes, que depositam flores, velas e oferendas especiais, como comida, durante a festa do Dia dos Mortos na ilha Juanita, no México.

O EVANGELHO SOCIAL

Quando o cristianismo estava entrando no século XX, muitos pensadores e ativistas cristãos trouxeram uma visão social desafiadora para a sua fé. Protestantes e católicos afirmaram apaixonadamente — como fazem hoje os teólogos da libertação e as feministas (ver texto lateral, na página oposta) — que o cristianismo tem a obrigação de tratar dos problemas sociais e de denunciar as violações dos direitos humanos. A idéia de um "evangelho social" baseou-se na crença de que a humanidade sofre com problemas que apenas a religião pode resolver. Os movimentos do evangelho social, tais como o Exército da Salvação, criado em 1878 por William Booth (1829-1912), fundaram hospitais, orfanatos, abrigos para os sem-teto e cantinas, e também empregaram estratégias claramente políticas visando à justiça econômica e à igualdade racial.

O Exército da Salvação é particularmente evangélico em sua obra de auxílio, mas a maioria dos movimentos sociais cristãos de hoje se preocupa menos com a salvação — ou até mesmo com o cristianismo — daqueles que são ajudados do que com seu bem-estar físico e social.

Os movimentos que endossam a idéia do evangelho social são desafiados pelos grupos conservadores e fundamentalistas, preocupados sobretudo com a evangelização e com a manutenção de valores cristãos tradicionais.

Comboio da organização de caridade internacional Christian Aid leva socorro a vítimas da seca no Mali, no sul da África.

IGREJA, ESTADO E COMUNIDADE

A Bíblia exorta os cristãos a obedecer às leis do Estado, sobretudo na frase de Jesus: "Daí a César o que é de César, e a Deus o que é de Deus" (Marcos 12:17). No entanto, a relação entre as autoridades eclesiástica e secular variou em épocas e países diferentes. Os últimos imperadores romanos tiveram um papel vital nas questões religiosas, convocando conselhos, levando heréticos a julgamento e determinando a direção da Igreja. Essas funções foram herdadas no Oriente pelos imperadores bizantinos e no Ocidente pelos governantes do Sacro Império Romano (confederação de Estados da Europa central fundada por Carlos Magno no ano de 800 e extinta por Napoleão em 1804).

Na Idade Média o poder político do clero aumentou, sobretudo no Oriente, depois da Querela das Investiduras, no século XII — uma disputa sobre a extensão da autoridade que os soberanos podiam ter nas questões eclesiásticas —, da qual a Igreja saiu como única autoridade sobre as questões espirituais. A Reforma protestante do século XVI viu um fortalecimento maior do princípio da separação entre Igreja e Estado. Nos países protestantes toda a autoridade legal e política passou a ser investida pelos governantes seculares (embora na Inglaterra o monarca seja também o "governante supremo" da Igreja).

Em séculos recentes e na era moderna movimentos anticlericais e antieclesiásticos surgiram devido em grande parte a críticas à riqueza da Igreja e a um evidente abuso do privilégio clerical. No século XX vários governos, inclusive da França, do México e da Espanha, adotaram expressamente políticas anticlericais, fazendo restrições ao clero e confiscando propriedades da Igreja. Nos Estados comunistas o anticlericalismo foi parte de uma ideologia anti-religiosa geral que se estendeu até a proibição da prática pública da religião.

Embora todas as denominações cristãs reivindiquem um *status* diferente do que tem o Estado, muitos cristãos estão bastante interessados em se engajar na sociedade e perseguir ativamente a mudança social. O pensamento cristão moderno inclui os conceitos de "evangelho social" (ver texto à esquerda) e algumas abordagens radicais, ou "teologias da libertação" (ver texto lateral, na página oposta), que repensam as bases teológicas no que diz respeito aos pobres e oprimidos e sustentam que a teologia, pela sua natureza — sobretudo por sua preocupação com a relação de Deus com a humanidade —, tem implicações práticas e políticas.

No século XX dissensões agudas continuaram a opor grupos de cristãos entre si. Muitos conflitos interdenominacionais remontam à Reforma

Sacerdotisas e diaconisas anglicanas numa cerimônia especial na catedral de Canterbury. A ordenação de mulheres é uma questão importante que divide as principais denominações: atualmente a maioria das igrejas protestantes tem sacerdotes mulheres, ao passo que o catolicismo romano e a ortodoxia continuam se opondo firmemente a isso.

ou até mesmo a antes, como o embate entre católicos romanos e ortodoxos na ex-Iugoslávia. As políticas de segregação, no sul dos Estados Unidos, e de *apartheid*, na África do Sul, tiveram apoio das denominações locais dessas regiões, mas enfrentaram oposição feroz de igrejas de fora.

O cristianismo enfrenta outros desafios, externos, no mundo moderno. Desde os séculos XVI e XVII a ciência questionou ensinamentos cristãos fundamentais e continua levantando novos debates doutrinais, morais e éticos. O criacionismo e a teoria da evolução ainda dividem os fiéis depois de mais de um século, e agora somam-se a essas divergências os debates bioéticos sobre questões como clonagem e engenharia genética.

Outras temáticas que o cristianismo enfrenta ao entrar no terceiro milênio cristão incluem ambientalismo *versus* desenvolvimento material, a pena de morte, o aborto e as complexas questões de sexualidade e família. Embora as igrejas protestantes não considerem o casamento um vínculo sagrado, ao contrário da Católica Romana e da Ortodoxa oriental, todos os cristãos equiparam a instituição do casamento à relação da Igreja com Cristo (ver Efésios 5:22-33). Historicamente a Igreja considerou que a família é vital para a transmissão dos valores cristãos, e teólogos progressistas e conservadores de todas as denominações sustentam a importância social do casamento e da família. Há muita discordância, contudo, sobre as leis que governam o casamento, a sexualidade e a criação das famílias. Controvérsias acirradas — freqüentemente sustentadas dentro da orientação de ideologias políticas de direita ou de esquerda — sobre questões como igualdade dos parceiros no casamento, planejamento familiar e orientação sexual dão poucos sinais de encerrar sua tendência a dividir os fiéis.

TEOLOGIAS DA LIBERTAÇÃO

A expressão "teologias da libertação" abrange uma variedade de vertentes, inclusive a teologia da libertação propriamente dita e a teologia feminista. A teologia da libertação, originada entre os católicos da América Latina, busca mudanças sociais radicais para eliminar a pobreza e apresenta Jesus como o principal libertador dos oprimidos. Seus defensores sustentam que a humanidade sofredora são os escolhidos por Deus e dão ênfase aos livros do Êxodo (o registro da libertação de uma nação) e de Jó (a história do sofrimento de um indivíduo inocente).

Alguns dirigentes da Igreja Católica Romana criticam a teologia da libertação, sustentando que por incorporar a teoria marxista ela reduz a fé à política. Entretanto, há uma longa tradição de engajamento político cristão, até em países católicos, como se vê nos movimentos socialista-cristão e democrático-cristão da Itália e da Alemanha.

A teologia feminista baseia-se na crença de que a teologia tradicional é fundamentalmente patriarcal, ou seja, foi formulada quase só por e para homens. O principal objetivo dos teólogos feministas é a eliminação da opressão baseada em sexo, raça ou classe e a promoção de uma humanidade plena para todos os cristãos. Buscando tratar de uma opressão sistemática das mulheres observada na história, na teologia e na prática cristãs, os teólogos feministas usam as Escrituras e a tradição em sua crítica à teologia patriarcal e em sua tentativa de recuperar as experiências perdidas das mulheres.

Capítulo Três

ISLAMISMO

Matthew S. Gordon

Fólio de um Alcorão de grandes dimensões (54 x 66 cm) produzido no norte da África no início do século VIII. Esse estilo de caligrafia árabe é conhecido como kufic*, da cidade iraquiana de Kufa.*

PÁGINA OPOSTA *A mesquita em Isfahan, no Irã, construída em 1612-30 pelo xá Abbas, o Grande. A decoração se compõe quase totalmente de símbolos e caligrafia, de acordo com as concepções islâmicas sobre a arte figurativa (ver p. 100).*

INTRODUÇÃO

O islã foi a terceira maior tradição monoteísta a surgir na história humana. A própria palavra "islã", freqüentemente traduzida por "submissão", refere-se à decisão dos muçulmanos ("Aquele que se submete ou se rende") de sujeitar-se em mente e espírito à vontade de Deus ou Alá (em árabe *Allah*, "O Deus Único"). Assim, submeter-se à vontade divina, como explicam os textos sagrados da tradição, é realizar uma ordem harmoniosa no universo. Nesse sentido o islã se refere não só ao ato de submissão como à sua conseqüência, a paz (*salam*).

A tradição islâmica estabelece sua origem em fatos ocorridos no início do século VII na cidade árabe de Meca. Segundo essa tradição, Maomé (Muhammad ibn Abdallah) — mencionado mais freqüentemente como o Profeta, ou Mensageiro (de Deus) —, um comerciante de 40 anos, começou a receber em 610 uma série de revelações de Deus que só cessaram pouco antes de sua morte, em 632. Os muçulmanos afirmam que essas revelações, conhecidas como o Alcorão, são a palavra direta e inalterável de Deus e a principal fonte da crença e da prática islâmicas. O Alcorão é o símbolo e a encarnação da relação íntima de Deus com a humanidade.

Complementa o Alcorão o vasto e complexo registro da vida de Maomé, os *hadiths* (ver p. 105), que incluem a *suna*, ou "tradição" de como o Profeta pensava, falava e conduzia suas questões. O Alcorão e os *hadiths* são as duas mais importantes fontes do pensamento islâmico sobre religião e direito. Os encarregados de interpretar o Alcorão e os *hadiths* são conhecidos como ulemás (em árabe: *ulama,* "conhecedores"), eruditos religiosos. Dos esforços destes surgiu o código de regulamentos conhecido

Palestinos rezam na Praça da Manjedoura, em Belém, cidade de significação sagrada também para judeus e cristãos. Ao longo da história a interação das três tradições monoteístas tem sido conflitante e ao mesmo tempo mutuamente enriquecedora.

AS POPULAÇÕES ISLÂMICAS NO MUNDO

Com mais de 1 bilhão de pessoas, os muçulmanos são hoje maioria em mais de 50 países e uma minoria considerável em muitos outros. Na Europa e nas Américas do Norte e do Sul há vibrantes comunidades em expansão. Contudo, a maioria dos muçulmanos vive nas regiões subdesenvolvidas do mundo, no norte da África e no Oriente Próximo, que falam árabe, e em países da África e da Ásia.

Porcentagem de muçulmanos na população

- 90% ou mais (sunitas)
- 6 a 19%
- 90% ou mais (xiitas)
- Até 5%
- 50 a 89%
- Cidade sagrada
- 20 a 49%
- Outra cidade ou vilarejo

como Charia, que por sua vez fez surgir a lei islâmica (ver pp. 110-1). Os muçulmanos contemporâneos são predominantemente sunitas. A variedade sunita do islamismo (ver p. 98) surgiu no século X entre os círculos eruditos do Cairo, de Damasco, de Bagdá e das principais cidades iranianas, como Nishapur. Embora considerando-se membros de uma única comunidade mundial do islã, os muçulmanos sunitas reconhecem diferenças culturais e sociais internas surgidas do encontro dos ensinamentos islâmicos com as práticas locais e regionais do Oriente Próximo e de outros lugares. Há também distinções originadas na interpretação doutrinal e sobretudo legal.

O islamismo sunita tomou forma em parte devido à inevitável tendência das religiões organizadas de estabelecer uma ortodoxia, e em parte como reação ao crescimento de outros ramos da tradição islâmica, principalmente o xiismo, do qual se diz às vezes que é a "minoria" islâmica (ver p. 97). Dos vários ramos do islamismo xiita, os maiores são os xiitas "duodecimanos" (ver pp. 108-9), que constituem maioria no Irã e no sudeste do Iraque e uma minoria considerável no Líbano, no Kuwait, no Paquistão e em outros lugares; os ismailitas (ver p. 109), que se dividem em vários ramos e estão principalmente na Índia, no leste da África e, cada vez mais, em cidades do Canadá e no Reino Unido; e os zaiditas, sobretudo no Iêmen.

O islamismo se formou no contexto do Oriente Próximo. No seu período inicial chocou-se com o judaísmo e o cristianismo, além do zoroastrismo no Irã (Pérsia) e das tradições legais e políticas do Império Bizan-

CRONOLOGIA *Todas as datas são d.C.*

- **570-632** • Vida do profeta Maomé
- **622** • Maomé vai para Medina; início do calendário muçulmano (16 de julho)
- **632** • Morte de Maomé; Abu Bakr eleito primeiro califa
- **632-661** • O califado de Rashidun estende a lei islâmica para o norte da África, Pérsia, Jerusalém, Damasco, Cáucaso e Ásia central
- **c. 640-660** • Início da tradição islâmica xiita
- **732** • O avanço muçulmano pela Europa é detido em Poitiers, na França, por exércitos cristãos
- **750-925** • "Idade de Ouro" durante o império islâmico unificado dos abássidas
- **969-1171** • A dinastia ismailita dos fatímidas governa do Cairo
- **1055-1220** • Sultões seljúcidas governam de Bagdá
- **1096** • Inicia-se a Primeira Cruzada
- **1099** • Jerusalém conquistada pelos cruzados
- **1250-1517** • Mamelucos governam do Egito
- **1258** • Bagdá é saqueada por mongóis; fim do império abássida
- **1291** • Forças islâmicas tomam Acre, na Palestina, última fortaleza dos cruzados
- **1453** • Constantinopla (Istambul) é conquistada pelos turcos otomanos
- **1492** • A conquista de Granada encerra o domínio muçulmano na Espanha
- **1502-1736** • A dinastia sefévida domina o Irã
- **1520-66** • O sultão Solimão, o Magnífico, expande o domínio otomano pelo sudeste da Europa, norte da África e Oriente Próximo
- **1526** • Começo do domínio mogol na Índia
- **1683** • Os turcos sitiam Viena
- **1798** • Napoleão invade o Egito
- **1832** • A França ocupa a Argélia
- **1857** • Início do domínio direto inglês na Índia com a extinção do império mogol
- **1885-98** • Mahdistas dominam o Sudão
- **1920** • Sistema de administração por mandato estabelece o governo colonial europeu nas terras ex-otomanas do Iraque, da Síria, do Líbano, da Palestina e da Transjordânia
- **1923** • Kemal Ataturk declara o Estado turco secular; o califado é abolido
- **1932** • Criação da Arábia Saudita
- **1947** • Criação do Estado muçulmano do Paquistão
- **1948** • Criação do Estado de Israel e primeira guerra entre árabes e israelenses
- **1949** • Independência da Indonésia
- **1967** • Segunda guerra entre árabes e israelenses
- **1973** • Terceira guerra entre árabes e israelenses
- **1979** • Revolução islâmica no Irã
- **1991** • Independência das ex-repúblicas soviéticas da Ásia central
- **1993 e 1995** • Acordos de Oslo levam à criação da entidade política palestina em Gaza e na Margem Ocidental

tino, do Irã e das estepes da Ásia central, predominantemente turcas. Com a disseminação além dessas regiões iniciais, o islamismo entrou inevitavelmente em contato com muitas outras culturas. A comunidade islâmica do mundo inteiro representa hoje um enorme âmbito de contextos nacionais, étnicos, socioeconômicos e lingüísticos.

O islã é uma fé adotada por uma proporção crescente da população mundial. Fala-se muito freqüentemente na cifra de 1 bilhão, embora seja difícil obter números exatos em várias regiões onde os muçulmanos predominam. Um equívoco comum entre não-muçulmanos é supor que a maioria dos muçulmanos seja árabe, idéia derivada das origens árabes da própria tradição e do fato de a maioria dos árabes ser muçulmana. Além disso, o árabe é a língua em que o próprio Alcorão diz ter sido revelado. Contudo, a maioria dos muçulmanos atuais reside fora das regiões árabes do Oriente Próximo e do norte da África. O país com a maior população muçulmana é a Indonésia; em seguida vêm Paquistão, Bangladesh e Índia. A maioria dos iranianos e turcos é muçulmana, assim como grandes populações da China, da Rússia e da África subsaariana. A Europa e a América do Norte abrigam comunidades muçulmanas relativamente pequenas mas vibrantes e em rápido crescimento. Por exemplo, existem um grande número de muçulmanos paquistaneses e indianos no Reino Unido e comunidades bastante grandes de muçulmanos africanos na França e de turcos e iranianos na Alemanha. Além das famílias de imigrantes e seus descendentes, as populações islâmicas do Reino Unido e dos Estados Unidos incluem convertidos.

Fiéis na mesquita de Haydar, em Kulyab, no sul do Tadjiquistão. Na Idade Média o islã penetrou fundo na Ásia central, até a China ocidental (Turquestão chinês). Depois que grande parte da região se libertou do domínio russo, em 1991, verificou-se uma revitalização da atividade islâmica.

A moderna mesquita de Faiçal (construída em 1976-88), em Islamabad, no Paquistão, é um monumento ao internacionalismo islâmico. Presente da Arábia Saudita (seu nome homenageia o rei saudita Faiçal ibn Abd al-Aziz Al Saud), foi projetada por um arquiteto turco e é o principal monumento da nova capital do Paquistão. O país foi criado em 1947 a partir das regiões predominantemente muçulmanas do noroeste e do leste da Índia; essa área formava o núcleo do império mogol, que dominou o subcontinente do século XVI ao XVIII.

O CADINHO ÁRABE

As origens da tradição islâmica situam-se no Hedjaz, a região noroeste da península da Arábia, e especificamente nas cidades de Meca (ou Makkah) e Yathrib, que depois se tornou conhecida como Medina (do árabe Madinat al-Nabi, "a cidade do Profeta"). No século VI Meca foi o cenário das primeiras revelações que formam a base do islamismo, feitas a um comerciante de 40 anos chamado Maomé (Muhammad ibn Abdallah). Membros influentes do clã de Maomé, o Banu Hashim, um ramo da poderosa tribo coraixita, dominavam uma rede de comércio que servia o Hedjaz e ligava o sul da Síria, a Mesopotâmia (Iraque), o Iêmen e o leste da África.

No século VI a "Arábia" abrangia quase toda a península da Arábia e também as áreas da Transjordânia, sul da Síria e Mesopotâmia. Espalhavam-se pela península pequenos centros comerciais como Meca e também comunidades agrícolas como Yathrib. Havia uma língua comum, o árabe, mas não unidade política.

A tribo era a principal forma de organização social e política. A maioria dos árabes da época eram pastores nômades que viviam uma existência rústica e árdua baseada na criação de camelos, carneiros e cabras, e a tribo, dirigida pelo seu chefe, dava uma impressão de identidade e segurança física.

Os padrões da vida árabe foram influenciados por acontecimentos políticos, econômicos e religiosos no Oriente Próximo. É provável que mercadores cristãos e pregadores itinerantes viajassem pela península da Arábia e que assim Maomé tenha tido algum contato com as tradições do cristianismo. Houve também uma considerável presença judaica em Hedjaz, sobretudo em Yathrib, onde viviam pelo menos três tribos judias. O próprio Oriente Próximo foi dominado por duas superpotências rivais,

O HARAM

Antes do islamismo havia em Meca um antigo santuário, chamado Haram, que em árabe significa "sagrado, inviolável". Na época do nascimento de Maomé, talvez no ano de 570, a tribo dos coraixitas controlava o acesso ao Haram, local de prática religiosa da cidade e de peregrinação. No centro dele ficava a Caaba, antiga estrutura sagrada (ver p. 112), em cujo interior e exterior havia um grande número de ídolos de pedra que representavam vários deuses, dos quais os mais importantes eram Hubal, talvez um deus da guerra, e as três filhas de Alá, o senhor deus do Haram. Era em nome de Alá — que em árabe originalmente significava "o deus" (al-ilah) — que Maomé iniciava seus ensinamentos, embora nessa época Alá fosse acompanhado das divindades "associadas".

O uso do Haram pelos peregrinos coexistia com o dos mercadores: considerava-se o local um terreno neutro, onde as pessoas trocavam bens e se reuniam sem temer violências. O papel dos coraixitas foi, assim, complexo, envolvendo diplomacia, proteção dos locais sagrados e participação num ativo comércio local.

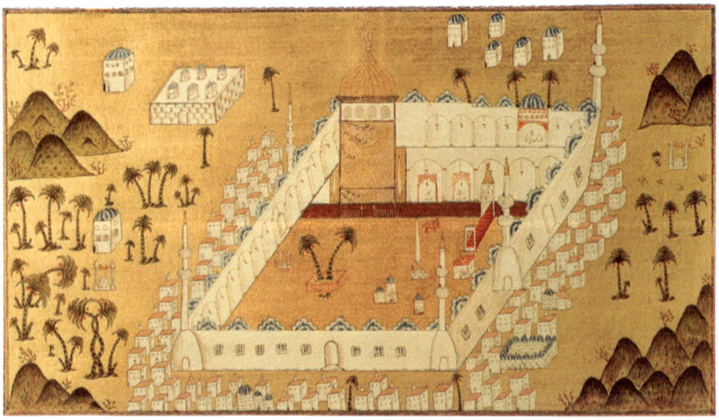

Vista de Medina, onde se consolidou a primeira comunidade muçulmana. A cidade, na atual Arábia Saudita, é a segunda mais sagrada do islamismo, depois de Meca. Pintura de c. 1750.

os impérios bizantino e persa. No início do século VII ambas estavam sensivelmente debilitadas pela guerra e por descontentamentos internos.

A comunidade islâmica, ou *umma*, para usar a palavra do Alcorão, data sua fundação de um acontecimento da vida de Maomé. Impelido por revelações divinas, ele começou sua missão profética em c. 610 (ver pp. 106-7). A reação inicial da população de Meca, em particular dos coraixitas, foi de hostilidade, na medida em que Maomé foi adotando um monoteísmo puro e passou a criticar o culto pagão centralizado no Haram (ver texto lateral, na página oposta). Em 622 a perseguição a seus seguidores levou o Profeta a conduzi-los a Yathrib (Medina), cidade agrícola ao norte. Maomé e um seguidor próximo e parente, Abu Bakr, foram os últimos a partir. Essa viagem do Profeta é conhecida como Hégira e, segundo a tradição islâmica, assinala o momento de criação da *umma* e o início de seu calendário.

A TRADIÇÃO PROFÉTICA

Em certo sentido, os muçulmanos consideram os ensinamentos da revelação divina por parte de Maomé o momento de criação de sua tradição. Mas em outro sentido sustenta-se que a tradição enunciada por meio do Profeta é tão antiga quanto a própria humanidade.

Os muçulmanos acreditam que o Deus único e verdadeiro, onipotente e eterno, primeiro revelou sua Palavra numa forma pura, inalterada, a Adão, o primeiro homem, depois ao patriarca Abraão (Ibraim, em árabe). Essa mesma mensagem primordial e a relação com a humanidade que ela incorpora foram posteriormente dadas a Maomé. Dessa forma, o islamismo se considera a religião original e única, a de Abraão.

Um anjo traz um cordeiro para ser sacrificado enquanto Abraão está prestes a sacrificar seu filho. Os eruditos islâmicos discutem se o filho era Isaac (Ishaq) ou Ismael (Ismail). Pintura turca de 1583.

Entre Abraão e Maomé, de acordo com o Alcorão, viveram muitos outros profetas (*nabis*), dos quais 28 foram escolhidos para propagar a Palavra divina; estes são conhecidos como *rasuls*. Entre os mais importantes estão Noé (Nuh, em árabe), Davi (Dawud), Moisés (Musa) e Jesus (Issa). Por meio dos dois últimos a mensagem divina foi levada a comunidades de judeus e cristãos, e assim ambas pertencem, como o islamismo, a uma tradição abraâmica comum. O Alcorão chama os judeus e os cristãos de "Povos do Livro" e os respeita particularmente.

Mas no Alcorão há também polêmica contra as duas outras religiões abraâmicas. De acordo com os ensinamentos islâmicos, cada momento de revelação representa o início de um novo ciclo de profecia, que culmina numa degradação proposital ou descuidada da idéia primordial original — e nesse ponto aparece um novo profeta. Assim, o ciclo iniciado por Jesus terminou na "degradação" representada pela insistência cristã na Santíssima Trindade e na divindade de Cristo (ver p. 64).

Para cada profeta sucessivo, portanto, a degradação da mensagem divina suscitava uma dupla responsabilidade: advertir e renovar. Na concepção islâmica, Maomé se enquadra nessa tradição profética mas é único porque é o "selo" dos profetas: com ele cessa o ciclo profético. Ele traz a sua forma final e perfeita: o Alcorão.

UMA ÉPOCA DE IMPÉRIOS

AS VIAGENS DE IBN BATTUTA

Uma fonte importante para o nosso conhecimento do mundo islâmico medieval é o relato de viagem de um erudito do século XIV, Ibn Battuta (1304-c. 1370). Atravessando o mundo do noroeste da África até o Egito e o Hedjaz, da Palestina até a Pérsia, a Ásia central, a Índia, o sudeste da Ásia e talvez a China, Ibn Battuta defrontou-se com uma série de sociedades islâmicas que representam uma notável coleção de línguas, culturas e histórias. Ele registra os efeitos devastadores das invasões mongóis do século XIII sobre a Pérsia e a Ásia central; a disseminação do islamismo entre os turcos que estavam gradualmente ocupando a península da Anatólia; e a presença crescente da fé nas terras tocadas pelo oceano Índico e na África.

Em Medina, Maomé continuou sua pregação e consolidou seu grupo de seguidores, elaborando uma "Constituição de Medina" e anunciando a existência da *umma* (ver p. 95). Durante os dez anos seguintes ele exerceu controle religioso, político e militar sobre uma dinâmica comunidade nova. As tentativas de ganhar apoio das tribos judaicas de Medina acabaram em tragédia, com o exílio de duas tribos e a violenta repressão de uma terceira. Contudo, a campanha militar para conquistar Meca foi um sucesso, e ao morrer, no dia 8 de junho de 632, Maomé controlava a maior parte da península da Arábia e tinha mandado forças para sondar as defesas bizantinas no sul da Síria. Em duas décadas, os exércitos árabes sob o comando muçulmano destruíram o império persa dos sassânidas e expulsaram os bizantinos da Síria e do Egito.

Esse império em rápido crescimento foi controlado inicialmente por companheiros próximos do Profeta; estes foram sucedidos, depois de guerras de extermínio, por uma elite da tribo de Maomé, os coraixitas, comandada pela família Umayyad (a dinastia dos omíadas). Os sucessores políticos do Profeta tinham o título de "califa", do árabe *khalifa*

POVOS CONQUISTADOS

A basílica de Santa Sofia, em Constantinopla, tornou-se mesquita depois da conquista da cidade pelos turcos.

A conversão entre os povos submetidos do império árabe-islâmico ocorreu sistematicamente durante os primeiros séculos da história islâmica, com o surgimento de maiorias significativas no Oriente Próximo e no norte da África. Contudo, importantes comunidades cristãs, judaicas e outras subsistiram no Egito, no Iraque e em distintos lugares. Registraram-se incidentes de conversão forçada, aparentemente poucos. Algumas igrejas cristãs tornaram-se mesquitas.

Na qualidade de "Povos do Livro" — povos a quem Deus tinha mandado uma mensagem profética —, judeus e cristãos passaram a ser definidos pelos *ulama*, os eruditos religiosos muçulmanos, como *dhimmis* ou povos "protegidos". Isso significava que suas tradições e práticas tinham de ser respeitadas e em geral se devia deixar que governassem sobre questões internas. Mais tarde, sobretudo por razões políticas e de impostos, a condição de *dhimmi* foi estendida aos zoroastristas.

Para os *dhimmis*, a segurança das pessoas, da propriedade e dos locais religiosos era garantida e normalmente mantida na prática. Por outro lado, sua situação era definitivamente subordinada à dos muçulmanos. Em muitos lugares e em várias ocasiões os *dhimmis* tiveram de usar roupas peculiares e freqüentemente lhes foi proibido o porte de armas. E, o que é mais importante: não podiam propagar sua fé nem construir novas casas de culto, além de ser obrigados a pagar uma capitação especial, a *jizya*, imposta aos não-muçulmanos. Aparentemente, foi o estigma ligado à condição dos *dhimmis* que acabou levando muitos não-muçulmanos a se converter à nova fé.

("representante" ou "sucessor"). De 661 a 750, depois da transferência da capital do islã de Medina para Damasco, os omíadas tomaram medidas para a arabização das regiões conquistadas. Em 750 eles foram vencidos pelos abássidas, outro ramo do Banu Hashim (o clã do Profeta). Sediado em Bagdá, o califado abássida promoveu um crescimento maior da comunidade islâmica, até o norte da África, a Espanha e o Oriente Próximo.

Depois de suas conquistas os árabes se estabeleceram nos principais centros urbanos do Oriente Próximo, enquanto novas guarnições árabes, como Basra, Kufa e Fustat, transformaram-se em cidades. Nesse ambiente urbano, durante os séculos IX e X o enfrentamento dos árabes com as tradições judaicas, cristãs, persas e zoroastristas, paralelamente às exigências de administrar um vasto império, inspirou um formidável florescimento do pensamento legal, religioso e político islâmico. O cenário de maior atividade foi a vicejante capital imperial, Bagdá. Entre as figuras proeminentes desse período estão os renomados eruditos Jafar al-Sadiq (700-765) e Al-Shafii (767-819), o historiador e exegeta Al-Tabari (838-923), o filósofo Ibn Sina (conhecido no Ocidente como Avicena; 980-1047) e, talvez o mais influente de todos, Al-Ghazzali (1058-1111; ver p. 103).

Contudo, em meados do século IX os abássidas começaram a experimentar uma diminuição de seu poder. A dinastia já havia perdido a Espanha 150 anos antes para um sobrevivente dos omíadas, e agora reveses políticos e a crescente proeminência dos ulemás contribuíram para uma perda de legitimação. Não menos grave foi a ascensão de duas comunidades sectárias que representavam o que veio a ser conhecido como os ramos xiitas do islã (ver texto à direita). O império abássida foi gradualmente

O Pátio dos Leões do palácio de Alhambra, sede dos governantes muçulmanos de Granada, no sul da Espanha. Última remanescente de uma grande civilização árabe na península Ibérica, Granada foi tomada pelas forças cristãs espanholas em 1492.

ISLAMISMO XIITA

As raízes do xiismo remontam a um conflito pela sucessão do Profeta. Alguns muçulmanos respeitados escolheram Abu Bakr, seguidor próximo de Maomé, como primeiro califa, deixando insatisfeitos os que viam Ali ibn Abi Talib, genro do Profeta, como seu sucessor por direito. Embora Ali tenha se tornado califa posteriormente (656-661), seus seguidores sustentavam que se cometera uma injustiça. O movimento xiita surgiu da facção álida (pró-Ali). Os muçulmanos xiitas afirmavam que apenas um descendente de Ali e sua mulher Fátima, filha do Profeta, podia ser líder, ou imã, da umma, a comunidade muçulmana. Em 680 a causa álida foi assumida pelo filho de Ali, Hussein, numa breve insurreição que terminou com o massacre dele e dos homens que liderava por soldados do califa Yazid I (680-683).

As duas principais divisões do xiismo, os duodecimanos e os ismailitas, surgiram em conseqüência de divergências quanto a quem podia reivindicar o título de imã (ver pp. 108-9). Concentrados em Bagdá, os duodecimanos eram dirigidos por uma elite erudita bastante apolítica e estavam bem integrados na sociedade islâmica urbana. O xiismo ismailita, de base rural e politicamente radical, surgiu como um movimento missionário dinâmico, ganhando seguidores por todo o mundo islâmico. No início do século X um Estado ismailita, o califado fatímida, estabeleceu-se no norte da África. De c. 969 a 1171 os fatímidas governaram um império que tinha o Egito como centro.

ISLAMISMO SUNITA

A maioria dos muçulmanos segue o ramo sunita do islamismo. Seu surgimento pode ser situado nas disputas entre o xiismo (ver p. 97) e comunidades majoritárias no início do califado, assim como nos desafios que todas as crenças novas enfrentam para desenvolver sistemas coerentes. O sunismo enfatiza o consenso e a comunidade, com base no modelo do Alcorão e do Profeta. A palavra "sunita", do árabe, significa "pessoas da tradição (suna) e da comunidade". A "tradição" é o exemplo de Maomé, o modelo de conduta muçulmano. Entre os passos básicos para sua formalização está o desenvolvimento, por volta do ano 1000, de quatro principais escolas de direito (ver p. 110).

Fólios de um Alcorão do período seljúcida. Predomina uma escrita chamada muhaqqaq, *mas os títulos das suratas estão em caligrafia angular* kufic.

substituído por centros de poder regionais. Os fatímidas, estabelecidos na Tunísia desde 909, conquistaram o Egito em 969 e estabeleceram sua capital imperial no Cairo. Os principados abássidas no Irã e as terras além do rio Oxus (Amu-Daria) cederam aos exércitos de nômades turcos muçulmanos, notadamente os liderados pela família seljúcida. Os governantes seljúcidas, ou sultões, tomaram Bagdá em 1055 e deram fim ao que era então apenas um califado marionete. Um breve período de unidade imperial na maior parte do Oriente Próximo sob o domínio dos turcos seljúcidas terminou em fragmentação, mas o palco estava montado para as invasões turcas posteriores e, por fim, a chegada dos mongóis, no século XIII.

O período seljúcida viu o florescimento das tradições intelectuais e artísticas turcas, fornecendo uma nova fonte de inspiração para o pensamento islâmico. O nome do ministro seljúcida Nizam al-Mulk (morto em 1092) está particularmente associado ao apoio seljúcida aos ulemás, o *establishment* religioso, por meio de indicações para postos religiosos e no sistema judiciário e do patrocínio da *madrasa* (escola de teologia). Essa relação incômoda, embora mutuamente vantajosa, entre uma elite militar governante turca e a comunidade religiosa também caracterizou a dinastia mameluca (1250-1517), que sucedeu aos fatímidas no Egito. Os esforços dos ulemás, em parte como resultado desse apoio oficial,

levaram ao surgimento de um sistema de símbolos, tradições e atitudes compartilhado por todo o mundo islâmico.

O domínio islâmico chegou à Índia com as primeiras conquistas, mas sua presença generalizada só aconteceu no início do século XIII, com a criação dos sultanatos de Delhi (1206-1526), principados regidos pelos comandantes turcos e da Ásia central. Os muçulmanos mercadores, missionários e sobretudo místicos (sufistas; ver pp. 101-3) converteram os povos da Índia ao islamismo. Os séculos XIII e XIV testemunharam sua disseminação pacífica, por meio de viajantes e mercadores sufistas, da Índia para o sudeste da Ásia. A religião foi gradualmente aceita pela maioria dos habitantes das atuais Indonésia e Malásia. Os mercadores e os sufistas também tiveram uma importância crítica no avanço do islamismo a partir do norte da África pelo Saara ocidental e ao longo das costas das atuais Somália e Tanzânia. A partir do fim do período medieval ele se espalhou lentamente pela África subsaariana, mas seus principais avanços nessa região ocorreram só nos séculos XIX e XX.

Os séculos XV a XVII viram surgir no mundo islâmico três impérios dinâmicos e prósperos. Governando de Istambul (antes Constantinopla, a capital bizantina), os sultões otomanos, no auge de sua autoridade, controlaram um domínio que abrangia o norte da África, o Oriente Próximo, a Anatólia e a maior parte do sudeste europeu. A dinastia de xás sefévidas trouxe uma mudança fundamental com a conversão da sociedade iraniana do islamismo sunita para o xiita duodecimano. Na Índia, o império igualmente centralizado da dinastia mogol foi oficialmente um Estado islâmico, mas derivou sua legitimação do apoio da cultura hindu (ver p. 132).

O período entre o século XVIII e o atual, contudo, testemunhou uma mudança rápida e freqüentemente penosa no mundo islâmico. Para começar, os três grandes impérios, dos otomanos, sefévidas e mogóis, foram perturbados por problemas internos e pela contestação dos Estados crescentemente imperialistas da Europa, sobretudo Grã-Bretanha, França e Rússia. O confronto entre a Europa cristã e o mundo islâmico remonta no mínimo às Cruzadas realizadas pelas forças cristãs latinas (ou seja, católicas romanas), que começaram no século XI, um conflito que levou ao fim definitivo do domínio muçulmano na Espanha em 1492. Mais recentemente, várias fases de imperialismo europeu levaram à ocupação, na década de 1920, de quase todo o mundo islâmico, do oeste e do norte da África até as Índias Orientais (atual Indonésia).

No século XVIII, as preocupações prementes dos eruditos e dos escritores muçulmanos relacionavam-se bastante com a desarticulação e a desunião causadas pela fragmentação ou enfraquecimento dos três impérios islâmicos. Movimentos de renovação social e política surgidos em reação a essa falta de coesão nas terras islâmicas (ver texto à direita) ajudaram a assentar as bases de um ressurgimento do islã no século XX.

Escola corânica em Timbuctu, no país saariano do Mali. O islã foi levado a essa parte da África pelas rotas comerciais entre c. 1250 e 1500.

PRIMEIROS MOVIMENTOS DE REVIVESCÊNCIA

As respostas à desunião muçulmana no século XVIII (ver texto principal) buscavam, pela reestruturação da vida social e religiosa islâmica, uma solução para as crises observadas. Na península da Arábia, Ibn Abd al-Wahhab (morto em 1792) elaborou uma concepção estrita, até autoritária, de sociedade. Uma aliança com o príncipe Muhammad ibn Saud (morto em 1765) levaria à criação da moderna Arábia Saudita em 1932. Uthman dan Fodio (1754-1817), professor e ativista nigeriano, liderou seus seguidores contra os adversários políticos e contra o que ele considerava forças corruptoras da sociedade muçulmana. Seu movimento visava a moldar uma sociedade estritamente islâmica e um Estado teocrático que dirigiria o processo de revivescência. Na Índia, o xá Wali Allah (1702-62) pediu a reforma do pensamento e da prática islâmicos tradicionais. Suas idéias foram compartilhadas por Muhammad ibn Ali al-Sanusi (1787-1859), erudito norte-africano fundador da ordem sufista dos sanusis. No século XIX, a questão do imperialismo europeu tinha ofuscado a da revitalização da sociedade islâmica. Por exemplo, onde hoje está a Líbia os sanusis opuseram resistência armada ao colonialismo francês e italiano.

ARTE E DIVINDADE

A afirmação de que o islã sempre proibiu a arte figurativa é exagerada, se não simplesmente falsa, como demonstra a rica tradição de manuscritos ilustrados (que no entanto nunca são do Alcorão ou de outros textos religiosos). Embora o próprio Alcorão não contenha nenhuma proibição explícita, uma atitude hostil quanto a qualquer tipo de imagem figurativa desenvolveu-se entre eruditos, baseada na teoria de que formar imagens de seres vivos usurpa o gênio criador que só Deus possui. Nas mesquitas não existe arte figurativa: ali as grandes tradições islâmicas da caligrafia e da arte simbólica florescem.

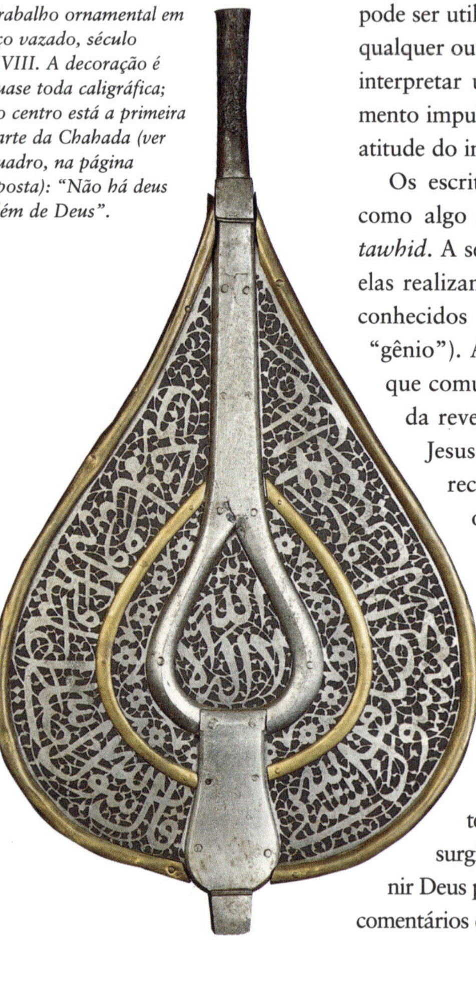

Trabalho ornamental em aço vazado, século XVIII. A decoração é quase toda caligráfica; no centro está a primeira parte da Chahada (ver quadro, na página oposta): "Não há deus além de Deus".

ABORDAGENS A DEUS

O islamismo concebe Alá, Deus, como aquilo de que tudo emana. Ele é, em primeiro lugar e antes de mais nada — e como deixa claro o conceito de *tawhid* (ver quadro, na página oposta) —, absolutamente Um. Nas palavras do Alcorão: "Deus dá testemunho de que não há mais divindade além Dele; os anjos e os sábios O confirmam Justiceiro; não há mais divindades além Dele, o Poderoso, o Prudentíssimo" (surata 3, 18). A afirmação da unicidade de Deus é a primeira parte da Chahada, a profissão de fé islâmica: "Não há deus além de Deus".

Violar o princípio do *tawhid* é cometer *chirk*, freqüentemente traduzido como "associação", ou seja, ligar ao sagrado ou divino qualquer aspecto do mundo quando este não tem tais qualidades. Como explica o Alcorão: "Adorai a Deus e não Lhe atribuais parceiros" (4:36). A palavra pode ser utilizada de vários modos. Naturalmente, é pecado grave adorar qualquer outra força ou ser do universo. Os muçulmanos também podem interpretar uma preocupação com a riqueza material, ou o comportamento impulsivo e arrogante, como exemplos de *chirk* que corrompem a atitude do indivíduo em relação a Deus e dentro da comunidade.

Os escritores islâmicos freqüentemente se referem à fé, ou *iman*, como algo composto de cinco doutrinas. A primeira é a crença no *tawhid*. A segunda é a crença nas criaturas ligadas a Deus e à obra que elas realizam em nome de Deus; incluem-se entre elas os anjos e seres conhecidos como *djins* (nome coletivo que deu origem ao termo "gênio"). A terceira é a crença nos profetas e na mensagem profética que comunica a vontade divina. Essa crença abrange todos os livros da revelação divina, inclusive a Torá de Moisés e o Evangelho de Jesus. A quarta diz respeito à crença no Dia do Juízo e na eterna recompensa ou sofrimento que se segue (ver quadro, na página oposta). A quinta doutrina é a crença na predestinação.

Uma idéia básica do Alcorão é que Deus se revela por "sinais", designados como *aya*, palavra usada também para todos os versos do Alcorão. Uma vez que alerta e instrui, o próprio Alcorão é um sinal.

Os eruditos muçulmanos do período mais antigo se debateram com as questões que cercam o conhecimento, ou a consciência, de Deus. A história intelectual da tradição islâmica é moldada em parte pela busca das várias abordagens da teologia e pelas tensões geradas entre elas. Assim, por exemplo, surgiu um debate no século IX a respeito da possibilidade de discernir Deus pelo uso da razão, resultado de um longo período de traduções e comentários de obras gregas de filosofia e ciência por eruditos muçulmanos.

O misticismo, a busca de uma experiência espiritual elevada e da consciência do Divino, é representado no islã pelo sufismo. A palavra talvez derive do árabe *suf* ("lã"), referindo-se possivelmente à roupa rústica, simples, usada pelos ascetas no período formativo do islamismo.

No contexto muçulmano, a busca da espiritualidade deve ser vista como uma dimensão integrante da vida islâmica e não como algo que se procura separadamente das práticas e doutrinas dominantes da tradição. O sufismo retira grande parte de sua inspiração da idéia corânica de "amizade" (*wilaya*) com Deus, e assim há na literatura islâmica freqüentes referências aos "sufistas" como "amigos" (*awliya*, singular *wali*), aqueles que são sinceros e totalmente confiáveis em sua relação com Deus.

As origens do sufismo remontam à prática do Profeta e de seus companheiros. A literatura sobre a espiritualidade islâmica fala do modo de vida ascético de Maomé e de como seu exemplo inspirou até a elite do início do império islâmico, inclusive os califas. Na literatura sufista, Maomé surge como exemplo de vida interior, espiritual, e pensadores e poetas sufistas posteriores citaram como o melhor testemunho disso a viagem milagrosa (Miraj) do Profeta de Meca a Jerusalém e daí para o céu (ver p. 107).

Baseando-se no exemplo do Profeta e nos ensinamentos da revelação, os primeiros sufistas começaram a elaborar idéias que eruditos posteriores

OS NOMES DE DEUS

O Alcorão apresenta uma longa série de nomes para Deus, cada um dos quais exprime uma dimensão diferente da presença divina infinitamente complexa e essencialmente indescritível. Num famoso hadith (ver p. 105), o Profeta se refere a 99 nomes de Deus, embora se possa dizer que o Alcorão relaciona muitos outros. Estes não são simplesmente uma lista de características, mas constituem o modo corânico de sublinhar a idéia da perfeição de Deus: cada qualidade pode ser parcialmente manifestada pelos homens, mas só Deus tem todas elas, de modo perfeito e completo.

Dois nomes se destacam: al-Rahman ("o Clemente") e al-Rahim ("o Misericordioso"). Os dois com freqüência aparecem juntos, como na invocação conhecida como Basmala (ver p. 104).

A AFIRMAÇÃO DE DEUS

A relação do muçulmano com Deus se centra em três princípios fundamentais derivados do Alcorão. O primeiro, *tawhid*, pode ser traduzido como "a unicidade de Deus". Ele transmite a idéia islâmica básica de que Deus é absoluta e inevitavelmente Um, uma unidade perfeita e única em si. Mas uma tradução mais exata seria "a afirmação da unidade divina", que abrange a obrigação crucial de estruturar a fé (*iman*) e a prática desta (islã) de acordo com a sua crença na unidade divina. Assim, *tawhid* é um chamado para uma vida atenta e devota.

Nubuwwa, ou "profecia", refere-se à maneira como Deus torna clara a sua ordem para a humanidade. Os profetas são designados por Deus para trazer ao mundo a mensagem do *tawhid* e convocar a humanidade para a obediência e o culto perfeitos. O islamismo concede a Maomé um papel especial como o "selo" da profecia (ver p. 95).

As idéias complexas do *tawhid* e do *nubuwwa* são expostas numa declaração breve conhecida como Chahada ("testemunho"): "Não há deus além de Deus [Alá], e Maomé é Seu mensageiro". Pronunciar a Chahada é tudo o que se exige para converter-se ao islamismo, e ela tradicionalmente é sussurrada nos ouvidos dos recém-nascidos. É também o primeiro dos Cinco Pilares, os cinco atos sobre os quais se assenta o sistema ritual da tradição islâmica (ver pp. 114-7).

O terceiro princípio diz respeito ao conceito dos "Últimos Dias", ou o fim do mundo. Normalmente ele é expresso com a palavra *maad*, que transmite a idéia da "volta", ou seja, o retorno de tudo o que foi criado por Deus à sua fonte divina. De acordo com o Alcorão, os Últimos Dias serão acompanhados pelo Dia do Juízo. Em palavras freqüentemente vívidas, o Alcorão deixa clara a inevitabilidade do julgamento divino e a certeza de que todos serão avaliados quanto ao caráter de sua resposta à convocação profética.

A tradição xiita acrescenta outros dois princípios. O primeiro é o imamado, a idéia de que a liderança social e espiritual de Maomé foi levada adiante por uma sucessão de seus descendentes inspirados por Deus, os imãs (ver pp. 108-9). O segundo princípio diz respeito ao "Atributo Divino" da justiça perfeita, ou *adl*. Os eruditos xiitas medievais escolheram esse atributo de Deus como base dos seus argumentos sobre o Julgamento Divino, a justiça em que ele se baseia e a responsabilidade dos indivíduos pelas suas ações.

ampliaram para o sufismo teórico, um ramo essencial da cultura islâmica do fim da Idade Média. Essas idéias ligam-se a figuras antigas como Hassan al-Basri (morto em 728), Rabia al-Adawiya (morto em 801), Al-Tustari (morto em 896) e Junayd (morto em 910). Os dois primeiros enfatizaram a necessidade do ascetismo, de uma profunda e inabalável confiança no desígnio divino, e da autoconsciência. Os últimos sufistas elaboraram concepções como a da união do eu com a presença divina, às vezes chamada aniquilação do eu (*fana*), por meio da disciplina e da contemplação, que se tornou uma idéia central do sufismo formal. Um dos primeiros pensadores do sufismo foi Jafar al-Sadiq (morto em 765), que os muçulmanos xiitas afirmam ser o Sexto Imã.

Nos séculos IX e X surgiram círculos informais de professores, ou "guias" (*chaykhs*), e seus alunos (*murids*). Neles se gerou a idéia básica de que a vida interior era moldada por um avanço disciplinado numa série de estágios espirituais, sendo que o estudante ou discípulo era levado a cada um

PRIMEIRAS ORDENS SUFISTAS

A Qadiriyya está entre as mais antigas das principais ordens sufistas. Seu nome vem de Abd al-Qadir al-Jilani (1077-1166), erudito e pregador persa cujos sermões em Bagdá atraíam muitos adeptos. Seus filhos e outros discípulos antigos estabeleceram a base para a ordem. Inúmeros peregrinos até hoje visitam o túmulo de Abd al-Qadir.

Outras ordens antigas incluem os grupos Suhrawardiyya e Chadhiliyya, os primeiros importantes hoje na Índia, Paquistão e Bangladesh, os segundos tradicionalmente proeminentes no norte da África e no Oriente Próximo. A Bektashiyya, ordem turca intimamente associada aos militares do antigo Império Otomano, era conhecida pelas suas práticas esotéricas, assim como a Rifaiyya, ramo da Qadiriyya, cujos membros, entre outras coisas, comiam vidro e andavam sobre carvões em brasa. Essas grandes ordens tiveram um papel fundamental na conquista de convertidos ao islamismo em muitas regiões da África central, na região do oceano Índico e na Ásia central.

Algumas ordens de elite só aceitavam pessoas educadas das cidades ou estavam estreitamente associadas a certos setores da sociedade, por exemplo os militares ou as corporações urbanas. Outras tinham uma base social mais ampla e freqüentemente coincidiam em parte com cultos populares de santos muçulmanos surgidos em todo o mundo islâmico medieval. O mestre sufista podia ser a inspiração de uma ordem específica e também o objeto de veneração, expresso por meio das celebrações feitas em seu túmulo.

Mausoléu de Rukn-i-Alem, santo sufista Suhrawardiyya, em Multan, no Paquistão, construído nos séculos XIII e XIV. Fundada originalmente em Bagdá, a ordem Suhrawardiyya conquistou muitos adeptos no subcontinente indiano, onde seus seguidores se concentram hoje.

deles pelo professor ou mestre. Assim como o mestre obtinha orientação e conhecimento pela confiança em Deus, o aluno os obtinha do seu *chaykh*.

Fundamental para a busca espiritual do sufismo é a prática do *dhikr*, freqüentemente traduzido como "lembrança" ou "invocação" de Deus e seus nomes (ver texto lateral, p. 101) em meditação silenciosa ou cantando serenamente. A origem do *dhikr* está no Alcorão e nos *hadiths* do Profeta (ver p. 105), e é sintetizada na prece ritual, ou *salat*, em que os muçulmanos invocam a presença e os nomes de Deus.

O sufismo dos primeiros tempos confinava-se a círculos pequenos, ascéticos, mas nos séculos X e XI suas idéias tinham começado a se espalhar pela comunidade mais ampla. Ordens sufistas, ou "irmandades", começaram a tomar forma (ver quadro, na página oposta), acompanhadas pelo surgimento de edificações sufistas (*khanqahs*) em número cada vez maior. Essas ordens tornaram-se um traço comum da vida islâmica, e em muitas regiões continuam assim até hoje.

Devoto numa mesquita pertencente à ordem sufista Khalwatiyya em Baqal Gharbiyya, Israel.

DEUS NA LITERATURA ISLÂMICA

O sufismo gerou um grande conjunto de textos, freqüentemente muito difíceis, sobre o conhecimento espiritual e a união mística com a presença divina. Entre os mais importantes estão as obras de Ibn al-Arabi (1165-1240), que escreveu em parte na Espanha muçulmana (al-Andalus). Para muitos escritores sufistas a tarefa de exprimir idéias complexas e profundamente sentidas encontrou sua expressão mais perfeita na poesia. Farid al-Din al-Attar (morto em 1230) e Ibn al-Farid (1181-1234) estão entre os maiores desses poetas, ao passo que Jalal al-Din al-Rumi (morto em 1273) é hoje muito popular na Europa e nos Estados Unidos, onde há traduções de seus poemas. Suas poesias místicas são consideradas jóias da literatura islâmica medieval.

Deus e as muitas características divinas são o tema de um conjunto extenso de obras escritas por teólogos, místicos, poetas e romancistas medievais e modernos. Entre os grandes pensadores medievais está Abu Hamid Muhammad al-Ghazzali (1058-1111), cujas obras são muito lidas até hoje. De origem persa, ele escreveu e ensinou durante toda a vida, à exceção de uma década de contemplação e viagens motivadas por uma crise espiritual. Sua obra mais conhecida, uma expressão importante da fé muçulmana sunita, é a alentada *Ihya Ulum al-din* ("O Renascimento das Ciências Religiosas"). Nessa e em outras obras, inclusive sua famosa biografia espiritual, Al-Munqidh min al-Dalal ("Libertação do Erro"), Al-Ghazzali atingiu uma espécie de síntese das abordagens racional e mística ao culto a Deus.

A BASMALA

Com uma única exceção, toda surata do Alcorão começa com a invocação conhecida como Basmala ou Bismillah: "Em nome de Deus, o Clemente, o Misericordioso" (Bismillahi al-Rahman al-Rahim). Essa frase também é pronunciada no início de todos os atos de culto e freqüentemente ao longo da vida cotidiana dos muçulmanos. O Alcorão dedica muita atenção à qualidade fundamental da compaixão divina, cuja maior expressão é o seu próprio texto, pela luz que lança e a orientação que dá.

A PALAVRA DE DEUS

A tradição islâmica reverencia o Alcorão como a palavra literal de Deus, transmitida diretamente ao Profeta durante a sua vida adulta. Os muçulmanos reconhecem o Alcorão como a extensão do divino no plano terreno, a incorporação da misericórdia, do poder e do mistério divinos na terra.

Os versos do Alcorão foram dados a Maomé, que por sua vez os recitou a seus seguidores. A palavra "*Quran*" significa "recitação", e pode se referir a uma parte ou ao conjunto do texto sagrado. De acordo com a tradição, o Alcorão atingiu sua forma escrita atual durante o califado de Uthman (644-656), que ordenou a um grupo de respeitados muçulmanos a criação de uma versão definitiva. Compõe-se de 114 capítulos conhecidos como suratas, cada um deles com um número e um título, sendo este normalmente uma palavra ou frase do início da surata; por exemplo, surata 2, *Al-Baqara* ("A vaca"). Embora os eruditos ocidentais tendam a citar os capítulos do Alcorão pelo número, os escritores muçulmanos geralmente se referem ao seu título.

As suratas se compõem de versos (*ayas*), literalmente "sinais" de Deus que atestam sua presença e compaixão. A tradição ensina que a primeira surata revelada foi a 96, *Al-Alaq* ("O coágulo de sangue"), que o anjo Gabriel disse ao Profeta. Ela representa o anúncio da missão de Maomé: "Lê, em nome do Teu Senhor que criou; Criou o Homem de um coá-

O ALCORÃO NA VIDA ISLÂMICA

O Alcorão está presente de vários modos na vida dos muçulmanos. Foi o núcleo da educação islâmica tradicional — os jovens muçulmanos aprendiam a ler e a escrever com os versos corânicos, e, teoricamente, decoravam todo o texto. Embora essa prática tenha se perdido devido à expansão de uma educação pública secular, de modo geral os pais de hoje ainda garantem aos filhos o conhecimento do Alcorão.

O exemplo dado pelo próprio Profeta ao transmitir oralmente a palavra de Deus a seus seguidores ajuda a explicar o grande valor ligado até hoje à memorização e recitação do Alcorão. A recitação continua sendo uma forma de arte altamente cultuada, e gravações de declamadores famosos estão disponíveis em todo o mundo islâmico.

O Alcorão tem uma santidade física. Os muçulmanos preferem se aproximar dele e manuseá-lo apenas num estado de pureza ritual, e seu poder divino ou graça (em árabe: *baraka*) pode até, num uso mais popular, ser empregado como meio de cura.

Meninos do Instituto Islâmico Fouad, escola corânica em Assyut, no Egito. O ensino do Alcorão continua sendo uma parte importante da educação da maioria dos muçulmanos.

A surata 1, Al-Fatiha *("A abertura"), na direita, e a primeira página da surata 2,* Al-Baqara *("A vaca"), de um Alcorão decorado produzido na Índia mogol em c. 1700.*

gulo" (96, 1-2, ou seja, surata 96, *ayas* 1-2). As suratas são ordenadas de acordo com sua extensão, ficando as maiores no início do Alcorão e as menores no final. A única exceção é a surata 1, *Al-Fatiha* ("A abertura"), que tem sete versos.

As suratas também são identificadas como "de Meca" ou "de Medina", dependendo de terem sido reveladas antes ou depois da Hégira, a partida de Maomé para Medina em 622. Os versos de Meca focalizam a majestade e a unidade de Deus e a certeza de que ele trará sua compaixão e julgará a humanidade e o mundo. Nesse contexto, o papel de Maomé no período de Meca, como ele próprio proclamou, era trazer a boa nova da compaixão divina e advertir para a chegada do julgamento que separaria os justos dos transgressores. Como afirma a surata 35: "Os incrédulos sofrerão um terrível castigo. Mas os fiéis, que praticam o bem, obterão uma grande recompensa" (35, 7). Os versos de Meca quase sempre são curtos e sucintos, com imagens vívidas e intensas.

Os versos de Medina contêm idéias e linguagem semelhantes, mas refletem os novos desafios que Maomé e a nascente comunidade islâmica enfrentaram. São em geral mais longos e mais complexos, e freqüentemente expressam uma preocupação com a ordem religiosa, moral e social. Eles prescrevem os deveres fundamentais: prece, esmolas, jejum no ramadã e peregrinação a Meca (*hadj*). Tratam também de questões variadas, como casamento, divórcio, adultério, jogo e guerra.

Desde muito cedo na tradição os eruditos muçulmanos dedicaram um enorme esforço à elucidação dos ensinamentos complexos do Alcorão. A interpretação corânica, ou *tafsir*, faz parte do núcleo dos ensinamentos islâmicos.

OS *HADITHS*: O CAMINHO DE MAOMÉ

Para se guiar na interpretação do Alcorão, os eruditos religiosos (ulemás) confiaram nas tradições sobre o próprio Maomé. Quando este morreu, a comunidade islâmica começou a reunir seus ensinamentos, palavras e feitos. O "modo" do Profeta, ou "tradição" (suna — daí o termo "sunita"; ver p. 98), foi posteriormente compilado numa série de registros conhecidos como *hadiths*. Cada *hadith* era encabeçado por uma lista daqueles por meio de quem o registro foi transmitido, que teoricamente remontava a Maomé ou a um companheiro próximo a quem ele falou diretamente.

O período básico da compilação e dos comentários dos *hadiths* corresponde aproximadamente ao fim do século VIII e início do IX. Os *hadiths* geraram muitos debates no começo da época medieval, pois ficou claro para os eruditos que eles freqüentemente refletiam opiniões e posições doutrinais posteriores à morte do Profeta. Desde c. 850 fizeram-se compilações críticas dos *hadiths* no mundo sunita, sendo as mais respeitadas as de Al-Bukhari (810-870) e de Muslim ibn al-Hajjaj (morto em 875).

Num período anterior, o xiismo também gerou um grande e complexo conjunto de *hadiths* que remonta aos imãs (ver pp. 108-9). Para os eruditos xiitas, os *hadiths* dos imãs têm um papel idêntico ao dos sunitas, ou seja, elucidam o Alcorão e servem como fonte de pensamento religioso e legal. Das quatro antigas compilações de *hadiths* que o xiismo considera canônicas, a principal talvez seja a de Al-Kuleini (morto em 939).

"Mão de Fátima", amuleto popular para afastar o "olho do diabo", do século XIX. Fátima era considerada a filha favorita do Profeta e mulher de bondade exemplar.

A FAMÍLIA DO PROFETA

As palavras "ahl al-bayt" (literalmente, "família da casa [do Profeta]") referem-se à família imediata de Maomé e seus descendentes. Entre os sunitas e os xiitas, os membros dessa família são reverenciados por seus vínculos de sangue com o Profeta e por terem vivido na presença dele. Para os muçulmanos xiitas, Ali ibn Abi Talib, sua mulher Fátima (filha do Profeta) e seus filhos Hassan e Hussein são importantes como fonte da linhagem dos imãs (ver pp. 108-9).

Muitas mulheres que tiveram um papel crucial na vida do Profeta são especialmente veneradas e louvadas. Khadija, sua primeira mulher, é lembrada em parte por incentivar o Profeta durante o período inicial da revelação, quando se diz que ele foi quase aniquilado pela visão do anjo Gabriel. Outra esposa, Aicha, é mais controversa. Os sunitas reconhecem-na como a esposa predileta depois de Khadija, mas os xiitas afirmam que ela cometeu adultério e participou da discórdia civil algum tempo depois da morte do Profeta.

O PROFETA E MENSAGEIRO

É impossível superestimar a importância de Maomé não só para a formação do islã como, desde então, para a vida cotidiana dos muçulmanos. Ele é reverenciado como o muçulmano perfeito, o exemplo primordial de como viver uma vida islâmica, e sua trajetória é narrada numa série de escritos, sobretudo dos primeiros séculos do islamismo, que constituem a base de um vasto conjunto de obras posteriores. Os primeiros deles incluem biografias do Profeta e de sua família, obras históricas como a de Al-Tabari (838-923) e os *hadiths*, um conjunto de registros das palavras e feitos do Profeta (ver p. 105). O Alcorão, obviamente, é a referência fundamental para a vida do Profeta, como registro da revelação recebida de Deus e também como fonte valiosa — embora às vezes difícil de interpretar — para a sua trajetória.

Nessas obras, as informações claramente lendárias mesclam-se a outras baseadas em fatos reais. De acordo com Muhammad ibn Ishaq e outros biógrafos, Maomé nasceu em Meca por volta de 570 no clã Banu Hashim, da tribo coraixita, e ficou órfão ainda pequeno. Criado por seu tio, Abu Talib, e pela família extensa, afirma-se que adquiriu quando bem jovem a reputação de probidade que lhe valeu o apelido de *al-Amin* ("o Confiável"). Diz-se também que uma série de previsões indicaram que o rapaz seria profeta. Sua reputação chamou a atenção de uma mulher mais velha, Khadija, que se tornou sua primeira esposa e mãe de quatro de suas filhas, inclusive Fátima, a quem os xiitas reverenciam particularmente (ver texto à esquerda).

A missão de Maomé começou durante um dos seus períodos de meditação solitária. Em 610, numa caverna no monte Hira, que dominava Meca, diz-se que o anjo Gabriel apareceu para ele com uma convocação para a profecia. Vencendo os temores iniciais, Maomé começou a ensinar a mensagem monoteísta que lhe foi revelada, atraindo um pequeno número de seguidores e depois um público maior.

A princípio Maomé teve a proteção de seu tio e o apoio de Khadija em face da crescente oposição que lhe faziam os pagãos em Meca. Mas a morte de ambos em 619 deixou-o cada vez mais vulnerável ao ataque, e assim ele e seus seguidores emigraram de Meca para Yathrib. Essa viagem (Hégira), que a tradição diz ter começado no dia 16 de julho de 622, marca para os muçulmanos o início de sua história comunal (ver p. 95).

Em Yathrib (depois Medina), Maomé rapidamente assumiu novas e complexas responsabilidades. Em Meca ele tinha sido profeta e mestre, fundador de um novo movimento religioso, mas agora precisava supervisionar e dirigir uma comunidade que esperava dele a organização da proteção física contra seus opositores e a orientação em todas as questões religiosas, sociais e legais. Seus seguidores, os muçulmanos, eram sobretudo de dois grupos: os *muhajirun*, ou os que tinham vindo com ele de Meca, e os *ansar*, ou "auxiliares", de Medina. Convencer os dois grupos a trabalhar em harmonia foi uma das tarefas de Maomé nesse período.

O conflito armado com o povo de Meca terminou com a rendição deste em 630. Afirma-se que, ao reentrar na cidade, Maomé dirigiu-se diretamente à Caaba (ver p. 112) e expurgou-a dos ídolos pré-islâmicos. Além disso, lutou em toda a península da Arábia para forjar alianças com tribos poderosas. Muitas dessas alianças se desfizeram depois da morte do Profeta, em 632, levando seus sucessores imediatos a forçar militarmente esses grupos tribais a se dobrar de novo ao islã.

Depois de sua derradeira peregrinação a Meca, poucas semanas antes de morrer, o Profeta dirigiu-se pela última vez a seus seguidores num lugar chamado Ghadir Khumm, pedindo-lhes ingentemente que mantivessem a unidade. As palavras que, segundo se afirma, ele disse nessa ocasião sobre seu genro e primo, Ali ibn Abi Talib, são uma fonte de divisão do islamismo entre a maioria sunita e a comunidade xiita.

TEXTO SOBRE A VIDA DO PROFETA

As biografias de Maomé constituem um gênero conhecido como sira. A mais antiga e talvez mais importante é a que escreveu no século XVII o erudito Muhammad ibn Ishaq (morto em c. 770), que sobrevive apenas numa compilação feita posteriormente por Abd al-Malik ibn Hisham (morto em c. 834).

Ao longo da história islâmica, as primeiras biografias e os hadiths constituíram a base de relatos cada vez mais detalhados, em vários contextos, da vida e dos feitos do Profeta. Os relatos "populares" incluem um grande conjunto de canções e poemas, interpretados em comemoração ao aniversário do Profeta (mawlid al-nabi).

AS VIAGENS MIRACULOSAS DE MAOMÉ

Para os escritores e poetas sufistas, um acontecimento fundamental na vida de Maomé fornece por si mesmo a prova de sua condição extraordinária. De acordo com a tradição islâmica, logo antes da Hégira (ver texto principal), o Profeta começou uma viagem miraculosa de Meca para Jerusalém na companhia do anjo Gabriel (Jibril). Esse evento é conhecido como Isra.

Afirma-se que na Cidade Santa o Profeta liderou numa sessão de orações um grupo de profetas antigos, inclusive Abraão (Ibraim) e Jesus (Issa), afirmando seu lugar como profetas e também como muçulmanos. Então, cavalgando uma estranha besta alada chamada Buraq, ele subiu ao céu e ficou ao lado de Deus. Os registros da Isra e da ascensão (Miraj) narram que nessa ocasião o número de preces exigidas dos muçulmanos no ciclo diário foi fixado em cinco.

A viagem, como explica uma série de escritos e compilações de versos, continua sendo uma indicação da relação de Maomé com Deus e da possibilidade de atingir, em termos místicos, a proximidade com Deus.

Guiado por Gabriel (à esq., na figura), Maomé (à dir.) ascende ao céu no Buraq, parte cavalo e parte homem. Miniatura pintada em Herat, no Afeganistão, em 1436.

IMÃS E "SANTOS"

Hussein (no alto, à esq.) e Hassan (montado) na batalha de Karbala, evento que os xiitas celebram até hoje como um ato de martírio. Pôster iraniano de c. 1900.

A principal diferença entre as tradições xiita e sunita é que os xiitas acreditam numa série de líderes inspirados por Deus e conhecidos como imãs. Essa crença se fundamenta na última fala aos seus seguidores em Ghadir Khumm (ver p. 107), em que se afirma que Maomé mencionou o genro, Ali ibn Abi Talib. De acordo com a interpretação sunita, ele elogiou Ali e o recomendou à comunidade. Os comentaristas xiitas, no entanto, dizem que Maomé na verdade designou Ali seu sucessor e que, assim, apenas Ali podia reivindicar legitimamente ser sucessor do Profeta como líder (imã) e guia espiritual da jovem comunidade islâmica. Na opinião xiita, a liderança muçulmana violou o desejo do Profeta ao deixar de escolher Ali ibn Abi Talib para suceder a Maomé. A palavra "xiita" deriva de *shiat Ali*, "partidários, ou seguidores, de Ali".

Depois da morte de Ali, em 661, a lealdade dos xiitas voltou-se para seu filho Hassan e depois para o irmão deste, Hussein. Em 680 Hussein tentou reunir seus partidários na cidade de Kufa, no sul do Iraque, ato que o califa omíada, seu parente, considerou um esforço para a tomada do poder. Tropas leais ao califa mataram Hussein e seus companheiros.

Baseados nessa história trágica, eruditos e ativistas xiitas desenvolveram um complexo sistema de crença e prática centralizado no culto do imamado. A pessoa do imã, descrita pela minuciosa literatura da tradição xiita, é um elo da cadeia de profecias que se estende até Jesus, Abraão e Adão, passando antes por Maomé (ver p. 95). O imã precisa ser um descendente direto do Profeta Maomé e o herdeiro designado pelo seu antecessor, assim como Ali, na opinião dos xiitas, foi o sucessor de Maomé por este designado. Portanto, o imã é a única autoridade legítima

GOVERNO DOS DUODECIMANOS

Inicialmente os ulemás (eruditos religiosos) duodecimanos, na ausência do próprio imã, desempenhavam de bom grado um papel modesto como mestres e guias espirituais para sua comunidade. Contudo, ficou cada vez mais claro que os ulemás teriam também de exercer, mesmo que temporariamente, as funções do imã como líder da comunidade e fonte de domínio legal e doutrinal.
Ao longo dos séculos os ulemás duodecimanos elaboraram uma definição de seu papel como representantes do "imã oculto". Com isso, os principais eruditos do momento passaram a ser investidos da plena autoridade legal e religiosa do imã e a comunidade foi obrigada a pagar donativos, ou impostos religiosos, aos principais ulemás.
A combinação de poder econômico e posição religiosa elevada deu a esses homens considerável influência na comunidade dos duodecimanos.

na terra, e exige-se da humanidade obediência a ele. Afirma-se que ele é infalível, sem pecado, e está de posse de um conjunto de conhecimentos transmitido por Deus por meio dos outros imãs.

De longe o maior ramo xiita é o xiismo duodecimano, assim chamado porque suas doutrinas se concentram na pessoa do duodécimo (ou décimo segundo) imã, um garoto chamado Muhammad que supostamente desapareceu logo depois da morte, em 873, de Hassan al-Askari, o undécimo imã e seu pai. O desaparecimento do duodécimo imã tornou-se a base de um complexo conjunto doutrinário. O fundamental é que se afirma que ele não morreu, e sim entrou num estado milagroso de "ocultação" (nome dessa doutrina), cujas natureza e duração apenas Deus conhece. Assim, ele continua sendo um ser vivo a quem os seguidores da tradição devem veneração e obediência. O duodécimo imã "oculto" é também uma figura messiânica que voltará logo antes do Dia do Juízo para comandar as forças do bem contra as do mal numa apocalíptica batalha final. Freqüentemente ele é mencionado como o "imã Mahdi" (*mahdi* é a palavra islâmica mais comum para "messias").

OS ISMAILITAS

O ramo ismailita do xiismo surgiu depois da morte de Jafar al-Sadiq, o sexto imã, em 765. Embora muitos dos seguidores de Al-Sadiq apoiassem seu filho Musa para que o sucedesse como sétimo imã, outros eram a favor do primogênito, Ismail, e por isso o ramo ficou conhecido como ismailitas, ou "setimanos". Os ismailitas acreditam numa linhagem contínua de imãs até hoje, ao contrário dos duodecimanos, que esperam a volta do imã "oculto" (ver texto principal). O xiismo abrange várias subseitas, como a comunidade drusa, originalmente um grupo ismailita, que no século XI atribuiu condição divina a um califa fatímida. As tentativas de erradicar essa heresia falharam, e os drusos persistem em áreas remotas do Líbano, da Síria e do norte de Israel.

"AMIGOS DE DEUS"

Por todo o mundo islâmico persiste a crença em indivíduos e linhagens familiares privilegiados, com poderes espirituais especiais. Existe uma considerável superposição entre a veneração desses "santos" e o lado mais popular do sufismo (ver pp. 101-3), o que inclui o uso das palavras corânicas *wali Allah*, "amigo de Alá", para designar sufistas e também muçulmanos "santos".

Os eruditos religiosos muçulmanos freqüentemente revelaram um constrangimento, ou mesmo hostilidade, em relação a essas crenças, em parte porque a santidade só pode ser atribuída a Deus. Mas muitos muçulmanos comuns acham a idéia de "santos" irrepreensível, e até hoje a veneração dessas figuras constitui parte importante de suas crenças, que podem centralizar-se na devoção a elas e em sua reputação moral ou em sua capacidade de transformar o mundo físico (por exemplo com curas) ou de convocar os elementos naturais. Outros "santos" são heróis do povo, renomados por sua resistência a governantes opressivos.

Os cultos podem ser locais ou internacionais. Por exemplo, a cidade de Marrakech, no sul do Marrocos — freqüentemente referida como "o túmulo dos santos" devido ao grande número deles enterrado ali —, liga-se a sete "santos" cujo aniversário é celebrado apenas localmente em pequenas festas nos bairros. Por outro lado, o "santo" egípcio Sayyid Ahmad al-Badawi (morto em 1276) é famoso em todo o Egito e em países vizinhos, sendo celebrado em várias festas anuais; a maior delas, em Tanta, no Egito, reúne um grande número de pessoas.

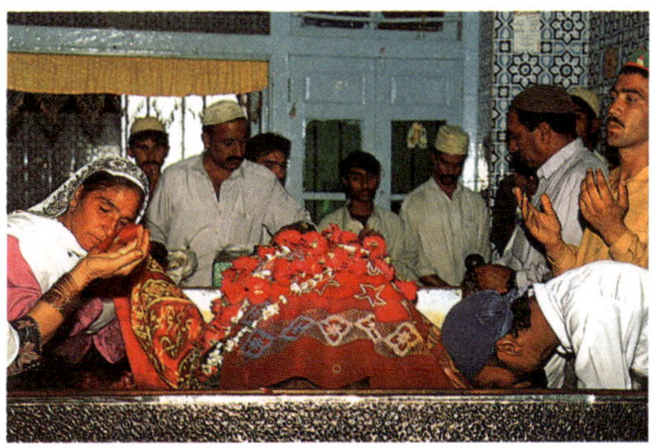

Devotos no túmulo de Abd Shah Ghazi, "santo" islâmico, em Karachi, no Paquistão. Muitas partes do mundo islâmico compartilham a idéia da baraka, *bênção espiritual ou divina ou dádiva que pode ser transmitida ao seguidor por um "santo" ou pela relíquia dele (como o seu túmulo).*

A CHARIA E A LEI DO ISLÃ

A tradição islâmica, baseada nos ensinamentos do Alcorão e dos *hadiths* (ver pp. 104-5) e tal como é elaborada pelos eruditos religiosos muçulmanos (os ulemás), dirige os fiéis para que se sujeitem à vontade divina não só como indivíduos como também como uma comunidade. De acordo com essa concepção, Deus escolheu a humanidade para atuar como seu representante (*khalifa*) na terra e, para usar uma variação da fórmula do Alcorão, para recomendar o bem e proibir o ilícito (surata 3, 110). Assim, todos os muçulmanos têm a responsabilidade de cuidar para que uma ordem social justa e moral seja criada e mantida.

Formando a base dessa ordem moral e do bem-estar social estão o Alcorão (principal fonte da prática legal e da ética muçulmanas), os *hadiths* e as tradições religiosas e legais estabelecidas pelos ulemás (ver texto à esquerda e quadro abaixo). Esse conjunto de ensinamentos é conhecido coletivamente como charia, o "caminho do islã". Dela derivam as leis pelas quais os eruditos muçulmanos procuraram pôr em prática o sistema social islâmico ideal. O estudo da charia é conhecido como *fiqh*, cuja melhor tradução talvez seja "jurisprudência". Os eruditos que estudam a charia são conhecidos como *fuqaha* (singular de *faqih*).

Desde o início do desenvolvimento da tradição legal, as leis que governam a vida islâmica são entendidas como essencialmente divididas em duas categorias: as que dizem respeito à relação do homem com Deus e

OS QUATROS CAMINHOS

No período medieval, quatro escolas de lei, ou tradições, surgiram no islamismo sunita. Cada tradição (*madhhab*, literalmente "caminho" ou "rumo") desenvolveu suas próprias interpretações dos ensinamentos do Alcorão e dos *hadiths*.

As denominações das quatro tradições — escolas *hanafi*, *maliki*, *chafii* e *hanbali* — derivam do nome de seus supostos fundadores, todos eles figuras exponenciais do início do islã: Abu Hanifa (morto em c. 767), Malik ibn Anas (c. 715-795), Muhammad ibn Idris al-Chafii (767-820) e Ahmad ibn Hanbal (morto em 855). O mais importante foi Al-Chafii, cujas discussões sobre religião e lei são expostas em seu tratado *Al-Risala* ("A epístola"). Foi em grande parte devido à sua influência que se codificaram os *hadiths* como base de orientação legal e que as fontes do direito foram formalizadas (ver quadro abaixo).

As escolas se distribuem por todo o mundo sunita. As *maliki* predominam no norte da África. As *chafii* no Egito, na Indonésia e na Malásia; as *hanafi* na Ásia central e no subcontinente indiano; e as *hanbali* na Arábia Saudita.

AS FONTES DA LEI ISLÂMICA

Os eruditos sunitas distinguem quatro fontes da lei islâmica. A primeira é o Alcorão, expressão direta da vontade divina. Desde muito cedo os eruditos muçulmanos se dedicaram à exegese, ou *tafsir*, do Alcorão, um intenso escrutínio lingüístico e religioso do livro sagrado.

Para ajudar a elucidar os significados freqüentemente complexos do textos, os eruditos voltam-se em seguida para os *hadiths*, a segunda fonte autorizada para a lei. Contendo os ensinamentos do próprio Profeta (ver p. 105), os *hadiths* ofereceram explicações e elaborações dos versos corânicos.

A terceira fonte dos eruditos sunitas especialistas em lei é o *ijma*, traduzido normalmente como "consenso", ou seja, uma interpretação acordada de uma dada questão, sendo esse consenso obtido entre os eruditos de uma região qualquer ou na obra de gerações anteriores de eruditos. O *ijma* foi um meio eficiente de estabelecer e manter a conformidade de opinião sobre uma dada questão ou problema.

A quarta fonte da lei, desenvolvida mais ou menos ao mesmo tempo que o *ijma*, é o *qiyas*, "raciocínio baseado na analogia". Este tem se revelado uma ferramenta útil com a qual os eruditos puderam chegar a decisões sobre problemas para os quais o Alcorão e os *hadiths* não ofereceram instrução clara. O ponto em que os eruditos xiitas diferem de seus colegas sunitas é a valorização maior do exercício da razão e do intelecto humanos; assim, em vez do *qiyas*, os xiitas têm o *aql* ou *ijtihad*, "raciocínio individual".

Pátio principal da madrasa *da mesquita de al-Azhar no Cairo, importante centro de ensino legal sunita.*

as que se relacionam à integridade da comunidade humana. Em cada uma dessas esferas existem, por sua vez, cinco categorias de comportamento ético humano: "exigido", "recomendado" (ou "não exigido"), "indiferente" (ou "permissível"), "repreensível" e "proibido". Assim, na esfera das relações humanas com Alá são práticas "exigidas" dos muçulmanos cinco atos de devoção a Deus (*ibadat*, singular *ibada*). Esses atos freqüentemente são referidos como os Cinco Pilares do islã e constituem o sistema ritual islâmico (ver pp. 114-7).

Uma das áreas que mais interessam aos especialistas em lei é a familiar. A esse respeito o Alcorão fala de uma série de questões, que incluem casamento, divórcio, adultério, herança, tratamento dispensado a viúvas e crianças, além de questões financeiras. Quanto aos ensinamentos islâmicos sobre casamento, a questão da poliginia (ter mais de uma mulher) continua controversa. O Alcorão deixa claro que um muçulmano pode se casar com até quatro mulheres ao mesmo tempo (surata 4, 3). Como a apologética moderna se apressa a ressaltar, entretanto, esse e um outro verso (4, 129) também exortam os homens a tratar igualmente todas as esposas em todos os aspectos — o que se interpreta como uma limitação prática, se não uma proibição cabal.

A *MADRASA*

À medida que os muitos ramos do ensino islâmico — a jurisprudência em primeiríssimo lugar — foram se formando e os professores começaram a acumular discípulos, desenvolveu-se a necessidade de construir prédios onde os alunos ficariam alojados e teriam aulas. Acredita-se que a *madrasa* (colégio religioso) tenha surgido no Irã ocidental no século X, espalhando-se rapidamente desde então para o leste e o oeste e tornando-se um traço comum da paisagem urbana islâmica, sobretudo no período seljúcida (ver p. 98). A *madrasa* pode ser considerada uma extensão da mesquita, pois é um local destinado a cultos formais, estudo e instrução.

MECA E A CAABA

O lugar mais sagrado, para a tradição islâmica, é a cidade santa de Meca e seus arredores. No coração da cidade fica o principal santuário muçulmano, a Caaba.

O acesso a Meca e às suas adjacências é proibido aos não-muçulmanos. Dentro dos limites da cidade, espera-se dos fiéis que se comportem de maneira adequada. Brigas, caça e outras formas de derramamento de sangue são proibidas, e em geral se considera que a cidade inteira é um santuário.

A Caaba é mencionada no Alcorão como a "Casa de Deus". Segundo a tradição, essa venerada estrutura cúbica foi construída por Adão, depois reconstruída e purificada por Abraão, e novamente purificada por Maomé, que destruiu os ídolos do que os muçulmanos chamam Jahiliyya, a "Era da Corrupção" pré-islâmica.

A Caaba tem um papel central na prática islâmica. Os muçulmanos se voltam para ela ao fazer suas cinco preces diárias (ver p. 114). No clímax da grande peregrinação, o *hadj* (ver p. 117), os fiéis andam sete vezes em torno desse santuário sagrado. Num canto dela há uma pedra negra, talvez um meteorito, que, segundo se afirma, é um símbolo físico do vínculo primordial que une Deus à humanidade.

MESQUITAS E SANTUÁRIOS

A unidade de fé e prática das culturas que desde a época medieval compõem a comunidade islâmica expressa-se na forma do principal local de culto: a mesquita (em árabe *masjid*, "lugar de prostração"). Todas elas têm o mesmo projeto básico (ver quadro, na página oposta), mas muitas possuem outros traços que refletem seu contexto cultural.

Tradicionalmente, acredita-se que a mesquita tenha origem na própria casa de Maomé em Medina. Embora sucessivas tentativas de reconstruir o lugar não tenham revelado satisfatoriamente a planta original, afirma-se que a casa do Profeta possuía um grande espaço aberto para orações, uma área coberta para proteger os fiéis dos elementos e alguma indicação da *qibla*, a direção certa para rezar (ou seja, voltado para Meca).

Ao longo da história islâmica, os construtores e arquitetos muçulmanos trabalharam com esses elementos numa grande variedade de estilos e materiais. Os primeiros muçulmanos, em seguida às conquistas, utiliza-

A mesquita Selimiye em Edirna, na Turquia, construída em 1569-75 por Sinan, que assim concretizou sua ambição de ser o primeiro arquiteto muçulmano a criar um domo maior que o de Santa Sofia em Istambul (ou Constantinopla; ver foto à p. 96).

ram as estruturas preexistentes, como igrejas cristãs, ou então construíram o que provavelmente seriam mesquitas muito rudimentares. Logo surgiu a distinção entre as mesquitas pequenas, locais, e as grandes, congregacionais, usadas não só para preces e estudos privados como também para a sessão de prece em comum da sexta-feira e o sermão semanal (*khutba*). Como reflexo de influências bizantinas e persas, começaram a surgir novos traços arquitetônicos, como o *mihrab* e o *minbar*.

Entre os exemplos mais imponentes de mesquitas antigas estão a mesquita omíada de Damasco, a de Al-Aqsa, em Jerusalém, e as duas mesquitas congregacionais construídas em Samarra, a capital do califado abássida por volta do século IX, nenhuma das quais, infelizmente, sobreviveu. De um período posterior, muitos afirmam que as mesquitas otomanas estão entre os melhores exemplos de arquitetura islâmica, e dentre essas as estruturas projetadas pelo grande arquiteto otomano Sinan (1499-1588) continuam de pé. A mais bela mesquita de Sinan talvez seja a de Selimiye, na cidade turca de Edirna (Adrianopla; ver ilustração, na página oposta).

A mesquita não é o único lugar de culto dos muçulmanos. Para a oração diária (ver pp. 114-5) podem escolher um lugar tranqüilo, limpo e livre de distrações, com uma esteira ou um tapetinho retangular.

O *KHANQAH* SUFISTA

O *khanqah* sufista pouco se distingue da *madrasa* (ver p. 111) quanto à sua função e forma arquitetônica. Também se disseminou no leste do Irã por volta dos séculos X e XI como lugar onde um mestre sufista ensinava seus seguidores, e além disso servia de hospedaria para viajantes e asilo para necessitados.

Com o tempo, as principais ordens sufistas passaram a ser representadas por redes dessas construções no mundo islâmico. O famoso peregrino e erudito marroquino Ibn Battuta (ver p. 96) afirma ter deparado com um grande número de *khanqahs*.

A ARQUITETURA DA MESQUITA

As características da mesquita surgiram em ocasiões diversas no início da história do islamismo. O traço mais essencial é o *mihrab*, nicho para reza, freqüentemente o elemento de decoração mais elaborado da mesquita. Ele indica a *qibla*, direção para a qual o muçulmano deve se voltar ao rezar. Orienta o fiel na direção de Meca e da Caaba (ver texto lateral, na página oposta).

Entre os outros elementos importantes estão o minarete, que começou como uma construção separada, sem nenhuma ligação com a mesquita e de finalidade incerta. Hoje é normalmente o lugar de onde se faz o chamado para a reza (ver p. 114), embora essa não pareça ter sido a sua principal função originalmente, uma vez que a chamada pode ser feita, e freqüentemente o é, do alto da mesquita.

Uma fonte fornece a água exigida pelos muçulmanos para a limpeza ritual (*wudu*) que precede as cinco sessões de prece diária. A *dikka*, ou plataforma elevada, um acréscimo posterior à arquitetura da mesquita, foi tradicionalmente usada pelos auxiliares do imã (nesse contexto, o imã é a pessoa que faz no púlpito, ou *minbar*, o sermão de sexta-feira). A *dikka* é quase sempre uma estrutura elaborada e decorada que incorpora um lance de degraus.

Mihrab turco de azulejos, c. 1570. A inscrição corânica (da surata 3) na faixa superior é freqüente nos nichos de oração e é a fonte da palavra "mihrab"*: "Cada vez que Zacarias a visitava, no oratório* [al-mihrab], *encontrava-a provida de alimentos. Ele perguntava: 'Ó Maria, de onde te vem isso?'" (A resposta de Maria é: "De Deus".)*

DEVERES DE CULTO

Os muçulmanos devem aprender e cumprir cinco deveres rituais, freqüentemente referidos como Cinco Pilares do islã, embora a própria tradição os considere mais como atos de culto, conhecidos pela palavra árabe *ibadat* (singular, *ibada*). O Alcorão menciona os cinco deveres, mas nenhum deles com muito detalhe, e assim os eruditos e professores islâmicos se voltaram para os *hadiths* para obter mais orientação. A literatura islâmica, tanto em sua forma erudita quanto na mais popular, expõe extensamente os cinco deveres, denotando a ênfase colocada sobre a dimensão física da vida religiosa islâmica.

O primeiro dever é enunciar a Chahada, a profissão de fé muçulmana: "Não há deus além de Deus, e Maomé é Seu mensageiro". Essas são crenças fundamentais para o muçulmano, e a frase é amplamente usada na vida cotidiana islâmica.

O segundo dever — e na opinião de muitos o principal — é rezar, *salat*. O Alcorão e o próprio Profeta deixam clara essa obrigação. Num dos muitos *hadiths* em que se fala de prece, cita-se esta frase de Maomé: "Quando cada um de vós faz sua prece, está em comunicação íntima com seu Senhor".

O Alcorão menciona diversas vezes a prece, e claramente se refere a vários tipos. A "prece exigida", o tipo principal, se compõe de um ciclo de orações feitas pelos muçulmanos cinco vezes por dia em horas especificadas, seguindo o rito adequado da limpeza ritual. Outras formas de prece não são consideradas obrigatórias. As cinco sessões de oração ocorrem no entardecer, durante a noite, no amanhecer, ao meio-dia e à tarde. A vida cotidiana nas regiões e bairros muçulmanos é marcada pela chamada para a prece (*achan*), feita, quase sempre do minarete da mesquita, pelo *muadhdhin* (freqüentemente pronunciado "muezim") antes de cada uma das cinco horas de culto.

Embora seja desejável que todos os muçulmanos se congreguem na mesquita para a prece, isso só é exigido dos homens, obrigados a participar das orações do meio-dia às sextas-feiras. A sessão da sexta-feira inclui um sermão (*khutba*) feito por um pregador ou membro proeminente da comunidade, e normalmente se compõe de um comentário sobre um tema religioso ou social específico e da discussão de um determinado verso ou conjunto de versos do Alcorão. Os fiéis formam linhas retas com o imã, a pessoa escolhida para dirigir a sessão, que fica sozinha na frente, voltada para o *mihrab* (ver p. 113). Deve-se observar que, no contexto da prece, "imã" tem um significado diferente daquele conferido à palavra quando é usada pelos muçulmanos xiitas para se referir à linha de sucessores do Profeta (ver pp. 108-9).

O JIHAD

A opinião de que o *jihad*, um conceito corânico amplamente discutido na literatura islâmica, constitui um "Sexto Pilar" do islã foi expressa em várias ocasiões durante o desenvolvimento da tradição islâmica. "*Jihad*" é uma palavra complexa que com demasiada freqüência a mídia ocidental e a imaginação popular têm reduzido a apenas um de seus significados, o de "guerra santa", o *slogan* dos movimentos islâmicos radicais modernos. No Alcorão e na tradição ela é compreendida como "luta no caminho de Deus", ou seja, trabalhar para atingir uma ordem moral perfeita na sociedade e também na vida individual. Assim, ela contém um imperativo para cada muçulmano e para a comunidade em geral de lutar contra tudo o que pode degradar a palavra de Deus e causar desarmonia.

A origem do *jihad* provavelmente está relacionada com as primeiras conquistas do islamismo, quando certamente significava a disseminação da verdadeira fé, prestando-se assim ao uso atual da palavra por aqueles que têm uma concepção militante da tradição islâmica.

Homens rezando do lado de fora de uma mesquita em Jamma, na Índia. As esteiras e tecidos sobre os quais eles se sentam denotam a santidade do espaço onde se reza (ver p. 113).

Fiel em Istambul. Os muçulmanos são incentivados, mas não obrigados, a orar juntos, e recomenda-se enfaticamente que se reze sozinho fora das cinco sessões de preces prescritas para o dia.

Antes da prece, quer se esteja na mesquita, em casa ou no trabalho, os muçulmanos precisam se preparar mental e fisicamente concentrando-se no ato iminente e em seu significado. Atinge-se a pureza física pela limpeza ritual que deve ser feita antes de cada sessão de prece.

O ciclo de orações começa com a *takbir* ("*Allahu akbar*", "Deus é o Maior") e a surata de abertura do Alcorão, *Al-Fatiha*. Em seguida, o fiel cumpre um ciclo de quatro posturas físicas — põe-se de pé, curva-se, prostra-se e senta-se —, enquanto diz algumas frases obrigatórias e outras voluntárias. Cada ciclo é chamado *raka*, e o número deles varia de acordo com a prece diária que está sendo rezada. Só ou em grupo, o fiel conclui cada sessão pronunciando a "Paz", uma frase conhecida como *taslim*: "Que a paz esteja convosco e a misericórdia e a bênção de Deus". Isso é dito a todos os outros muçulmanos e, de acordo com algumas interpretações, aos anjos empoleirados nos ombros do fiel.

O terceiro dever islâmico fundamental é o *zakat*, ou "esmola exigida". Tanto no Alcorão como nos *hadiths* ele é referido como um meio pelo qual os muçulmanos provêm uns aos outros. O *zakat* se distingue das esmolas voluntárias e tradicionalmente é calculado como uma porcentagem da renda, embora identificando-se devidamente os níveis de riqueza e portanto a capacidade efetiva de pagar.

O quarto dever é participar do jejum (*sawm*, ou *siyam*) que ocorre anualmente durante o ramadã, nono mês do calendário islâmico. O jejum é feito de dia, e nesse período os muçulmanos devem evitar comer,

O ANO MUÇULMANO

O calendário islâmico tem 12 meses, sendo muarrã o primeiro deles e dulijá o último, quando se faz o *hadj* (ver p. 117). É um calendário lunar, e a cada ano se atrasa 11 dias em relação ao ano solar. Assim, durante um ciclo que dura cerca de 32 anos e meio, cada mês passa por todas as estações solares. Os dias de celebração e comemoração incluem o aniversário do Profeta (Mawlid al-Nabi), no dia 12 do terceiro mês (Rabi al-Awwal). Os dois grandes dias de festa, Id al-Fitr e Id al-Adha, marcam respectivamente o fim do nono mês, ramadã (um período de jejum), e a ocasião do *hadj*.

Muçulmanos lavando-se numa área destinada a abluções rituais, próxima do Domo da Pedra, em Haram al-Sharif (o monte do Templo da tradição judaica), em Jerusalém.

beber, ter relações sexuais e fumar. O ramadã é uma notável exibição de devoção comunal em todo o mundo islâmico. É marcado não só pela elevação do sentimento religioso como também por uma grande ênfase nos vínculos sociais e familiares.

O quinto e último dever dos muçulmanos é a peregrinação a Meca, o *hadj* (ver quadro, na página oposta).

O estado de pureza ritual exigido dos muçulmanos antes das cinco sessões de prece diárias é conhecido como *tahara*. Os rituais de purificação acompanham a oração, os ritos da principal peregrinação e atividades como segurar e ler o Alcorão, que um muçulmano não deve realizar sem estar puro.

Outros tipos de purificação ritual incluem a circuncisão, que, embora não mencionada no Alcorão, é universalmente feita nos meninos e, em algumas regiões, também nas meninas. Para os meninos, costuma ocorrer aos dez anos ou, em algumas sociedades, quando o garoto já demonstra ser capaz de ler o Alcorão. A controvérsia em torno da circuncisão da mulher continua aumentando dentro e fora do mundo islâmico. Os eruditos muçulmanos discordam quanto à exigência de circuncisão das mulheres, e muitos contestam o rito alegando que ele é sobretudo uma prática cultural local, sem nenhuma base no Alcorão ou nos *hadiths*. Alguns países muçulmanos proibiram-no.

Antes da purificação, um fiel pode se encontrar num estado de conspurcação ou impureza "maior" ou "menor". O primeiro requer a limpeza completa do corpo (*ghusl*), exigida por exemplo depois da menstruação, do parto e da emissão de sêmen. A conspurcação menor demanda uma ablução ritual (*wudu*), realizada depois do sono, usando-se o lavatório, e também após desmaios e em outras ocasiões.

Até bem recentemente, os eruditos muçulmanos e não-muçulmanos que estudavam o sistema ritual islâmico entravam por vezes em conflito em razão de suas opiniões sobre a importância desses atos na vida religiosa dos muçulmanos.

Essa leitura dos Cinco Pilares deixa escapar a preocupação central do islamismo com a atenção interior e a intenção concentrada da parte do muçulmano empenhado em atos de culto. Os escritores muçulmanos usam muito freqüentemente nesse contexto o termo *niyya*, ou "intenção". Segundo Al-Ghazzali (ver texto lateral, p. 103), figura essencial no desenvolvimento do pensamento religioso islâmico, o ritual de qualquer tipo é destituído de significado, a menos que o muçulmano esteja alerta e ciente do que está fazendo: "Longe de vê-Lo ou testemunhá-Lo, o fiel descuidado não atenta para Aquele a quem fala, movimentando a língua simplesmente por hábito". E, para citar o próprio Alcorão, "Ai dos que rezam descuidados de suas preces e [que rezam apenas] para ser vistos" (surata 107, 4-7).

RITOS DE PASSAGEM

Nos lares devotos, uma criança que nasce recebe um nome com significado histórico ou sagrado, como Muhammad ou Hussein, se for menino, e Khadija ou Fátima, se for menina (ver p. 106). Outros nomes são formados a partir dos de Deus, como Abd Allah e Abd al-Rahman. Versos do Alcorão, em geral a surata 1 (*Al-Fatiha*), podem ser lidos como uma bênção para a criança.

A circuncisão ocorre na infância, mas é universal apenas para os meninos (ver texto principal). Muitos casamentos continuam sendo arranjados, mas essa prática está mudando, sobretudo nas áreas urbanas. Permite-se a poliginia, mas hoje ela é menos comum (ver p. 111).

Depois da morte fazem-se orações para o morto, e o corpo é lavado e preparado. O enterro normalmente acontece na manhã seguinte à morte. Em muitas regiões são comuns os cortejos fúnebres, mas os *hadiths* registram a desaprovação do Profeta a exéquias complexas ou emocionais.

A PEREGRINAÇÃO A MECA

O *hadj*, peregrinação à cidade santa de Meca, é o quinto dever ritual dos muçulmanos. Todos os crentes são convocados a empreender pelo menos uma vez o *hadj*, mas só se forem capazes de arcar com a viagem e puderem garantir que a família estará provida durante sua ausência. Na prática, portanto, a maioria dos muçulmanos nunca faz o *hadj*, mas nem por isso eles deixam de ser considerados. Alguns países fazem planos para possibilitar aos muçulmanos economizar para o *hadj*; um exemplo é a Malásia, com uma loteria nacional que tem como primeiro prêmio o pagamento das despesas para isso.

A peregrinação ocorre no último mês do ano islâmico, dulijá ("mês do *hadj*"). Até na época das modernas comunicações ele continua sendo exaustivo física e espiritualmente. Em primeiro lugar, o fiel veste o *ihram*, uma roupa branca — um rito de purificação ritual que simboliza um afastamento das preocupações mundanas. Rituais posteriores enfatizam a importância de Abraão na concepção muçulmana da relação da humanidade com Deus, assim como a relação entre Abraão e Maomé. Ao entrar em Meca o peregrino circunda a Caaba (ver p. 112) sete vezes, depois corre sete vezes entre duas colinas, Safa e Marwa, revivendo a busca de água por Agar (Hajir) para seu filho Ismael.

Outros rituais o peregrino cumpre fora de Meca, por exemplo ficando de pé na planície de Arafat para celebrar Abraão e Ismael, lançando pedras em pilares para representar a tentação de Ismael por Satanás e sacrificando animais.

Uma *tawaf* (andar em volta) da Caaba ajuda a concluir os ritos sagrados. Depois disso muitos peregrinos vão a Medina visitar o túmulo do Profeta, ritual que, mesmo não fazendo parte formal do *hadj*, é bastante apreciado.

A Caaba está hoje no centro de uma colossal mesquita, cujo tamanho testemunha o enorme número de peregrinos que atualmente fazem o hadj *(por volta de 3 milhões por ano, ao passo que eram cerca de 1 milhão em 1970). O* kiswa, *um véu negro com inscrições do Alcorão bordadas com fio de ouro, é pendurado na Caaba.*

A VOLTA PARA DEUS

O Alcorão trata a morte menos como um final do que como uma volta a Deus, o Criador (al-Khaliq) e único possuidor da verdadeira e perfeita realidade, que também decreta o momento em que tudo deixa de ser. "Toda alma provará o gosto da morte. E vos provaremos com o mal e com o bem, e a Nós retornareis" (surata 21, 35).

A morte é, assim, o arrebatamento por Deus da vida temporária levada pelos seres humanos na terra, uma mudança de um modo de ser para outro. A vida terrena é passageira, incompleta e — porque só Deus pode ser perfeito — inevitavelmente falha. A morte é também um estado impermanente. O corpo físico se desfaz e desaparece, enquanto a alma (em árabe: *nafs*), liberta então das limitações físicas, avança para um plano diferente. Assim, a tradição islâmica mantém-se fiel à idéia da vida após a morte, cujo conhecimento só pode ser adquirido por meio da revelação divina, o Alcorão. Considera-se a crença na vida após a morte um

ANJOS, *DJINS* E IBLIS

Ilustração de manuscrito turco do século XVI. O anjo Gabriel transmite a palavra de Deus a Maomé (à dir.).

No universo corânico, e particularmente no funcionamento do paraíso e do inferno, os anjos e os chamados *djins* (nome coletivo que deu origem à palavra "gênio") desempenham um papel fundamental. Os anjos incluem Gabriel (Jibril), com quem Maomé interagiu em momentos críticos de sua missão profética, e Azrael, o anjo da morte. Os dois são mencionados com freqüência no Alcorão, e os detalhes de sua presença e natureza são desenvolvidos pelos escritores muçulmanos medievais. Seu papel é de mensageiros entre Deus e os homens; o exemplo mais admirável dessa mediação é a transmissão por Gabriel da revelação de Deus a Maomé. Os anjos são descritos como seres de luz e costumam aparecer nas artes pictóricas muçulmanas como figuras aladas que pairam sobre a terra.

A luz angelical, que tem o simbolismo de iluminação e sabedoria, se opõe ao fogo de que são feitos os *djins*. Estes costumam ser retratados como uma categoria abaixo da dos anjos e são as figuras mais ambíguas no universo islâmico. Podem servir a Deus de modo positivo mas também destrutivo: por exemplo, o grande músico árabe Al-Mawsili (767-850) afirmou que os *djins* inspiravam sua música; mas foi também das fileiras deles que surgiu Iblis, o satanás islâmico.

O relato da experiência de Iblis diante de Deus está entre as poucas narrativas detalhadas encontradas no Alcorão. Inicialmente aceito pelos anjos e por Deus como uma figura piedosa, Iblis opôs-se a Ele no momento da criação de Adão. Quando assim ordenado por Deus, os anjos se prostram diante do recém-criado ser humano. Iblis, porém, recusa-se a isso e é punido com a expulsão do céu. Como resposta, promete se dedicar à degradação da humanidade (surata 2, 28-34).

aspecto essencial da fé islâmica, porque com ela os muçulmanos afirmam Deus e sua presença venerável. Ela também explica o significado e a finalidade desta vida, com suas muitas provações e exigências.

O islã acredita no julgamento de todos os indivíduos depois da morte e num julgamento final apocalíptico de todas as almas. Na literatura dos *hadiths*, em comentários de eruditos e relatos mais populares, afirma-se normalmente que a morte ocorre em várias fases. Primeiro o corpo pára de funcionar e isso liberta a alma, que é examinada por dois anjos de Deus (ver quadro, na página oposta), Munkar e Nakir. A partir de então a alma ocupa o túmulo até o fim do mundo, quando toda a humanidade ressuscitará dos mortos para enfrentar o Dia do Juízo. Deus julgará os seres humanos (numa imagem popular Ele usa uma balança) de acordo com a resposta deles à mensagem profética trazida por Maomé e antes por outros profetas. Essa resposta é em grande parte interpretada como obediência ou desobediência à vontade divina: o infiel rejeita a conduta codificada no Alcorão e nos *hadiths*, e portanto merece um lugar no inferno, ao passo que o verdadeiro crente, cujos atos se pautaram pela tradição profética (*suna*), é levado ao paraíso. O Alcorão lembra várias vezes seus leitores dessas recompensas e punições e fornece descrições detalhadas, admiráveis, do paraíso e do inferno.

Entre os conceitos mais notáveis que aparecem sobre o fim dos tempos no Alcorão e em vários comentários está o da "senda reta" (*al-sirat al-mustaqim*) da verdadeira devoção. Um exemplo: "E Deus é o meu Senhor e o vosso. Adorai-O, pois! Esta é a senda reta" (surata 19, 36). No Dia do Juízo essa senda se estreita até se tornar uma lâmina afiada pela qual deve caminhar toda a humanidade. Os crentes avançarão facilmente, mas os pecadores se desequilibrarão, caindo no fogo eterno do inferno.

LIVRE-ARBÍTRIO E JULGAMENTO

Um problema fundamental para os teólogos islâmicos — e também para judeus e cristãos — é a definição de livre-arbítrio e responsabilidade. O que pode nortear o julgamento dos homens se tudo está preordenado por Deus? Os debates sobre essa questão entre os primeiros eruditos muçulmanos refletem as divisões políticas de sua própria época: os opositores dos omíadas (ver pp. 96-7) sustentavam vigorosamente a existência do livre-arbítrio humano e a exigência para todos os homens de aceitar a responsabilidade por seus atos, ao passo que os defensores desse califado abraçavam a idéia da predestinação, alegando que tudo é ordenado antecipadamente por Deus — inclusive, é claro, o domínio dos omíadas.

A ênfase no livre-arbítrio humano foi adotada no século IX por um grupo de eruditos, os mutazilitas, que buscavam promover a idéia de que o mal do mundo jamais poderia ter origem divina, sendo produto exclusivamente dos homens. Teólogos sunitas posteriores, sobretudo Al-Ashari (morto em 935), vislumbraram um meio-termo. Al-Ashari afirmava que Deus, embora conservando a onipotência, também oferece à humanidade um "mínimo" (ou, em outras interpretações, "um breve momento") de liberdade e, portanto, de responsabilidade.

Funeral muçulmano em Kashgar, na China. O Profeta opunha-se a sepulturas que não fossem extremamente modestas, e, embora haja exceções — como os grandiosos monumentos funerários dos governantes mamelucos do Egito (1250-1517) —, a maioria dos túmulos, como estes, é simples e sem adornos.

DEBATES E CONTROVÉRSIAS

Kemal Ataturk (o "Pai dos Turcos"), cujas reformas radicais na Turquia pós-otomana se revelaram o programa de secularização mais resistente do mundo islâmico.

No século passado, o mundo islâmico apresentou respostas variadas ao imperialismo ocidental e à disseminação de novas tecnologias e ideologias. Nos círculos militares e políticos de alguns lugares, as idéias do nacionalismo secular, com sua ênfase num Estado centralizado e dinâmico, tornaram-se populares. No Irã e sobretudo na Turquia, em seguida à Primeira Guerra Mundial, os militares no poder deram início a programas de reforma secular radical do Estado. Mustafá Kemal Ataturk (1881-1938), fundador do Estado turco moderno, separou a prática e a lei islâmicas da esfera pública. Suas medidas incluíram a abolição do califado e também da Charia e a extinção do sistema educacional baseado na *madrasa* (escola religiosa). No Irã, a dinastia de xás Pahlevi (1925-79) tentou uma política semelhante, mas com menos sucesso, devido à forte oposição do *establishment* religioso xiita duodecimano (ver pp. 108-9).

Outras figuras e movimentos importantes também tentaram moldar o que concebiam como uma sociedade moderna, progressista, fundada nos princípios islâmicos. Aqueles que contribuíram para as idéias conhecidas como "reforma islâmica" incluem eloqüentes integrantes da comunidade intelectual muçulmana como Jamal al-Din al-Afghani (1839-97), Sayyd Ahmad Khan (1817-98), Rashid Rida (1865-1935), Muhammad Abduh (1849-1905) e Abd al-Hamid ben Badis (morto em 1940). Contudo, suas tentativas de reforma foram de modo geral frustradas pelo surgimento das elites nacionalistas, em grande parte seculares. Além disso, eles enfrentaram a oposição ferrenha dos ulemás conservadores, alarmados com sua disposição de reexaminar até as mais básicas estruturas da tradição e da lei islâmicas — tomando emprestado do Ocidente, nesse processo, o pensamento legal e político. Abduh sentiu diretamente a oposição conservadora. Formado na famosa universidade Al-Azhar, do Cairo, ele lutou quase sempre em vão para reformar o currículo dessa e de outras instituições de instrução islâmica. Sua contribuição para a fundação de um novo estilo de instituição de educação superior, a Universidade do Cairo, em 1914, foi decisiva.

As questões com que se defronta o mundo islâmico contemporâneo têm suas raízes no passado. As respostas a elas refletem os modos diversos como os muçulmanos atuais, tanto eruditos quanto leigos, compreendem e utilizam os padrões de uma tradição religiosa e social complexa e arraigada. A comunidade islâmica cresce tanto em regiões onde existe há muito tempo quanto naquelas em que sua presença é mais recente, sobretudo na Europa e na América do Norte. Questões do islã somam-se a problemas do período moderno em geral, relacionados à expansão da nova tecnologia e das comunicações, aos novos movimentos políticos, enraizados nas realidades pós-Guerra Fria, à disseminação global da cultura popular ocidental ou ao impacto da mudança das estruturas econômicas mundiais. Contudo, qualquer consideração sobre os problemas enfrentados pelo mundo islâmico atual só pode ser produtiva se se der o devido reconhecimento ao significado fornecido pela tradição à vida de seus adeptos, nos planos individual e coletivo.

Para as questões enfrentadas pela sociedade islâmica, alguns muçulmanos contemporâneos dão uma resposta direta: "O islã é [ou 'oferece'] a solução". A frase freqüentemente é usada pelos movimentos que costumam ser chamados de "fundamentalistas". Nesse nome está implícito que eles procuram o retorno a um passado idealizado ou são um retrocesso a padrões "medievais". No entanto, eles apresentam uma visão nova do islã e da sociedade islâmica até quando se referem à história islâmica. Por exemplo, muitos observadores salientaram que o modo intensamente político como o vocabulário e os símbolos islâmicos — seja o véu, sejam outras formas de vestir, ou o próprio Alcorão — são usados pelos líderes e pelos adeptos dos movimentos fundamentalistas tem poucos antecedentes no passado. O que também é chamado de "islã político" é um fenômeno de grande complexidade, que a mídia e observadores acadêmicos freqüentemente reduzem a acontecimentos políticos sísmicos como a Revolução Islâmica de 1979 no Irã, que expulsou os xás e levou ao poder o aiatolá Ruhollah Khomeini (1902-89) e seus seguidores; o assassinato, em 1981, do presidente Anwar al-Sadat do Egito por fundamentalistas; e as atividades de organizações como o Hizbollah no Líbano, o Hamas em Israel-Palestina e os vários grupos fundamentalistas

NAÇÃO DO ISLÃ

O islã foi a sementeira de movimentos sócio-religiosos com doutrinas e práticas que para os muçulmanos tradicionais passam dos limites, apesar de suas raízes islâmicas. Dois exemplos que saltam aos olhos são os drusos (ver p. 109) e, nos tempos modernos, o movimento Nação do Islã nos Estados Unidos.

O Nação do Islã começou nos bairros afro-americanos de Detroit e Chicago durante a Depressão, na década de 1930. Seus fundadores, Fard (Farrad) Muhammad (morto em 1934) e seu discípulo Elijah Muhammad (1896-1975), pregavam um nacionalismo afro-americano militante, separatista, entre os habitantes pobres e politicamente excluídos dos guetos urbanos dos estados do norte. A forte mensagem racista do Nação e a atribuição de divindade a Fard Muhammad são inaceitáveis para o islã tradicional.

Um papel fundamental na história do Nação foi desempenhado pelo líder radical Malcolm X (1925-65), antigo seguidor de Elijah Muhammad. Malcolm X depois rompeu com o Nação para seguir o islamismo sunita. Divisões no movimento nas décadas de 1970 e 1980 levaram muitos membros a seguir o exemplo de Malcolm X; outros associaram-se a um Nação revigorado sob o comando de Louis Farrakhan (nascido em 1933).

Mulheres a caminho de uma mesquita na Bósnia central. O "islã político" entre os muçulmanos bastante seculares da Bósnia foi um fenômeno inesperado que surgiu como conseqüência, sobretudo, das pressões do nacionalismo extremista não-islâmico na ex-Iugoslávia.

que surgiram na guerra civil da Argélia a partir do início da década de 1990. Quase sempre se ignora que a atividade política aberta é apenas a expressão de um compromisso renovado com a fé para muitos muçulmanos. Além disso, a maioria dos grupos fundamentalistas são movimentos de oposição política e portanto não podem ser bem compreendidos se não se consideram seus ideais e queixas identificadas.

As idéias e movimentos do "islã político" surgem em grande parte no início do século XX, com a resposta dada ao imperialismo ocidental e os debates sobre como revitalizar a sociedade muçulmana. Nesse sentido, eles são uma reação radical às idéias de reforma islâmica e à ascensão dos Estados nacionalistas largamente seculares em todo o mundo islâmico. Nesse contexto, três movimentos são importantes. No Irã, acontecimentos do século XIX, sobretudo o declínio do Estado de Qajar

MULHERES NO ISLÃ

Mulheres argelinas com o véu de rosto e corpo. Na Argélia, o conflito entre uma elite dominante secularizadora e o radicalismo fundamentalista teve conseqüências trágicas numa guerra civil sangrenta na última década do século XX.

O papel das mulheres na sociedade islâmica é um tema calorosamente debatido dentro e fora do mundo islâmico. Houve esforços variados de escritores e ativistas muçulmanos para tratar da vida pública e privada feminina. As discussões relacionam-se em parte com o tratamento dado às mulheres e com os papéis femininos e masculinos segundo o Alcorão, os *hadiths* e outras fontes.

Pensadores islâmicos conhecidos, como Mawdudi (ver texto principal, na página oposta) e o escritor egípcio Qasim Amin (morto em 1908), reivindicaram, cada um à sua maneira, um reexame dessas questões. Mais recentemente as discussões se centraram na situação das mulheres na esfera pública, especificamente no local de trabalho e nas instituições de educação superior. O uso crescente do "véu" *(hijab)* ou de roupas austeras pelas mulheres fundamentalistas indica a extensão em que os argumentos das feministas ocidentais são considerados não pertinentes às mulheres muçulmanas.

Contudo, as questões referentes às mulheres têm sido freqüentemente vistas como um problema que envolve a sociedade islâmica de modo geral. Por outras palavras, o debate que cerca os papéis feminino e masculino quase sempre constitui apenas uma parte das discussões sobre casamento, divórcio, herança e outras áreas da lei islâmica sobre a família.

Os esforços para reescrever os códigos tradicionais da família ou da situação pessoal têm tido um registro bastante díspar, com a reforma sendo feita na Turquia de Ataturk e na Tunísia sob a liderança do presidente Habib Burguiba (1903-2000), mas tiveram resultados diversos, por exemplo, no Egito, no Kuwait e no Paquistão atuais.

(1794-1925), aumentaram a influência dos ulemás xiitas duodecimanos. Isso preparou o caminho para tensões ocorridas décadas depois entre os xás e os ulemás mais eloqüentes, um conflito que culminou com a ascensão do movimento militante liderado por Khomeini. Na Índia, as idéias de Abu Ala Mawdudi (1903-79) levaram na década de 1940 à criação do Jamaat-i-Islami ("Associação Islâmica"), até hoje muito ativo no Paquistão. No Egito, o ativismo e as idéias de Hassan al-Banna (1906-49) prepararam o terreno para o surgimento da Fraternidade Muçulmana no país. Décadas posteriores viram aparecer algumas das vertentes da Fraternidade no Oriente Próximo, inclusive o Hamas e alguns ramos na Síria e na Jordânia. De modo bem semelhante ao dos reformadores dos períodos anteriores, os fundamentalistas modernos formulam alguns de seus argumentos em termos sociais e morais. A sociedade islâmica, afirmam, degradou-se devido à aceitação da cultura ocidental, que em geral eles entendem como moralmente frouxa. Sua maior preocupação é o crescente papel público das mulheres, que muitos deles vêm como solapador da ordem social e dos princípios corânicos (ver quadro, na página oposta).

Os fundamentalistas tendem ainda a se interessar pela reforma política. Nos escritos de Khomeini e também, por exemplo, de Sayyid Qutb (morto em 1966), um membro da Fraternidade Muçulmana que o governo egípcio executou em razão de suas opiniões, encontra-se uma vigorosa crítica da elite política do mundo islâmico e a reivindicação de justiça social e mudança revolucionária. O tema central proclamado pelos fundamentalistas é a necessidade de um Estado islâmico, ou seja, uma entidade cuja única base é a charia (ver pp. 110-1).

Uma mesquita recentemente construída em Brunei, no sudeste da Ásia, pequeno país islâmico que floresce devido à descoberta de petróleo. Os países muçulmanos controlam cerca de dois terços das reservas petrolíferas mundiais, levando a uma prosperidade e a uma força econômica que foram fatores essenciais na reafirmação internacional do islamismo.

ISLÃ E ISRAEL

O conflito entre palestinos e israelenses é uma grande fonte de preocupação e debate no mundo islâmico, sobretudo no Oriente Próximo árabe. A criação de Israel em 1948 levou centenas de milhares de árabes palestinos a abandonar o lar ou os obrigou a vender suas propriedades.

Para os árabes, o conflito foi inflamado pela guerra de 1967, quando Israel tomou Jerusalém oriental, a Margem Ocidental, as colinas de Golan e a Faixa de Gaza. Jerusalém é a terceira cidade mais santa da tradição islâmica, em grande parte devido à sua ligação com o Profeta Maomé (ver quadro, p. 107) e ao período formativo da história islâmica.

A esse fator religioso é preciso acrescentar que para muitos árabes as perdas de 1967 ressaltaram o que eles consideram a natureza corrupta de vários governos árabes e de seu nacionalismo secular. Assim, muitos árabes acreditam que a derrota justifica a ascensão de formas mais militantes de islamismo.

O conflito entrou numa nova e difícil fase com os Acordos de Oslo da década de 1990, que levaram ao estabelecimento de uma certa autonomia palestina na Margem Ocidental e em Gaza. Os acordos foram em geral considerados um avanço na emaranhada teia de relações entre árabes e israelenses, mas enfrentaram oposição dos militantes dos dois lados.

ॐ

Capítulo Quatro

HINDUÍSMO

Vasudha Narayanan

Figura em arenito de c. 800, em Madhya Pradesh, que representa o deus Shiva em sua importante manifestação como Nataraja ("Senhor da Dança").

PÁGINA OPOSTA *Imagens muito coloridas de deuses, deusas e outros seres divinos adornam o exterior do templo de Kadirampuram, em Hampi, na província de Karnataka.*

INTRODUÇÃO

Oitenta por cento dos quase 1 bilhão de indianos são hindus, e atualmente há hindus em todas as partes do mundo. No entanto, é difícil definir "hinduísmo". A religião não tem um único fundador, credo, mestre ou profeta reconhecido por todos os hindus como fundamental e tampouco um único livro sagrado universalmente aclamado.

O próprio uso da palavra "hindu" é complexo. Tanto "Índia" quanto "hindu" derivam de Sindhu, nome tradicional do rio Indo. Em inscrições antigas, a palavra "hindu" se refere ao povo de "Hind", o subcontinente indiano. Nos impérios muçulmanos da Índia ela designava os indianos não-muçulmanos, de qualquer fé. Só no fim do século XVIII o termo passou a nomear a religião dominante do povo indiano.

"Hinduísmo" não é uma palavra que no passado os hindus em geral usassem, ou que eles empreguem com grande especificidade mesmo agora, embora recentemente o termo "Hindutva" (que poderia ser traduzido pelo neologismo "hinduíce") esteja tendo aceitação política. Os hindus identificam-se pela casta, comunidade, região e língua. A expressão *sanatana dharma* ("fé eterna") tornou-se popular nos últimos dois séculos, mas aplica-se mais a interpretações filosóficas da religião do que às suas vivas manifestações locais. Nos textos antigos *sanatana dharma* significava as obrigações religiosas ideais dos seres humanos, sem expressar a idéia de uma comunidade de fé.

Na lei indiana o termo "hindu" pode incluir até quem pertence a uma tradição teologicamente diferente do hinduísmo. Emprega-se quase sempre para quem quer que viva na Índia e aceite a tradição hindu —

O templo Shree Swaminarayan Mandir, em Neasden, em Londres, acolhe uma das muitas grandes comunidades da diáspora hindu. Inaugurado em 1995, é o maior templo hindu fora da Índia.

LOCAIS SAGRADOS HINDUS

Este mapa indica muitos dos principais locais sagrados do hinduísmo, inclusive cidades, montanhas e rios. A maioria das cidades é consagrada a uma ou mais divindades (como Ayodhya, local de nascimento de Rama); outras, como Harapa, Ellore (onde estão as cavernas hindus) e os templos de Khajuraho, têm mais importância histórica que atual. Algumas cidades são marcadas para referência; embora possam não ter importância religiosa específica, abrigam grande número de locais sagrados.

Legenda

- Local sagrado hindu
- Outras cidades
- Montanha sagrada
- Local de civilização harápica

que não é definida — em qualquer de suas formas ou desenvolvimentos, o que portanto inclui budistas, jainistas e sikhs, além de todos os que não são muçulmanos, cristãos, parses (zoroastrianos) ou judeus.

Por outro lado, "hinduísmo" tem sido um rótulo problemático até para algumas tradições que muitos considerariam hindus. Em diferentes ocasiões várias seitas e movimentos indianos foram aos tribunais para contestar seu *status* oficial de "hindus".

Nos últimos dois séculos o hinduísmo tem sido apresentado como uma religião mais ou menos unificada. Contudo, é importante observar que há centenas de divisões internas de casta, comunidade, língua e geografia. As manifestações regionais de uma divindade ou um texto sagrado local podem por vezes ser mais importantes para um grupo de fiéis do que qualquer conceito pan-hindu. Muitos desses grupos podem compartilhar largamente textos, divindades, tradições e padrões de ritual, embora os interpretem de modo diferente; no entanto, pode haver outros grupos com os quais eles tenham muito pouca coisa em comum. Mas há também vertentes que correm por todo o subcontinente e historicamente ao longo de milhares de anos. Assim, em certas ocasiões pode ser mais adequado falar em muitas tradições hindus e, em outras, em uma tradição. O hinduísmo é uma religião, uma cultura ou, como dizem muitos hindus, um modo de vida? É tudo isso, mas o que no Ocidente pode ser considerado como limites entre as esferas sagrada e não sagrada não se aplica às tradições hindus. Embora vários textos e práticas hindus preten-

CRONOLOGIA *Todas as datas são d.C., exceto quando se indica o contrário*

c. 3000 a.C.-1750 a.C.	Civilização do vale do Indo (harápica)
c. 1500 a.C.	Invasões arianas do norte da Índia
c. 800 a.C.	Compilação dos *Vedas* orais
c. 600 a.C.	Produção dos *Upanishads*
326 a.C.	Exércitos gregos comandados por Alexandre, o Grande, chegam até a Índia
c. 272 a.C.	Ascensão de Asoka, imperador Maurya
c. 100 a.C.	Composição do *Bhagavad Gita*
c. 200 d.C.	Compilação das *Leis de Manu*
c. 500	Estabelecimento da tradição tântrica hindu
c. 700	*Alvars*, poetas *bhakti* (devocionistas) tâmeis, inclusive Nammalvar
c. 800	Filósofo Shankara produz a *Advaita vedanta*, obra fundamental da filosofia não-dualista
1137	Morte de Ramanuja, filósofo teísta *vaishnava*
c. 1175	Vida do poeta *bhakti* Jayadeva
1206	Sultanato muçulmano instalado em Delhi
1450-1547	Vida da princesa Mira, poetisa *bhakti*
1483-1530	Reinado de Babur, fundador do império mogol
1483-1563	Vida de Surdas, grande devoto de Krishna
1486-1583	Morte de Chaitanya, líder dos *bhakti vaishnava* de Bengala
1518	Morte de Kabir, poeta *bhakti* do norte da Índia
1543-1623	Vida de Tulsidas, poeta *bhakti* do norte da Índia
1556-1605	Reinado do imperador mogol Akbar
1757	Domínio britânico estabelecido em Calcutá
1772-1833	Vida do reformador hindu Ram Mohan Roy, fundador da Brahmo Samaj (Sociedade de Brahman), 1928
1824-83	Vida do reformador hindu Dayananda Sarasvati, fundador da Arya Samaj (Sociedade dos Nobres), 1875
1857-58	Extinção do império mogol e instalação do governo britânico direto
1875	H. Blavatsky e H. S. Olcott fundam a Sociedade Teosófica, inspirando-se no hinduísmo e no budismo
1893	Vivekananda, fundador da Missão Ramakrishna, ordem religiosa hindu, assiste ao Parlamento Mundial das Religiões, em Chicago
1914	Sri Aurobindo (1872-1950) funda o primeiro *ashram* (retiro religioso) em Pondicherry
1920	M. K. ("Mahatma") Gandhi (nascido em 1869) começa a campanha antibritânica baseada na *ahimsa* (não-violência)
1947	Índia obtém a independência da Grã-Bretanha
1948	Gandhi assassinado
1966	A. C. Bhaktivedanta funda em Nova York a Sociedade Internacional para a Consciência de Krishna
1992	Militantes hindus destroem mesquita do século XVI em Ayodhya

dam oferecer caminhos espirituais para a libertação do ciclo recorrente de vida e morte, muitos outros aspectos da vida e do ritual hindus não levam diretamente a essa transformação, mas entende-se que possibilitam ao indivíduo uma qualidade de vida melhor na terra. Assim, pode-se considerar que atividades como plantar árvores, cantar, dançar, dedicar-se à medicina, ao manejo do arco, à astrologia, à escultura, à arquitetura e à construção de uma casa são parte do campo religioso.

Portanto, ao estudar as muitas tradições hindus é preciso usar com cautela as palavras "secular" e "sagrado". Termos mais significativos são *dharma* e *moksha*. *Dharma*, palavra sânscrita cuja raiz quer dizer "sustentar", significa verdade, honestidade, dever, lei e justiça. *Moksha* significa literalmente "libertação", ou seja, libertação do ciclo de vida e morte pelo qual toda alma precisa passar (ver pp. 156-7) e que se repete infinitamente, até que a alma atinja o estado de beatitude. Embora não exclusiva do hinduísmo, essa crença talvez seja a única coisa que todos os "hindus" compartilham.

Mulher e filho entram no templo de Hoysala, em Halebid, Karnataka. O templo é dedicado a Hoysaleshvara ("Senhor da Dinastia ou Povo Hoysala"), manifestação regional de Vishnu, um dos grandes deuses pan-hindus.

CINCO MILÊNIOS DE TRADIÇÃO

Acredita-se de modo geral que a tradição hindu se iniciou na antiga cultura nativa da Índia e do povo indo-europeu, que apareceu na Índia cerca de 4 mil anos atrás. As etapas da história inicial do hinduísmo são marcadas não por personalidades notáveis (embora deva ter havido muitas) e grandes movimentos proselitistas, e sim pela composição de textos sagrados transmitidos oralmente que expressam conceitos centrais do que hoje chamamos hinduísmo.

A mais antiga civilização hindu conhecida existiu c. 3000-1750 a.C. numa vasta área em torno da região do rio Indo e provavelmente em outros lugares. Cidades inteiras foram escavadas em Harapa e Mohenjo Daro. O povo dessa civilização (freqüentemente chamada "harápica") tinha escrita, mas não se conseguiu decifrá-la. Alguns selos harápicos têm imagens de figuras com características iguais às de Shiva, divindade posterior. Os Grandes Banhos, um enorme complexo de piscinas em Mohenjo Daro que incorpora pórticos e quartos laterais, pode ter tido uma função religiosa. A partir de indícios fragmentários como esse podemos arriscar afirmar que alguns traços da atual religião hindu podem ter quase 5 mil anos de idade.

À cultura harápica seguiu-se a Era dos Vedas, nome derivado das composições sagradas do povo indo-europeu. Afirma-se que os indo-europeus entraram na Índia vindos da Ásia central no ano 2000 a.C., embora especialistas achem que a Índia foi seu local de origem. O tra-

Ruínas dos Grandes Banhos, no antigo sítio de Mohenjo Daro, no vale do Indo (Paquistão). Construído de tijolos, o local pode ter abrigado uma piscina sagrada destinada a abluções rituais, como estruturas semelhantes de templos hindus posteriores.

balho de arqueólogos, antropólogos e lingüistas indica que o processo foi pacífico, empreendido em busca de novas terras para cultivar. Os indo-europeus se denominavam "árias" ou "nobres". Sua fala era um ancestral do sânscrito, a antiga língua indiana, relacionada de perto com todas as outras que os lingüistas chamam de "indo-européias", inclusive o latim, o grego e o inglês. Na Índia os indo-europeus compuseram muitos poemas sagrados e posteriormente manuais inteiros sobre rituais e filosofia. As mais antigas dessas composições são conhecidas coletivamente como *Vedas* (do sânscrito "conhecimento") e formam o núcleo da religião "proto-hindu" védica (ver quadro abaixo).

A visão de mundo baseada no sacrifício, típica dos primórdios da era védica, deu lugar à investigação e discussão dos textos posteriores conhecidos como *Aranyakas* e *Upanishads* (ver p. 138). Estes foram compostos por volta do início do século VI a.C., época de grande especulação intelec-

RELIGIÃO VÉDICA

Um traço dominante da vida religiosa do período védico era o sacrifício ritual. A maioria dos rituais envolviam fogo (ver p. 155) e eram dirigidos por especialistas em rituais e sacerdotes que também supervisionavam a construção de altares e a recitação de hinos. Muitos sacrifícios envolviam o uso de *soma*, um líquido inebriante.

A religião védica via uma relação delicada entre a execução de rituais e o domínio do *rita* ("verdade", "justiça" e "retidão"). O *rita* torna possíveis a harmonia e a paz na terra e nos céus, e foi sustentado por deuses védicos antigos, como por exemplo Varuna. De acordo com os hinos védicos compostos antes de 1000 a.C. o próprio mundo pode ter começado a existir devido a um ato de sacrifício cósmico. Um hino de criação menciona explicitamente o início das divisões sociais hoje chamadas "castas" (ver pp. 158-60).

Manuscrito de trecho do Rigveda *("Sabedoria dos versos"), uma compilação do início do século XVIII com mil hinos a deuses.*

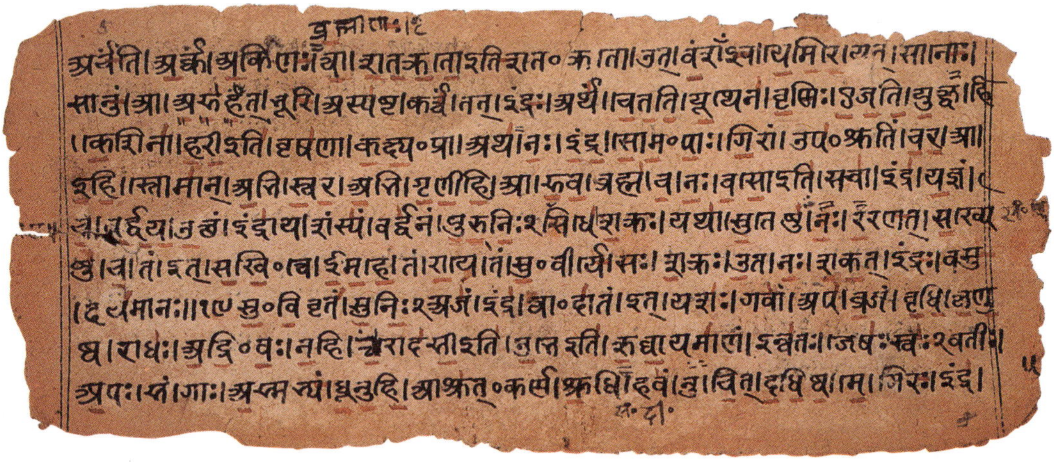

HINDUÍSMO, BUDA E MAHAVIRA

Em muitas partes do norte da Índia a sofisticada filosofia dos *Upanishads* foi contemporânea do espírito de investigação crítica. Sidarta Gautama (o Buda) e Mahavira, o Jina (o "Vitorioso", cujos seguidores são os jainistas de hoje), contestaram a idéia de que os *Vedas* foram uma revelação divina. Eles, e outros, confiavam em suas próprias experiências espirituais para proclamar um caminho para a libertação que fosse aberto a todos, não só às castas mais elevadas.

Tanto Sidarta quanto Mahavira enfatizaram a não-violência (*ahimsa*), e essa virtude é muito importante no hinduísmo e em muitas outras tradições do sul da Ásia. Mais recentemente ela inspirou a estratégia de Mohandas Karamchand (conhecido como Mahatma, ou "Grande Alma") Gandhi, que liderou a luta da Índia pela independência no século XX.

tual, quando Sidarta Gautama (o Buda; ver pp. 168-71), Mahavira (fundador do jainismo) e outros questionaram e até rejeitaram as estruturas autoritárias da religião indiana tradicional, por exemplo a liderança religiosa da casta de sacerdotes (os brâmanes), o próprio sistema de castas e o *status* dos *Vedas* (ver texto à esquerda). Os *Upanishads* buscam a libertação do ciclo de vida e morte e introduziram a noção de imortalidade como realidade. A busca suprema da tradição hindu, em seu desenvolvimento posterior, foi atingir a imortalidade da alma e, nesta vida, felicidade e paz.

A maior parte da literatura em sânscrito lida direta ou indiretamente com o *dharma* (palavra com muitas camadas de significado, inclusive "comportamento correto", "verdade" e "lei"). O *Bhagavad Gita* enfatiza que o *dharma* deve ser cumprido sem expectativa de recompensa mas com devoção a um único Deus. O "ser supremo", concebido nos *Upanishads* como Brahman, um conceito abstrato (ver pp. 134-5), é referido no *Bhagavad Gita* como a divindade Krishna ou Vishnu. O devocionismo (*bhakti*) — culto intensamente pessoal a esse ser supremo e entrega a ele, quer se manifeste na forma de Vishnu, Shiva, a Deusa, ou qualquer outro ser divino (ver pp. 134-7) — tem sido um dos traços mais comuns de muitas comunidades hindus nos últimos dois milênios.

Dois fatores contribuíram para a disseminação dessa devoção. Um foi o uso de idiomas vernaculares, e não do sânscrito. O outro foi a atração que ela exercia em todas as classes sociais. Alguns dos mais famosos santos-poetas devocionistas, como Nammalvar, do século VIII, e Tukaram, do século XV, provinham de castas muito baixas. Mas sua influência permeava todos os níveis de uma sociedade altamente estratificada, sua simplicidade de culto atraía a elite tanto quanto as massas. Outros poetas

Miniatura do século XVIII ilustra uma antiga história hindu sobre a criação, em que o deus Vishnu (centro) preside a batedura do vasto oceano primordial de leite, para produzir o líquido sagrado chamado soma. *Para girar a grande pá de bater, as divindades (à esq.) e os demônios (à dir.) puxam a cabeça e a cauda de uma serpente cósmica.*

REFORMADORES HINDUS

Ram Mohan Roy (1772-1833) nasceu numa família de brâmanes ortodoxos mas familiarizou-se com a vida social ocidental e com as Escrituras cristãs. Depois de estudar os *Upanishads* (ver p. 138) e outros textos, chegou à conclusão de que algumas práticas hindus não faziam parte do hinduísmo "clássico". Em 1828 Roy criou uma sociedade para debater a natureza de Brahman, o ser supremo (ver p. 135), a Brahmo Samaj ("Sociedade de Brahman").

Roy traduziu alguns *Upanishads* e outros textos sânscritos e distribuiu-os gratuitamente. Pioneiro na educação, criou também novos periódicos e instituições de ensino, e trabalhou para melhorar a condição das mulheres hindus.

Dayananda Sarasvati (1824-83) considera que apenas os primeiros hinos do *Rigveda* (ver p. 131) são de fato textos sagrados, impressionando pela alegria de viver que exprimem e por sua preocupação com o indivíduo, a família e a comunidade. Em 1875 Dayananda fundou a Arya Samaj ("Sociedade dos Nobres"), que se baseava nos ensinamentos do *Rigveda* e defendia uma vida de educação e trabalho vigoroso. Segundo ele, a pessoa ideal servia a outros seres humanos e assim vivia uma vida plena, e não de renúncia. Uma boa sociedade, afirmava ele, é aquela em que as pessoas trabalham para promover a humanidade; isso leva, em si, ao bem-estar da alma e do corpo.

bhakti populares vieram de um meio social mais rico. Um dos mais famosos, Mira (1450?-1547), era uma princesa gujarate que escreveu poesia apaixonada sobre seu amor pelo deus Krishna. De acordo com algumas lendas, no fim da vida Mira fundiu-se num templo a um ícone de Krishna.

O século XVI viu o surgimento do sikhismo sob a direção dos gurus, começando com o guru Nanak (1469-1539), e o apogeu do império mogol, muçulmano, com o imperador Akbar e seus sucessores (ver texto à direita). Nesse período os portugueses, holandeses, ingleses e franceses começaram a fundar estabelecimentos comerciais na Índia. Com o tempo, à medida que o poder mogol se desintegrava, seu plano passou a incluir a possessão do território, e no século XVIII uma grande parte do subcontinente unificou-se frouxamente sob o controle britânico. Muitas práticas sociais e religiosas dos hindus — sobretudo a "idolatria" e o sistema de castas — receberam severas críticas de missionários europeus e outros, e algumas práticas, como o sati (cremação da viúva com o marido), foram proibidas. Uma resposta à crítica externa ocorreu na forma de movimentos de reforma que surgiram dentro do hinduísmo no início do período moderno (ver quadro acima).

As muitas tradições que compõem o rico tecido do hinduísmo continuam a florescer na diáspora. Os hindus que migraram para o sudeste asiático no primeiro milênio procuraram transmitir sua cultura por meio da construção dos grandes templos do Camboja e de Java. De modo semelhante, nas duas últimas décadas os imigrantes hindus na Grã-Bretanha e nos Estados Unidos tentaram garantir a entrada de sua cultura no presente milênio com os núcleos religiosos e culturais dos templos de suas comunidades.

HINDUÍSMO SOB OS MOGÓIS

Cinco séculos atrás a maior parte da população hindu da Índia passou a ser governada pelos mogóis, dinastia muçulmana originária da Ásia central. Contudo, o abismo social e doutrinal que existia entre o hindu e o islã podia ser transcendido pela espiritualidade devocional. O devocionismo hindu (ver texto principal) tinha sua contrapartida na própria tradição mística do islamismo, o sufismo (ver pp. 101-3). Onde os hindus viviam em contato com os muçulmanos podia-se considerar que sua devoção tinha muito em comum.

A administração tolerante do imperador Akbar (1556-1605) até levou a tentativas de sintetizar as duas fés, ou pelo menos identificar seu terreno comum, sobretudo pelo próprio Akbar e pelo príncipe Dara Shikoh, filho do imperador Chah Jahan (governou em 1627-58). Dara Shikoh foi executado pelo irmão, Aurangzeb (governou em 1658-1707), que fez voltar uma estrita ortodoxia islâmica à corte mogol.

IMAGENS SAGRADAS

Os hindus adoram em templos o ser supremo sob a forma de uma "imagem", palavra freqüentemente usada (junto com "ídolo") para traduzir o sânscrito *murti*, que contudo é mais precisamente traduzido como "forma", "incorporação" ou "encarnação". A maioria dos hindus pensa numa imagem sagrada como uma real encarnação do ser supremo, uma forma assumida pela divindade para receber o culto.

Durante um ritual de consagração chamado *prana pratishta* (ou seja, "estabelecimento da vida"), uma imagem deixa de ser matéria bruta e torna-se uma presença efetiva ou encarnação de divindade na terra. Acredita-se que o espírito divino permaneça no ícone pelo tempo que o devoto quiser.

DEUSES E DEUSAS

As cidades da Índia costumam ter dezenas de templos e santuários dedicados a muitas divindades. Mas as imagens de deuses e deusas também são exibidas em lojas, hospitais, repartições governamentais, e altares e santuários dos lares hindus.

Os hindus podem reconhecer muitas divindades, mas considerar que apenas uma é suprema; ou podem considerar todos os deuses e deusas iguais, mas adorar um que é o seu favorito. Contudo, a maioria acha que todas as divindades são manifestações de uma única. Para muitos, dizer que esse Deus é homem ou mulher, um ou muitos, é limitá-lo, impor ao divino idéias humanas de sexo e número.

Os *Upanishads*, textos sagrados hindus compostos em c. 600 a.C. (ver p. 138), referem-se ao ser supremo como Brahman, considerado inefável e além da compreensão humana (ver texto lateral, na página oposta). Contudo, os textos chamados *Puranas* ("[Conhecimento] Antigo") afirmam que essa entidade divina assume uma forma e nome para se tornar acessível à humanidade. Daí os hindus falarem do ser supremo

A MULHER DIVINA

Por mais de 2 mil anos os hindus veneraram o divino em forma feminina — muito freqüentemente referida apenas como a Deusa. A tradição pode remontar até a civilização harápica pré-hindu (ver p. 130). A Deusa, que às vezes a literatura em sânscrito denomina Devi, costuma ser vista como uma manifestação de Parvati, mulher de Shiva. Como divindade beneficente, ela é muitas vezes chamada Amba ou Ambika ("Mãezinha") e venerada como Shri ou Lakshmi (ver p. 136). Como Kali, a Deusa é escura, desgrenhada e inspira medo, com um colar de caveiras. Mesmo com essa forma seus devotos a chamam de "mãe".

Pintura do século XVIII da temível — mas muito adorada — deusa Kali montada no deus Shiva, imagem popular que representa a união dos princípios divinos feminino e masculino.

Como deusa guerreira ela é Durga, representada com expressão risonha mas agitando uma porção de armas. Durga, cavalgando um tigre ou leão, é uma das deusas mais populares da Índia. Forte e bela, as armas que empunha mostram sua disposição de ajudar seus devotos. Numa famosa história, ela se manifesta com as energias de todas as outras divindades para combater um demônio-búfalo, Mahisa Asura. Ela surge vitoriosa depois de nove noites de luta, comemoradas na festa de Navaratri ("Nove Noites"), no outono (ver p. 153).

Existem muitas outras deusas em toda a Índia. Em algumas regiões uma deusa tem um nome local e é festejada em histórias regionais; em outras partes ela pode ser identificada com uma deusa pan-hindu. Algumas comunidades oferecem sacrifícios animais às deusas de sua aldeia ou a Kali.

como *nirguna* ("sem atributos") e *saguna* ("com atributos", como graça e compaixão). Os textos identificam de várias formas o ser supremo: Vishnu ("Onipresente"), Shiva ("Auspicioso") ou a Deusa numa de suas muitas manifestações, por exemplo Shakti ("Energia"), Durga e Kali (ver quadro, na página oposta).

Embora Vishnu, Shiva e a Deusa sejam as divindades mais importantes nos textos hindus, outras divindades muito populares incluem Ganesha, que tem a cabeça de elefante (filho de Parvati), Kartikkeya/Murugan (um filho de Shiva) e Hanuman (macaco divino devoto de Rama, uma encarnação de Vishnu). Muitos santuários na beira da estrada são dedicados a Ganesha e Hanuman. Ganesha é representado cavalgando um camundongo e também é chamado Vigneshwara ("O que Supera Todos os Obstáculos"). Os hindus lhe rendem culto antes de se lançar num trabalho, projeto ou viagem.

Todos os deuses e deusas têm características iconográficas próprias, e cada posição de mãos ou pés, cada animal, planta ou pássaro associado tem um significado especial. Muitas divindades têm várias mãos, cada uma das quais segura uma arma ou uma flor para proteger seus devotos do mal. Alguns hindus interpretam os numerosos braços de uma divin-

Estátua da divindade-macaco Hanuman é levada em cortejo durante uma festa em Misore. A divindade é mostrada rasgando o peito para revelar os amados Rama e Sitá (ver p. 138) em seu coração.

***BRAHMAN* E A SABEDORIA ELEVADA**

Há muitos séculos a definição de *Brahman* — o ser supremo, de acordo com os *Upanishads* — tem sido objeto de intensa especulação. Brahman, de acordo com o *Taittirya Upanishad*, é verdade (*satya*), conhecimento (*jnana*) e infinidade (*ananta*). Além disso, a única coisa que se pode dizer sobre Brahman é que ele é existência (*sat*), consciência (*chit*) e bem-aventurança (*ananda*). Finalmente, Brahman não pode ser descrito, uma vez que descrever é confinar, e com o infinito isso é impossível. O sábio Yajñavalkya disse que só se pode chegar perto de uma descrição de Brahman dizendo o que ele não é.

Uma dificuldade semelhante ocorre com qualquer definição da relação entre Brahman e o *atman* (a alma humana). Num famoso diálogo do *Chandogya Upanishad* um pai pede ao filho que dissolva sal na água. Ele diz que é assim a união de Brahman e o *atman* e termina seu ensinamento com um dito famoso: "*Tat tvam asi*" (em sânscrito, "Você é isso"). "Isso" (*tat*) refere-se a Brahman e "você" (*tvam*) ao *atman*. O filósofo Shankara (século VIII) achava que essa afirmação implicava que Brahman e o *atman* são idênticos. Mas Ramanuja (século XI) entendeu-a como indicativa de que Brahman e o *atman* são inseparáveis mas não idênticos.

dade como representação de onipotência. A maioria das divindades se liga a um ou mais animais ou pássaros. Embora os textos sagrados dêem razões mitológicas específicas para sua presença, os devotos podem entendê-la mais metaforicamente. Assim, a cabeça de elefante de Ganesha e a companhia do camundongo representam sua capacidade de afastar os estorvos: um elefante esmaga os grandes obstáculos e um camundongo rói os pequenos. Assim, uma pessoa pode cultuar um deus ou deusa para atingir sucesso na carreira, outro para curar uma doença etc.

Além das divindades pan-hindus existem muitos deuses e deusas locais que podem ter histórias e funções distintas. Muitos são considerados encarnações locais das grandes divindades. Assim, Vishnu é conhecido por nomes especificamente regionais em muitas partes do sul da Índia.

Os devotos de uma divindade podem achar que ela é o ser supremo. Textos antigos exprimem a idéia de uma trindade divina (Trimurti) de Brahma (o criador), Vishnu (o preservador) e Shiva (o destruidor), mas esse conceito nunca foi muito popular. Com o tempo, Brahma perdeu funções, e criação, preservação e destruição associaram-se em uma divindade, que pode ser Vishnu, Shiva ou Devi (a Deusa).

Os muitos aspectos do poder de Shiva expressam-se em seus papéis freqüentemente paradoxais: ele é ameaçador e benevolente, criador e

O DIVINO NA NATUREZA

Muitos hindus atribuem condição divina a aspectos e fenômenos naturais. Por exemplo, os rios Ganges (Ganga), Kaveri, Yamuna e outros são personificados e adorados como deusa mãe. Os hindus também reverenciam corpos celestes e buscam propiciar o *navagraha* ("nove planetas" — o Sol, a Lua, Vênus, Mercúrio, Marte, Júpiter, Saturno e duas entidades míticas chamadas Rahu e Ketu) em rituais. Muitos templos do sul da Índia e da diáspora incorporam imagens dos planetas.

SHRI, A DEUSA GRACIOSA

Imagem de Shri-Lakshmi entre outras divindades num altar doméstico decorado para a festa de Dipavali (ver pp. 152-3).

Talvez a manifestação mais conhecida da Deusa nas tradições hindu e jainista seja Shri, mais conhecida popularmente como Lakshmi. Ela é a deusa da riqueza e da boa fortuna, e sua imagem adorna milhões de lares, lojas e escritórios. Shri-Lakshmi é considerada a mãe de toda a criação, a que concede sabedoria e salvação, e é a encarnação da graça. Muitos mestres compuseram hinos celebrando sua compaixão e sabedoria. Ela traz boa sorte a esta terra mas sobretudo auxilia a obter a libertação do ciclo de vida e morte.

Afirma-se que Lakshmi concede riqueza e graça salvadora simplesmente olhando a pessoa. Uma de suas mãos aponta para o chão, no que o hinduísmo chama de posição *varada* (de "dar"). Na arte hindu ela pode ser representada dando riqueza aos devotos com uma chuva de moedas de ouro emanando de sua mão. A outra mão pode estar levantada, dando proteção. Embora seja retratada como uma deusa independente e tenha seu próprio santuário em muitos templos, ela também é freqüentemente representada como consorte de Vishnu.

Shri-Lakshmi é persistentemente associada ao lótus. Ela é onipresente, latente em tudo, mas manifesta-se apenas em lugares auspiciosos, dos quais o lótus é um ótimo exemplo. Pode ser retratada segurando essas flores, e diz-se que vive num lótus resplandecente ou mesmo numa "floresta de lótus". Tem a cor e a fragrância dessa flor; o odor do lótus é tão inseparável de sua fonte quanto a graça de Shri é da deusa. A flor lembra aos homens como considerar a relação deles com o mundo: ela se ergue da lama e da água suja mas nunca se macula com elas.

destruidor, dançarino exuberante e iogue austero, ascético solitário e marido da deusa Parvati, concedendo sabedoria e graça a seus devotos. Iconograficamente, Shiva e Parvati são retratados na forma abstrata de um fuste (*linga*) dentro de um útero (*yoni*), que representam seus poderes criadores.

Segundo o hinduísmo, Vishnu teve várias encarnações, ou avatares (do sânscrito *avatara*, "descida"). Acredita-se que ao longo de eras ele desceu à terra várias vezes em forma humana e animal para derrotar o mal e confirmar o *dharma*, ou retidão. O primeiro avatar de Vishnu foi como o peixe que salvou Manu (pai da espécie humana), sua família e muitos animais de perecer numa inundação. Depois Vishnu encarnou como tartaruga, javali, uma criatura metade leão e metade homem, e um ser anão.

Krishna entre as donzelas vaqueiras. Pintura de c. 1710.

As encarnações plenamente humanas de Vishnu são: o guerreiro Parashurama, Rama (herói de um grande épico, o *Ramayana*; ver p. 138), Balarama e Krishna. Acredita-se que a décima encarnação ocorrerá no fim da presente era do mundo, que de acordo com alguns cálculos começou em c. 3102 a.C. e durará 432 mil anos. Certos textos omitem Balarama e apresentam o Buda como a nona encarnação, depois de Krishna. Alguns hindus atuais entendem que a progressão das encarnações de peixe a plenamente humano antecipa a teoria evolucionária. Mas a explicação dominante é que a forma assumida por Vishnu é a que melhor serve à crise iminente.

Krishna ("O Escuro"), a nona encarnação de Vishnu, é um dos deuses hindus mais populares, celebrado em narrativas (como o *Bhagavad Gita*; ver p. 139), canções folclóricas, escultura e pintura. Muitas tradições, como a de Chaitanya e a da Sociedade Internacional para a Consciência de Krishna (ver texto à direita), consideram-no a divindade suprema. Até certo ponto a maioria dos hindus aceita a supremacia de Krishna entre as encarnações de Vishnu, considerando que ele é o que se chama descendente "pleno" da divindade, o senhor da graça, da compaixão e da paz. Krishna também é o amante sedutor que dança com adoráveis *gopis* (donzelas vaqueiras) em noites enluaradas. Suas danças são reencenadas em muitas comunidades: as danças *raas lila* de Gujarat são as mais famosas. Textos sânscritos como o *Gita Govinda* de Jayadeva (século XII) identificam a *gopi* Radha como parceira de Krishna, e os dois costumam ser retratados juntos (ver figura à p. 141).

"A CONSCIÊNCIA DE KRISHNA"

Em 1966, A. C. Bhaktivedanta (nascido Abhaycharan De, 1896-1977), fundou em Nova York a Sociedade Internacional para a Consciência de Krishna. As origens tanto de sua teologia, que atribui graça divina a Krishna, quanto de sua emotiva salmodia devocional podem ser retraçadas até o grande guru Chaitanya (1486-1583). Os membros desse grupo estudam o *Bhagavad Gita* (ver p. 139) e as histórias de Vishnu no *Bhagavata purana*. O nome Hare Krishna, que eles freqüentemente recebem no Ocidente, deriva de sua prática de cantar o mantra devocional "*hare Krishna, hare Krishna, Krishna Krishna, hare hare*" ("salve Krishna").

Os seguidores da Consciência de Krishna são vegetarianos e também evitam alho, cebola e outros alimentos que as tradições *vaishnavas* ("dos seguidores de Vishnu") consideram impuros.

PALAVRAS DE DEVOÇÃO

Os textos sagrados hindus mais antigos são os *Vedas*, compilados pela primeira vez em c. 800 a.C., embora a origem de alguns seja séculos mais antiga (ver p. 131). Cada uma das quatro coleções védicas (*Rigveda, Sammaveda, Yajurveda* e *Atharvaveda*) compõe-se de hinos e tratados rituais, além de *Aranyakas* ("Composições para a floresta") e *Upanishads* ("Sentado junto [do mestre]"), obras filosóficas compostas em c. 600 a.C. ou pouco depois.

Muitas tradições hindus consideram que os *Vedas* são transumanos, ou seja, seus autores não são seres humanos. Afirma-se que sua natureza é eterna e eles são revelados a cada ciclo de tempo. Os declamadores védicos, ou "videntes" (*rishis*) não inventaram ou compuseram os *Vedas*; eles os "viram" ou "contemplaram". Durante séculos, tomar nota dos textos védicos foi considerado profanação e, portanto, tabu. Os que os viram transmitiram-nos a seus discípulos, iniciando uma tradição oral que chegou até o presente. A ordem das palavras sagradas precisa permanecer a mesma, e decorá-los é um processo complexo e disciplinado que envolve o uso de muitos expedientes mnemônicos para garantir a pronúncia, o ritmo e a dicção certos.

Ao conjunto védico seguiu-se um corpo de obras chamado *smriti* ou literatura "lembrada". A *smriti* é tida como inspirada, e, embora sua autoridade seja inferior à dos *Vedas*, desempenhou um papel bem mais importante na vida dos hindus nos últimos dois milênios e meio. A *smriti* às vezes é dividida nas categorias de épicos, histórias antigas (*Puranas*) e códigos de lei e ética (*dharmashastras*, ver p. 159).

Os dois épicos *smriti*, o *Ramayana* ("História de Rama"; ver texto à esquerda) e o *Mahabharata* ("Grande épico da Índia" ou "Grandes filhos de Bharata"; ver texto lateral, na página oposta) são as obras mais

O *RAMAYANA*

Esse grande épico focaliza o jovem príncipe Rama, nascido em Ayodhya, capital do reino de Kosala. Na véspera de sua coroação ele é exilado pelo pai, Dasaratha. Na floresta, Sitá, sua bela mulher, é capturada por Ravana, o demônio rei de Lanka, e o épico se centraliza na luta de Rama para resgatá-la. Depois de uma batalha protelada, Rama mata Ravana e reúne-se a Sitá. Eles acabam voltando para Ayodhya e são coroados.

Reverenciado como a sétima encarnação de Vishnu (ver p. 137), Rama é tido como o ideal de rei justo. Muitos hindus tradicionalmente vêem em Sitá a esposa perfeita que segue o marido no exílio e outros a consideram modelo de força e virtude. Ela cede ao marido assim como ele cede a ela, e seu amor é digno de ser imitado. Mas ela também mantém-se firme quando Rama lhe pede que prove sua virtude. Da primeira vez, em Lanka, ela concorda, mas da segunda ela descarta com a própria comprovação da sua pureza qualquer possibilidade de reunião, pedindo à Mãe Natureza que a trague se ela for pura.

As versões vernaculares do *Ramayana* são muitas e a história foi compreendida de vários modos. Numa interpretação do século XIII Sitá voluntariamente se torna cativa e sofre para salvar do mal outros seres humanos e o mundo. Numa leitura metafórica, a alma humana (Sitá) é capturada pelo corpo material (Ravana), derrotado por Rama, que salva a alma do domínio dos sentidos. Algumas versões da narrativa, chamadas *Sitayana*, contam a história do ponto de vista de Sitá.

Ilustração do Rajastão para o Ramayana *que mostra vários episódios da vida de Rama e Sitá durante seu exílio na floresta.*

O *BHAGAVAD GITA*

Nesta ilustração de um manuscrito do Bhagavad Gita *do século XIX Krishna (à esq.) conversa com Arjuna em sua carruagem.*

Um dos livros mais sagrados da tradição hindu é o *Bhagavad Gita* ("Canção dos abençoados"), ou apenas *Gita*. Exatamente quando a guerra do *Mahabharata* (ver texto lateral, abaixo) está para começar, Arjuna, um dos irmãos Pandava e até então retratado como um herói que saiu vitorioso de várias lutas, se angustia ao pensar que terá de lutar contra os primos, tios e outros parentes.

Depondo o arco, Arjuna pergunta ao primo Krishna (que agora é apresentado como uma encarnação de Vishnu) se é correto lutar uma guerra em que muitas vidas, sobretudo de parentes, serão perdidas. Krishna responde afirmativamente: é correto se lutamos pelo que é certo. É preciso lutar pela retidão (*dharma*) depois de tentar os meios pacíficos. A conversa no campo de batalha entre Krishna e Arjuna ocupa 18 capítulos. Estes constituem o *Bhagavad Gita*.

O *Gita* fala de devoção amorosa ao Senhor e da importância da ação desinteressada. No *Gita*, Krishna instrui Arjuna — tido em geral como representante de qualquer alma humana que busca orientação espiritual — sobre Deus, a natureza da alma e como se pode alcançar a libertação.

É possível atingir Vishnu/Krishna/Deus pela devoção, pelo conhecimento ou pela ação generosa. Intérpretes posteriores acham que esses são três caminhos, ao passo que outros comentaristas os consideram três aspectos de um único caminho de entrega amorosa ao ser supremo.

conhecidas da tradição hindu. Foram interpretados, comentados e fruídos por mais de 2 mil anos e constituem o núcleo da literatura sagrada hindu. Sua popularidade pelos séculos afora ignorou divisões sociais e entre seitas, e para as crianças a narrativa do épico é invariavelmente o primeiro e mais longo contato com os textos sagrados hindus. Para muitos hindus as palavras "livros sagrados" designam especialmente esses épicos. O *Ramayana*, sobretudo, tem sido fonte de inspiração para gerações de devotos da Índia e de muitas partes do mundo. Quando o épico foi televisionado em sessenta episódios semanais, teve a maior audiência da história da televisão indiana. O *Ramayana* é dançado e representado em lugares de influência cultural hindu (e budista) no sudeste asiático e seus personagens são bem conhecidos até na Tailândia e na Indonésia.

Os épicos e os *Puranas* são escritos em sânscrito, a antiga língua "aperfeiçoada" que, como o latim durante muitos séculos na Europa, foi amplamente domínio dos homens da elite social. Contudo, na Índia homens e mulheres de outras castas proclamavam sua paixão devocional e a busca de compaixão divina em línguas locais. Hoje o país tem mais de 18 línguas oficiais e centenas de dialetos, e muitos deles têm uma longa e rica história de literatura religiosa.

O *MAHABHARATA*

Com cerca de 100 mil versos, o *Mahabharata* é considerado o mais longo poema do mundo. É a história da grande luta entre os descendentes de um rei chamado Bharata (cujo nome muitos indianos usam com o significado de "Índia").

A parte principal da história trata de uma guerra entre duas famílias, os Pandavas e os Kauravas. Os Kauravas tentam lesar os Pandavas na divisão do reino de Bharat, e segue-se uma grande batalha que força todos a tomar partido. Os Pandavas saem vitoriosos, mas a um preço alto: todos os seus filhos e parentes próximos morrem lutando.

Poucos lares indianos dispõem do *Mahabharata* completo, mas muitos têm um exemplar de um episódio famoso, o *Bhagavad Gita* (ver quadro acima).

Neste cartaz moderno do complexo do templo da ilha de Omkareshvera, num lago do norte da Índia, as estradas (em vermelho) têm a forma da sílaba Om.

Já no século VI a.C. Sidarta Gautama (o Buda) e Mahavira, fundador da tradição jainista (ver p. 132), rejeitaram o sânscrito e começaram a falar a seus seguidores na língua vernacular. Contudo, até por volta do século I os devotos dos *Vedas* e dos épicos — pessoas a quem hoje chamamos hindus — conservaram o sânscrito como o meio para a comunicação religiosa.

Os primeiros textos religiosos hindus em idioma vernacular estão em tâmil, língua do sul da Índia falada hoje por cerca de 75 milhões de pessoas. Um sofisticado corpo de literatura em tâmil existiu 2 mil anos atrás. As obras mais antigas, normalmente referidas como poemas *Sangam* ("Academia"), são textos seculares sobre reis e cavalaria ou amor e romance, e serviram de modelo para a literatura devocional posterior, em que a divindade era posta no papel de um governante ou amante.

O movimento *bhakti* (devocional) hindu começou no sul da Índia por volta do século VI. Os santos viajavam de templo para templo cantando hinos em tâmil (língua sem relação com o sânscrito) em louvor a Vishnu ou Shiva. Esses hinos, as mais antigas obras sagradas do hinduísmo no vernáculo, inspiravam-se na poesia tâmil anterior e dirigem-se à divindade numa linguagem altamente pessoal, íntima e terna. Na literatura vernacular, Vishnu e suas encarnações (ver p. 137) e Shiva são postos em vários papéis pelo devoto, que considera a divindade como pai ou mãe, amante, noivo, protetor, alma mais profunda. Freqüentemente a divindade é retratada até mesmo como uma criança, para a qual o devoto canta com amor maternal.

Depois do século X os poemas devocionais tâmeis foram introduzidos na liturgia do templo nas áreas tamilófonas e ganharam *status* igual ao dos *Vedas* sânscritos. O devocionismo espalhou-se para o oeste e o norte da Índia depois do século XI, transmitido por textos sagrados como o *Bhagavata Purana* e também pela figura de Ramananda (1299?-1400), santo hindu famoso, carismático e influente. No século XIII o poeta Jñaneshvar discutiu os ideais do *Bhagavad Gita* num famoso tratado que leva o seu nome, o *Jñaneshvari*, composto em marata, língua da região de Maharashtra.

Dois aspectos contribuíram para a disseminação da devoção vernacular. Um deles foi o uso de línguas vivas contemporâneas. O segundo foi seu atrativo para todas as classes sociais, como demonstrou o poeta devocional Tukaram (1598-1649), vindo de casta "baixa", e a princesa Mira (1450?-1547), de casta "alta". Mira compôs centenas de canções até hoje muito populares e que são entoadas em lares e santuários da Índia e da diáspora.

Um dos poetas mais celebrados do norte da Índia foi Surdas (c. 1483-1563), cantor e poeta cego que se fixou logo ao sul de Delhi, próximo de Agra. Ele compôs num dialeto híndi. Em seu Sursagar o jovem Krishna é celebrado em poemas líricos populares entre muitos hindus.

Puri, no estado de Orissa, no leste, é famosa como cenário da procis-

OM: A SÍLABA SAGRADA

A sílaba *om* é enunciada no início e no fim de todas as preces e recitações de escritos hindus e jainistas, e também é usada pelos budistas, sobretudo no Tibete. Afirma-se que é composta de três sons: *a-u-m*, que começam bem fundo no corpo e terminam nos lábios, o que se acredita ser auspicioso.

A história do *om* no hinduísmo é antiga e seu significado e seu poder são discutidos nos *Upanishads*. Todos os hindus acreditam que *om* é o som mais sagrado mas discordam quanto ao seu significado. Alguns acham que a palavra vem de uma raiz verbal sânscrita, *av-*, que significa "aquele que protege". Afirma-se que ela representa a suprema realidade ou *Brahman*. De acordo com muitos filósofos hindus, *om* foi o primeiro som e contém a essência do verdadeiro conhecimento. Há quem diga que seus três sons simbolizam os três mundos: terra, atmosfera e céu; outros acham que eles representam a essência de três dos *Vedas* (*Rigveda*, *Yajurveda* e *Sammaveda*; ver p. 138). Entre os *vaishnavas* (devotos de Vishnu) sustenta-se que *a-u-m* representa Vishnu, o ser humano e a relação entre os dois, ou então Vishnu, Shri e o devoto.

são de Jagannatha, que apresenta uma enorme carroça ou carreta. O poeta Jayadeva (c. 1175), autor do *Gita Govinda* em sânscrito, famosa obra que exalta o amor de Radha e Krishna, provavelmente ligava-se a esse culto. Posteriormente, contudo, devotos de Krishna do leste da Índia escreveram na língua local, o bengali.

Outro importante escritor devocional vernacular foi Tulsidas (1543-1623), que se radicou em Benares. O seu "Lago dos feitos de Rama" é mais que um relato ou tradução do *Ramayana*. Os versos em híndi, muito conhecidos, têm beleza própria, inspirando contadores de histórias e milhões de devotos de Rama.

TEXTOS VERNACULARES E TRADIÇÃO VÉDICA

Com a disseminação do movimento *bhakti* por toda a Índia (ver texto principal) o *status* das obras em sânscrito como textos sagrados declinou, uma vez que a presença de versos vernaculares na liturgia do templo desafiou a reivindicação ortodoxa de que o sânscrito era o veículo exclusivo para a revelação da comunicação teológica. Embora alguns brâmanes sempre tenham aprendido e conservado vivas grandes porções da tradição védica em sânscrito, outros podem conhecer apenas uns poucos hinos nessa língua. Quase todos os hindus ouviram as histórias dos grandes épicos, embora possam não saber lê-las no original sânscrito.

Um número avassalador de hindus, entretanto, recita versos devocionais escritos por santos hindus na sua própria língua. Os poemas que Surdas escreveu em híndi sobre Krishna (ver texto principal), as canções da princesa Mira e os poemas em tâmil de Nammalvar e Andal (séculos VIII-IX) podem servir como textos sagrados para uma comunidade específica. Nesse sentido, os poemas e as canções em vernáculo guiam, inspiram e consolam a massa dos fiéis, oferecendo-lhes esperança e sabedoria mais diretamente que os *Vedas* ou outros textos em sânscrito.

Isso não significa que a literatura vernacular discorde da mensagem dos *Vedas*. Pelo contrário: na maioria das comunidades acredita-se que os santos que compuseram na língua viva reuniram a verdade a partir dos *Vedas*, incompreensíveis, e a tornaram acessível a todos, inspirando a devoção e acelerando o ato de alcançar a graça divina e salvadora.

Os poetas *bhakti* vernaculares vieram de várias castas e eram tidos como seguidores ideais dos deuses e deusas que reverenciavam. Venerados sem distinção de sexo ou casta, os poetas *bhakti* desafiam o sistema hierárquico tradicional, que às vezes negava o conhecimento salvador às castas "inferiores", às mulheres e aos sem casta (ver pp. 159-61).

Krishna toca flauta para sua amada, Radha, nesta ilustração do início do século XVIII. A união física extasiada do casal tornou-se um modo importante de representar a união entre uma alma humana e o divino na poesia devocional e na dança clássica posteriores. Nos poemas de Surdas, escritos em dialeto híndi (ver texto principal), Krishna é um travesso ladrão de manteiga mas também um flautista sedutor que dança com Radha ao luar. Surdas celebra a afeição de Radha por Krishna como modelo de devoção, e sua poesia característica serviu para reforçar a veneração a Krishna em todo o norte da Índia.

MESTRES E LÍDERES

MULHERES GURUS: ANANDAMAYI MA

Muitas gurus têm hoje um enorme número de devotos. Entre as mais famosas está a bengali Anandamayi Ma (1896-1982), cujo nome significa "Mãe Cheia de Alegria". Ela era casada mas levou uma vida de solteira e o marido tornou-se seu devoto. Depois de algumas experiências espirituais Anandamayi Ma ouviu uma voz interior dizer-lhe que ela era divina e não devia se curvar para ninguém. Muitos mestres carismáticos que não vêm de uma linhagem de gurus institucionalizados passam por uma experiência transformadora como essa.

Anandamayi Ma atraiu milhares de seguidores, que a viam não só como guru mas como manifestação da Deusa: um discípulo lembra-se de vê-la como uma linda divindade, iluminando uma sala como o sol nascente. Mesmo não tendo manifestado explicitamente fenômenos mágicos, seus devotos achavam que ela operava milagres em seu favor.

Desde os tempos antigos os indianos das tradições hindu, budista e jainista procuraram homens e mulheres santos para ser instruídos sobre como atingir a paz nesta vida e, por fim, a libertação do ciclo de vida e morte (ver pp. 156-7). Para muitos hindus a experiência religiosa primordial é mediada por um mestre que pode ser chamado *acharya*, *guru* ou *swami*. A palavra "*acharya*" normalmente designa o chefe formal de um mosteiro, seita ou subseita, ou um professor que inicia um discípulo num movimento. Às vezes ela é usada simplesmente como sinônimo de guru, que, como *swami* ("mestre"), é uma designação mais imprecisa e de uso mais geral dada a qualquer professor religioso. Para muitos hindus o guru paradigmático é o deus Krishna, que instruiu seu primo Arjuna no *Bhagavad Gita* (ver p. 139). Para outros, Shiva (ver pp. 135-7) é o guru supremo. Além dos mestres há milhares de ascetas, indivíduos possuídos por uma divindade ou espírito, médiuns, contadores de histórias e *sadhus* ("homens santos") que suscitam, todos eles, a veneração e às vezes a obediência de seus seguidores.

Cada uma das muitas tradições filosóficas hindus constitui uma seita diferente e tem seu próprio líder. Sempre há teólogos importantes e em quase todas as gerações surgem novas seitas com um grande número de seguidores inspirados por gurus carismáticos (ver quadro abaixo). Fre-

LÍDERES CARISMÁTICOS

Sai Baba (à dir.) e alguns de seus devotos, que podem ser mais de 50 milhões no mundo inteiro.

Embora a distinção possa não ser clara na mente dos seguidores, é possível diferenciar os líderes espirituais pertencentes a linhagens antigas ou mais recentes e os mestres carismáticos que atraem devotos devido a fenômenos "sobrenaturais" que vão da manifestação "mágica" de objetos até a cura pela fé. Os devotos às vezes acham que esses gurus são uma encarnação de uma divindade, que desceu à terra na forma de seu mestre para o bem da humanidade. É o caso de Sri Satya Sai Baba (nascido Satya Narayan Raju, 1926), líder carismático de Andhra Pradesh cujos seguidores acreditam ser uma encarnação das divindades Shiva e Shakti (a Deusa).

Em outros casos os devotos reverenciam seus mestres apenas como almas altamente evoluídas e espiritualmente elevadas, seres que ascenderam acima das preocupações da vida humana para um estado de auto-realização ou perfeição. Ocasionalmente um líder religioso carismático pode ter um título, por exemplo *rishi* ("vidente"), como os redatores dos *Vedas*. Isso é bem ilustrado pelo fundador do movimento Meditação Transcendental, Mahesh Yogi (nascido em 1911), que ficou conhecido como Maharishi, ou "Grande Vidente".

qüentemente a liderança dessas escolas passa de mestre para mestre numa linha sucessória que continua por séculos até o presente. É o caso, por exemplo, das escolas fundadas por Shankara (c. 800; ver texto à direita), Ramanuja (século XI), Madhva (século XIII) e Chaitanya (século XVI). Freqüentemente ocorrem cisões nessas comunidades, e líderes complementares ou concorrentes disputam a lealdade dos discípulos. Na escola ramanuja, como parte de um complexo ritual de iniciação o líder marca a fogo levemente os ombros do iniciante e lhe dá um nome novo e um mantra pessoal para meditação. Mas o ingresso em outras comunidades devocionais pode ser bem mais informal.

No *Taittiriya Upanis*had um estudioso que está de partida é exortado a considerar a mãe e o pai como Deus, e também seu mestre; essa colocação dos mestres espirituais no mesmo nível da divindade continuou até hoje. Os adeptos das tradições filosóficas fundadas por Ramanuja, Chaitanya e outros veneram seus mestres religiosos quase tanto quanto as divindades que são o centro de seu culto. Em seus textos piedosos o mestre, humano, vivente, é considerado de importância imediata maior do que Deus e afirma-se que a entrega absoluta a ele é o caminho para a libertação.

Muitos mestres são ascetas celibatários. Os escritos sânscritos sugerem que os homens brâmanes, da casta "alta", tradicionalmente passem por quatro estágios de vida: estudante, chefe de família, habitante da floresta e asceta. Parece que Shankara passou do primeiro estágio diretamente para o último. Seguindo seu exemplo, os iniciados da Missão Ramakrishna, ordem popular fundada pelo *swami* Vivekananda no século XIX, tornam-se ascetas antes de se casar.

Hoje muitos gurus têm *sites* na internet mantidos por devotos (ver p. 149), formando uma comunidade cibernética hindu em todo o mundo.

AS LINHAGENS DE SHANKARA

Afirma-se que Shankara (c. 800), um dos teólogos indianos mais importantes, fundou quatro ou cinco mosteiros em locais diversos da Índia: em Dvaraka (oeste), Puri (leste), Sringeri e Kanchipuram (sul) e Badrinath (norte). Em cada um desses mosteiros há uma linhagem ininterrupta de mestres, todos eles com o título "Shankara, o Mestre" (Shankaracharya). Eles freqüentemente se empenharam em questões sociais e políticas, e exercem considerável liderança entre a população urbana educada, além de influenciar os que seguem a filosofia de seu fundador. Um papel semelhante é desempenhado pelos comentaristas intelectual-filosóficos como o *swami* Chinmayananda, cujos seguidores têm se empenhado na preservação dos escritos tradicionais na imprensa e na mídia eletrônica.

O sábio Sukadeva (no centro), um rishi *("vidente") famoso, na corte do rei Parikshit, governante que se dizia descendente de Arjuna, o guerreiro aconselhado por Krishna no* Bhagavad Gita. *Pintura de c. 1760.*

CAMINHOS PARA A LIBERTAÇÃO

Segundo as tradições religiosas originadas na Índia, os seres humanos estão presos num ciclo de vida e morte contínuo (ver pp. 156-7). Os hindus, jainistas e budistas descreveram esse infortúnio como um sofrimento perpétuo e algo como estar preso numa armadilha na terra. Contudo, as tradições diferem quanto ao modo de atingir a libertação desse ciclo.

Dentro do próprio hinduísmo, entre as várias vias possíveis para a libertação destacam-se duas amplas perspectivas. A primeira caracteriza as tradições hindus segundo as quais a alma humana (atmã) é idêntica ao ser supremo (Brahman; ver pp. 134-5). Uma vez que há apenas um ser supremo e que somos idênticos a ele, a libertação é o conhecimento experiencial final de que somos divinos. Essa visão de mundo, bem exposta pelo mestre Shankara (ver p. 143), enfatiza a importância do esforço humano e da luta para atingir a necessária sabedoria transformadora. A segunda perspectiva é a das escolas que falam de uma distinção fundamental, embora tênue, entre o ser humano e Deus, e defende a devoção ao ser supremo e a confiança na graça divina.

No decorrer do *Bhagavad Gita* (ver p. 139), Krishna descreve três caminhos de libertação: o da ação, o do conhecimento e o da devoção. Alguns hindus os consideram caminhos múltiplos para o divino, outros como aspectos de uma única disciplina. O caminho da ação (carma-ioga) é o caminho da ação altruísta; uma pessoa precisa fazer o seu dever

TANTRISMO HINDU

O tantrismo começou a ter importância na tradição hindu por volta do século V e influenciou muitos movimentos de seitas hindus. As liturgias dos templos *shaivas* e *vaishnavas* são em grande parte derivadas dos usos tântricos. Por exemplo, quando imagens de divindades são instaladas em templos fazem-se no chão, para uso em meditação e rituais, desenhos geométricos (mandalas) que representam a divindade e o cosmo.

A tradição tântrica defendia a sua própria forma de ioga, conhecida como kundalini-ioga. Literalmente "aquele com brincos", *kundalini* se refere a Shakti ou o poder da Deusa, que se acredita ficar enrodilhada como uma serpente na base da coluna da pessoa. Quando despertado, esse poder sobe pelo corpo, passando por seis centros cósmicos conhecidos como chacras (discos) até o centro final, localizado sob o alto do crânio. Esse centro é visto como um lótus de mil pétalas.

O objetivo supremo dessa forma de ioga é despertar o poder do *kundalini* e fazer com que ele se una a Purusa, o ser supremo masculino, que reside no lótus. Essa união dá ao praticante visões e poderes físicos e acaba levando à emancipação do ciclo de vida e morte.

Homens santos meditam em Benares. Na tradição hindu a meditação (dhyana) *é um caminho para a aquisição da "verdadeira sabedoria".*

(*dharma*), como estudar ou fazer boas ações, mas não por medo da culpa ou da punição, ou por esperança de louvores ou recompensa. Desfazendo-se assim dos frutos de sua ação, a pessoa atinge a paz permanente. Um conceito ligado a esse é a idéia da "ação desinteressada" como o melhor modo de adquirir a libertação. Isso implica agir altruisticamente para o bem da humanidade e realizar todas as ações de modo compassivo.

De acordo com o caminho do conhecimento (jnana-ioga), atingindo o conhecimento dos escritos sagrados pode-se adquirir uma sabedoria transformadora que destrói o carma passado (ver p. 156). O verdadeiro conhecimento é uma percepção da real natureza do universo, do poder divino e da alma humana. Pode-se alcançar essa sabedoria pelo aprendizado de textos com um mestre digno e erudito (guru), pela meditação e pelo controle físico e mental na forma da disciplina chamada ioga (ver quadro abaixo).

O terceiro caminho é o mais enfatizado em todo o *Bhagavad Gita*: o caminho da devoção (bhakti-ioga). Esse caminho talvez seja o mais popular entre os hindus de qualquer posição social. Como Krishna promete a Arjuna, se no final a pessoa se entrega ao Senhor ele perdoa todos os pecados e erradica o carma.

PATAÑJALI E IOGA

A palavra sânscrita "ioga" (literalmente, "jugo") refere-se à prática de disciplinas em que o devoto submete o espírito ao divino. É altamente considerada nos textos hindus e assumiu muitos significados. Acredita-se que suas origens sejam indo-européias. Muitos hindus a ligam a Patañjali (c. século III a.C.), autor dos *Sutras de ioga*, uma série de frases curtas, aforísticas.

A ioga de Patañjali, tal como a interpretam os comentaristas, envolve disciplina moral, mental e física, e meditação. Afirma-se que essa forma de ioga tem oito "ramos", ou disciplinas, sendo os dois primeiros *yama* (evitar a violência, a falsidade e outras práticas negativas) e *niyama* (práticas positivas como a equanimidade e o ascetismo). Patañjali também recomenda a prática do controle da respiração (*pranayama*) e do distanciamento mental dos estímulos externos (*pratyahara*), além de posturas corporais (*asanas*) para a meditação. A perfeição na concentração (*dharana*) e na meditação (*dhyana*) levam ao samádi, estado final de união com o divino e libertação do ciclo de vida e morte, que não se descreve adequadamente na linguagem humana.

Embora muitos especialistas considerem a ioga de Patañjali a forma clássica, a ioga provavelmente foi um elemento importante da vida religiosa indiana durante muitos séculos antes de seu texto ser escrito, e há muitas outras variedades. No século passado fez-se uma distinção entre raja-ioga e hatha-ioga. A raja-ioga lida com a disciplina mental; esse termo pode ser usado como alternativa para a ioga de Patañjali. Na hatha-ioga, que se concentra nas posturas e no controle corporais, afirma-se que o corpo humano contém "sóis" e "luas"; atinge-se a libertação final somente depois que vários centros do corpo se harmonizam com o cosmo.

Postura de meditação, de um manual de ioga do século XVIII.

CIDADES SANTAS

Os textos sagrados hindus, especialmente os épicos e os *Puranas*, exaltam a santidade de muitos lugares. Para os hindus devotos, viver nesses lugares ou peregrinar até um deles é suficiente para destruir os pecados e o carma, e ajuda a atingir a libertação do ciclo de vida, morte e renascimento (ver pp. 156-7). Existem muitas relações de cidades e aldeias sagradas, por região ou abrangendo todo o subcontinente. Um versinho que milhões de hindus conhecem chama a atenção para sete das mais famosas cidades sagradas:

> **"Ayodhya, Mathura, Maya,**
> **Kashi, Kanchi, Avantika**
> **E a cidade de Dvaraka;**
> **Essas sete [cidades] nos dão**
> **A libertação".**

UMA TERRA DE SANTIDADE

Milhões de hindus visitam cidades sagradas, realizam cultos em templos, banham-se em rios sagrados e escalam montanhas sagradas para pedir a felicidade nesta vida e na próxima. De acordo com alguns textos, toda a Índia é sagrada, pois é o lugar onde se cumprem as ações que formam a base do carma. Essa idéia surgiu há cerca de 2 mil anos. Manu, autor de um livro sobre *dharma* (ver p. 129) e ética, definiu uma região ao sul do Himalaia e entre os oceanos a leste e a oeste como a sagrada Aryavarta ("Terra dos Nobres"). Com o tempo esse conceito foi ampliado para abranger o subcontinente inteiro. Desde o fim do século XIX a Índia foi personificada como uma mãe divina. Em muitas canções a "Mãe Índia" (Bharata Mata) é exaltada como uma deusa mãe compassiva. Na luta pela independência do domínio inglês, apresentava-se a Mãe Índia como prisioneira de forças estrangeiras.

O mapa da Índia é cheio de locais sagrados. Embora haja muitos itinerários clássicos de peregrinação hindu — por exemplo, todos os templos famosos de Vishnu ou Devi —, milhares de outras cidades, aldeias e locais por toda a Índia também são considerados sagrados. Os roteiros de peregrinação freqüentemente são organizados por tema: os devotos podem visitar os 108 lugares onde se afirma que Shakti, ou o poder da Deusa, se apre-

*O templo de Lakshmi Narayan em Nova Delhi, também conhecido como templo de Birla, em alusão à família que o construiu em 1938. Ele é consagrado principalmente às divindades Vishnu e Lakshmi. O exterior dos templos hindus quase sempre é magnificamente decorado, e suas torres (*shikharas*) — um aspecto típico da arquitetura sagrada do norte da Índia — representam as montanhas cósmicas onde se acredita que moram os deuses e deusas.*

RIOS SAGRADOS

Acredita-se que os rios Ganges (Ganga), Yamuna, Kaveri e Narmada são tão sagrados que um simples banho neles destrói os pecados da pessoa. As confluências de dois rios ou de um rio e o mar são particularmente sagradas. Os peregrinos normalmente viajam para se banhar na Triveni Sangama ("Confluência de Três Rios"), em Allahabad (Prayag), onde o Ganges, o Yamuna e um rio mítico subterrâneo, o Sarasvati, se encontram. Os lares têm jarrinhos lacrados que contêm água sagrada do Ganges, usada em rituais domésticos para purificar os mortos e os agonizantes.

A água do Ganges ou de outro rio sagrado do norte pode ser levada para um local sagrado no extremo sul, como a cidade litorânea de Rameswaram, e a areia de Rameswaram pode ser levada de volta para o Ganges e imersa nele. Essa prática serve para marcar o término de uma peregrinação circular e demonstra um modo pelo qual diversos lugares e tradições do hinduísmo podem se ligar. Quando se consagram templos nas comunidades hindus de fora da Índia a água de rios sagrados indianos é misturada à de rios do novo país de moradia e despejada no templo, ligando-o física e simbolicamente ao sagrado país de origem.

Devoto faz as preces matinais no Ganges, em Benares. Afirma-se que a imersão nas águas sagradas do rio é um importante ato de purificação espiritual.

senta, os 68 lugares onde se diz que "ressurgiram" emblemas de Shiva, os 12 lugares onde ele aparece como a "chama das energias criadoras" (*jyotir lingas*), os oito lugares onde Vishnu se manifestou espontaneamente etc.

Quase todo lugar sagrado se liga a um *sthala purana*, texto que detalha sua antiguidade e santidade. O próprio templo é como um "porto de trânsito", um lugar de onde um ser humano pode "atravessar" (*tirtha*) o oceano da vida e da morte. Na verdade muitos templos e locais sagrados também se localizam perto do mar, de um lago, rio ou fonte. Quando não há nada disso nas proximidades, o rito normalmente é cumprido num poço artificial ou numa piscina, prática que deve datar da época da civilização harápica (ver p. 130) — os Grandes Banhos de Mohenjo Daro assemelham-se às piscinas que hoje se vêem anexas às centenas de templos hindus no sul da Índia. Os peregrinos limpam-se física e espiritualmente nessas piscinas antes de rezar no templo.

Muitos locais sagrados estão próximos de montanhas e cavernas, lugares que as histórias dos *Puranas* afirmam ser moradia de divindades hindus. Por exemplo, Shiva vive no monte Kailasa, no Himalaia, que para o devoto é representado por todos os templos de Shiva. Em algumas regiões, sobretudo no norte, as grandes torres dos templos (*shikharas*) representam essas montanhas cósmicas (ver foto à p. 146). O santuário mais retirado de um templo hindu é tradicionalmente um espaço sem janelas, como as cavernas sagradas que estão entre os lugares hindus de culto.

Embora haja indícios de culto em templos de 2 mil anos atrás, só se construíram grandes complexos sagrados depois do século VI. Emigrantes também erigiram templos no sudeste asiático. Os templos eram importantes centros religiosos, culturais e econômicos, e foram erguidos de acordo com normas detalhadas para representar todo o cosmo. Alguns dos maiores têm sete cercas, que representam as sete camadas de céu da cosmologia hindu.

Muitos complexos de templos da Índia ligam-se às seitas principais — ou seja, veneram Vishnu, Shiva ou a Deusa e seu séquito. Em muitos deles as divindades são conhecidas por seu nome local ou regional. Um templo típico pode ter santuários separados para a divindade, seu esposo ou esposa, outros acompanhantes divinos e santos. Por exemplo, um templo do século XVIII perto de Madras tem santuários para o deus

TIRUMALA-TIRUPATI

O templo mais opulento da Índia — e uma das instituições religiosas mais ricas do mundo — é o de Tirumala-Tirupati, em Andhra Pradesh. Mencionado na literatura antiga como Tiru Venkatam, é dedicado a Vishnu, popularmente conhecido como Venkateshvara ("Senhor das Montanhas Venkatam"). A literatura devocional que trata de Venkateshvara data do século VII, mas sabe-se que peregrinos visitaram o local do templo há quase dois milênios. Ele está situado nas belas colinas de Tirumala e até 1965, quando o governo assumiu seu controle, era dono de mais de 600 aldeias vizinhas.

Tirumala-Tirupati teve o apoio da realeza indiana durante mil anos, mas tornou-se destino de uma enorme quantidade de peregrinos apenas no século passado. Afirma-se que a popularidade do templo aumentou incrivelmente depois de uma importante reconsagração em 1958. A imensa riqueza do templo também é muito comentada na mídia indiana. No recipiente de oferendas do templo os devotos deixam regularmente diamantes entre as doações de jóias e ouro que chegam a cerca de 20 quilos mensais. O templo também é presenteado com carros e caminhões. As doações anuais de dinheiro vivo pelos peregrinos chegam a dezenas de milhões de dólares.

O santuário central do complexo do templo Tirumala-Tirupati. Ramificações desse templo, dedicadas a Venkateshvara, surgiram em Pittsburgh, Atlanta, Nova York, Chicago e outras grandes cidades dos Estados Unidos.

O templo de Tirumala-Tirupati emprega seus fenomenais recursos financeiros numa série de projetos e empresas, inclusive obras de caridade, hospitais, universidades e outras instituições educacionais, conjuntos habitacionais e publicações. Um objetivo importante do templo recentemente tem sido contribuir para a solução dos grandes problemas ecológicos da Índia subsidiando maciços projetos de reflorestamento.

principal, Shiva, sua mulher Parvati — ali chamada de Tripura Sundari ("Bela Senhora dos Três Mundos") — e seus filhos, Ganesha e Murugan. O templo também incorpora imagens de outras manifestações de Shiva, como Nataraja (o dançarino cósmico; ver figura à p. 125) e ícones de seus devotos. Os templos da diáspora geralmente servem a uma comunidade de devotos maior e têm imagens de Shiva, Vishnu, a Deusa e outras divindades cultuadas sob um único teto.

A maioria dos hindus freqüenta seu templo local ou outro lugar sagrado que é importante para sua família há gerações, ou economiza para uma peregrinação prolongada a um famoso local sagrado que fica distante. Os emigrantes e outros devotos impedidos de ir fisicamente a essas peregrinações podem assistir aos rituais que acontecem ali em programas ou vídeos especialmente autorizados. Em todas as ocasiões os hindus também podem realizar cultos em casa, onde uma área especial é designada como o espaço doméstico de culto familiar.

O próprio corpo humano às vezes é referido como o "templo do ser supremo". Algumas comunidades hindus, como a de Virashaivas (organizada em c. 1150), condenam explicitamente o culto nos templos e reverenciam todos os seres humanos como o templo do ser supremo, o Senhor Shiva. Outras tradições, como as das comunidades do sul da Índia que veneram Vishnu e Lakshmi, preservam as práticas do culto em templos mas também acreditam que o corpo humano é divino. Numa canção do século VIII o poeta Periyalvar declarou: "Erga um templo no seu coração. Instale nele o Senhor Krishna; Ofereça-lhe a flor do amor".

CIBERESPAÇO DEVOCIONAL

Um espaço sagrado, na tradição hindu, é aquele a que os devotos vão para ver a divindade venerada e ouvir palavras dos textos sagrados. No passado os mestres religiosos eram cautelosos com relação às pessoas a quem transmitiriam seus ensinamentos e selecionavam cuidadosamente os devotos. Agora, no entanto, a internet possibilita a qualquer um ver imagens de divindades, mestres e gurus, e até ouvir a recitação e a música de textos e canções sagrados.

Gurus famosos chegam a ter 50 *websites* criados por seus devotos. Algumas organizações apresentam suas *home pages* como "*ashrams* eletrônicos". Um *ashram* era um lugar tradicional de retiro ou aprendizado. Outros *websites*, como o Om Sweet Om, são dedicados à sílaba sagrada *Om* (ver p. 140).

As imagens de divindades exibidas na internet são levadas a sério pelos devotos; alguns *websites* lembram aos que os acessam que seria desrespeitoso fazer o *download* dessas imagens. Sermões de gurus e recitações de preces estão disponíveis em arquivos de áudio acessíveis aos "devotos internautas".

Um homem cuida do santuário em seu lar em Puri, estado de Orissa. Os hindus realizam cultos nos templos e também em casa, onde um altar, uma prateleira, um armário ou até uma sala inteira podem ser reservados para a devoção e ocupados com imagens de deuses e deusas.

अखाड़ा वापसी
मार्ग

गुलाबबैण्ड
ज्वालापुर
गुलाबबैण्ड
ज्वालापुर
गुलाबबैण्ड
ज्वालापुर
ज्वालापुर

PÁGINA ANTERIOR *O Kumbh Mela ("Festa do Jarro" ou "Aquário") de Hardwar, onde o rio Ganges entra na planície do norte da Índia, é uma das maiores reuniões religiosas do mundo. Acontece a cada 12 anos, quando cerca de 15 milhões de peregrinos hindus descem à cidade numa época astrologicamente propícia para o banho no rio — um ato que, acredita-se, apaga os pecados anteriores. A última Kumbh Mela completa foi comemorada em Hardwar entre fevereiro e abril de 1998 (esta foto foi feita numa festa anterior, em 1986). Versões menores da Kumbh Mela ocorrem a cada quatro anos, revezando-se entre as cidades de Hardwar, Nasik (no rio Godavari), Allahabad (confluência do Ganges com o Yamuna) e Ujjain (no rio Sipra). Participam dessas celebrações centenas de milhares de ascetas hindus.*

O JÚBILO COM O DIVINO

As festas hindus são cheias de cor e alegria, e quase sempre se ligam a banquetes e prazer, embora normalmente impliquem também períodos de jejum ritual. O aniversário dos deuses Rama, Krishna e Ganesha é muito popular em toda a Índia, mas festividades regionais importantes incluem Holi (jubilosa festa da primavera celebrada em partes do norte da Índia para comemorar as novas cores das flores primaveris), Onam (festa da colheita celebrada no estado sulino de Kerala entre agosto e setembro em honra da quinta encarnação do deus Vishnu — ver p. 137) e Pongal (festa da colheita de meados de janeiro em Tamil Nadu).

Outras festividades, como Navaratri (ver quadro, na página oposta) e Dipavali (que em algumas áreas tem o nome popular de Diwali) são pan-hindus e em geral marcam a vitória das forças da retidão contra o mal. Dipavali ("Colar de Luzes") é provavelmente a festa hindu mais difundida. Cai na lua nova entre meados de outubro e de novembro e é comemorada decorando-se o lar com luzes, soltando-se fogos de artifício e usando-se roupas novas. Trocam-se presentes e fazem-se refeições festivas. No sul da Índia diz-se que Dipavali marca o dia em que Krishna matou um demônio, Narakasura, garantindo assim o triunfo da luz sobre a escuridão. No norte ela celebra a volta a Ayodhya do deus Rama e sua coroação (ver p. 138). Em Gujarat anuncia o início do ano novo. Em muitas partes da Índia as pessoas levantam-se antes da aurora no Dipavali para um banho ritual, porque se acredita que nesse dia as águas sagradas do Ganges estão presentes em todas as outras águas.

Esta pintura do estado indiano de Himachal Pradesh, feita em c. 1780, apresenta Krishna (no centro) celebrando a exultante festa da primavera de Holi. Como mostra a tela, as pessoas atiram pó colorido umas nas outras como parte das festividades.

Na maioria dos templos o culto é tradicionalmente não-congregacional, no sentido de que as pessoas não se reúnem em horas fixas para o culto em conjunto. Não se fica sentado no templo: os devotos normalmente permanecem de pé durante alguns minutos enquanto olham para a divindade em seu santuário. A coisa mais próxima de uma congregação religiosa no hinduísmo é a reunião das pessoas para ouvir um mestre religioso — embora na maioria dos casos isso ocorra num salão público, e não num templo — ou para cantar juntas canções religiosas tradicionais em casa e em espaços públicos. Esse tipo de culto em grupo é comum na diáspora, sobretudo nos fins de semana.

Os calçados sempre são deixados fora do recinto do templo, costume que simboliza o abandono temporário, pelo devoto, da poeira e da fuligem dos pensamentos e paixões mundanas. O ato mais simples do culto no templo é oferecer à divindade cânfora, frutas, flores ou coco, que podem ser comprados em barracas do lado de fora. Num templo pequeno o devoto pode fazer a oferta diretamente para a imagem da divindade, mas na maioria dos lugares ele primeiro entrega o presente a um sacerdote, que então o apresenta ao deus ou deusa. Em muitos templos do norte da Índia

CALENDÁRIOS HINDUS

Todos os diversos calendários e sistemas de contagem do tempo hindus ligam-se às fases da lua. Esses calendários são regularmente ajustados ao ciclo solar para que todo ano as festas caiam na mesma estação. As várias regiões da Índia celebram o Ano Novo em épocas diversas do ano. No estado de Gujarat, por exemplo, ele cai no dia seguinte à Dipavali (ver texto principal). Em outros lugares pode acontecer na lua nova mais próxima do equinócio da primavera, ou em meados de abril.

NAVARATRI

A festa de Navaratri ("Nove Noites") é comemorada em toda a Índia e começa na lua nova do mês lunar de meados de setembro a meados de outubro. Em muitas partes do país ela é dedicada ao culto das deusas Sarasvati, Lakshmi e Durga. Em geral, contudo, é uma época em que as pessoas mostram um reconhecimento respeitoso pelas ferramentas de seu ofício, qualquer que seja ele. Em algumas regiões os carros e ônibus são decorados com guirlandas e recentemente máquinas de escrever e computadores passaram a ser abençoados com pós sagrados e deixados "em repouso" por um dia.

O nono dia de Navaratri é dedicado especificamente a Sarasvati, padroeira dos estudos e da música. No sul da Índia todos os instrumentos musicais da casa, qualquer objeto usado para escrever e livros didáticos escolhidos são colocados diante da imagem da deusa para receber bênçãos.

O último dia de Navaratri é dedicado a Lakshmi, a deusa da boa fortuna (ver p. 136). Nesse dia, depois de escrever ritualmente a auspiciosa palavra "Shri" (um nome de Lakshmi), as pessoas tradicionalmente começam empreendimentos, abrem novos livros de contabilidade e iniciam cursos para se aprimorar culturalmente. Para marcar o dia, aprendem-se preces, músicas e novos conhecimentos, e reverenciam-se grandes mestres hindus.

Devotos desfilam pelas ruas de Calcutá com um alto-relevo de gesso da deusa Sarasvati, celebrando a festa de Navaratri.

REPRESENTAÇÃO SAGRADA

Para os hindus, dois dos modos mais importantes de atingir uma experiência religiosa são a dança e a música. Elas são mais do que apenas diversão: considera-se que tanto o cantor quanto o bailarino tentam igualar-se aos grandes devotos do passado e ao fazê-lo podem alcançar a libertação do ciclo de vida e morte (ver p. 156-7) — mesmo se não seguirem nenhum caminho de salvação.

A dança popular era executada em toda parte, mas a dança indiana tradicional ficou confinada aos dançarinos da corte e dos templos. Foi somente no século XX que homens e mulheres de todas as posições sociais tiveram acesso a esse caminho ritual para a libertação.

Os elementos da dança estão contidos num livro chamado *Natya Shastra* ("Tratado sobre a dança"), de c. 200. Esse livro é altamente respeitado, a ponto de muitos hindus considerarem-no um quinto *Veda* (ver p. 138), criado para tornar acessíveis a todos os seres humanos os caminhos do divino. As danças sagradas são freqüentemente executadas em templos hindus para deleite da divindade.

O culto, na tradição hindu, inclui a execução de música desde o tempo dos *Vedas*. Acredita-se que a música é a divindade manifestada na terra como som, e alguns textos hindus dizem que Vishnu e Shri podem estar presentes como Nada Brahman — o ser supremo (ver pp. 134-5) na forma de som.

As grandes narrativas religiosas hindus (ver pp. 138-41) são transmitidas não tanto por meio de livros quanto por música e dança, e histórias de livros sagrados — sobretudo as que falam dos deuses Krishna e Rama — são dramatizadas em toda a Índia. O mais celebrado desses dramas sagrados, o *Ramayana* (ver p. 138), é encenado anualmente num enorme parque perto da cidade de Benares, como parte das celebrações conhecidas como Ramalila. Os atores que participam dessa representação são considerados divinos durante a duração da peça.

Dançarinas com roupas coloridas celebram a festa da primavera de Holi (ver p. 152) num templo perto de Sadri, no estado do Rajastão.

os devotos comuns podem entrar nos santuários mais retirados, mas no sul o acesso a essas áreas é restrito aos sacerdotes e outros iniciados.

Para o devoto, a parte mais significativa do culto no templo é a experiência de contemplar a divindade (na forma de uma imagem; ver p. 134) e estar na presença dela. Depois de ter sido apresentada à imagem divina considera-se que a oferenda foi "abençoada" pela divindade e contém sua "benevolência" (*prasada*). Então ela retorna para o devoto. Esse ato simples de contemplar a divindade, entregar uma oferenda e recebê-la de volta santificada é o ritual votivo hindu mais popular.

Como no templo, considera-se que uma divindade venerada em casa é um governante real e deve-se tratá-la como tal. Os membros da família acendem uma lamparina de óleo ou bastões de incenso diante da imagem e fazem oferendas de alimentos (ver foto à p. 149).

Quando um grupo de devotos reza em casa ou no templo, o ritual pode terminar com um *arati*, ou "agitação de lamparinas". O sacerdote presente ou um dos devotos acende um pedaço de cânfora num prato e o santifica agitando-o no sentido horário diante da divindade. A cânfora incandescente é então mostrada aos devotos, que põem breve mas respeitosamente as mãos sobre a chama e depois tocam as pálpebras, como que para absorver a luz do conhecimento espiritual que emana da divindade suprema.

As mulheres solteiras e casadas — mas não as viúvas — freqüentemente cumprem obrigações votivas especiais chamadas *vrata*. A natureza de muitos desses rituais é doméstica, sendo eles observados para o bem-estar do marido, da família extensa ou da comunidade. Os manuais sânscritos afirmam que esses ritos permitem atingir a libertação do ciclo de nascimento e morte, mas a maioria das mulheres os executa apenas para a felicidade de seu lar. Depois de rezar a uma divindade doméstica, as mulheres podem comer juntas e distribuir substâncias auspiciosas, como bananas, cocos, cúrcuma e *kum kum* (pó vermelho com que se besunta a testa). Uma *vrata* pode durar de alguns minutos até cinco dias, com períodos de jejum alternando-se com refeições em conjunto.

No norte da Índia muitos ritos femininos centram-se no bem-estar dos parentes masculinos; no mês lunar de meados de outubro a meados de novembro as mulheres jejuam no quarto e no oitavo dias da lua minguante, em prol do marido e dos filhos. No sul da Índia, rituais femininos que conferem poderes espirituais ocorrem no mês lunar de julho a agosto. As mulheres brâmanes rezam para a deusa Lakshmi (ver p. 136) pedindo o bem-estar doméstico. As não-brâmanes podem levar potes de água e leite para os templos de uma deusa local como oferenda ou cozinhar pratos de arroz e leite e distribuí-los. Nos templos da poderosa deusa regional Draupadi Amman (personagem do *Mahabharata*) mulheres e homens podem entrar em transe e caminhar sobre brasas, na cerimônia eufemisticamente chamada "caminhada sobre flores".

RITOS DE PASSAGEM

A tradição hindu, como outras religiões, tem vários rituais que marcam a transição de um indivíduo de uma etapa da vida para outra. De acordo com alguns textos sagrados, os sacramentos do ciclo de vida começam com o nascimento da criança, ao passo que, segundo outros, eles se iniciam com o casamento, uma vez que se acredita ser então que a vida de uma pessoa começa verdadeiramente. Embora alguns ritos de ciclo de vida sejam pan-hindus, muitos são celebrações puramente locais, sobretudo os rituais femininos (ver texto principal).

Como todos os sacramentos hindus significativos, os ritos de passagem precisam acontecer na presença do fogo sagrado. A importância do fogo (em sânscrito *agni*) pode ser constatada até no período védico. Os rituais védicos antigos (ver p. 131) eram realizados em torno de um altar de fogo, que era considerado o senhor da casa.

Oferendas ao fogo sagrado são feitas durante os ritos pré-natais, quando a criança está com um ano de idade, durante os casamentos — na verdade a cerimônia só é válida se o par se casar diante do fogo, considerado a testemunha cósmica do sacramento — e quando o homem atinge as idades de 60 e 80 anos. Finalmente, quando uma pessoa morre, seu corpo é oferecido às chamas. Os ritos anuais para comemorar os ancestrais da alguém também são realizados diante do fogo.

Ocasiões auspiciosas são escolhidas para a realização de todos os sacramentos do ciclo de vida. Elas dependem do horóscopo da pessoa, determinado pelo seu nascimento.

CARMA, MORTE E RENASCIMENTO

O filho do autor, Venki Narayanan, participa da cerimônia do "fio sagrado" em Madras (Chennai), ritual que lhe permitirá estudar e ensinar os textos védicos antigos (ver p. 159). O estudo dos textos sagrados é um modo de buscar o moksha *(libertação da alma), pois capacita o devoto a adquirir o conhecimento supremo. Os filósofos hindus dizem que, assim como o fogo reduz a madeira a cinzas, o fogo do conhecimento erradica todo carma.*

Um traço distintivo das religiões que começaram no subcontinente indiano é a crença no carma, uma idéia que ocorreu pela primeira vez por volta do século VII a.C. "Carma" significa literalmente "ação", sobretudo ação ritual, mas depois dos *Upanishads* (c. 600 a.C.) a palavra passou a significar as recompensas e punições ligadas a vários atos.

Subjacente à teoria do carma está a idéia da imortalidade da alma. Embora os antigos *Vedas* contenham uma noção nebulosa de vida após a morte, à época dos *Upanishads* sustentava-se que a alma humana existia eternamente e que depois da morte ela passava por um renascimento (*samsara*). A "lei do carma" refere-se, assim, a um sistema de causa e efeito que pode abarcar várias vidas: os seres humanos ganham mérito (*punya*) ou demérito (*papa*) com base em cada ação realizada. As boas e más ações não se cancelam simplesmente umas às outras; é preciso experienciar os frutos de todas as ações no curso de muitas vidas. A proporção entre *punya* e *papa* adquiridos durante a vida de uma pessoa determina a natureza e a qualidade de sua próxima experiência.

A libertação (*moksha*) desse padrão, de acordo com os *Upanishads*, resulta de uma sabedoria experiencial suprema. Ao adquirir esse conhecimento transformador a pessoa tem uma profunda percepção da própria imortalidade (*amrta*), e a partir de então a alma deixa de ter a capacidade de renascer. O renascimento e sua ligação com o carma são assim claramente enunciados nos *Upanishads*, como o é também o objetivo supremo de todo ser humano: libertação do infindável ciclo de nascimento e morte e do conseqüente sofrimento humano implicado na experiência de múltiplas vidas (ver pp. 144-5).

Desde a época dos *Upanishads* os hindus consideram ponto pacífico as noções de carma e *amrta*. Contudo, as várias tradições hindus diferem quanto ao que acontece à alma quando ela se liberta do ciclo de vida e morte. Para algumas, a alma experimenta uma relação devocional feliz com o ser supremo. Outras escolas, como a do vaishnavismo de Bengala, vêem a libertação final como um estado de separação apaixonada da alma humana em relação a Deus, que é visto como Krishna, e a alma é lançada no papel da jovem vaqueira com quem a divindade se casa.

Alguns textos descrevem a viagem da alma depois da morte. A alma que atingiu a libertação e não vai renascer pode entrar na morada de Shiva ou de Vishnu (ver quadro, na página oposta). Quanto às que não se emanciparam, nenhum dos textos sagrados hindus discute os detalhes do que acontece imediatamente após a morte ou mesmo entre as vidas.

Embora seja claro que o carma acumulado nas vidas anteriores de uma pessoa influencia o tipo de vida que se seguirá, os livros sagrados não oferecem teorias sobre quanto tempo é preciso para uma alma reencarnar. Nem tampouco há discussões ou explicações de por que as pessoas não se lembram de sua vida passada, embora popularmente se acredite que muitos se lembram de fragmentos de existências anteriores. Só as almas verdadeiramente evoluídas, os grandes líderes espirituais e mestres, lembram-se de todas as suas vidas passadas.

Muitos textos falam da natureza repulsiva desta vida e exortam os seres humanos a buscar a vida "real" eterna pela libertação da alma. Outros afirmam que glorificando Deus pode-se atingir a experiência do céu na vida presente; centros de peregrinação sagrada oferecem uma pausa nos ritmos terrenos diários e a oportunidade da revelação divina. Alguns hindus consideram que levar uma vida louvando o divino é uma experiência verdadeiramente feliz, que não constitui apenas uma imitação de um estado de libertação, mas esse próprio estado.

CÉUS E INFERNOS HINDUS

Embora a reencarnação e a libertação (ver texto principal) sejam os aspectos da vida após a morte mais discutidos no hinduísmo, os *Puranas* falam de muitos tipos de céus e infernos. Em alguns textos descrevem-se detalhadamente sete mundos inferiores e sete céus, conquanto os relatos das diversas regiões paradisíacas refiram-se normalmente a dançarinas e árvores que realizam desejos — um imaginário de um lugar de deleite orientado pela perspectiva masculina.

Na tradição hindu a permanência de uma alma num inferno ou paraíso geralmente é vista como temporária. A alma renasce numa dessas regiões se acumulou alguns tipos de carmas bons ou maus; mas, quando esse carma se esgota, ela passa para uma forma de existência diferente.

De acordo com alguns textos, a alma que atingiu a emancipação do ciclo de vida, morte e renascimento atravessa um rio chamado Viraja ("Sem Paixão") e entra num paraíso celeste, o Vaikuntha (morada de Vishnu) ou o Kailasa (nome do monte em que mora Shiva, na fronteira da Índia com o Tibete). Os devotos desses deuses imaginam sua morada celeste como um lugar cheio de outros devotos que cantam seus louvores.

O deus Shiva com a esposa Parvati e os filhos Ganesha e Skanda, em sua morada no monte Kailasa (pico do Himalaia no sudoeste do Tibete). Outras divindades e devotos os observam em adoração.

DIVISÃO E IDENTIDADE

Até recentemente a palavra "hindu" quase não era usada na Índia como uma forma de identificação. A posição de uma pessoa na sociedade dependia muito mais da sua "classe" (*varna*, literalmente "cor") social, "subclasse" (*jati*, literalmente "grupo de nascimento"), comunidade de seita religiosa e fidelidade filosófica.

Existem quatro *varnas* principais e mais de mil *jatis*. A referência mais antiga a classes sociais na sociedade indiana está nos *Vedas*. Ao discutir um sacrifício cósmico, no qual os elementos do universo surgem do corpo de um homem primordial, o *Rigveda* declara: "De sua boca veio a classe dos sacerdotes; de seus braços, os governantes. Os produtores vieram de suas pernas; de seus pés, a classe dos empregados" (*Rigveda* 10, 90). Embora alguns vejam aí a origem do que acabou se chamando "sistema de castas", provavelmente a estratificação da sociedade indiana começou bem antes desses versos.

Esses quatro amplos *varnas* iniciais eram os sacerdotes (brâmanes), os governantes e os guerreiros (xátrias), os comerciantes, os criadores de gado e os agricultores (vaixiás) e os criados (sudras). Os dois últimos, pelo menos, foram sempre vastos agrupamentos, e embora com o tempo se tenha acabado por esperar que teoricamente membros de todas as classes seguissem a ocupação ligada a seu grupo específico, provavelmente essa prescrição não teve amplas conseqüências. Hoje, embora alguns *jatis* se ajustem frouxamente à antiga divisão quádrupla, centenas de outros não podem ser definidos facilmente como "comerciantes" ou "criados".

Cesteiros de Jodhpur, no Rajastão. A cestaria é a especialidade de trabalho de muitos jatis. *Em várias partes da Índia seu* status *social é considerado "baixo".*

Os grupos de sacerdotes, guerreiros e comerciantes às vezes eram tidos como as castas "superiores", e os homens que pertenciam a elas eram conhecidos como os "nascidos duas vezes", devido ao ritual de iniciação tradicional de renascimento espiritual chamado *upanayana*. Com esse rito eles recebem um "cordão sagrado" que lhes concede o poder de estudar os *Vedas* (ver foto à p. 156 e texto abaixo). As mulheres e os membros da classe sudra são tradicionalmente proibidos de ler os *Vedas*, ainda que alguns dos hinos védicos tenham sido compostos por mulheres.

Subjacente ao sistema social hierárquico está a idéia hindu fundamental de que as pessoas são trazidas para uma existência que é fruto de seu carma passado (ver pp. 156-7). Assim, considera-se tradicionalmente que o *status* social de uma pessoa nesta vida é predeterminado e imutável, e cada indi-

OS DEVERES DAS QUATRO CASTAS

Há 2 mil anos, muitos tratados sobre retidão, dever moral e lei tinham sido escritos. Conhecidos coletivamente como *dharmashastras* ("textos sobre o comportamento correto"), dos quais o mais famoso é o *Manava dharmashastra* ("As leis de Manu"), eles constituíram a base das leis hindus posteriores.

Os *dharmashastras* delineiam os deveres e privilégios das quatro principais *varnas* (classes) da sociedade. A classe dos brâmanes (sacerdotes) era a única que podia ensinar e aprender os *Vedas*. Durante séculos, como professores, conselheiros e sacerdotes, defenderam zelosamente esse monopólio e proibiram que se copiassem os *Vedas*.

Os reis e príncipes antigos da Índia pertenciam à classe dos xátrias ("reis" ou "guerreiros"), que tradicionalmente detinha o poder secular. Os homens xátrias podiam aprender, mas não ensinar, os *Vedas*; seu dever era proteger as pessoas e o país. A maioria dos xátrias identificava seus primeiros ascendentes com os pais divinos primevos da humanidade — no hinduísmo, até hoje, as linhagens de ascendência são muito importantes.

Os comerciantes (vaixiás) encarregavam-se dos negócios, do comércio e da agropecuária, possuindo grande riqueza e poder econômico. De acordo com os códigos legais, os vaixiás também tinham autoridade para estudar os *Vedas* mas não para ensiná-los.

Os textos da lei afirmam que o dever de um sudra é servir às outras classes, especialmente os brâmanes. Os sudras não podem acumular riqueza, mesmo quando capazes de fazê-lo, e um sudra pode ser respeitado por causa de sua idade, mas exclusivamente por isso.

O sistema de castas foi — e é — bem mais complexo e flexível do que o comportamento defendido pelos *dharmashastras*, e evidências históricas indicam que suas prescrições sobre classe, assim como os pronunciamentos de Manu sobre as mulheres (ver p. 160), provavelmente não eram levados muito a sério por várias classes da sociedade e ao que tudo indica não eram absolutamente seguidos em muitas áreas. Por exemplo, o *jati* chamado *vellalas* era tecnicamente uma casta sudra mas na prática tratava-se de ricos proprietários de terras que tinham muito poder econômico e político no sul.

Posteriormente apareceram diversos grupos de "sem casta" que não eram tratados pelos códigos legais. Eles surgiram de casamentos mistos ou das profissões julgadas inferiores (ver p. 160).

Brâmanes recitam os Vedas *em Kanchipuram, usando o "cordão sagrado" que denota uma pessoa qualificada a aprender e ensinar as escrituras sânscritas.*

Um vaishnava *(devoto de Vishnu) no templo de Sri Rangam, em Tamil Nadu. Os* vaishnavas *são identificáveis pelas marcas distintivas pintadas na testa.*

víduo precisa seguir práticas rituais específicas e normas de dieta de seu *jati*. Por muitos séculos a pessoa que se desviasse das práticas de casta podia ser excluída de seu *jati* e ser forçada a viver como alguém sem casta.

Uma questão que tem sido muito debatida é se originalmente a casta dependia do nascimento ou apenas das qualificações de uma pessoa. Na palavra sânscrita "*jati*" está implícita a primeira hipótese, mas depreende-se de alguns trechos do *Mahabharata* (ver p. 139) que a situação já pode ter sido menos clara. Hoje o *status* social de uma pessoa depende totalmente do grupo em que ela nasceu. Contudo, sempre houve historicamente um grau de mobilidade de casta. Por exemplo, membros de *jatis* baixos usurparam tronos e declararam ser descendentes de deuses, o que elevou sua casta ao *status* de xátria.

O sistema de castas indiano é uma força social tão vigorosa que comunidades não-hindus, como os cristãos, jainistas e *sikhs*, absorveram partes dele. Por exemplo, os cristãos *nadar*, do sul da Índia, só se casam com pessoas da mesma tradição.

Embora em diversos textos e práticas esteja claramente implícita a hierarquia das castas (ver quadro, p. 159), alguns hindus interpretaram o sistema tradicional como uma divisão do trabalho equânime, em que cada grupo principal é responsável por uma área de atividade específica essencial à sociedade. Mas mesmo na era moderna a força do sistema de castas demonstrou-se um obstáculo para a reforma social. Mahatma Gandhi, por exemplo, procurou superar o preconceito contra algumas das pessoas em desvantagem na sociedade indiana, os chamados "intocáveis" — aqueles cujas ocupações as castas "superiores" consideravam "sujas" e "degradantes". Essas ocupações incluíam lidar com couro e

AS MULHERES NOS TEXTOS HINDUS

De modo geral a literatura hindu expressou visões paradoxais sobre o papel e a situação das mulheres. Em *As leis de Manu*, escritas há 2 mil anos, fica implícito que as mulheres contemporâneas tinham uma condição inferior, como neste exemplo: "Ainda que destituído de virtude [...] o marido deve ser constantemente adorado como um deus pela esposa fiel" (*Manu* 5, 154). Embora na seqüência *Manu* diga que as mulheres precisam ser respeitadas para agradar aos deuses, suas declarações negativas excedem as positivas.

O conceito de "auspiciosidade" está subjacente a muitas das atitudes expressas pelos homens religiosos. Essencialmente, uma pessoa ou coisa é auspiciosa se promove os três objetivos do *dharma* (dever), do *artha* (prosperidade) e do *kama* (prazer sensual). Assim, nos *dharmashastras* (ver quadro, p. 159) e na prática hindu até hoje, é auspicioso para uma mulher ser casada e assim uma parceira plena no *dharma*, no *artha* e no *kama*. Apenas as mulheres casadas podem ter o título de *srimati* ("possuidora de auspiciosidade"). Ela é *grhalakshmi*, "a deusa Lakshmi do lar" e a mulher mais respeitada da sociedade hindu, sobretudo se tem filhos.

Os ditames de *Manu* e outros não foram necessariamente seguidos. Já em sua época as mulheres compunham hinos e participavam de debates filosóficos. Depois do século VIII houve mulheres poetas, patronas de templos, filósofas, comentaristas religiosas e escritoras eruditas. Elas eram respeitadas, honradas e até veneradas.

Pintura moderna que mostra Chaitanya (1486-1583), grande santo bengali, entre seus adeptos. Os seguidores de Chaitanya, devoto de Krishna, formam uma das mais destacadas "comunidades filosóficas" hindus, cujas idéias também são fundamentais para a Sociedade Internacional para a Consciência de Krishna (ver p. 137).

cadáveres de animais, porque se considera que a pele e a carne mortas conspurcam (a palavra "pária", que designa os que não têm casta, vêm do tâmil *pariah* — "tambor" —, o que é explicado pelo fato de a membrana do tambor ser feita de couro "sujo" de animal). Gandhi chamava de *harijans* ("Filhos de Deus") os sem-casta, e a constituição indiana pós-independência tornou ilegal a discriminação contra eles. Até agora, no entanto, as declarações oficiais tiveram pouco resultado na prática.

Fidelidades de seita, filosóficas e regionais atravessam as linhas de casta e oferecem uma base diferente para a identificação social. As seitas hindus são determinadas pelo deus que cultuam — os *vaishnavas* são devotos de Vishnu, os *shaivas* de Shiva etc. As comunidades filosóficas — seguidoras de grandes pensadores como Shankara (século VIII), Ramanuja (século XI) e Chaitanya (século XVI) — também constituem grupos distintos em muitas partes da Índia. A identidade regional é igualmente importante: os hindus tendem a se casar no mesmo *jati*, comunidade de seita e grupo filosófico, e também na mesma região geográfica.

Em geral se esperava que a esposa hindu fosse fiel ao marido e, depois, à memória dele. Essas idéias ainda são defendidas na sociedade hindu e, embora o homem possa abandonar a mulher, pressões sociais dificultam, em algumas comunidades, o abandono do marido pela mulher. Contudo, ainda que *Manu* (ver quadro, na página oposta) possa ter sido citado com entusiasmo por homens especialistas em lei hindu — cujas obras inspiraram várias das idéias ocidentais sobre as mulheres indianas —, muitas mulheres hindus sempre desfrutaram de independência religiosa e financeira e deram uma importante contribuição para a cultura de sua pátria.

Capítulo Cinco

BUDISMO

Malcolm David Eckel

Figura nepalesa de bronze com banho de ouro do século XIV. Representa Maitreya, um dos vários seres celestiais que aparecem com destaque nas tradições budistas maaianas da Ásia (ver pp. 176-7).

PÁGINA OPOSTA *Bandeiras com preces budistas — tiras de materiais com textos sagrados — no passo de Kambala, no centro do Tibete. Acredita-se que o movimento do vento ativa as preces.*

INTRODUÇÃO

O budismo é assim chamado devido a Sidarta Gautama (c. 566-486 a.C.), reverenciado por seus discípulos como o Buda ou "o Desperto". Ao longo de alguns séculos, seus ensinamentos se difundiram pelo subcontinente indiano e por muitas outras partes da Ásia. Apesar de quase ter se extinguido como religião viva na sua terra de origem, o budismo teve profundo impacto na vida religiosa e no desenvolvimento cultural fora da Índia; do Afeganistão, no oeste, até a China, a Coréia e o Japão, no leste, e pelo sudeste da Ásia, de Mianmar (antiga Birmânia) até as ilhas de Java e Bali, na Indonésia. Hoje o budismo é também parte viva do panorama religioso da Europa e da América do Norte.

Ao longo de suas migrações, as práticas e os ensinamentos budistas demonstraram uma notável flexibilidade e capacidade de adaptação, de modo a atender às necessidades de novas culturas e tradições. Na verdade, o budismo gerou tantas variações que às vezes é difícil reconhecer determinadas práticas ou crenças como propriamente budistas.

No centro da crença está a figura de Buda. Nascido príncipe na Índia, renunciou à vida entre a realeza para buscar a libertação do *samsara*, o eterno ciclo de nascimento, morte e renascimento (ver p. 192). Após um longo período de estudo, meditação e automortificação, ele alcançou a iluminação ou o "despertar" (*bodhi*) que o tornou um buda (deve-se ressaltar que, ainda que Sidarta seja chamado "*o* Buda", não foi o primeiro nem o último a alcançar a iluminação). Logo começou a pregar e a conquistar os primeiros discípulos. Ele resumiu suas concepções nas doutrinas das Quatro Nobres Verdades (ver p. 174) e do Caminho Óctuplo (ver pp. 184-5).

Este manuscrito birmanês do início do século XIX representa Sidarta Gautama sentado em meditação em Bodh Gaya, antes de sua iluminação (à esq.). Ele é atacado pelas hostes do rei dos demônios, Mara (ver p. 170), mas resiste e elas fogem alarmadas. À direita, seres celestiais prestam homenagem ao novo buda iluminado.

O BUDISMO NA ÁSIA

Legenda

- Berço do budismo
- Área inicial do budismo
- Budismo maaiana
- Budismo teravada
- Budismo tântrico
- Antiga fronteira sino-tibetana
- Rotas principais de propagação do budismo
- Local de importância especial para o budismo
- Local significativo na vida de Buda
- Outra cidade
- Montanha sagrada
- *(PAEKCHE)* Região histórica

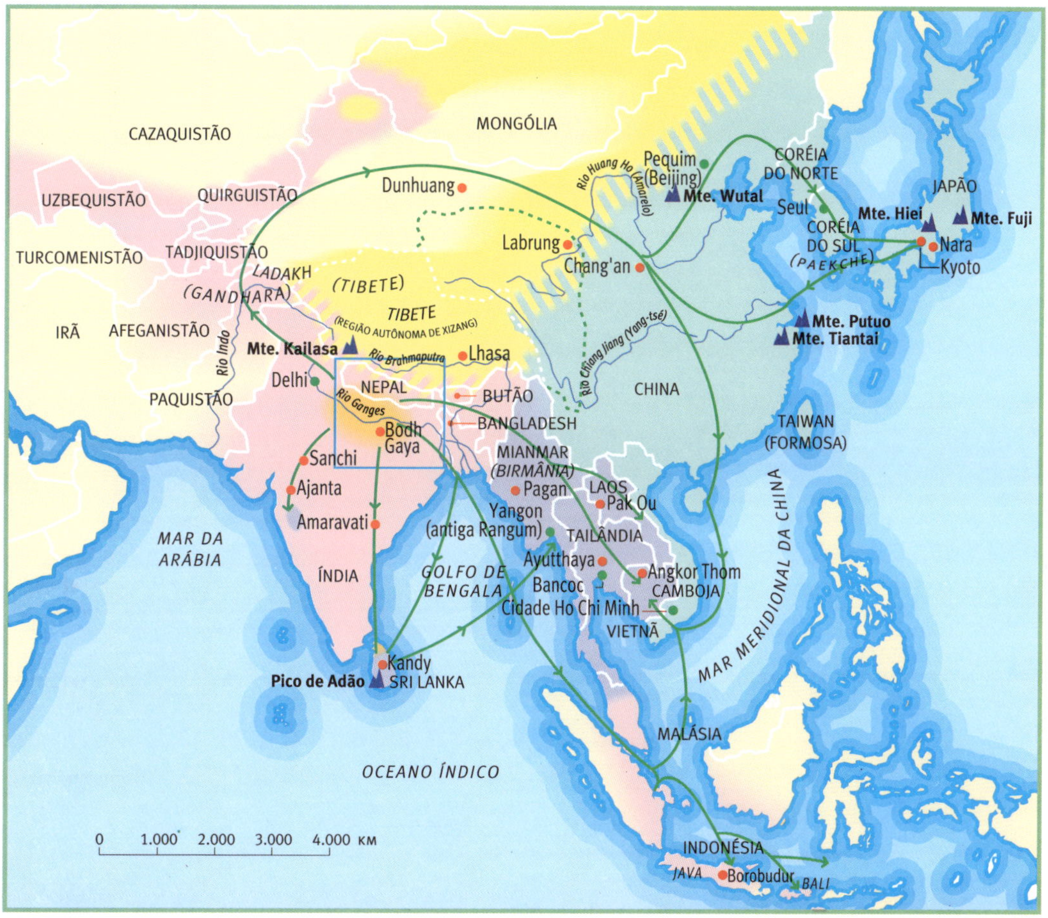

A crença budista evoluiu de muitas maneiras complexas, mas restringiu-se a seu foco prático. O Buda não era considerado Deus ou um ser sobrenatural, mas um homem que havia encontrado e disponibilizado para todos a resposta para os dilemas mais profundos da vida humana. Para milhões de asiáticos e muitos europeus e americanos, o budismo transmite um sentido de sacralidade e de coesão sociocultural desvinculado do conceito de um deus criador.

Cerca de um século após a morte de Buda, discussões sobre disciplina levaram às primeiras divisões da comunidade budista. Formaram-se 18 escolas (*nikayas*) rivais, das quais sobrevive apenas a teravada (tradição dominante no atual sudeste da Ásia). No século III a.C., o império do indiano Asoka levou o budismo ao Sri Lanka, de onde ele se propagou para o sudeste da Ásia, inclusive para a Indonésia. No século II, monges levaram o budismo pela Rota da Seda até a China, de onde ele passou para a Coréia e o Japão. O budismo tibetano estabeleceu-se no século VII e hoje é uma das mais reconhecidas culturas budistas, em grande parte devido à figura do décimo quarto dalai-lama (ver p. 194).

O sucesso do budismo no norte e leste da Ásia aumentou com o surgimento do movimento indiano maaiana, ou "veículo maior", por volta do início da era cristã. O maaiana trouxe novas escrituras (os sutras maaianas), uma nova ênfase sobre a importância dos leigos, ao lado dos monges e monjas, por meio de uma reinterpretação do ideal do bodisatva, ou "futuro buda" (ver pp. 176-7), e um novo modo de pensar sobre o próprio Buda.

CRONOLOGIA *Todas as datas são d.C., exceto se indicado o contrário. Ver também cronologias às pp. 202 (China) e 240 (Japão).*

c. 566-486 a.C.	Vida de Sidarta Gautama, o Buda
c. 486 a.C.	Primeiro Concílio Budista; formação do núcleo do cânone budista
c. 383 a.C.	Segundo Concílio Budista; primeiras divisões da comunidade budista
327-325 a.C.	Gregos na Índia, comandados por Alexandre
268-239 a.C.	Reinado de Asoka, que manda missionários budistas ao Sri Lanka
c. 100 a.C.	Primeiros sutras maaianas
século I	O budismo chega à China
220-236	O budismo cresce sob a dinastia Satavahana no sul da Índia
320-540	Dinastia Gupta, a "Era Clássica" do budismo indiano
século IV	O budismo chega à Coréia: Buddhaghosa codifica os fundamentos do budismo teravada
século VI	O budismo chega ao Japão
século VII	Surgimento do budismo tântrico
606-646	Reinado de Harsha no norte da Índia
séculos VII e VIII	"Primeira Difusão do Darma" no Tibete; primeiro mosteiro tibetano fundado em bSam-yas
800-1200	Dinastia Pala; grandes universidades monásticas no leste da Índia
838-842	Reinado de Glang-dar-ma do Tibete
século X	"Segunda Difusão do Darma" no Tibete
século XI	Surgimento das quatro escolas principais do budismo tibetano
1040-1123	Vida do santo tibetano Mi-la-ras-pa
1100-1200	Destruição de mosteiros no leste da Índia; declínio budista na Índia
1173-1210	Reinado de Narapatisithu no Sri Lanka
séculos XII e XIV	Adoção do teravada do Sri Lanka por povos indochineses
1357-1419	Vida de Tsong-kha-pa, fundador da escola tibetana dGe-lugs-pa
1391-1475	Vida do monge tibetano dGe-'dun-grub
1543-88	Reinado de bSod-nams rGya-mtsho do Tibete, que recebe o título de dalai-lama
1617-82	Reinado de Ngag-dbang-blo-bzang rGya-mtsho, o "Grande Quinto Dalai-Lama"; construção de Potala
1801-52	Vida de Eugène Burnouf, primeiro tradutor francês de textos budistas
1844	Primeiro texto budista publicado nos EUA (traduzido do francês por H. D. Thoreau)
1864-1933	Vida de A. Dharmapala, reformador do Sri Lanka
1891-1956	Vida de B. R. Ambedkar, que faz renascer o budismo na Índia
1893	Líderes budistas asiáticos no Parlamento Mundial das Religiões, em Chicago
1935	Nascimento de bsTan-'dzin rGya-mtsho (Tenzin Gyatso), décimo quarto dalai-lama
1950	Invasão chinesa do Tibete
1966-1976	Revolução Cultural na China; perseguição ao budismo no Tibete

O budismo tântrico, originado no maaiana, surgiu no século VII. Enfatizando o simbolismo e o ritual e tomando os budas como entidades coléricas, o tantrismo é uma das variações do budismo mais admiráveis e intelectualmente desafiadoras. Suas escolas são encontradas na China, na Coréia e no Japão, e essa também é a tradição predominante no Tibete e no Nepal.

A expansão institucional e intelectual do budismo foi incentivada por muitas personalidades respeitadas, começando por seus primeiros seguidores, chamados *arhants* (os dignos). O maaiana e o teravada produziram uma série de monges eruditos, como Buddhaghosa, o erudito do teravada que deu forma intelectual à tradição monástica do sudeste da Ásia. Do budismo saíram reformadores sociais e religiosos como Shinran e Nichiren, no Japão (ver pp. 254-5), e ele tem como tradição o engajamento político, desde o antigo imperador Asoka até os dois recentes budistas ganhadores do Prêmio Nobel da Paz: o décimo quarto dalai-lama (ver pp. 183 e 194) e Aung San Suu Kyi, de Mianmar (ver p. 197).

Evidentemente, houve gerações de budistas comuns cujas histórias não foram preservadas mas que trouxeram significado a sua vida por meio da prática do budismo, observando os Cinco Preceitos (ver p. 185), oferecendo alimento aos monges, celebrando os ritos de passagem, participando de comemorações do aniversário de Buda ou dos "santos" budistas ou saindo em peregrinação. Todos esses aspectos da prática budista expressam, de uma ou outra forma, o mesmo impulso fundamental: encontrar a serenidade num mundo de sofrimento e mudança.

Escrituras sagradas do budismo envoltas em seda. Pertencem à biblioteca do mosteiro de Gompa, em Ladakh, no oeste do Himalaia.

Monges sul-coreanos recitam preces no Dia do Buda, que cai em abril ou maio e é amplamente celebrado no mundo budista (ver p. 191).

A VIDA DE BUDA

A crença budista tem origem na vida de Buda, Sidarta Gautama, também conhecido como Shakyamuni ou "o Sábio do Clã Shakya", nascido num contraforte do Himalaia no fim do século VI a.C. Do ponto de vista budista, a história de Buda começa com suas vidas anteriores como bodisatva ou "futuro buda". Segundo a antiga doutrina do renascimento (*samsara*), a vida de uma pessoa é o resultado de uma série de ações (carma) acumuladas durante muitas existências, e Sidarta Gautama não foi exceção. Uma compilação de textos tradicionais conhecida como contos *Jataka* (ver quadro, na página oposta) relata que ele se preparou para sua vida final como um buda passando por várias existências, nas quais recebeu ensinamentos de budas que o antecederam, e em que demonstrou muitas das virtudes morais da crença budista.

De acordo com a cronologia aceita pelos especialistas, Sidarta Gautama nasceu em 566 a.C. e morreu, aos 80 anos, em 486 a.C., apesar de alguns budistas do sudoeste asiático adotarem 623 a.C. para seu nascimento e 543 a.C. para sua morte ou *parinirvana* (o nirvana final). Há pouca controvérsia sobre os fatos básicos de seu nascimento ou sobre a lenda criada com base em sua vida. Ele nasceu em Lumbini, no sul do Nepal, filho de um rajá que integrava o império Shakya. Passou a maior parte da vida na bacia central do Ganges, próximo a Varanasi, Patna e Vaishali (ver mapa à p. 165).

O NASCIMENTO MIRACULOSO DE SIDARTA

O nascimento de Buda é associado a uma série de eventos sobrenaturais que pressagiaram o significado de sua vida. De acordo com o *Buddhacharita* ("Atos do Buda"), relato do poeta Ashvaghosha (século II) sobre a vida de Buda, quando Sidarta foi concebido, sua mãe, a rainha Maya, sonhou com um elefante branco entrando de forma indolor em seu flanco. Chegada a hora de dar à luz Sidarta, ele nasceu do mesmo flanco, deu sete passos e disse: "Eu nasci para alcançar o despertar (*bodhi*) pelo bem do mundo; este é meu último nascimento".

O pai de Sidarta, o rei Suddhodana, pediu aos sábios da corte que interpretassem tais acontecimentos. Os sábios viram círculos nas palmas das mãos e nas solas dos pés da criança. Então disseram que ele cresceria para se tornar um *chakravartin* (aquele que gira a roda): um revolucionário, fosse como um rei que faria muitas conquistas, fosse como um grande mestre religioso.

O nascimento fantástico e os sete passos de Buda (ver texto acima); pintura tibetana do século XVIII.

A tradição budista relata que Sidarta foi criado em Kapilavastu no palácio de seu pai, o rei Suddhodana, e casou-se com a princesa Yashodhara, que lhe deu um filho, Rahula. Por volta dos 30 anos, Sidarta imaginou como seria a vida fora do palácio — que nunca havia deixado — e quis atravessar seus muros. Em um parque viu três cenas que o fizeram conhecer a realidade humana: um homem velho, outro doente e um morto.

Em outro passeio, Sidarta viu uma quarta cena, de um asceta errante (*shramana*); então, decidiu seguir seu exemplo e buscar a libertação do mundo de sofrimento. No início, seu pai tentou impedi-lo, mas Sidarta deixou o palácio — segundo a lenda, com a ajuda de deuses que lançaram um feitiço do sono sobre a corte — e renunciou ao título de príncipe para assumir a vida de caminhante. Tal evento, conhecido como Pravrajya ("ir em frente"), é reencenado em comunidades budistas toda vez que alguém decide adotar a vida de monge ou monja.

Os primeiros estágios da renúncia de Sidarta Gautama à sociedade foram marcados por persistentes jejuns e abstinências que quase o levaram à morte. Convencido de que essa rota para a salvação era improdutiva, ele aceitou alimento de uma mulher e começou a seguir o que na crença budista é conhecido como "o caminho do meio", prática que evita atitudes extremadas como a autoflagelação. A peregrinação de Sidarta levou-o a

A HISTÓRIA DE VESSANTARA

Os contos *Jataka* ("nascimento") relatam as vidas do Buda antes de seu último renascimento como Sidarta Gautama. A história do príncipe Vessantara, um exemplo de generosidade, é uma das mais conhecidas. Diz-se que Vessantara governava um reino abençoado pela presença de um elefante branco com poderes mágicos que trazia chuva abundante para a terra. Um dia, o governante de outro reino enviou mensageiros pedindo o elefante como presente. Generoso ao extremo, Vessantara deu o elefante. Em protesto, seus súditos o levaram para a floresta junto com sua esposa e filhos. Lá chegando, um brâmane (membro da casta religiosa) chamado Jujaka pediu os filhos do príncipe como escravos. Ele consentiu com alegria.

Temendo que Vessantara desse até mesmo a esposa, o deus Sakka assumiu forma humana e pediu a mão dela. Vessantara a concedeu, mas Sakka devolveu-a ao príncipe dizendo que agora ela era presente de um Deus e ele devia mantê-la para todo o sempre. A sorte de Vessantara logo começou a mudar. Seus filhos foram resgatados do maldoso brâmane e logo o reino do príncipe voltou ao normal e ele pôde retornar em triunfo com família.

Assim como outros contos *Jataka* (a exemplo do relato da encarnação do Buda como um veado que se ofereceu em sacrifício para salvar uma fêmea), a história de Vessantara é venerada no sudeste da Ásia como exemplo de virtude e generosidade. Tal qualidade é particularmente importante para os leigos budistas em seu papel de doadores e patronos de mosteiros. A generosidade e o exílio de Vessantara anteciparam o ato de renúncia que colocou Sidarta no caminho do nirvana.

Um tangka *(ícone portátil) tibetano de c. 1700 ilustra histórias das encarnações anteriores do Buda, sentado num pedestal no centro.*

uma árvore à margem do rio Nairanjana, em Bodh Gaya, que ficou conhecida como a árvore *bodhi*, ou "árvore do despertar". Ele sentou-se embaixo dela, esforçando-se pela última vez para alcançar a libertação da morte e do renascimento (ver pp. 192-3).

Foi atacado por Mara, o rei dos demônios, o tentador budista (ver figura à p. 164), que mandou suas lindas filhas para distraí-lo e seus filhos para assustá-lo. Mas Sidarta não cedeu, e durante uma última noite de meditação obteve a sabedoria sobre o darma ("verdade", "lei") da existência humana (ver texto lateral, na página oposta). Com isso, tornou-se um buda ("desperto").

Diz-se que a princípio Buda quis guardar para si suas descobertas e sentou-se meditando durante muitas semanas antes de resolver ensinar sua recém-adquirida sabedoria. Ele caminhou até o Parque das Gazelas, em Sarnath, perto de Varanasi, onde encontrou cinco antigos companheiros de busca espiritual. Pregou então seu primeiro sermão (sutra), conhecido como "A primeira volta da roda do darma" (*Dharmachakrapravartana*). A história do budismo como crença religiosa organizada começa com um mestre sereno e sábio compartilhando seu despertar com uns poucos companheiros que formaram o núcleo da *sangha* ("comuni-

REPRESENTAÇÕES DO BUDA

As primeiras representações do Buda são símbolos ou cenas associados à sua vida que não o descrevem fisicamente. Dois dos símbolos mais comuns do Buda nessas imagens ditas "sem ícones" são a roda do darma (que representa o primeiro sermão; ver figura, na página ao lado) e o trono embaixo da árvore *bodhi*, onde ele atingiu o despertar. Representações da "grande partida", quando Sidarta deixou o palácio para levar uma vida ascética, mostram um cavalo e um grupo de divindades indianas inferiores abafando o som de seu trote. Um exemplo comum desse tipo de representação é a marca das pegadas do Buda.

Há 2 mil anos, os budistas começaram a representar a forma física do Buda. Em Gandhara, na fronteira entre o Paquistão e o Afeganistão atuais, figuras do Buda foram muito influenciadas pela arte helenística dos reinos gregos do Afeganistão e do oeste da Ásia central. Na região de Mathura, entre as duas curvas do Ganges, o Buda aparece robusto, no estilo bem humano das artes decorativas tradicionais indianas. Esses dois estilos se mesclaram durante o período da dinastia de governantes indianos Gupta (320-540), dando origem às representações clássicas do Buda, que tiveram um amplo impacto por todo o mundo budista. O estilo Gupta também é evidente nas pinturas das cavernas budistas de Ajanta, no oeste da Índia, e na representação serena, elegante, sensual porém extraterrena do Buda pregando, encontrada em Sarnath.

Em Gandhara percebe-se a óbvia influência helenística na expressão, na postura, na musculatura e na vestimenta desta estátua do Buda, datada do século II. A "saliência da sabedoria" na sua cabeça e um elemento específico do budismo; as mãos, agora inexistentes, provavelmente estavam abertas, uma para cima e outra para baixo, na posição de bênção.

dade") budista. Nos restantes 45 anos de sua vida, Buda peregrinou pelo norte da Índia, pregando o darma (ou *dharma*) e expandindo as fronteiras da comunidade. Acredita-se que ele até subiu ao céu a fim de pregar para sua mãe. Finalmente, na cidade de Kushinagari, Buda fez seu último sermão (o *Mahaparinirvana* sutra) a seus discípulos, deitou-se entre duas árvores e morreu, ou, em termos budistas, alcançou o "nirvana final" (*parinirvana*), para não mais renascer.

Cumprindo estritamente as instruções do próprio Buda, um grupo de leigos que o seguia cremou seu corpo e depositou as cinzas em relicários funerários, ou estupas (ver pp. 186-7). A veneração desses restos originou a tradição budista de adoração, que foi direcionada não apenas a relíquias como também a outros objetos, imagens e locais santificados por sua associação a eventos da vida de Buda. Na tradição budista, isso constitui o "corpo do Buda", ao passo que seus ensinamentos constituem o "corpo do darma" (ver p. 179).

Nos dois tipos de "corpo" (muitas vezes compreendidos diferentemente nas várias partes do mundo budista), Buda continua a ser uma presença na ampla comunidade budista.

Ladeada por gazelas, esta roda do darma adorna o telhado de um templo em Lhassa, no Tibete. Ela representa o sermão de Buda no Parque das Gazelas, perto de Varanasi (ver texto principal).

AS QUATRO NOBRES VERDADES

A primeira das profundas percepções de Buda foi o conhecimento sobre seus nascimentos passados. Ela foi seguida pelo conhecimento do nascimento de todos os outros seres e, finalmente, pela compreensão das Quatro Nobres Verdades: a "verdade do sofrimento", a "verdade da origem do sofrimento", a "verdade da cessação do sofrimento" e a "verdade do Caminho". Em outras palavras, o "despertar" de Buda começou com a consciência de que toda vida é cheia de sofrimento, particularmente daquele que advém do fato de ver uma pessoa querida falecer, o que é inevitável. Ele percebeu que a origem do sofrimento está no desejo, e tal desejo provém da deturpação da natureza das coisas, em particular da natureza do "eu".

Com a descoberta das Quatro Nobres Verdades veio a convicção de que ele, Sidarta, não sofreria mais. De acordo com Buda, o sofrimento acaba quando o processo que o gera é revertido, trazendo o nirvana, o fim do desejo e da ignorância (ver pp. 192-3). Buda acreditava que o nirvana poderia ser alcançado por meio do Caminho Óctuplo (ver p. 184).

Escultura do século III d.C. proveniente de Gandhara. Retrata o Buda emaciado por jejuar durante o estágio asceta de sua jornada em busca da iluminação (ver p. 169).

ESCOLAS E VEÍCULOS

Muito do que se sabe sobre o início da história da comunidade budista, a *sangha*, vem de textos escritos cinco ou mais séculos após a morte de Buda. Assim, é difícil estabelecer ao certo como a *sangha* desenvolveu-se a partir de um pequeno grupo de discípulos de um líder carismático para chegar a ser uma força poderosa na Índia e em outros países. A tradição budista registra, entretanto, várias etapas do desenvolvimento institucional, que permitiram que a religião tivesse importante papel no desenvolvimento da civilização da Ásia.

Logo após a morte de Buda, em 486 a.C. (ou 543), ocorreu o Primeiro Concílio Budista, na cidade de Rajagrha. Segundo um relato, Kashyapa, discípulo de Buda, viajava com um grupo de monges quando soube que o mestre havia morrido. Um monge regozijou-se abertamente, dizendo que tal morte os havia libertado das regras monásticas. Temendo a dissolução da doutrina, Kashyapa propôs um concílio para reforçar os ensinamentos do Buda e as regras monásticas e para estipular um corpo comum de doutrina e práticas que guiaria a comunidade budista. O concílio produziu o que mais tarde viria a ser o cerne do cânone budista.

Outra tradição menciona um segundo concílio, organizado um século depois na cidade de Vaishali para discutir as inevitáveis variações do código monástico com a expansão regional da comunidade. Porém, as questões não foram resolvidas por completo, o que resultou na primeira grande divisão do budismo, entre *sthaviras* ("antigos") e *mahasamghikas* ("a grande comunidade"). Esse foi o início da fragmentação da *sangha* em 18 escolas (*nikayas*), que antecipou a inevitável ruptura entre as tradições hinaiana ("veículo menor") e maaiana ("veículo maior") do budismo (ver texto lateral, na página oposta).

A expansão da comunidade inicial deveu-se muito à proteção real dentro e fora da Índia. Asoka, o grande imperador da dinastia Maurya (268-239 a.C.), que governava o nordeste da Índia a partir da capital em Pataliputra (atual Patna), converteu-se explícita e publicamente ao budismo. Como parte de sua política de "conquista correta" (*dharmavijaya*), ele divulgou os valores budistas por seu reino e apoiou ativamente a expansão da religião além-fronteiras. Acredita-se até que seu filho Mahendra (Mahinda, em páli) tenha ido ao Sri Lanka comandando uma missão.

Nessa época aparentemente havia monges budistas também na região do Afeganistão e na Ásia central, onde eles tiveram contato com reinos helênicos estabelecidos após a invasão da Índia por Alexandre, o Grande, em 327-325 a.C. Acredita-se que ao menos um rei grego, Menander (Milinda, em páli), tenha se convertido ao budismo. A religião também rece-

O DECLÍNIO DO BUDISMO NA ÍNDIA

Em meados do século XIII a devoção ao hinduísmo (ver pp. 132-3) parece ter solapado o atrativo do budismo entre as pessoas comuns, embora séculos de interação budista e hindu no nível popular tivessem reduzido as diferenças entre as duas tradições. A situação dos mosteiros indianos também era precária, pois eles estavam vulneráveis à perseguição dos inimigos dos reis e príncipes que os sustentavam. Quando invasores muçulmanos destruíram os mosteiros de Nalanda, em 1197, e de Vikramashila, em 1203, a influência ativa do budismo na cultura indiana terminou. Uns poucos monges mantiveram-se nas ruínas dos mosteiros, mas até o século XX (ver p. 197) o budismo teria pouca importância na sua terra de origem.

beu apoio dos *sakas*, uma tribo cita que invadiu o Afeganistão em meados de 130 a.C., e do rei Kanishka, que dominou parte do nordeste do Afeganistão em c. 100 a.C. No sul da Índia, o apoio da dinastia Satavahana (220 a.C.-236 d.C.) fez a cultura budista florescer na região do atual estado de Andhra Pradesh.

Nos primeiros seis ou sete séculos da nossa era, o budismo foi fundamental para um grande florescimento da cultura indiana, com ênfase no período da dinastia Gupta (320-540) e no reinado do rei Harsha (606-646). Os mosteiros budistas eram centros sofisticados de aprendizagem, e formavam os monges em filosofia, religião, medicina, astronomia e gramática. Tempos depois, com o norte da Índia sob a pressão de invasores estrangeiros, o foco da vida monástica mudou para o Ganges, em direção a Bihar e Bengala. Na dinastia Pala (c. 800-1200), centros monásticos como Nalanda e Vikramashila continuaram a desenvolver as tradições dos tempos antigos.

A história do budismo no sudeste da Ásia remonta aos missionários de Asoka no Sri Lanka. Por mais de mil anos o budismo dessa região foi uma mistura eclética de crenças, que refletiam a diversidade do budismo indiano. A partir do século XI d.C., quando a influência dos mosteiros indianos começou a se enfraquecer (ver texto lateral, na página oposta), muitos monges e reis budistas de Mianmar e da Tailândia buscaram orien-

Estupa budista em Mihintale, onde se acredita que Mahendra (Mahinda), o filho missionário do rei Asoka, fez seu primeiro sermão budista no Sri Lanka. O budismo teravada se difundiu da ilha em direção ao sudeste da Ásia no século XIII d.C.

O BUDISMO MAAIANA

Por volta do início da nossa era, sob circunstâncias ainda obscuras, surgiu um movimento budista de reforma. Levava o nome de maaiana, ou "veículo maior", em contraste com o que se considera o hinaiana, ou "veículo menor", das 18 escolas (ver texto principal).

A tradição maaiana remonta ao tempo do próprio Buda. De acordo com textos maaianas, Buda promoveu um encontro no pico do Abutre, em Rajagrha, e dirigiu a um grupo seleto de discípulos um sermão conhecido como "A segunda volta da roda do darma". Esses ensinamentos permaneceram escondidos durante algum tempo e depois foram revelados para a comunidade budista indiana.

Há dúvidas quanto a se o maaiana surgiu em uma região da Índia ou foi se desenvolvendo em centros diferentes. Sabe-se, entretanto, que sua ênfase no ideal do bodisatva (ver pp. 176-7 e 184) redirecionou o interesse de leigos budistas, tanto homens quanto mulheres. Um bodisatva não buscava renunciar ao mundo para alcançar o nirvana como no ideal monástico tradicional, mas retornava ao mundo por compaixão pela humanidade comum.

O budismo maaiana desenvolveu uma mitologia de budas e bodisatvas celestes, o que mostra uma afinidade não apenas com formas de adoração da religião iraniana e do Oriente Médio como também com a mitologia emergente do hinduísmo.

Pagan, a antiga capital birmanesa, onde foram encontradas as ruínas de mais de 5 mil construções budistas sagradas. A cidade floresceu por dois séculos até a conquista pelos mongóis, em 1287.

tação no Sri Lanka. No reinado de Narapatisithu, rei do Sri Lanka (1173-1210), a teravada (uma das 18 escolas) estava em ascensão. Assim como no Sri Lanka, a ortodoxia da teravada foi adotada na Tailândia e em Mianmar, e esse ramo do budismo ainda predomina na região. Nos séculos XIX e XX, budistas do sudeste da Ásia se defrontaram com o colonialismo europeu, mas gerações de reformadores logo desenvolveram um budismo "moderno" (ver pp. 196-7).

O budismo chegou ao Tibete em dois momentos, conhecidos como a Primeira e a Segunda Difusão do Darma. A primeira começou no século VII, quando as esposas do rei tibetano Srong-btsan-sgam-po (Songtsen Gampo) levaram imagens do Buda para a capital, Lhassa. O primeiro mosteiro foi construído em bSam-yas (Samye) no fim do século VIII com a colaboração do santo tântrico indiano Padmasambhava, do erudito indiano Shantarakshita e do rei tibetano Khri-srong-lde-btsan (Thrisong Detsen). A história do budismo tibetano é caracterizada pelos elementos que esses três fundadores representam: meditação e rituais tântricos (ver texto à esquerda), disciplina monástica intelectual e poder real secular.

A Primeira Difusão acabou durante a perseguição que começou no reinado de Glang-dar-ma (Langdarma, 838-842). O budismo foi reintroduzido no Tibete no fim do século X, no que é conhecido como Segunda Difusão, e no fim do século XI as quatro principais seitas do budismo tibetano eram bem distintas. Uma delas, a rNying-ma-pas (Nyingmapa), associava suas origens a Padmasambhava. As outras, a Sa-skya-pas (Sakyapa), a bKa'-gdams-pas (Kadampa) e a bKa'rgyud-pas (Kargyupa), afirmavam estar arraigadas nos santos e eruditos que vieram após a grande perseguição. Da seita bKa'gdams-pas surgiu a linha dGe-lugs-pa (gelukpa), que deu origem aos dalai-lamas (ver quadro, na página oposta).

O budismo chegou à China no século I, talvez II, pela Rota da Seda (ver mapa à p. 201). Como no sudeste da Ásia e no Tibete, o maior desafio inicial da religião foi expressar a riqueza e a complexidade do budismo indiano sob uma forma local. Porém, na dinastia Tang (618-907 d.C.) ele já havia se aculturado por completo e tinha um papel importante na civilização chinesa. Esse período viu o nascimento das escolas maaianas chinesas clássicas, incluindo a tradição de meditação *chan* (do sânscrito *dhyana*, "meditação"), e das escolas filosóficas *tiantai* e *huayan*. O budismo chinês também foi muito influenciado pela crença maaiana em budas e bodisatvas celestes, em especial Amitabha (Amituo Fo), Avalokitesvara (Guanyin, ver p. 211) e Maitreya (Mile Fo, ver pp. 176-7).

Como fé "estrangeira", o budismo foi ocasionalmente perseguido, mesmo no auge da dinastia Tang (ver p. 206), e com o renascimento do neoconfucionismo, na dinastia Song (960-1279, ver p. 205), ele perdeu definitivamente o domínio que tinha na época dos Tang. Não obstante,

O BUDISMO TÂNTRICO

Do budismo maaiana surgiu um movimento que pareceu desafiar os compromissos mais fundamentais da crença. É conhecido como tantrismo, devido ao nome dos textos que conservam seus ensinamentos (tantra), e também como *mantrayana* ("veículo dos cantos sagrados") e *vajrayana* ("veículo do raio").

O budismo tântrico enfatiza o ritual e o simbolismo, especialmente a mandala, ou "círculo sagrado" (ver p. 177), e promove práticas que objetivam alcançar a experiência direta do "despertar". A característica essencial desse despertar é mais vividamente expressa na arte tântrica por meio da representação do Buda como entidade colérica. Um *siddha*, ou "santo" tântrico, entende que não há diferença significativa entre tranquilidade e raiva, e que a experiência do despertar está presente mesmo nas emoções humanas mais básicas.

permaneceu como um dos reverenciados "Três Ensinamentos" da China (ver p. 200).

A variação chinesa do budismo foi introduzida na Coréia no século IV e no Japão no século VI (ver p. 243). O Vietnã adotou as crenças budistas chinesas, embora a religião possa ter entrado originalmente na região por volta do século II. Uma forma de budismo *chan* (o zen japonês), com sua ênfase na meditação e na experiência do despertar, está presente nos três locais, incluindo certo culto aos budas e bodisatvas.

Na metade do século XX, quase todas as tradições e escolas budistas mais importantes estavam representadas no Ocidente, em comunidades de imigrantes e entre convertidos ocidentais (ver texto à direita). Nos mosteiros, templos e casas de meditação, desde a Escócia até San Francisco, o budismo criou raízes em ambientes bem diferentes do Ganges, onde nasceu.

O BUDISMO CHEGA AO OCIDENTE

Quase desconhecido no Ocidente antes de meados de 1850, o budismo começou a se difundir por volta de 1900, em parte devido a um ex-coronel do Exército americano, Henry S. Olcott (1832-1907), e a uma mística russa, Helena Blavatsky (1831-91). Eles tentaram reviver o budismo teravada no Sri Lanka, e sua Sociedade Teosófica deve muito aos preceitos budistas. A visibilidade da fé também aumentou com o Parlamento Mundial das Religiões (Chicago, 1893), a que compareceram budistas asiáticos.

OS REIS-SACERDOTES DO TIBETE

O título de dalai-lama (literalmente, "professor do oceano", expressão em que a primeira palavra, supostamente, significa "oceano de sabedoria") foi dado pela primeira vez ao rei tibetano bSod-nams rGya-mtsho (Sonam Gyatso, 1543-88) pelo chefe mongol Altan Khan. Os budistas tibetanos, no entanto, consideram o rei o terceiro numa linha de reencarnações que remonta ao monge dGe-'dun-grub (Gendun Dup, 1391-1475), que é, portanto, considerado o "primeiro" dalai-lama.

Durante o reinado do "Grande Quinto Dalai-Lama", Ngag-dbang-blo-bzang rGya-mtsho (Ngawang Losang Gyatso, 1617-82), os dalai-lamas se tornaram os líderes religiosos e seculares do Tibete. Sob sua liderança, os budistas tibetanos mantiveram o modo de vida tradicional até que a invasão do Tibete pela China (1950) forçou bsTan-'dzin rGya-mtsho (Tenzin Gyatso), o décimo quarto dalai-lama, a se exilar. Desde então, ele tem concentrado esforços para preservar a cultura tibetana tanto no Tibete quanto nas comunidades de convertidos e exilados pelo mundo (ver também p. 194).

O Palácio Potala, em Lhassa, construído pelo "Grande Quinto Dalai-Lama", Ngag-dbang-blo-bzang, no século XVII, foi sede dos governantes religiosos do Tibete até 1950.

SERES CELESTIAIS

Busto de um bodisatva em Gandhara. Segundo a literatura maaiana, um bodisatva é aquele que olha para o mundo, sente o seu sofrimento e salva os seres do perigo.

O budismo teravada insiste em que Sidarta Gautama foi um ser humano que alcançou o nirvana final e morreu para nunca mais renascer. Quando um praticante teravada faz uma oferenda a uma imagem do Buda, seu ato não é de adoração divina, mas sim uma forma de ganhar mérito cármico e de ser lembrado das virtudes do Buda, que todos devem lutar para cultivar.

Entretanto, isso não significa que o budismo não tenha nada parecido com as divindades, por exemplo, da crença indiana antiga. Na tradição maaiana, aqueles que avançam até os estágios mais altos do caminho para a condição de buda, os bodisatvas ("futuros budas"), acumulam tamanho poder proveniente de seus atos de compaixão e sabedoria que conquistam a capacidade de agir de forma quase divina. Esses seres são chamados de "bodisatvas celestes". Eles podem intervir de forma milagrosa neste mundo e até criar lugares paradisíacos onde as pessoas podem renascer em perfeita harmonia por razões que dependem tanto da compaixão deles quanto do mérito delas. Ao fim de sua missão como bodisatvas, tornam-se "budas celestes" e recebem ainda mais poderes. Mas muitos bodisatvas deliberadamente postergam a transformação em buda para ajudar devotos no caminho para o nirvana.

Os conceitos de bodisatvas e budas celestes tornaram possível ao budismo maaiana desenvolver um "panteão" de semidivindades. Uma das mais importantes é o bodisatva Avalokitesvara ("o Senhor que Olha"), conhecido como a personificação do olhar cheio de compaixão do Buda. A compaixão de Avalokitesvara é invocada ao pronunciar o mantra "Om Mani Padme Hum" ("Om jóia do lótus"; "Om" e "Hum" são sílabas sagradas intraduzíveis; ver p. 140).

No budismo indiano, Avalokitesvara era associado a uma bodisatva chamada Tara, que incorporou o lado feminino de sua compaixão. Na China, onde Avalokitesvara é adorado sob o nome de Guanyin, Kuan Yin, as identidades masculina e feminina do bodisatva tornaram-se distintas e Guanyin passou a ser adorado principalmente na sua forma feminina (ver p. 211). Os tibetanos têm uma afinidade especial por Avalokitesvara (Spyan-ras-gzigs, ou Chenrezig, em tibetano). Afirmam que ele fez um voto de proteger a nação do Tibete e que se manifesta em cada dalai-lama.

Entre os bodisatvas importantes estão também Maitreya, o "buda da era futura", que será o próximo bodisatva a entrar no mundo para se tornar um buda (ver figura à p. 163). Assim como Avalokitesvara, Maitreya resgata as pessoas do perigo: na China, onde é chamado Mile Fo, movimentos messiânicos já proclamaram sua chegada iminente e a transformação da sociedade segundo a orientação budista. Outros bodisatvas celestes são

SIDARTA, O BODISATVA

A fronteira entre um bodisatva e um buda é tênue. De acordo com o "Sutra do lótus" (ver p. 181), o Buda era apenas a manifestação de um grande bodisatva cuja longa missão ainda não terminara. Compreendendo que as pessoas neste mundo precisavam do exemplo de um outro ser humano que experimentara o nirvana, ele se manifestou como Sidarta Gautama e cumpriu o processo de atingir o *parinirvana* (nirvana final). Mas esse não foi o fim de sua missão; ele continua se manifestando de modo compassivo sempre que outras pessoas necessitam de sua ajuda.

Manjushri, o bodisatva da sabedoria, e Kshitigarbha, que consola os mortos e protege os viajantes, peregrinos e crianças (ver também p. 184).

O buda celeste mais conhecido é Amitabha ("Luz Infinita"), que criou um paraíso, a Terra Pura, ao se tornar buda (ver p. 193). Quem quer que entoasse seu nome com fé, em especial no momento da morte, renasceria na Terra Pura e o encontraria. O buda Amitabha teve grande impacto na China e no Japão, sendo chamado de Amituo Fo pelos chineses e Amida Butsu pelos japoneses (*fo* e *butsu* = buda). De fato, durante a era Kamakura (1185-1333), Amida tornou-se um dos elementos mais importantes da vida budista japonesa. O grande reformador Shinran (1173-1263) fez uma proclamação radical sobre a confiança na graça de Amida em detrimento do esforço individual (ver p. 254).

Outras figuras importantes incluem o buda médico Bhaishajyaguru ("Mestre da Cura") e o "Buda do Sol" Vairochana ("Radiante"), o buda principal em muitas mandalas tântricas (ver quadro abaixo). Ele é identificado com o sol e foi importante na aculturação do budismo no Japão, onde os deuses do sol (ver pp. 246-7) encabeçam o panteão xintoísta.

DIVINDADES POPULARES

O budismo sempre encontrou espaço para reverenciar entidades e espíritos locais. Diz-se que o próprio Buda foi protegido por uma *naga* (na tradição indiana, a *naga* é uma entidade em forma de cobra que controla a chuva; no budismo, as *nagas* também guardam os tesouros da crença). *Estupas* (ver p. 186) são freqüentemente associadas com *yakshas* (deuses da saúde e da sorte) e *yakshis* (deusas da fertilidade); no sudeste da Ásia, deuses hindus como Indra e Vishnu são importantes guardiões budistas, e a crença engloba muitas entidades regionais na China, na Coréia, no Japão e no Tibete.

MANDALAS TÂNTRICAS

No budismo tântrico, o universo freqüentemente é representado por uma mandala, ou "círculo sagrado", que engloba o macrocosmo e o microcosmo: ela simboliza tanto o universo quanto o corpo e a mente do praticante. As mandalas são usadas em rituais e na meditação para ajudar o praticante a unificar sua visão do cosmo, contemplar a integração do "eu" e do mundo e superar a distinção entre o nirvana e os domínios da morte e do renascimento.

Uma das mais comuns entre essas imagens sagradas é chamada de Mandala dos Cinco Budas e tem um papel fundamental no budismo tântrico do Tibete e na tradição *shingon* do Japão. Ela parte de uma configuração de cinco budas celestes: Vairochana ao centro, Amitabha a oeste, Amoghasiddhi ao norte, Akshobhya a leste e Ratnasambhava ao sul. A mandala se expande e se elabora por um processo de associações simbólicas para incluir cinco cores, cinco traços de personalidade, cinco sabedorias etc., cada elemento de cada parte vinculado a um dos cinco budas. Os budas também se associam a cinco deusas dispostas no centro da mandala e nos quatro pontos intermediários da bússola.

Uma mandala nepalesa de 1860 mostra Vairochana no círculo central e quatro budas nos cantos do quadrado, além de diversos outros seres sagrados.

PALAVRAS DO DARMA

Após a morte de Buda, seus seguidores organizaram o Primeiro Concílio Budista para reiterar seus ensinamentos, o darma (ver p. 172). O concílio estabeleceu procedimentos para a memorização e recitação que permitiram a transmissão oral dos ensinamentos por quase cinco séculos, antes de serem escritos. Versões escritas das compilações canônicas existem em todas as culturas budistas e são freqüentemente reverenciadas, mas a tradição oral ainda ocupa posição importante no mundo budista.

Devido a essa antiga prática da transmissão oral, o budismo não tem somente um cânone de escritos. Escolas e tradições diferentes consideram corretas diversas compilações de textos, que representam as várias formas de compreensão do darma ao longo das eras. O cânone páli da tradição teravada (ver quadro abaixo) contém muito material dos primórdios da

O CÂNONE PÁLI

Dentre os textos budistas, o mais conservador é o *Tipitaka* ("Três cestos"), da tradição teravada. Escritos em páli, antiga língua indiana semelhante ao sânscrito, são conhecidos como o cânone páli. Acredita-se que o *Tipitaka* (*Tripitaka*, em sânscrito) tenha sido escrito em 29 a.C., durante o reinado de Vattagamani, do Sri Lanka.

Os "três cestos" são as três seções do cânone: *Sutta* (Sutra, em sânscrito) *pitaka*, *Vinaya pitaka* e *Abhidhamma* (*Abhidharma*, em sânscrito) *pitaka*. Os sutras do *Sutta pitaka* geralmente são discursos doutrinais do Buda, e vão de curtos poemas a longas narrações sobre as vidas anteriores do Buda. Também contêm versos atribuídos aos primeiros seguidores do Buda: o *Theragatha* ("Versos dos monges anciãos") e o *Therigatha* ("Versos das monjas anciãs"). O *Vinaya pitaka* se ocupa de regras de disciplina, incluindo comentários sobre os *Patimokkha* ("Preceitos monásticos") e histórias que ilustram os princípios morais do budismo. O *Abhidhamma pitaka* fornece uma análise sistemática das categorias do pensamento budista.

Partes das compilações canônicas das outras 18 escolas (ver p. 172) também sobreviveram. Por exemplo, a escola de *sarvastivadin* ("aqueles que seguem a doutrina de que tudo existe") deixou trechos de seus próprios "Três cestos" em traduções chinesa e tibetana, assim como nos originais em sânscrito. Estes com freqüência divergem consideravelmente dos *Pitakas* do cânone páli.

A interpretação tradicional deve muito ao monge *Buddhaghosa*, que no século V deixou a Índia e foi para o Sri Lanka. Ele compilou e traduziu boa parte dos comentários cingaleses sobre os textos páli, e seu trabalho mais importante, o *Visuddhimagga* ("Caminho para a purificação"), é um guia preciso para a prática do budismo teravada.

A primeira versão impressa do cânone páli foi feita graças ao rei tailandês Chulalongkorn, em 1893. A versão mais utilizada pelos estudiosos ocidentais foi organizada em Londres pela Sociedade de Textos em Páli, fundada em 1881 para disseminar os textos da tradição teravada.

Trecho do cânone páli inscrito em birmanês numa tira de ouro. Datado do século V, este é o mais antigo texto budista de Mianmar (antiga Birmânia).

Devoto budista gira a "roda de orações" num templo em Kyicho, no Butão. Cada roda é um cilindro que contém textos sagrados de preces. Acredita-se que elas são ativadas ao ser giradas pelo praticante. As bandeiras com preces funcionam de maneira parecida (ver p. 163).

tradição oral, junto com textos possivelmente compostos no século II a.C. Os cânones chinês e tibetano incluem extenso acervo de literatura maaiana de meados do século XII d.C. Mesmo quando um cânone está concluído (como o cânone páli), seu conteúdo pode existir em versões diferentes. Por exemplo, algumas versões em birmanês do cânone páli não são canônicas para os budistas do Sri Lanka.

Embora a literatura canônica budista varie e novos textos lhe sejam adicionados, ela ainda é considerada uma fonte confiável, não apenas por oferecer um registro dos ensinamentos budistas, mas também por propiciar, de certa forma, acesso ao Buda. Os textos sagrados do budismo representam os aspectos mais importantes e duradouros do Buda, aquilo a que os budistas se referem como o seu "corpo do darma" (ver p. 171). Um trecho do *Samyutta Nikaya* páli diz: "O que se vê, Vakkali, ao olhar para este vil corpo? Aquele que vê o *dhamma* ["darma" em páli] vê a mim; aquele que vê a mim vê o *dhamma*". O darma/*dhamma* funciona como a presença contínua do Buda na comunidade budista e merece respeito, como o próprio Buda. Textos budistas são freqüentemente recitados ou copiados como atos de devoção, e é comum, especialmente na tradição maaiana,

Sutras da "Perfeição da sabedoria" escritos em folhas de palmeira costuradas ("fio" é o significado literal de sutra).

colocar textos em altares como objetos de adoração, junto com imagens do Buda ou no lugar delas.

O desenvolvimento da tradição maaiana está intimamente ligado à evolução e disseminação de seus textos. Os textos maaianas mais antigos datam, com base em dados lingüísticos, do século I a.C. Importantes textos maaianas foram traduzidos para o chinês no século II, e outros que adquiriram *status* canônico foram produzidos na Índia depois de 1100. A Índia nunca produziu um cânone maaiana tão definido quanto o páli, apesar de haver compilações maaianas já no século II.

O mais antigo catálogo de literatura budista chinesa conhecido data do ano 518. A primeira versão impressa do *Tipitaka* chinês foi produzida em 972-983, no início da dinastia Song. O cânone tibetano foi compilado pelo erudito Bu-ston (1290-1364) e impresso pela primeira vez completo em Pequim no início do século XV.

Os cânones tibetano e chinês dão a impressão de ser a codificação de uma biblioteca monástica. Claramente, o conceito de canonicidade em ambos era bem impreciso. Havia um núcleo de literatura (conhecido como "sutra" em sânscrito e como "*bKa*" em tibetano) que continha o saber sobre os budas e os bodisatvas (ver texto à esquerda). Além dessa parte central, havia literatura sobre a doutrina, filosofia e interpretação conhecida em sânscrito como *shastra* e em tibetano como *bsTan*, ou "ensinamento".

A mais extensa coletânea de textos tântricos é encontrada no cânone tibetano. Como outras literaturas canônicas budistas, ela varia muito quanto à forma (vai de simples canções sobre santos tântricos indianos a comentários pormenorizados sobre ritual, meditação e simbolismo tântrico). A tradição tibetana geralmente classifica os textos em quatro categorias: ritual (*kriya*), prática (*charya*), disciplina (ioga) e alta disciplina (*anuttarayoga*). O *Mahavairochana tantra* ("Tantra do Grande Vairo-

A "PERFEIÇÃO DA SABEDORIA"

Os sutras dos cânones chinês e tibetano incluem uma seção chamada "Perfeição da sabedoria" (*Prajnaparamita*, em sânscrito), que oferece alguns registros básicos sobre o ideal do bodisatva (ver p. 184) e sobre o conceito de Vazio. Iniciando com um texto curto, os sutras da "Perfeição da sabedoria" variam de 100 mil linhas a textos breves como o "Sutra do diamante" e o "Sutra do coração".

As tentativas de explicar sistematicamente a doutrina do Vazio na "Perfeição da sabedoria" originaram as duas maiores escolas da filosofia maaiana: a *madhyamaka* ("caminho do meio") e a iogacara ("prática da ioga"). Para a *madhyamaka*, que predomina no Tibete, o Vazio significa que todas as coisas são destituídas de identidade real e que sua "realidade" é convencional e ilusória. A iogacara (ou ioga *chara*), que se destaca na China e em áreas de influência chinesa como o Vietnã, entende o Vazio como a mente vazia de qualquer distinção real entre sujeito e objeto.

chana"), texto que teve muita importância no tantrismo chinês e no japonês, pertence à categoria *charya*. À categoria *anuttarayoga* pertencem textos como o *Hevajra tantra* e o *Guhyasamaja tantra*, que se concentram na imediata percepção do Vazio. Na Índia, a literatura budista tântrica evoluiu gradualmente do século VII ao XII.

Outras compilações maaianas importantes são o *Buddhavatamsaka* e o *Ratnakuta* ("Pilha de jóias"). O *Buddhavatamsaka* contém o "Gandavyuha sutra", que conta a história de Shudana, um jovem peregrino cuja jornada está ilustrada na parede da grande estupa de Borobudur, em Java. O *Ratnakuta* contém os sutras que inspiraram a tradição maaiana de devoção ao buda Amitabha ("Luz Infinita").

Jovens monges aprendem textos budistas no templo de Kurje, no Butão.

A enorme extensão e a variedade dos textos budistas levaram a muitas controvérsias sobre sua fidedignidade e sua interpretação. Integrantes das 18 escolas (ver p. 172) contestaram a validade do maaiana afirmando que seus sutras não são os verdadeiros ensinamentos de Buda. Os maaianas rebateram dizendo que os ensinamentos das escolas eram meramente preparatórios e que eles os haviam substituído. Dentro do maaiana, a escola *madhyamaka* argumentou que apenas alguns textos maaianas eram inquestionáveis quanto ao significado (*nitartha*), enquanto outros requeriam interpretação (*neyartha*). As tradições chinesa e tibetana produziram vários esquemas complexos de classificação para eliminar as contradições e determinar quais textos poderiam ser utilizados mais categoricamente como ensinamento. A tradição tântrica dedicou-se às questões de interpretação ao insistir em que o significado dos tantras estava deliberadamente velado e só poderia ser interpretado de forma correta por um mestre capacitado ("guru", em sânscrito, "lama", em tibetano).

O *SUTRA DO LÓTUS*

O *Sutra do lótus* tem funcionado no leste da Ásia quase como um resumo da doutrina maaiana. É um dos muitos textos que tiveram grande impacto no desenvolvimento religioso e filosófico dessa tradição, mas não fazem parte da subdivisão-padrão do cânone. Ele constitui a fonte da famosa parábola em que Buda é representado como um pai que atrai os filhos para fora de uma casa em chamas prometendo-lhes novos "veículos". Quando saem da casa, ele lhes dá "um veículo", o "veículo maior" do maaiana. Essa parábola dá uma idéia da relação entre os ensinamentos do maaiana e os dos veículos "menores" associados às escolas anteriores.

O *Sutra do lótus* também exige devoção ao próprio texto como forma de expressar devoção ao corpo do darma do Buda. Essa prática foi particularmente importante no Japão, sobretudo entre os devotos da *nichiren* (ver também pp. 251 e 254-5).

NAS PEGADAS DO MESTRE

Jovem monge debate com seu mestre (à esquerda) no mosteiro de Labrang, no nordeste do Tibete.

Ser uma "pessoa santa" no budismo é, acima de tudo, imitar o Buda. Fazer isso significa adotar, como o Buda, uma vida monástica e tentar alcançar o nirvana (ver pp. 184-5). Os grandes exemplos do ideal monástico foram os primeiros seguidores de Buda, como seu discípulo Shariputra (Sariputta, em páli), nascido em uma família brâmane em Nalanda. Logo após ser convertido por Buda, ele se tornou um *arhant* ("digno") — aquele que, como seu mestre, alcançou o nirvana. Shariputra tinha grande reputação de sábio e é comumente retratado em sutras maaianas como um dos primeiros a fazer uma pergunta a Buda. Junto com Shariputra se converteu seu amigo Maudgalyayana (Moggallana, em páli), que também provinha de família brâmane. Dizia-se que Maudgalyayana tinha a capacidade mágica de neutralizar forças hostis da natureza e viajar para os mais altos níveis do cosmos. Ele se tornou conhecido na lenda budista chinesa como Mulian, que foi ao inferno para interceder por sua mãe.

Um dos discípulos mais especiais de Buda foi Angulimala ("Guirlanda de Dedos"), reverenciado como o primeiro exemplo de como é possível romper com o passado para levar vida monástica. Antes de conhecer Buda, segundo se afirma, Angulimala era um assassino que usava os dedos de suas vítimas como colar. Ainda assim, ele se tornou monge e alcançou o nirvana.

Os mosteiros indianos de séculos posteriores também produziram personalidades conhecidas por sua coragem, conhecimento e conquistas relacionadas à meditação. Entre os produtos da cultura monástica sofisticada de Bihar e Bengala estão os filósofos maaianas Shantarakshita, que presidiu

O REINADO SAGRADO

Um dos mais importantes desenvolvimentos institucionais do ideal do bodisatva foi a inclusão do reinado sagrado, tradição que existia no budismo desde o século III a.C. e da época do imperador Asoka (ver p. 172), que assumiu estima especial entre os budistas por proteger o darma.

Com o desenvolvimento da tradição maaiana, príncipes e reis budistas passaram a ser vistos como bodisatvas. São exemplos disso o príncipe Shotoku, que teve papel crucial na implantação do budismo no Japão (ver p. 243), e os dalai-lamas do Tibete (ver p. 175), que os tibetanos veneram como encarnação do bodisatva celestial Avalokitesvara (ver p. 176). O respeito à condição de bodisatva permitia que os dalai-lamas assumissem a responsabilidade pelo governo secular e religioso do Tibete.

a fundação dos primeiros mosteiros tibetanos, e Atisha, que ajudou a reintroduzir o budismo no Tibete durante a "Segunda Difusão" (ver p. 174).

O desenvolvimento do budismo no leste e no sudeste da Ásia e no Tibete não pode ser separado da atividade dos monges budistas. Um monge indiano, Buddhaghosa, deu forma ao budismo teravada no Sri Lanka (ver p. 178); os monges Shenxiu e Huineng fundaram na China, o primeiro no norte e o último no sul, as escolas *chan*; o monge japonês Dogen deu a forma clássica ao zen (ver p. 252); e o monge tibetano Tsong-kha-pa (1357-1419) formulou a tradição *dGe-lugs-pa*, que originou os dalai-lamas. O compromisso monástico continua até hoje, com figuras tão reverenciadas quanto Thich Nhat Hanh (1926-), monge vietnamita que chefiou a Delegação Budista da Paz durante a Guerra do Vietnã e pregou no Ocidente a virtude budista da "plena atenção". Para muitos, budistas ou não-budistas, o exemplo vivo mais visível do "buda ideal" é o décimo quarto dalai-lama (ver p. 194).

A idéia maaiana do bodisatva (ver pp. 176-7 e 184) também está, em princípio, aberta a qualquer devoto de qualquer idade, incluindo leigos, assim como monges e monjas. Alguns dos sutras maaianas de maior influência relatam a vida de bodisatvas, como Vimalakirti, que demonstrou não haver diferença real entre as conquistas de um monge e as de um leigo. Seu exemplo exerceu interesse especial na China, onde a idéia budista de cortar laços familiares para ingressar num mosteiro não combinava com o conceito confucionista de piedade filial (ver legenda, p. 219).

MULHERES BUDISTAS VENERÁVEIS

Nem todos os exemplos de ideal monástico foram homens. Buda concordou em ordenar mulheres e criar uma ordem de monjas, e a tradição antiga contém muitas músicas comoventes atribuídas a elas. Hoje, a linhagem das monjas acabou na maior parte dos países budistas, mas há ordens femininas ativas na China e movimentos em ação em outros países para revivê-las.

Entre as mulheres reverenciadas como bodisatvas está a rainha Shrimala, protagonista do *Shrimaladevisimhanada sutra* ("Sutra do rugido de leão da rainha Shrimala"). Ela expressa ideais parecidos com os do bodisatva Vimalakirti (ver texto principal).

MONGES E SANTOS TÂNTRICOS

Na tradição tântrica, em especial no Tibete, houve interações complicadas entre o ideal do monge erudito da comunidade monástica e o do *siddha* solitário, ou "santo". A tradição tântrica indiana fala em *siddhas*, como Maitrigupta (ou Maitripa), que alcançaram o mais alto nível de meditação às margens da civilização, trabalhando com gurus carismáticos e não-convencionais. Padmasambhava, o santo tântrico indiano presente na fundação do primeiro mosteiro tibetano, é retratado como um ser solitário de poderes extraordinários. Sua parceira, Ye-shes-tsho-gyal, era uma figura poderosa por seus próprios méritos.

O "santo" tibetano Mi-la-ras-pa (ou Milarepa; 1040-1123) trabalhou por longos anos com o irascível guru Mar-pa antes de chegar às suas grandes percepções e se retirar para as montanhas, onde viveu como um *siddha* solitário.

As práticas tântricas também foram levadas para a vida dos mosteiros de um modo que enriqueceu, sem contrariar, os valores monásticos tradicionais. Os monges tibetanos com freqüência misturam ao longo da vida as práticas do *siddha* tântrico, do bodisatva maaiana e do monge tradicional.

Grande figura de metal, folheada a ouro, do "santo" tântrico Padmasambhava, co-fundador do primeiro mosteiro tibetano, em bSam-yas (Samye). Ele é mostrado em dhyanasana *("postura de meditação"), com as pernas cruzadas na posição do lótus.*

O CAMINHO PARA O NIRVANA

O espírito da ética budista é expresso na história de um homem chamado Malunkyaputta, que confronta o Buda e diz que não vai escutar seus ensinamentos enquanto ele não responder a uma série de especulações, como "De que forma foi criado o mundo?" e "O Buda existirá após a morte?" O Buda responde comparando Malunkyaputta a um homem ferido por uma flecha envenenada mas que se recusa a permitir que ela seja extraída enquanto o médico não lhe disser o que ela contém, quem a lançou etc. Para os budistas, toda especulação está sujeita a um princípio prático: ela é válida se puder ajudar alguém a remover a "flecha do sofrimento" e achar o caminho para o nirvana. Qualquer outro tipo de especulação, como o questionamento de Malunkyaputta, é despropositado.

O IDEAL DO BODISATVA

Nas terras maaianas do norte e do leste da Ásia, o ideal ético do bodisatva tornou-se o princípio central da prática moral para monges budistas, assim como para os leigos. O bodisatva cultiva as virtudes da compaixão (*karuna*) e da sabedoria (*prajna*). Esses dois princípios são expressos no "juramento do bodisatva": "Que eu me torne um buda para o bem de todos os seres!"

O primeiro princípio é um ideal ativo, centrado no alívio do sofrimento alheio. Isso inclui ajudar os outros a atingir o nirvana mesmo que isso implique adiar sua própria entrada nele. O segundo ideal é mais contemplativo. Concentra-se em ver através do "véu da ilusão" que esconde a experiência comum, o que torna a pessoa livre do sofrimento.

Monge sentado lê um texto sagrado budista no grande complexo do templo de Angkor Thom, no Camboja.

O guia básico para alcançar o nirvana é o Caminho Óctuplo, processo de disciplina com oito componentes: "compreensão correta", "pensamento correto", "fala correta", "ocupação correta", "conduta correta", "esforço correto", "contemplação correta" e "concentração correta". Em outras palavras, os pré-requisitos fundamentais para o nirvana podem ser expressos em três princípios: conduta ética (*sila*, "moralidade"; ver texto lateral à direita), disciplina mental (*samadhi*, "concentração mental") e conhecimento do "eu" e do mundo (*prajna*, "sabedoria"). Esses princípios estão relacionados à compreensão budista tradicional da lei do carma, ou retribuição moral, que governa o processo de morte e renascimento. Uma pessoa deve abster-se de ações maléficas porque estas levarão à punição numa vida futura e dificultarão a libertação do círculo de morte e renascimento. A "concentração mental" ajuda a eliminar os desejos e ódios que levam a ações maléficas. A "sabedoria" destrói o falso senso de "eu" que alimenta todo o processo de desejo, ódio e ação maléfica.

Relatos budistas sobre a lei do carma insistem em que toda recompensa está relacionada às ações que a causaram. Assim, o pecado causa sofrimento numa próxima vida, boas ações trazem felicidade, e uma ação que mistura o bem e o mal trará resultados que mesclem sofrimento e felicidade. Quando os monges vão à casa de leigos em sua coleta matinal para receber doação de alimentos, quanto mais generoso for um indivíduo tanto maior será a sua prosperidade na próxima vida. Pessoas coléricas ou cruéis, desrespeitosas com os pais e idosos ou que causam discussões e desacordos sofrerão futuramente. O modelo do ideal leigo é o Buda, não tanto como o monge ideal, mas nas suas vidas prévias como um leigo comum, quando se preparava para a iluminação agindo com extrema lealdade, auto-sacrifício ou generosidade (ver p. 169).

A prática da "concentração mental" (*samadhi*) pode ter várias formas, segundo a tradição budista. Uma das técnicas básicas consiste em sentar-se em posição estável, com as costas retas e as pernas cruzadas, e cultivar a "plena atenção" (*smrti* em sânscrito, *sati* em páli) à respiração. O objetivo é acalmar a mente, eliminar emoções maléficas e tornar-se mais atento à corrente de realidade que compõe o "eu" e o mundo. Outras formas de concentração ou meditação envolvem a atenção deliberada sobre imagens mentais, freqüentemente de budas ou bodisatvas, como foco de culto.

O cultivo da "sabedoria" (*prajna*) também adquire muitas formas. Na tradição teravada, ela é ligada ao estudo do *Abhidhamma*, a terceira seção do cânone páli, e seu conceito fundamental é a doutrina do "não eu". Ser sábio (ou, nas palavras do Caminho Óctuplo, ter "visão correta") é ver que não há identidade permanente no "eu" que dure de um momento para o seguinte. Entender essa verdade no sentido profundo e prático é livrar-se das ilusões egoístas que alimentam o ciclo de morte e renascimento.

Esta pintura chinesa do século XII mostra discípulos de Buda fazendo doações aos pobres, um exemplo de "boa ação" que ajudará a alma a avançar no caminho para o nirvana.

OS CINCO PRECEITOS

Para os leigos budistas teravadas e para a maioria dos budistas, a "conduta ética" se resume aos Cinco Preceitos: não matar, não roubar, não ter má conduta sexual, não mentir, não ingerir álcool. Monges noviços teravadas observam outros cinco preceitos: não comer após o meio-dia, não usar ornamentos, não participar de entretenimentos ou shows, não usar dinheiro e não usar camas macias. Uma vez ordenados, entretanto, os monges têm de se ater a mais de 200 regras do *Vinaya pitaka*, a seção do cânone páli (ver p. 178) que trata da disciplina monástica.

Os templos budistas mais antigos foram instalados em cavernas naturais, onde mesmo hoje se encontram muitos santuários. Estas imagens do Buda estão nas cavernas sagradas de Pak Ou, na província de Luang Prabang, no Laos.

LUGARES DE DEVOÇÃO

Em suas últimas instruções aos discípulos, como registra o *Mahaparinibbana sutta páli*, Buda exigiu a cremação de seu corpo e a dispersão das cinzas em estupas, ou elevações funerárias, que serviriam como pontos de convergência do culto e da meditação. A forma básica de um altar budista reproduz essas antigas estupas: uma ampla elevação central cercada e com uma estrutura quadrada no topo, onde um poste central apóia vários guarda-sóis. Nas primeiras estupas os restos do Buda ficavam na estrutura quadrada, mas depois eles começaram a ser guardados num relicário dentro da elevação central. Com a evolução da forma da estupa na Índia, o relicário passou a ser decorado com representações do Buda, eventos de sua vida ou histórias dos textos budistas. Para homenagear o Buda o devoto pode realizar oferendas nesses locais, como fazem os hindus para seus deuses, com flores, velas, incensos etc., ou caminhar em torno da estupa no ritual de circungirar.

A estupa básica foi elaborada de várias maneiras em diferentes regiões. No sudeste da Ásia, os altares normalmente conservam a forma baixa e redonda de uma estupa. No Tibete, a estupa foi alongada verticalmente, na forma de *mchod-rten* (*chorten*) ou "local de oferenda". Na China, na Coréia e no Japão, a forma ascendente dos pagodes deriva dos graciosos guarda-sóis que costumavam ornamentar as estupas na Índia.

No grande templo budista de Borobudur, em Java, o simples caminho

SHAMBALA: A TERRA SAGRADA

O apocalíptico *Kalachakra* ("Roda do tempo") *tantra*, um dos últimos textos tântricos que apareceram na Índia, conta a história de um reino mítico chamado Shambala, escondido nas montanhas do norte da Índia e governado por um rei budista conhecido por sua integridade. O texto profetiza um tempo em que as forças do mal conquistarão o mundo. Shambala, então, se tornará visível, e o rei íntegro surgirá forte, rodeado de exércitos, para derrotar as forças do mal e restabelecer a lei do darma.

A profecia do *Kalachakra* representa um tipo de especulação messiânica que influenciou bastante algumas etapas da história do budismo. Para os tibetanos, ela é uma imagem do reino budista ideal e também um objetivo simbólico idealizado pelo iogue, a ser atingido por meio da meditação.

Como a utopia de Xangrilá, na imaginação ocidental Shambala associou-se à idéia do próprio Tibete como um paraíso budista idealizado, com sua forma de vida sagrada e antiga preservada por séculos contra as influências estrangeiras pela invencível barreira montanhosa do Himalaia.

para circungirar expandiu-se em muitas galerias ascendentes decoradas com a história de Shudana, um jovem peregrino maaiana em busca da iluminação. No topo da estrutura o devoto encontra uma plataforma com numerosas estupas, cada uma das quais revela uma imagem do Buda sentado. No centro da plataforma fica uma grande estupa vazia que representa, ao que parece, a clareza vazia da percepção do Buda. Em todo o mundo budista, há poucas representações do despertar do Buda mais elegantes e vigorosas.

Os budistas indianos estabeleceram uma tradição de construção de templos seguindo o estilo hindu. Os templos budistas mais antigos foram criados em cavernas no oeste da Índia. Normalmente, a entrada da caverna levava a um grande espaço aberto onde os devotos podiam sentar-se ou ficar de pé em frente a uma pequena estupa ou imagem do Buda. Por vezes sua imagem ficava numa sala separada parecida com a *garbha-grha*, ou "casa-ventre" dos templos hindus. Recentemente houve esforços para reconstruir templos budistas indianos destruídos nos séculos XII e XIII. Por exemplo, uma organização budista chamada Sociedade Mahabodhi ("Grande Despertar") liderou a restauração do templo de Bodh Gaya, local onde Buda alcançou o despertar.

A arquitetura dos templos budistas indianos exerceu muita influência em todo o mundo budista. O Templo do Dente, em Kandy, no Sri Lanka, e o Templo do Buda de Esmeralda, em Bancoc, na Tailândia, são sagrados para a realeza dos dois países e constituíram-se em símbolos de poder real. Afirma-se que o Jokhang, em Lhassa, abriga a imagem mais antiga de Buda existente no Tibete; durante séculos ele foi um centro ativo da peregrinação budista. O grande templo de Nara, no Japão, teve papel decisivo no estabelecimento da relação entre o budismo e a dinastia imperial japonesa.

A PAISAGEM SAGRADA

Na Índia e em outros lugares, a definição de templo ou sacrário budista podia ser bem fluida, e locais sagrados relacionados com o Buda não precisavam ser marcados por um monumento arquitetônico conspícuo. Muitas histórias de viajantes da Índia antiga falam de características atípicas da paisagem que se relacionavam com a vida de Buda. Afirmava-se que marcas nas rochas perto de um córrego em Sarnath teriam sido feitas pelo manto de Buda quando ele por ali passara. Por outro lado, um desfiladeiro perto de Shravasti se abrira para engolir um inimigo dele.

Em muitos locais houve cultos às pegadas de Buda, principalmente no pico de Adão, no Sri Lanka. De acordo com a crença teravada, Buda usou seu poder mágico para voar até o Sri Lanka e deixou pegadas para assinalar sua visita.

O grande templo budista de Borobudur, na ilha de Java, na Indonésia. É ao mesmo tempo a representação do cosmo em três dimensões e uma das transformações mais excepcionais da estupa budista tradicional.

Uma devota realiza o ritual de limpeza da estátua de Buda no templo de Shwe Dagon, na cidade de Yangon, em Mianmar (antigas Rangum e Birmânia).

No século XX, os templos budistas tornaram-se comuns na Europa e na América do Norte. Los Angeles é por vezes considerada a mais complexa e variada cidade budista do mundo, e seus muitos locais sagrados incluem o espraiado complexo do templo Hsi Lai, construído por uma próspera comunidade budista de Taiwan.

O espaço sagrado criado pela arquitetura budista pode ser compreendido em escala cósmica. Por exemplo, o domo central de uma estupa representa o monte Meru, a montanha cósmica budista que marca o centro do mundo, e os guarda-sóis simbolizam os níveis do paraíso ocupados pelas diferentes categorias de deuses da tradição indiana antiga. Acima dos guarda-sóis, no espaço vazio do céu, fica a região informe alcançada pelos "santos" budistas nos mais altos níveis de meditação, e os "campos de buda" (local onde moram os budas e bodisatvas celestes da tradição maaiana). Portanto, cumprir o ritual de caminhar em círculos em torno de uma estupa não é simplesmente lembrar e reverenciar a vida de Buda, mas também orientar-se firmemente no centro do cosmos.

Na tradição indiana, o conceito de centro sagrado era particularmente associado ao trono do despertar do Buda, ou *bodhimanda*, em Bodh Gaya. De acordo com lendas populares, todos os budas vão ao mesmo trono para despertar. A estrutura de pedra hoje vista embaixo da árvore *bodhi* em Bodh Gaya era tida como o topo do trono de diamante que descia até o centro da terra. O conceito do "assento da iluminação" sagrado também pode ser aplicado a montanhas sagradas, como os montes Kailasa, no Tibete, e Wutai, na China, reverenciados como tronos de budas ou bodisatvas poderosos.

A idéia de trono sagrado, porém, também serve para santificar o espaço comum onde os budistas meditam. Devotos do zen-budismo têm por hábito lembrar que o local onde se sentam é o trono de todos os budas passados e futuros.

Na tradição budista, as relíquias corporais e as imagens físicas do Buda, veneradas em altares, constituem o "corpo do Buda". Seus ensinamentos, o "corpo do darma", também são objeto de veneração, literalmente. Alguns dos primeiros sutras maaianas dizem que qualquer lugar onde o darma seja estudado deve ser tratado como um "santuário" (*chaitya*) do Buda, e escritos indianos clássicos descrevem santuários onde uma cópia de um texto maaiana é apresentada com grande pompa e cerimônia para ser objeto de adoração.

A arqueologia mostrou que muitas estupas indianas continham textos sagrados em vez de relíquias do Buda. A reverência aos textos sagrados pode ser constatada igualmente nos templos tibetanos, onde cópias dos sutras maaianas se encontram nos altares ou ao redor deles, e na estima ao *Sutra do lótus* revelada pelas seitas japonesas, cuja origem remonta a Nichiren (ver p. 254).

LOCAIS DE PEREGRINAÇÃO

Durante séculos, os locais sagrados da tradição budista foram objeto de peregrinação. Como mostra a história chinesa *O macaco peregrino* ou *A saga ao Ocidente* (ver p. 217), locais do norte da Índia associados à vida de Buda atraíram peregrinos da China até a destruição do budismo indiano tornar tais jornadas impossíveis. Os budistas do sudeste da Ásia fazem peregrinações para locais sagrados de suas tradições, como o pico de Adão, no Sri Lanka.

Os tibetanos peregrinam para locais sagrados de Lhassa, no Tibete central, e fazem a exaustiva jornada rumo ao oeste do país para caminhar em torno do monte Kailasa. Outras montanhas atraem peregrinos. Os budistas chineses vão ao monte Putuo, em uma pequena ilha perto da costa da província de Zhejiang, para prestar homenagem à bodisatva Guanyin, que supostamente reside lá, e pedir sua ajuda. No Japão, o monte Fuji é venerado por muitas seitas budistas (ver p. 261).

A história do budismo japonês é rica em lembranças de peregrinos famosos. Alguns, como Eisai e Dogen, fundadores do zen-budismo (ver p. 252), viajaram para a China em busca do darma. Outros, como o poeta Matsuo Bashô (1644-94), viveram no Japão sua busca pelo despertar.

O pico de Adão, no Sri Lanka, em cujo topo há uma depressão na rocha tida como uma "pegada" de Buda. A montanha é destino famoso de peregrinos.

Menino birmanês tem a cabeça raspada antes de entrar no mosteiro para um período de formação como noviço budista.

HONRAR O CAMINHO

Muitas festas budistas associam-se a eventos da vida de Buda ou às histórias e doutrinas do budismo. O feriado mais importante no mundo teravada é o Dia de Buda, que celebra sua vida (ver texto lateral, na página oposta). Os tibetanos também festejam ao longo do ano os eventos mais significativos da missão de Buda. O mais comemorado é o festival da concepção de Buda, ou encarnação, no quinto dia do primeiro mês lunar, um dos vários eventos que marcam o Ano-Novo tibetano.

As comemorações também podem se centrar em relíquias pessoais de Buda. Em Kandy, no Sri Lanka, budistas comparecem em julho a uma festa que tem mais de mil anos (ver foto, na página oposta) para assistir à procissão em homenagem ao que acreditam ser um dente de Buda. Faxian, peregrino chinês do século IX, escreveu um dos mais antigos testemunhos sobre essa celebração.

Em muitos países budistas, há festas para honrar ensinamentos e escrituras budistas importantes. Os devotos teravadas celebram o primeiro sermão de Buda na lua cheia do oitavo mês lunar, data que coincide com o início das monções, quando os monges vão para seu retiro anual. No Laos, a história do generoso príncipe Vessantara, uma das encarnações prévias de Buda (ver p. 169), é comemorada anualmente. O Tibete celebra todos os anos o *Kalachakra tantra* (ver p. 186), e budistas chineses e japoneses têm festas anuais para os sutras, em particular o *Sutra do lótus*.

As terras teravadas também marcam eventos da história do budismo. O início da *sangha*, comunidade budista, é amplamente celebrado na lua cheia do terceiro mês lunar. Alguns países comemoram a chegada do budismo em seu território, ao passo que mosteiros honram a data em que foram fundados.

O fim do retiro anual dos monges na época das monções é marcado por uma alegre festa na qual os leigos se juntam aos monges e fazem doações de vestimentas e outros itens de primeira necessidade, para manter a comunidade monástica no ano seguinte.

Os ritos de passagem são tão importantes para os budistas quanto para outras religiões. Nos países teravadas, as pessoas seguem uma série de rituais, da infância à idade adulta. Em Mianmar há um conjunto especial de ritos infantis que inclui as cerimônias da gravidez, do nascimento, da lavagem da cabeça, da escolha do nome, do furo da orelha das meninas e da raspagem dos cabelos dos meninos. Nessas cerimônias, pouca coisa é genuinamente budista, apesar de não ser incomum a presença de monges salmodiando e recitando orações.

A mesma ambigüidade está presente nos casamentos. É difícil considerar Buda um exemplo quando se trata de casamento, uma vez que ele

ORDENAÇÃO MONÁSTICA

Nos países teravadas do sudeste da Ásia, a ordenação monástica serve como rito de passagem para rapazes adolescentes e simboliza a transição da infância para a idade adulta. Uma vez ordenado, o jovem passa alguns meses ou anos no mosteiro, o suficiente para aprender as regras da prática monástica, ou a ler e escrever, ou (no folclore budista tailandês) a tornar-se "amadurecido" para o casamento. No entanto, ele pode decidir fazer os votos necessários e se tornar integrante permanente do mosteiro. O ritual de ordenação relembra os eventos da renúncia de Buda. Enquanto as pessoas estão em festa, o jovem tem a cabeça raspada, coloca vestimentas monásticas e pronuncia as palavras que indicam sua entrada na ordem.

Nas terras maaianas, há menos ênfase na ordenação como um ritual de entrada na vida adulta. Mas, para os poucos rapazes ou (na China) moças que escolhem o caminho monástico, ela é uma transição igualmente decisiva para outro tipo de vida.

deixou esposa e filho para seguir a vida de monge errante. No sudeste da Ásia, os monges budistas freqüentemente são convidados para casamentos, em que recebem oferendas e cantam textos auspiciosos, mas o elemento especificamente budista parece secundário, quando não inexistente. Na China, mesmo para os budistas, o ritual do matrimônio é tradicionalmente orientado pelos valores nativos de piedade filial e reverência aos ancestrais (ver p. 226). No Japão, casamentos tradicionais e muitos outros ritos de passagem acontecem em geral num contexto xintoísta, mais do que budista (ver p. 264).

Os funerais, contudo, são diferentes. A renúncia de Buda a seu lar e aos confortos terrenos foi provocada pela visão da velhice, da doença e da morte, e os rituais que cercam a morte estão ligados, decididamente, aos valores budistas.

Na China, na Coréia e no Japão, as pessoas procuram monges e sacerdotes budistas para os funerais, e os vínculos da família com templos específicos são reforçados por atos anuais nos quais se fazem oferendas em honra dos mortos e em que eles são lembrados. No sudeste da Ásia, os funerais freqüentemente duram vários dias e envolvem oferendas e cânticos de sutras. Pretende-se com isso aumentar o mérito do falecido, para ajudá-lo na próxima vida.

O DIA DO BUDA

No Sri Lanka e em outros países teravadas do sudeste da Ásia, a festa budista mais importante é o Dia de Buda, ou Vishakha Puja, que cai no dia da lua cheia no mês lunar de *vishakha* (abril-maio). O festival comemora o nascimento, a iluminação e a morte de Buda.

Nessa ocasião, os devotos visitam os mosteiros, veneram altares ou imagens de Buda e ouvem sermões tradicionais sobre sua vida.

Devotos em Kandy, no Sri Lanka, na festa anual em que uma relíquia sagrada, o dente que se acredita ter pertencido a Buda, é levada em procissão pelas ruas.

Pintura mural do mosteiro de Taisicho Dzong, no Butão, que mostra a Roda da Vida — uma representação visual do ciclo do samsara.

O CICLO DO RENASCIMENTO

O budismo tem uma tradição de reflexão sobre a morte, iniciada quando Sidarta Gautama viu as quatro cenas (de um homem doente, outro idoso, um cadáver e um asceta) que o levaram a renunciar à vida entre a realeza (ver p. 169). Sua idéia de renúncia oferecia a promessa de que com disciplina moral e espiritual o problema da morte poderia ser resolvido.

As idéias budistas tradicionais sobre a morte baseiam-se na antiga doutrina indiana do *samsara*, traduzido como "reencarnação", "transmigração" ou simplesmente "renascimento", mas que significa literalmente "rotação" de uma vida a outra. Na época de Buda, a religião indiana passou a ver a existência como algo cíclico: a pessoa nasce, envelhece, morre e renasce em outro corpo, começando todo o processo de novo. O renascimento pode se dar sob a forma humana, divina, animal ou de entidade; ou se pode também renascer para ser punido no inferno.

A natureza da reencarnação depende do carma, ou lei moral de retribuição. Quanto maior o mérito acumulado ao longo da vida, mais alto é o patamar do renascimento, e o inverso se aplica àqueles que acumularam mais pecados que méritos. Antes de reencarnarem com uma nova forma, os piores transgressores devem erradicar suas faltas sofrendo em um dos estágios do Inferno, designado de acordo com a severidade da punição. O nível mais baixo, e também pior, é reservado às pessoas que mataram seus pais ou mestres. Assim como os habitantes do Inferno podem anular seus pecados e renascer como humanos, aqueles que alcançam a divindade podem exaurir seus méritos e voltar ao mundo humano. Nenhum estado é permanente.

Tradicionalmente, as pessoas tentam evitar más ações e buscam acumular mérito por meio de atos de devoção ou doações aos monges, esperando conseguir um nascimento melhor. Mas Sidarta Gautama viu o *samsara* como uma prisão eterna, cheia de mortes e sofrimento, e decidiu quebrar o ciclo. Seu ato de libertação, a cessação do renascimento, é conhecido como nirvana, literalmente "apagar" o fogo da ignorância e do desejo, que Buda sentia ser o "combustível" do *samsara* e a fonte do sofrimento (ver p. 171). De acordo com a tradição budista, Buda atingiu o nirvana em duas etapas. Sob a árvore *bodhi*, no momento do seu "despertar" (ver p. 170), ele entendeu que não estava mais alimentando o *samsara* com ações cármicas; em outras palavras, todo o desejo nele havia acabado. Décadas mais tarde, no momento de sua morte, conhecido como *parinirvana* ou "nirvana final (ou completo)", todo o carma residual de Buda se esgotou e ele foi inteiramente libertado do *samsara*, para nunca mais reencarnar. Com sua morte, ele parou de existir.

Monges e monjas tentaram seguir o exemplo de Buda e alcançar a mes-

POEMAS ZEN À BEIRA DA MORTE

O zen-budismo japonês tem como tradição compor poemas no momento da morte. Tal poesia freqüentemente expressa a sabedoria e o desprendimento infundidos pela história da morte de Buda. Um guerreiro zen, levado ao suicídio pela lealdade a seu senhor feudal, escreveu que a morte era como a espada afiada que cortava o vazio, e a comparou à brisa batendo contra o fogo vivo. Era como se a sua espada fosse a da sabedoria de Buda, que cortava as ilusões da vida e soprava o fogo da existência, assim como o nirvana de Buda havia "apagado" o fogo da morte e do renascimento.

ma libertação do renascimento renunciando aos prazeres e responsabilidades da vida leiga e praticando a meditação e a conduta moral correta. Para todos os budistas, a trilha para o nirvana envolve obedecer a preceitos como os do Caminho Óctuplo (ver pp. 184-5).

Os funerais budistas têm o objetivo de dar assistência ao morto e guiá-lo para um renascimento melhor. Os funerais tibetanos vão mais além, visando, se possível, assegurar a libertação do *samsara* (ver quadro abaixo). Tal prática parece ser direcionada tanto aos vivos quanto aos mortos. Ela ajuda os enlutados a aceitar gradualmente (em sete semanas) sua perda e a se preparar para a sua própria passagem desta vida (ver também pp. 156-7).

O *LIVRO DOS MORTOS*

Um dos textos fúnebres budistas mais conhecidos é o *Livro dos mortos tibetano*. Durante 49 dias (período que supostamente se leva para renascer), um lama canta as palavras do texto, primeiro com o corpo presente e depois diante de uma imagem do falecido.

O texto descreve vários budas benevolentes e coléricos que aparecerão para o falecido no "estágio intermediário" (*bar-do*) entre a morte e o renascimento, e explica que a pessoa deve compreender tais formas como nada além de manifestações de sua própria mente. De acordo com o livro, é possível que o falecido se una a tais formas e se liberte do ciclo de morte e renascimento. Para aqueles que não conseguem unir-se aos budas, o *Livro dos mortos* explica como conseguir uma encarnação positiva na vida seguinte.

Imagem tibetana do século XVIII. Buda no parinirvana, *morrendo para não mais renascer.* O Livro dos mortos *ajuda os que faleceram a alcançar esse estado.*

A TERRA PURA

Segundo a tradição do budismo terra pura, presente principalmente na China, no Japão e no Tibete, se um devoto cantar com fé o nome do buda celeste Amitabha (Amituo, em chinês; Amida, em japonês) ele o visitará na hora da morte, junto com um grupo de bodisatvas celestes. Amitabha fará, então, com que o devoto renasça em Sukhavati, a paradisíaca Terra Pura, ou Paraíso Ocidental, onde ele reina. Ali, longe das distrações terrenas, o devoto poderá se preparar para o nirvana que é assegurado a todos os que chegam à Terra Pura.

A crença e a prática do budismo terra pura, ou amidismo, têm suas raízes na antiga idéia indiana de que a meditação sobre uma entidade particular no momento da morte assegurará o renascimento no domínio celeste daquela entidade. O amidismo continua a orientar a compreensão da morte em algumas das formas de budismo japonesas mais populares (ver pp. 253-4).

Sua Santidade bsTan-'dzin rGya-mtsho (Tenzin Gyatso), o décimo quarto dalai-lama, no exílio. Sua autoridade espiritual permanece inalterada perante os budistas tibetanos do mundo.

PERSEGUIÇÃO NO TIBETE

A vida budista tradicional mantinha-se há séculos como sempre havia sido no Tibete até 1950, quando a recém-fundada República Popular invadiu o país para reforçar suas pretensões de hegemonia. O décimo quarto dalai-lama, bsTan-'dzin rGya-mtsho (Tenzin Gyatso), com apenas 16 anos, manteve-se no posto, mas teve de reconhecer o domínio chinês.

Em 1959, uma rebelião contra a dominação chinesa provocou uma dura intervenção, e o dalai-lama retirou-se para a Índia. Desde essa data os mosteiros tibetanos sofreram perseguições severas e muitos foram destruídos, especialmente durante a Revolução Cultural (1966-76). Nos anos 1980, porém, o controle das atividades religiosas suavizou-se e a vida monástica recomeçou nos centros tradicionais.

De seu exílio na Índia, o dalai-lama continuou estimulando esforços pacíficos para que a cultura e a autonomia do Tibete fossem preservadas. Em 1989, ele recebeu o Prêmio Nobel da Paz. Mas a China não se mostrou receptiva aos seus apelos e procura controlar as questões religiosas do Tibete, sobretudo na seleção das "reencarnações" de figuras como o panchen-lama e outras altas autoridades monásticas.

PAPÉIS E RELAÇÕES

A comunidade budista, ou *sangha*, tem quatro divisões tradicionais: monges, monjas, leigos e leigas. Os monges e monjas tentam seguir o exemplo de Buda renunciando às obrigações da vida de leigo e vivendo com simplicidade. Cabe aos leigos manter a estrutura da sociedade budista. Eles se casam e constituem família, plantam, acumulam riqueza e distribuem seus benefícios, lutam e mantêm a ordem e se esforçam ao máximo para tornar possível a busca do nirvana pelos habitantes dos mosteiros. As simples divisões da sociedade budista, entretanto, tornam-se mais complexas quando se consideram os diferentes papéis na comunidade monástica, a diversidade de ocupações e funções na comunidade comum e as cambiantes relações entre as duas.

A comunidade monástica se iniciou com um grupo de caminhantes que seguiu Buda pelo norte da Índia. Com o passar do tempo, monges e monjas adotaram uma vida menos nômade. As chuvas das monções, que chegam ao norte da Índia nos meses de julho e agosto, deixavam os caminhos intransitáveis, e a comunidade monástica adotou a prática de permanecer em um só local durante o período chuvoso. Dessa prática nasceu a instituição do mosteiro (*vihara*), que com o tempo se tornou a instituição central do budismo. Vivendo da ajuda de reis e ricos doadores, os grandes mosteiros indianos se transformaram em centros de estudo não apenas da filosofia e dos rituais budistas, mas de artes seculares como literatura, medicina e astrologia.

As terras budistas do sudeste da Ásia desenvolveram tradições monásticas sofisticadas que com freqüência estavam ligadas ao poder real. Esse vínculo era por vezes bastante direto, como no caso do rei Mongkut da Tailândia (ver p. 196).

A tradição de reinado budista remonta a Asoka, da dinastia Maurya, que governou no norte da Índia no século III a.C. (ver p. 172), considerado *dharmaraja*, ou "rei correto" ideal. Segundo a tradição, Asoka se converteu ao budismo depois de uma campanha militar sangrenta e tentou promover uma política de *dharmavijaya*, "conquista correta", por meio do darma, e não pela força das armas.

Os monarcas budistas se proclamam "governantes corretos", no estilo de Asoka, e têm protegido os mosteiros para, em troca, receber legitimação monástica para seu governo.

A variação mais notável do reinado budista (ver p. 182) ocorreu no Tibete, onde o Grande Quinto Dalai-Lama se valeu da fraqueza de seus adversários para se tornar o líder secular e religioso do país, posição análoga, talvez, à dos papas antes da perda de seu poder temporal no século XIX. Até a invasão chinesa, na década de 1950 (ver texto lateral, na página oposta, e a p. 175), o Tibete foi governado pela peculiar combinação de liderança real e monástica.

Embora respeite os mosteiros maiores e que têm influência social, o budismo também reverencia o "santo" individual que se retira em solidão ou com um pequeno grupo para buscar o nirvana longe da sociedade. Freqüentemente, os monges da floresta do Sri Lanka ou da Tailândia são tratados como os grandes heróis da tradição e fazem um contrapeso, e uma crítica, à vida nos mosteiros e na sociedade como um todo. Quando Dogen, fundador da seita zen *soto*, no Japão (ver p. 252), rejeitou o pedido de um mensageiro imperial para que se envolvesse na vida da corte japonesa e o expulsou de seu mosteiro, ele estava colocando em prática um ideal budista antigo que prega o afastamento das questões do Estado.

A relação entre monges e pessoas comuns é mais bem compreendida pela antiga prática da doação matinal, que ainda é vista no sudeste da Ásia. Todo dia os monges deixam os mosteiros e vão de casa em casa pedindo alimento. Esse simples ritual une monges e leigos em um esquema de apoio mútuo. Os monges recebem as doações que os ajudam a buscar o nirvana e os leigos têm a oportunidade diária de praticar a generosidade e assim acumular o mérito que lhes garantirá um renascimento melhor.

Jovens monges fazem fila para receber a doação matinal de uma dona-de-casa de Bancoc.

Devoto no pagode de Thien Hao, na cidade de Ho Chi Minh (antiga Saigon), no Vietnã.

Isso reflete o conceito de "causalidade interdependente" ensinado por Buda. De acordo com esse conceito, cada pessoa tem um papel distinto na sociedade budista, mas todos estão ligados por uma rede de mútua dependência.

Nos séculos XIX e XX, o colonialismo, o secularismo, o comunismo e a ciência moderna abalaram as estruturas tradicionais da sociedade budista no sudeste da Ásia. Sob a influência da visão modernista e científica do budismo desenvolvida pela Sociedade Teosófica (ver p. 175), o monge Anagarika Dharmapala, do Sri Lanka (1864-1933), liderou um movimento importante no início do século XX para racionalizar a prática budista, excluir aspectos "supersticiosos" e mobilizar a comunidade budista contra o colonialismo britânico. Desde que o Sri Lanka (antigo Ceilão) se tornou independente, em 1948, as instituições budistas floresceram, mas não sem dificuldades. A violência étnica entre os cingaleses budistas e os tâmeis hindus inseriu o conflito religioso na sociedade moderna do Sri Lanka, afastando-a do preceito budista de tolerância e paz.

Mianmar tem uma visão diferente sobre a relação ativa entre o budismo e a política. Após conquistar (como Birmânia) a independência da Inglaterra em 1948, seu primeiro-ministro, U Nu (1907-95), promulgou um programa de reformas conhecido como "socialismo budista". U Nu dizia que um Estado verdadeiramente socialista deve incentivar a igualdade, desencorajar instintos aquisitivos e proporcionar tempo livre para que as pessoas possam se dedicar à meditação e à busca do nirvana. Destituído pelos militares em 1962, U Nu viveu exilado na Índia por alguns anos antes de retornar a Mianmar, em 1980, e se tornar monge budista.

Recentemente, Aung San Suu Kyi se valeu dos princípios budistas em

REFORMA NA TAILÂNDIA

De todas as linhagens reais do budismo, a da Tailândia (antigo Sião) foi a que sobreviveu com mais vigor até o século XX. Livre dos problemas causados pelo colonialismo europeu, a Tailândia traçou seu próprio caminho para o mundo moderno sob o comando de seus monarcas. Antes de assumir o trono, o rei Mongkut (1804-68) viveu 25 anos como monge, e nesse período passou a apoiar um ramo reformista do budismo conhecido em tailandês como *thammayut* (do páli "*dhamma-yuttika*", "aqueles que aderem ao darma"). Ao subir ao trono (em 1851), ele continuou a apoiar a reforma *thammayut*, caracterizada pelo desejo de modernizar e fortalecer as regras da comunidade monástica tailandesa.

Chulalongkorn, filho de Mongkut, que governou de 1868 a 1910, deu prosseguimento à política de seu pai, promovendo uma forma de budismo coerente com a ciência ocidental moderna (Chulalongkorn é o monarca do musical *O rei e eu*). Até os dias de hoje, o rei tailandês tem um papel importante na vida religiosa e política de seu país.

uma campanha para restabelecer a democracia birmanesa (ver quadro abaixo). Como a carreira dela demonstra, as mulheres podem ter um papel importante na vida política de países budistas modernos do sudeste da Ásia. No entanto, as idéias tradicionais no que diz respeito ao domínio masculino ainda continuam arraigadas na cultura de muitas regiões.

Fora do Tibete, o budismo enfrentou também na Indochina, onde o grau de opressão religiosa variou consideravelmente, o desafio de viver sob governos secularizadores comunistas. No Vietnã, por exemplo, as instituições budistas permaneceram ativas, mas no Camboja sofreram com a devastação nacional levada a efeito pelo governo do Khmer Vermelho, de 1975 a 1979, e ainda estão se recuperando.

O século XX também presenciou uma tentativa de reviver o budismo em sua terra natal, a Índia, como parte de uma crítica ao sistema de castas tradicional.

O doutor Bhimrao Ramji Ambedkar (1891-1956), um "intocável" do estado indiano de Maharashtra, viu no budismo um ideal de igualdade e justiça social que poderia aliviar a opressão sofrida pelas castas desfavorecidas na sociedade indiana (ver p. 159). Ele criou um movimento social importante, baseado nos princípios budistas, que continua a permear a vida religiosa e política indiana.

AUNG SAN SUU KYI

É do atual Mianmar (antiga Birmânia) o exemplo mais celebrado de mulher que leva os valores religiosos budistas para outras áreas. Em julho de 1988, o general birmanês Ne Win, presidente do Partido Socialista de Mianmar, promoveu um referendo nacional sobre o futuro político do país. A oposição popular ao autoritarismo militar cristalizou-se ao redor de Aung San Suu Kyi. Seu pai, Aung San, havia sido colega de U Nu (ver texto principal) e liderara o movimento pela independência nacional até ser assassinado, em 1947.

Os escritos políticos de Aung San Suu Kyi, compilados num livro chamado *Freedom from Fear* ("Libertação do medo"), falam de forma eloqüente sobre a busca moderna da democracia e dos direitos humanos e também sobre os valores budistas da verdade, da coragem, da honestidade e da bondade amorosa. Como reconhecimento por sua campanha em favor de reformas democráticas pacíficas, ela recebeu o Prêmio Nobel da Paz em 1991.

Aung San Suu Kyi e partidários em uma entrevista coletiva no portão de sua casa em Yangon (Rangum), de onde (por estar em prisão domiciliar) presidiu o movimento pela reforma democrática de Mianmar.

Capítulo Seis

TRADIÇÕES CHINESAS

Jennifer Oldstone-Moore

Esta pintura do século XVIII mostra estudantes num exame para o serviço público. A prova exigia um bom conhecimento dos preceitos confucionistas, que constituíram a base do governo chinês durante dois milênios.

PÁGINA OPOSTA *Peregrinos dirigem-se ao templo de Taishan (monte Tai, ou a "Grande Montanha"), um pico de grande importância para a religião chinesa desde os tempos antigos. É uma das muitas montanhas sagradas da China (ver mapa à p. 201).*

INTRODUÇÃO

As três tradições formais do confucionismo, do taoísmo e do budismo, assim como a religião popular onipresente, moldaram a cultura e a história chinesas durante milênios e continuam sendo um aspecto importante dessa civilização. As religiões tradicionais prosperam em Taiwan e Hong Kong, assim como em Cingapura e outras comunidades chinesas no exterior. Com exceção de Hong Kong, têm uma presença mais silenciada na República Popular, onde as práticas persistem apesar do desestímulo oficial e de eventuais perseguições.

As tradições religiosas da China repousam em dois princípios fundamentais: o cosmo é um lugar sagrado e todos os seus aspectos são inter-relacionados. O objetivo principal da religião chinesa é sustentar essa santidade mantendo a harmonia entre os seres humanos e entre a humanidade e a natureza. Isso se reflete nas tradições formais nativas do taoísmo e do confucionismo, assim como na religião popular. O budismo, vindo da Índia, também se ajustou à perspectiva chinesa.

O motivo octogonal em destaque neste chapéu infantil apresenta o símbolo circular yin-yang *cercado pelos oito trigramas usados na adivinhação tradicional (ver texto lateral, p. 213).*

O budismo é de longe a mais bem-sucedida das religiões internacionais que entraram na China, embora o islã também tenha tido algum impacto, sobretudo no oeste (ver foto à p. 119). Em outros pontos da China, contudo, nem o islã nem o cristianismo tiveram uma acolhida digna de nota, em parte porque a exclusividade das duas crenças não se coaduna com a natureza altamente sincrética da prática religiosa chinesa. O confucionismo, o taoísmo e o budismo, conhecidos como as Três Doutrinas, são considerados complementares, e em geral praticados simultaneamente. Embora as tradições tenham cada uma sua história e seus especialistas, para a maioria dos chineses o dito "as Três Doutrinas fundem-se em Uma" é verdadeiro.

A religião chinesa tradicional se fundamenta num antigo entendimento de como funciona o cosmo. De acordo com ele, tudo o que existe, inclusive o céu, a terra, os seres humanos e as divindades, é composto da mesma substância vital, ou *qi* (*ch'i*). O *qi* se manifesta fundamentalmente como duas forças complementares, o *yin* e o *yang*. Esses termos significavam originalmente o lado sombrio (*yin*) e o lado ensolarado (*yang*) de uma montanha, mas bem cedo passaram a ser usados mais simbolicamente. Assim, *yin* denota o que é escuro, úmido, inerte, túrbido, frio, mole e feminino, e o *yang* complementar denota o que é claro, seco, crescente, luminoso, quente, duro e masculino. Todas as coisas têm *yin* e *yang* em proporções variáveis.

A visão *yin-yang* do cosmo funciona conjugada ao ciclo das Cinco Fases, que fornece uma estrutura mais detalhada para a compreensão de como interagem as forças vitais. As fases são representadas por "fogo", "madeira", "metal", "água" e "terra", que, mais do que elementos, devem ser vistos

A CHINA SAGRADA

A paisagem religiosa chinesa se caracteriza por montanhas e templos sagrados. Alguns locais são considerados santificados desde os tempos antigos, como os Cinco Picos Sagrados — Taishan, Hengshan (no norte), Songshan, Huashan e Hengshan (no sul) —, ao passo que outros ganharam esse *status* com o surgimento de líderes e escolas religiosas que se identificaram com eles — como aconteceu com o monte Tiantai (Tiantaishan), onde vive a seita budista homônima, e o monte Putuo (Putuoshan), uma montanha consagrada à divindade budista Guanyin (Kuan Yin).

Onde quer que seja praticada a religião tradicional, desde a aldeia mais minúscula até a capital, existe uma multidão de templos. Na República Popular, templos importantes ganharam sanção oficial sobretudo devido a seu valor como atração turística, embora também abriguem atividades religiosas.

Outros locais de interesse religioso especial mostrados no mapa incluem Anyang (onde várias vezes se descobriram ossos usados para adivinhação); Qufu (terra natal de Confúcio); e Chang'an (capital da dinastia Tang, onde muitos textos budistas foram traduzidos pela primeira vez para o chinês e onde se estabeleceu a primeira comunidade cristã da China, no século VII).

Legenda

- ■ Local de importância religiosa especial
- ● Outro local
- ▲ Montanha sagrada
- Rotas históricas do comércio da seda
- Outras rotas de transmissão do budismo para dentro e fora da China
- Grande Muralha

como forças metafísicas, cada uma das quais exerce uma influência dominante em uma dada ocasião. As fases refletem o sistema *yin-yang* (fogo e madeira são *yang*; metal e água são *yin*; a terra é neutra) e ordenam-se em dois ciclos. Na primeira seqüência (madeira, fogo, terra, metal, água), diz-se que cada fase produz a seguinte. No segundo ciclo (fogo, água, terra, madeira, metal), cada elemento destrói o seu antecessor. Tudo no universo — as mudanças e padrões da natureza, os corpos celestes, o tempo, os fenômenos naturais e a sociedade humana — se liga pela sua participação nesses ciclos de transformação assim como pelas proporções variáveis de *yin* e *yang* que contém. A relação entre cada uma das Cinco Fases tem paralelos em inúmeros outros grupos de cinco que expressam a natureza e a interação de céu, terra e seres humanos, inclusive as direções (norte, leste, sul, oeste, centro), as divindades, os animais, os números, os planetas, as estações e as cores.

As principais tradições espirituais expressam, de modos diversos, o ideal de uma harmonia cósmica aprimorada. O confucionismo, baseado nos ensinamentos de um sábio do século VI a.C., mestre Kong (Kong Fuzi, latinizado no Ocidente como "Confúcio"), centra-se nas relações entre as pessoas e na criação de uma sociedade harmoniosa baseada na virtude. A virtude básica é o *ren* ("benevolência", "humanidade"). De acordo com Confúcio, a relação primordial é a dos pais com os filhos, sobretudo do pai com o filho, caracterizada pela virtude do *xiao*, devoção filial. Com a manutenção desse vínculo, a família, a comunidade, o Estado e por fim o cosmo podem ser transformados (ver pp. 216-7).

CRONOLOGIA

PERÍODO LENDÁRIO (*todas as datas são tradicionais*)

Os "Heróis da Cultura"

2852 a.C. • Fu Xi
2737 a.C. • Shen Nong
2697 a.C. • Huang Di

Os "Reis Sábios" e a dinastia Xia

2357 a.C. • Yao
2255 a.C. • Shun
2205 a.C. • Yu (fundador da dinastia Xia)
2205-1766 a.C. • Dinastia Xia

PERÍODO HISTÓRICO

Dinastia Shang (c. 1766-1050 a.C.)
• Adivinhação; culto dos ancestrais e do "Senhor nas Alturas" (Shang Di)

Dinastia Zhou (1050-256 a.C.)
• Culto do Céu (Tian); formula-se a idéia do Mandato do Céu; escrevem-se os clássicos chineses; Confúcio, Mêncio (371-?289 a.C.), Lao Tsé (?nasc. 604 a.C.) e outros fundam "100 Escolas" (551-479 a.C.); articulação das teorias do *qi* e do *yin-yang*; xamanismo praticado

Dinastia Qin (221-206 a.C.)
• O imperador Qin Shihuangdi persegue eruditos

Dinastia Han (206 a.C.-220 d.C.)
• O confucionismo torna-se a base da religião do Estado; o budismo entra na China; surgem movimentos religiosos populares

Era da Divisão (220-581)
• Surge o taoísmo religioso; o budismo é bem estabelecido

Dinastia Sui (581-618)

Dinastia Tang (618-907)
• O budismo e o taoísmo em ascensão (mas budistas são perseguidos, 841-45); desenvolvem-se o budismo terra pura e a *chan*; fundada a Igreja Nestoriana Cristã em 635; introdução do islamismo (século VIII); judaísmo, maniqueísmo e zoroastrismo

"Cinco Dinastias" (907-960)

Dinastia Song (960-1279)
• Ascensão do neoconfucionismo; formação das sociedades devocionais budistas

Dinastia Yuan (1279-1368)
• Os mongóis dominam a China

Dinastia Ming (1368-1644)
• Neoconfucionista Wang Yangming (1472-1529); chegam missionários católicos (século XVI)

Dinastia Qing (1644-1911)
• O cristianismo logo é reprimido; no século XIX, a China é "aberta" pelas potências ocidentais e missões cristãs voltam

PERÍODO MODERNO

República da China (1911-49; desde 1911 em Taiwan)
• Religiões tradicionais florescem; alguns missionários cristãos em atividade

República Popular da China (desde 1949)
• A ideologia estatal ateísta reprime atividades religiosas; culto de Mao Tsé-tung; perseguição a religiosos durante a Revolução Cultural (1966-76); após a morte de Mao, em 1976, relaxam-se um pouco as restrições à atividade religiosa

Confúcio com um grupo de seguidores. Ilustração do Livro da vida de Confúcio, *obra anônima do século XVI.*

O taoísmo, cujo início é tradicionalmente fixado no século VI a.C. mas cujas obras básicas datam do século IV ou III a.C., preocupa-se menos com a harmonia interpessoal do que com a concórdia entre os seres humanos e a natureza. O termo "tao" ("caminho") significa o plano subjacente a toda mudança e transformação cósmicas, o modo como o *qi* é infinitamente criado e dissolvido para formar a miríade de fenômenos do universo. O taoísmo centra-se no conceito de *wu wei*, "não-interferência" com o tao. Para atingir a ordem e a harmonia na própria vida e no cosmo, deve-se aprender a perceber o tao na natureza e a agir — ou abster-se de agir — de acordo com ele. Com o tempo, a idéia do próprio fortalecimento por meio da harmonização com as forças naturais aplicou-se à preservação do corpo humano pela busca da longevidade.

O budismo foi introduzido no século I e logo atraiu muitos seguidores. Trouxe consigo o atrativo do estrangeiro e exótico, uma fascinante e complexa cosmologia hindu e a promessa da salvação universal — idéias ausentes ou ainda incipientes nas tradições nativas. Mas o budismo na China também desenvolveu formas diferentes, cujo exemplo mais notável é a fusão com o taoísmo, que resultou na escola budista chinesa da *chan* ("meditação"; ver p. 219).

As religiões chinesas são freqüentemente voltadas para o mundo e orientadas para a prática, e isso é evidente na tradição popular, que reflete as principais preocupações das Três Doutrinas mas não tem um conjunto sistemático de crenças; concentra-se em melhorar esta vida garantindo saúde, vida longa, prosperidade, harmonia doméstica, a continuidade da linhagem familiar pelos filhos e a proteção contra calamidades. Um relacionamento recíproco entre os vivos e os espíritos (ancestrais, divindades e fantasmas) é fundamental para a prática popular. Supõe-se que, se os homens desempenharem seu papel, o mundo espiritual responderá com a mesma moeda, concedendo bênçãos ou — no caso dos fantasmas — não fazendo nenhum mal.

A cabeça do Buda, parte de uma enorme estátua esculpida na superfície de uma rocha em Leshan, na província de Sichuan. Realçando as tradições chinesas nativas, o budismo diferenciou-se bastante na China de sua forma no sul da Ásia. Como acontece em Leshan, essa sinização também é evidente na arte budista chinesa.

UMA RIQUEZA DE TRADIÇÕES

Muitos dos temas centrais e das crenças da religião chinesa estavam presentes já nas dinastias Shang e Zhou, e formam a base comum para o confucionismo, o taoísmo e o budismo. O respeito pelos ancestrais manifestou-se durante a era Shang, e os mortos eram enterrados com suntuosas oferendas no túmulo. As pessoas usavam "ossos de oráculo" (ver quadro abaixo). Invocava-se ocasionalmente um deus elevado, Shang Di ("Senhor das Alturas"), mas durante a dinastia Zhou, por ser considerado distante da humanidade, ele foi substituído por Tian ("Céu"), que presidia os espíritos dos mortos. Com o desenvolvimento do culto a Tian, passou-se a acreditar que ele concedia o "Mandato do Céu" à pessoa ou dinastia julgada digna de dominar. O aborrecimento de Tian com um governante manifestava-se em desordens, como rebelião, fome e calamidades naturais. Se as condições se tornavam intoleráveis, deduzia-se que Tian tinha retirado seu mandato e o governante podia legitimamente ser deposto.

O sistema cosmológico chinês do *qi*, do *yin-yang* e dos Cinco Elementos (ver pp. 200-3) também foi estabelecido durante a dinastia Zhou. No mesmo período, diversas práticas, artes, obras literárias e feitos exemplares foram destilados para se converter nos Seis Clássicos, que se tornariam os textos fundamentais do confucionismo (ver pp. 212-3).

OSSOS PARA ADIVINHAÇÃO

A adivinhação com "ossos de oráculo" era uma prática importante na época da dinastia Shang. A casa real a empregava para receber orientação sobre uma série de questões, desde a previsão do tempo e a determinação da causa de uma dor de dente até a hora certa de começar uma guerra, a probabilidade de sucesso na caça e de abundância na colheita. Muitos ossos de oráculo foram descobertos em Anyang, no nordeste da China (ver mapa à p. 201).

Os ossos eram usados para obter uma resposta "sim" ou "não" a perguntas feitas a seres sobrenaturais — normalmente ancestrais, fontes de bênção ou de infortúnio, sobretudo no tocante à fertilidade. As perguntas às vezes eram feitas ao alto deus Shang Di, assim como a forças naturais.

Enquanto se fazia a pergunta, colocava-se uma vara aquecida na escápula (omoplata) de um boi ou carneiro ou no casco de uma tartaruga. Um adivinho interpretava os estalos feitos pela vara quente para revelar a resposta à pergunta.

"Osso de oráculo", parte da escápula de um carneiro. A pergunta e sua resposta estão inscritas no osso, como era prática comum.

No século VI a.C., a autoridade política dos governantes Zhou tinha declinado, e o período seguinte de desordem viu a formulação de várias teorias de governo que visavam a restaurar a harmonia e a paz. As muitas doutrinas surgidas nessa época são conhecidas coletivamente como as Cem Escolas, das quais o confucionismo e o taoísmo são as mais famosas. Confúcio nasceu em 551 a.C. em Qufu, na moderna província de Shandong, numa família pobre mas respeitável. Depois de servir no governo do estado de Lu, passou 13 anos viajando pelos vários estados chineses e pedindo aos governantes que pusessem em prática suas idéias. Voltou para casa desapontado e passou o resto de seus dias, até a morte no ano 479 a.C., dando aulas e organizando os Seis Clássicos.

As três figuras mais importantes da tradição religiosa e filosófica chinesa foram reunidas nesta pintura do século XVIII. Lao Tsé (à esq.) observa como Confúcio embala o Buda bebê.

Essencialmente, Confúcio afirmava que o governo precisa se basear na virtude e que todos os cidadãos devem estar atentos aos deveres de sua posição. Seu grande seguidor, Mêncio (Mengzi, 371-289 a.C.), elaborou os ensinamentos de Confúcio sobre a virtude humana e o bom governo, proclamando a bondade original da natureza humana e o direito das pessoas de se rebelar contra um mau governante. O terceiro grande pensador confucionista dos tempos antigos, Xunzi (em atividade em c. 298-238 a.C.), ofereceu uma visão bem diferente da natureza humana. Ele afirmava que a humanidade era originalmente má e só se tornava boa graças a leis rigorosas e punições duras. As opiniões de Xunzi foram levadas ao extremo pelos "legalistas", que formaram outra das Cem Escolas. Eles foram censurados na história chinesa devido a seu papel no brutal reinado do primeiro imperador de toda a China, Qin Shihuangdi (221-209 a.C.), famoso por queimar livros em massa e por executar eruditos confucionistas.

A dinastia Han (206 a.C.-220 d.C.) testemunhou uma síntese de confucionismo, legalismo e cosmologia *yin-yang*. Mas a era foi notabilíssima pela formação do sistema burocrático imperial chinês que dirigiu o país até o século XX com homens formados segundo as virtudes confucionistas.

Durante os séculos seguintes, a popularidade do taoísmo e do budismo minou a vitalidade do confucionismo, mas na dinastia Song (960-1279) houve um renascimento conhecido como neoconfucionismo. O erudito mais renomado desse período, Zhu Xi (1130-1200), propôs um sistema metafísico baseado na moralidade confucionista. Ele afirmava que todas as coisas, inclusive a natureza humana, têm um princípio ordenador, o *li* (não é a mesma palavra *li* que significa "ritual"), que molda a matéria vital chamada *qi* (ver p. 200). Os homens devem "investigar as coisas" para compreender seus princípios subjacentes e se educar de modo a basear suas ações nos princípios adequados de comportamento humano. A defesa neoconfucionista do "sentar-se quieto" (meditação) como uma técnica de autodesenvolvimento reflete a influência budista.

A tradição diz que Lao Tsé (ou Laozi), o lendário fundador do taoísmo, nasceu em 604 depois de uma gestação e um nascimento milagrosos. Serviu

Retrato de Matteo Ricci (1552-1610). Esse missionário italiano tinha uma memória prodigiosa e durante sua estada na China impressionou a corte imperial recitando longos trechos dos clássicos chineses.

OS JESUÍTAS NA CHINA

A missão jesuítica na China no século XVI foi a primeira tentativa dos europeus de compreender as religiões chinesas a partir de dentro do país. Uma figura de proa da missão foi Matteo Ricci (ver ilustração acima), que desembarcou em Macau em 1582. Para ganhar a aprovação dos funcionários confucionistas e com isso ter acesso ao imperador, Ricci e seus colegas aprenderam chinês e adotaram a vestimenta, os modos e os conhecimentos da elite culta.

Os jesuítas favoreceram o ajuste dos rituais confucionistas ao cristianismo, permitindo, por exemplo, a veneração dos ancestrais, porém mais como um ato de lembrança do que de culto. Ricci acreditava que os chineses antigos tinham cultuado o único Deus na forma de Shang Di (ver p. 204), mas que a degeneração de religiões posteriores havia solapado o monoteísmo original. Contudo, apesar da aculturação e da disposição conciliadora mostrada pelos missionários, os chineses acharam a astronomia, a matemática e as máquinas do Ocidente bem mais atraentes que sua religião.

na burocracia imperial e promoveu uma teoria de governo *laissez-faire*, mas se desiludiu e se retirou para as montanhas. No meio do caminho, contudo, um guarda do passo ocidental pediu-lhe que escrevesse seus ensinamentos. O resultado foi o texto fundamental do taoísmo, o *Tao Te King*. Existem duas tradições taoístas: o taoísmo "filosófico" e o taoísmo "religioso". O taoísmo filosófico, representado por Lao Tsé e Zhuangzi (século IV a.C.), relaciona-se com a revelação e a obediência ao tao, a força e o padrão que estão por trás da ordem natural. Zhuangzi afirmava que a paz e a harmonia são o estado natural das coisas até os homens interferirem, e que é preciso ver a relatividade de todos os valores e pontos de vista.

O taoísmo religioso começou no século II com movimentos como os "turbantes amarelos" e os "mestres celestiais" (conhecido também como o "Caminho dos Cinco Alqueires de Arroz"). Esses grupos associaram antigas práticas e crenças, como a busca da longa vida, a seus próprios escritos, divindades, rituais e, muito freqüentemente, expectativas milenares, que o governo sentia como uma ameaça. Com o tempo, o taoísmo religioso criou um cânone de texto revelado, um panteão de divindades, sacerdotes letrados e rituais estabelecidos.

O budismo faz parte do cenário religioso chinês desde o século I. No seu apogeu na China (do século III ao IX), ele sustentou a perspectiva de salvação universal numa época de instabilidade política e ofereceu uma visão intrincada e vigorosa da vida após a morte. Demonstrou-se altamente adaptável, e suas escolas mais bem-sucedidas são as que se ajustaram às sensibilidades chinesas. O budismo *tiantai*, ao organizar a série de ensinamentos budistas em níveis de verdade relativa, agradou à inclinação chinesa de harmonizar e conciliar pontos de vista divergentes. O budismo terra pura tinha um grande apelo popular e atendia às necessidades de tempos incertos com seu devocionismo e a promessa de um renascimento feliz (ver p. 193). A crítica da linguagem e do discurso racional que caracterizou a escola da meditação, ou *chan*, lembrava o taoísmo filosófico, que compartilhou seu objetivo de compreender a verdadeira natureza da realidade, mesmo se essa realidade fosse descrita diferentemente. (*Tiantai*, terra pura e *chan* viriam todas a exercer grande influência no budismo do Japão; ver pp. 252-3.)

Contudo, o budismo tem sido sempre identificado como uma religião "estrangeira" e sofreu várias perseguições. Depois da pior delas (841-45), quando milhares de mosteiros foram fechados, continuou sendo uma força importante na vida religiosa chinesa, mas nunca readquiriu o porte anterior. Das diversas escolas, apenas a terra pura e a *chan* continuaram prosperando.

A estrutura básica da tradição popular chinesa estava de pé no ano 1000. Ela inclui muitas práticas nativas antigas, como o xamanismo (ver texto lateral, na página oposta), a adivinhação e a veneração dos ancestrais. Além disso, incorporou as idéias budistas de carma e renascimento e as suas cosmologias de céus e infernos, budas e bodisatvas, junto com a hierarquia taoísta de divindades. Os confucionistas zombam das práticas religiosas populares, ao passo que o papel dos sacerdotes budistas e taoístas é conduzir rituais, e não explicar a doutrina para as massas. Eles são chamados para realizar certas cerimônias em templos dirigidos por organizações da vizinhança e não são permanentemente afiliados a templos da religião popular.

Nos últimos dois séculos, as tradições religiosas chinesas enfrentaram tremendos desafios que originaram confrontos culturais e militares com o Ocidente. Intelectuais e governos têm considerado que elas são a causa da fraqueza chinesa e que se opõem à modernidade, se comparadas com a ciência e o racionalismo ocidentais. As políticas oficiais do regime comunista consolidam essa atitude, e é difícil avaliar a força atual da religião tradicional no continente. Contudo, observa-se que, sempre que a pressão do governo relaxa, as práticas religiosas logo ressurgem.

XAMÃS

O xamã é um veículo para a comunicação com os espíritos: num transe, ele deixa o próprio corpo e viaja para o mundo dos espíritos. Na China antiga, os xamãs participavam dos rituais de sacrifício na corte e atuavam como canal de poder sagrado, invocando os deuses e deusas, pedindo chuva, curando e exorcizando demônios. Seu papel oficial cessou por volta do ano 400, mas na religião popular os xamãs ainda atuam como médiuns, curandeiros, exorcistas e intérpretes de sonhos.

AS CAVERNAS DE DUNHUANG

Um conjunto de cavernas artificiais no extremo noroeste da China oferece notável indício da antiguidade do florescimento do budismo no país e da transformação que ele ali sofreu em relação ao contexto indiano. Dunhuang era um posto avançado para peregrinos e mercadores chineses na Estrada da Seda, que ligava a China à Índia, ao Oriente Médio e à Europa (ver mapa à p. 201). A estrada levou o budismo à China, e era o caminho dos peregrinos chineses que iam à Índia em busca de textos, como o monge Xuanzang (ver p. 217).

Do século IV ao XIV, os peregrinos construíram as Cavernas de Mil Budas na pedra macia de um rochedo escarpado em Dunhuang. Escavaram-se templos, santuários e alojamentos, cujas paredes foram adornadas com murais coloridos. A iconografia de Dunhuang ilustra como o budismo indiano se transmutou ao longo dos séculos, com a incorporação de temas chineses.

As cavernas incluíam uma biblioteca de muitos milhares de manuscritos preciosos de literatura budista (ver figura à p. 213). A biblioteca foi lacrada no século XI para evitar assaltos, e assim permaneceu intacta até ser reaberta em 1900.

As cavernas de Dunhuang, no noroeste da China. Por estarem em local muito remoto, permaneceram intocadas pelas várias erupções de sentimento antibudista na China, inclusive a perseguição de 841 e, mais recentemente, a Revolução Cultural.

O Deus da Cozinha cercado por sua família divina. Gravura do início do século XX.

ZAO JUN, O DEUS DA COZINHA

No lar, a área da cozinha é o que define a unidade da família, pois os membros da família estendida podem compartilhar um altar, mas nunca um fogão. Assim como Tudi Gong é o deus da vizinhança (ver texto principal), Zao Jun, o Deus da Cozinha, é o deus da família e sua ligação com a burocracia celeste. No dia 23 ou 24 do último mês do ano, Zao Jun é mandado para o Céu — e então se queima uma imagem ou efígie do deus — para fazer um relatório anual sobre a família ao imperador Jade (ver texto principal). Antes de sua partida, a família o alimenta com iguarias feitas de açúcar e ingredientes grudentos para que tenha apenas coisas doces a dizer sobre ela — ou para que seus lábios se grudem e o que ele diga não seja compreendido.

O IMPÉRIO CELESTE

A preocupação chinesa com o divino assume duas formas principais. Por um lado, há uma ampla série de divindades e seres espirituais, muitos deles venerados em santuários e templos. Por outro, grande parte da atividade religiosa se concentra em princípios de ordenação — forças cósmicas e conceitos de realidade suprema — que mais do que cultuados são objeto de contemplação. Para a maioria das pessoas o contato com o divino ganha a forma de atos de culto e oferendas aos deuses e deusas que podem ajudá-las em questões cotidianas ou proporcionar proteção contra o perigo. Contudo, os taoístas, confucionistas e budistas filosóficos de seitas intelectualmente orientadas como a *chan* concentram-se na busca da revelação e da iluminação em detrimento do culto ou de súplicas.

As divindades chinesas são classificadas segundo uma burocracia celeste cujo modelo é a burocracia da China imperial. O panteão abrange figuras taoístas, budas e bodisatvas e também uma série de personalidades das lendas e do folclore chineses. Cada divindade tem uma função específica, e o suplicante escolhe a que é adequada à sua necessidade particular. Existem diferentes divindades para curar doenças específicas, conceder descendentes aos estéreis, proteger soldados ou marinheiros e levar sorte à comunidade. Pode-se pedir aos deuses e deusas que ajudem os ancestrais ou controlem fantasmas perigosos e desordeiros.

As divindades de alta categoria exercem autoridade sobre quem está na burocracia terrena em categoria equivalente à de seus subalternos celestes, e vice-versa. Dependendo de seu desempenho, as divindades, como os funcionários públicos mortais, são promovidas ou rebaixadas. As que não se desincumbem devidamente de seus deveres podem ser punidas por superiores da burocracia celeste ou por funcionários humanos superiores a eles. Por exemplo, um deus que deixa de trazer chuva durante uma estiagem pode ser removido de um templo e deixado no sol para ver o que é ficar seco e encalorado. Os que trabalham exemplarmente são recompensados com uma promoção.

O funcionário mais baixo da burocracia celeste é o deus local, Tudi Gong, o "Deus da Terra". Todo bairro ou aldeia tem o seu Tudi Gong, que é visto como um guarda ou juiz. Sua tarefa é manter a paz, dominar fantasmas locais que causem aborrecimentos e velar pelo que acontece no lugar. Os moradores de pequenas aldeias podem relatar incidentes e acontecimentos importantes como nascimentos, mortes e casamentos tanto a Tudi Gong quanto ao posto de polícia local (mortal). Tudi Gong transmite todos os eventos importantes a seu superior na hierarquia celeste.

Tudi Gong mora num pequeno santuário onde as pessoas podem fazer oferendas simples no segundo e no décimo sexto dia de cada mês lunar (ou seja, logo depois das luas nova e cheia), e talvez uma oferenda diária de incenso. Ofertas mais complexas são feitas no dia do nascimento do deus, que cai no segundo dia do segundo mês lunar.

No topo da hierarquia celeste fica o alto deus conhecido como imperador Jade, figura de origem incerta cujo culto surgiu no século IX e se desenvolveu plenamente no século X. Ele é o juiz supremo e soberano do Céu, o supervisor da hierarquia administrativa, que autoriza a promoção e o rebaixamento de seus subordinados. Usa as roupas e penteados dos anti-

MAZU, A IMPERATRIZ DO CÉU

Mazu, ou Tian Hou (a imperatriz do Céu), é uma das divindades mais populares do sul da China e de Taiwan. Sua história ilustra aspectos importantes do panteão chinês: a origem humana dos deuses, as funções e os atrativos de cada um e o modo como são promovidos por mérito.

Diz a lenda que no século XI Mazu nasceu com presságios auspiciosos numa família de pescadores na província de Fujian, no sul da China. Ainda criança, mostrou ter poderes sobrenaturais. Certo dia, sabendo que o pai e dois irmãos corriam perigo numa tempestade no mar, sua alma deixou o corpo, correu em socorro deles e empurrou os barcos para a praia. Sua mãe, entretanto, encontrou o corpo aparentemente inerte de Mazu e, aterrorizada, balançou-lhe o braço, levando a alma a soltar o barco de seu pai. Os irmãos voltaram para casa chorando, porque o pai estava quase salvo mas depois se afogou. Eles também disseram que tinham visto o vulto de Mazu sobre as ondas.

Depois que Mazu morreu, aos 88 anos, os barcos do lugar começaram a levar uma imagem dela como proteção no mar. Após dois séculos de veneração popular, ela estava oficialmente reconhecida como deusa e então foi promovida na hierarquia celeste. Finalmente, no século XVII, tornou-se imperatriz do Céu, esposa do imperador Jade (ver pp. 209-10).

Cerimônia no templo de Mazu, no norte de Taiwan. A deusa continua a ser a padroeira dos que ganham a vida no mar.

A CABAÇA DO CAOS

No taoísmo filosófico, o Absoluto é representado pelo estado original de perfeição primal, o tempo do caos e do potencial ilimitado. A história simbólica de Hundun, a "cabaça cósmica", descreve a destruição desse estado paradisíaco, quando o que era natural e espontâneo tornou-se prescrito e definido.

Hundun ("Caos"), o rei do Centro, não tinha nenhum dos orifícios das outras criaturas vivas. Sua generosidade com o rei Ligeiro do Norte e com o rei Furioso do Sul era espontânea e natural, e isso os perturbava. Eles se preocupavam por imaginar como iriam encarar Hundun se não conseguissem retribuir sua bondade. Finalmente, resolveram fazer sete furos em Hundun, para lhe dar os orifícios que todos têm. Assim, Ligeiro e Furioso foram visitá-lo e a cada dia faziam nele um buraco. Mas no sétimo dia Hundun morreu.

Na história, Hundun é visto como um recipiente de sementes sem rosto, encaroçado e de forma irregular, que simboliza o potencial criador do caos. Isso contrasta com Ligeiro e Furioso, que, em vez de aceitar os presentes de Hundun com a alegria e a espontaneidade com que eles lhes eram dados, estavam obcecados com normas e protocolo. Eles supunham, erradamente, que Hundun gostaria da "cara" social com que eles se deixavam ser definidos e restringidos, e assim causaram a morte da espontaneidade criadora. Na visão taoísta, os dois reis agiram contrariamente ao tao.

Vaso de laca do século XVIII enfeitado com lápis-lazúli, jade e outras pedras, no formato de cabaça. O vegetal é associado ao taoísmo; os imortais taoístas quase sempre são mostrados com uma cabaça cheia de ervas fortes.

gos imperadores chineses. Existem alguns templos para o imperador Jade, mas não muitos — para as pessoas comuns, assim como para os deuses inferiores como Tudi Gong, o imperador Jade é uma figura remota com quem a comunicação só é possível por meio de intermediários.

Além do fato de morarem no Céu, as divindades diferem dos seres humanos sobretudo quanto à força e à função. Depois da morte, como recompensa por uma vida exemplar, as pessoas são designadas para a hierarquia celestial, como foi o caso de Mazu (ver p. 209). As histórias da vida dos deuses e deusas e sua personalidade são muito conhecidas graças às óperas e lendas populares e à comunicação via médiuns espirituais. O aniversário de uma divindade é uma celebração importante.

A relação entre o devoto e uma divindade baseia-se na reciprocidade. Sabe-se que, quando se oferece incenso, dinheiro e alimento a um deus ou deusa, ele tem obrigação de responder. Contudo, as divindades chinesas não são onipotentes, nem mesmo o imperador Jade, e existe um limite para o que se pode pedir ou dar. Os pedidos precisam percorrer os canais certos: uma pessoa comum não pode se dirigir diretamente ao imperador Jade, assim como um homem do povo não pode falar com o imperador.

Mesmo sendo o ápice da hierarquia celeste, o imperador Jade é apenas o porta-voz de uma trindade de seres taoístas primordiais conhecidos como os Três Puros. Embora possam ser representados no altar do templo, eles raramente são cultuados. Os Três Puros simbolizam o poder indiferenciado, abstraído, do tao. São forças cósmicas remotas às quais não se pedem favores, mas que são invocadas pelos sacerdotes taoístas em liturgias de renovação cósmica.

No pensamento confucionista, a expressão do Supremo é o próprio "Céu" (Tian). Antes de Confúcio, nas dinastias Shang e Zhou, embora os altos deuses — o Senhor das Alturas (Shang Di) e Tian (ver p. 204) — fossem concebidos em termos antropomórficos, eles raramente eram inquiridos nas adivinhações, por serem considerados demasiado distantes. O entendimento de Confúcio sobre o Céu era um tanto diferente: ele falava do Céu como a ordem moral que sustenta o cosmo. Estava convencido de que, embora não fosse pessoalmente bem-sucedido em sua missão de tornar a virtude a base do governo, ele estava fazendo a vontade do Céu, que se manifestava no Mandato celestial concedido ao imperador terrestre ou dele retirado (ver p. 204). Na China imperial, apenas o imperador, conhecido como o Filho do Céu, podia realizar atos de culto ao Céu. Isso demonstrava sua autoridade, subscrita pelo Mandato, o que lhe dava um papel essencial como mediador entre o Céu e a Terra.

O naturalismo místico do taoísmo filosófico não se relaciona com a virtude e a moralidade, mas com o movimento e a criação de todas as coisas de acordo com o tao, o "caminho" da natureza e do cosmo. Ele é a fonte e o padrão de todas as coisas que são formadas de material vital primitivo, ou *qi* (ver p. 200), e que nele se dissolvem. Os taoístas expressam respeito à infinita sutileza e alcance do tao, que permeia todas as coisas. O tao abarca todas as coisas; é silencioso, imperceptível e imparcial. Mas não é divino, e assim não pode ser cultuado como são o Céu e as divindades.

O budismo maaiana, a tradição que se arraigou na China, reverencia muitas figuras salvadoras, conhecidas como budas celestiais (em chinês, *fo*) e bodisatvas (em chinês, *pusa*), que do seu reino celeste podem conceder bênçãos aos seres humanos (ver pp. 176-7). Embora sua natureza não fosse originalmente considerada divina, algumas dessas figuras tornaram-se cultuadas no panteão chinês popular, como o Buda histórico (Shakyamuni, Shijiamouni chinês), Amitabha (Amituo/Emituo Fo), Maitreya (Mile Fo) e Avalokitesvara (Guanyin), um *pusa* masculino que se metamorfoseou na popular deusa chinesa da misericórdia (ver texto ao lado).

GUANYIN, A MISERICORDIOSA

A bodisatva budista Guanyin (ou Kuan Yin), "Ouvinte das Súplicas", é a deusa da misericórdia e uma das figuras mais amadas e freqüentemente invocadas da religião popular chinesa. Ela tem diversos aspectos. Em particular, é a guardiã especial das mulheres e crianças e a deusa a quem aquelas pedem descendência: ela costuma ser representada segurando um bebê. Guanyin é comumente retratada como uma bodisatva com mil olhos e braços, que simbolizam a capacidade ilimitada de olhar favoravelmente por seus devotos com compaixão, ou como uma figura esguia vestida de branco que segura um ramo de salgueiro e um vaso de néctar, símbolos da benevolência celestial. (Ver também pp. 177 e 248.)

Grande figura de madeira de Guanyin, da dinastia Ming (1368-1644) ou anterior.

PALAVRAS DOS SÁBIOS

Os livros sagrados das tradições religiosas chinesas formais são formados sobretudo por textos que não buscam representar o mundo do divino. Na verdade, os escritos confucionistas estão entre os textos antigos fundamentais que adquiriram *status* canônico para uma ou mais das principais tradições — ou mesmo todas elas. Embora até recentemente apenas uma pequena porcentagem do povo chinês fosse alfabetizada, as idéias e os valores incorporados no cânone confucionista tinham tanta influência que são uma parte íntima de sua identidade cultural. Foram a base dos exames para o serviço público chinês — e, portanto, para o governo — durante dois milênios. Os funcionários eruditos que dirigiam o império aplicavam aos problemas de sua época lições recolhidas das obras do cânone.

A preocupação dominante do cânone confucionista, que se compõe dos "Seis Clássicos" e dos "Quatro Livros", é a harmonia na ordem social. Confúcio via-se não como criador, mas como mediador dos reis sábios da Antiguidade. Segundo ele, a sabedoria desses reis se tornava acessível sobretudo por meio do estudo de seis textos clássicos: o *Livro das Mutações* (*I Ching*; ver texto lateral, na página oposta), o *Clássico da História*, o *Clássico da Poesia*, os *Anais da Primavera e do Outono*, o *Livro dos Ritos* e o *Clássico da Música*, perdido. Acredita-se que ele tenha escrito os *Anais da Primavera e do Outono* e um comentário sobre o *I Ching* e organizado os outros livros. De acordo com especialistas modernos, esses textos foram reunidos durante toda a dinastia Zhou (1050 a.C.-256), e o *Clássico da História* talvez até antes. Confúcio extraiu lições morais e exemplos de bom governo do *Clássico da História* e dos *Anais*. Ele afirmava que para ser uma "pessoa superior", culta, é preciso estar impregnado de música, poesia, cosmologia, adivinhação e etiqueta, tal como apresentadas nos outros clássicos.

As prescrições do próprio Confúcio para uma sociedade ideal estão preservadas em *Os analectos*, um registro de seus ditos feito por seus alunos. Nessa obra Confúcio demonstra como os ritos (*li*) dos primeiros governantes chineses — desde cerimônias do Estado até etiqueta — fornecem um padrão para a interação humana adequada e natural. Os três outros livros, *Mêncio*, *Grande aprendizado* e *Doutrina do meio*, também descrevem modos de obter um governo virtuoso e uma sociedade harmoniosa. Todos esses textos confucionistas estão escritos na refinada e concisa linguagem do chinês clássico, que deu origem a uma tradição de comentários destinados a elucidar seu significado.

Os textos fundamentais do taoísmo, o *Tao Te King* (ver texto lateral) e o *Zhuangzi*, tiveram tanta influência na formação do *ethos* chinês quanto o cânone confucionista. Também eles ensinam o caminho para encontrar a harmonia, mas na busca do padrão e da ordem voltam-se para a força do

O *TAO TE KING*

O *Tao Te King*, atribuído ao fundador do taoísmo, Lao Tsé, defende a busca do lugar de cada um na natureza e o aprendizado da prática do *wu wei* (ver p. 203) para alcançar uma vida harmoniosa. Numa linguagem resumida e mística, ele exalta a força do aparentemente fraco, como a água que gota a gota pode vencer a pedra. Paradoxalmente, o *Tao Te King* afirma que não se deve confiar nas palavras e nos nomes, que são impedimentos para a percepção da natureza do tao. Segundo a visão taoísta, as palavras são simplesmente um meio conveniente de indicar algo que está em constante fluxo e é inominável.

Carimbos com máximas de Os analectos, *de Confúcio, foram populares desde os tempos antigos e constituem um gênero artístico menor. Este diz: "Seja cortês, magnânimo, sincero, diligente e clemente".*

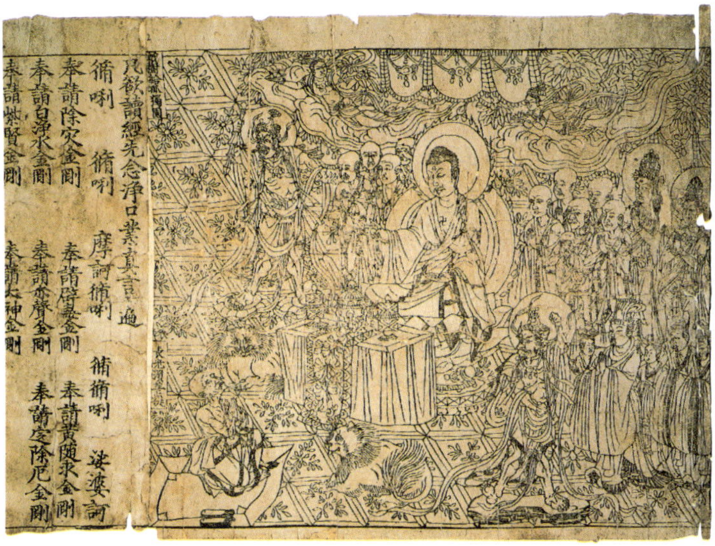

O Buda dirige uma pregação a seu idoso discípulo Subhuti. Ilustração em xilogravura de um códice do Sutra do diamante *(ver p. 180), um dos muitos textos budistas encontrados em Dunhuang (ver p. 207). Dinastia Tang (618-907).*

tao, e não para uma antiga época de ouro. Como o *Tao Te King*, o *Zhuangzi*, que recebeu o nome de seu autor (ver p. 206), defende a harmonia com a natureza. Deleita-se com suas formas sempre mutáveis e recusa os padrões de valor criados pelos homens e impostos sobre sua infinita variedade. A morte e a vida são uma parte do processo da natureza, a ser abraçada com a mesma alegria e entusiasmo. O *Zhuangzi* conta histórias de pessoas e coisas curiosas e inclui vôos de fantasia.

O taoísmo religioso tem uma vasta coleção de textos, de mais de mil obras, que continua crescendo. Esse cânone compreende tratados sobre temas diversos, inclusive rituais, alquimia, exorcismo, vida de pessoas nobres e revelações, consultados pelos sacerdotes e adeptos taoístas.

Os textos budistas refletem o esforço para adaptar a tradição estrangeira do budismo a um contexto muito diferente. Os primeiros budistas da China se defrontaram com um enorme corpo de textos sagrados preexistente. O *Sutra do lótus*, texto de grande importância para todos os ramos do budismo do leste da Ásia (ver pp. 181 e 251), é responsável por ensinamentos diversos e freqüentemente contraditórios, mas afirma que, afinal, todas as escolas budistas ensinam a verdade que leva à iluminação. Outro texto básico, o *Sutra da plataforma*, tem origem puramente chinesa e descreve a iluminação de Huineng, o sexto patriarca da escola da meditação, ou *chan*.

Em geral, a religião popular não conta com textos sagrados, embora diversos movimentos sectários tenham tido seus próprios escritos. O antigo *Canções do sul* (século IV a.C.) descreve o vôo xamânico e outras práticas e crenças que se conservaram na tradição popular (ver p. 207). Com o advento da impressão no século VIII, textos baratos sobre moralidade derivados de diversas tradições religiosas tornaram-se bastante populares.

O *I CHING*

A extraordinária importância da antiga teoria e prática da adivinhação se expressa no clássico confucionista *I Ching — O livro das mutações*, composto ao longo de muitas centenas de anos a partir do início da dinastia Zhou. Embora seja parte do cânone confucionista, ele é importante para todas as religiões chinesas. Sua popularidade se deve em parte à especulação cosmológica, que encanta a elite, e sobretudo a seu uso como manual de adivinhação, prática que se mantém até hoje.

O sistema de adivinhação do *I Ching* baseia-se em combinações de oito trigramas, desenhos feitos com linhas quebradas e inteiras que representam as forças opostas e ao mesmo tempo complementares do *yin* (quebradas) e do *yang* (inteiras) (ver pp. 200-3). Os trigramas são associados em pares, em todas as combinações possíveis, formando um total de 64 hexagramas. Acredita-se que estes representem todas as possíveis situações e acontecimentos do universo em constante mudança. Além de dar pareceres sobre os hexagramas e as linhas de que eles se compõem, o *I Ching* oferece comentários e explicações para ajudar a interpretar os resultados da adivinhação.

Pendão funerário de seda do século VI ou VII que retrata Fu Xi entrelaçado a Nü Gua, deusa que, segundo a mitologia chinesa, criou a humanidade a partir do barro.

SANTOS E HERÓIS

Muitas figuras reais, lendárias, semilendárias e míticas adquiriram *status* heróico ou sagrado como fundadores e exemplos dos ideais expressos nas tradições religiosas chinesas. Os heróis confucionistas ligam-se à constituição dos fundamentos da civilização ou à perfeição das normas sociais. Incluem os heróis quase míticos da cultura e os reis sábios da Antiguidade, as figuras mais antigas da história chinesa tradicional. Há também registros de indivíduos extraordinários que demonstraram grande auto-sacrifício em sua dedicação à virtude inspirada pelo confucionismo. Em contraposição, os heróis taoístas são os que aperfeiçoaram seu conhecimento das obras do tao. Contudo, tanto os heróis confucionistas quanto os taoístas são reverenciados por contribuírem para o objetivo da harmonia universal.

Os heróis foram freqüentemente incluídos na hierarquia celeste (ver pp. 208-11) como divindades. O exemplo mais famoso talvez seja o do popularíssimo Guan Di, herói militar da era Han (206-20). Pelos séculos afora ele foi promovido por decretos imperiais e ascendeu nas fileiras da hierarquia celeste; hoje continua sendo o deus protetor de muitas ocupações e profissões.

Os mais mencionados entre os heróis culturais — figuras semimíticas que se acredita terem trazido para a humanidade o essencial da civilização — são Fu Xi, Shen Nong e Huang Di. A Fu Xi, o Domador do Boi, atribuem-se a invenção das redes para a captura de animais e peixes, assim como a domesticação dos animais. Ele fundou a arte da adivinhação desenhando os oito trigramas (ver texto lateral, p. 213) e inventou o casamento e, portanto, a família. Shen Nong, o Divino Fazendeiro, inventou o arado e a enxada e ensinou à humanidade as habilidades da agricultura. Descobriu os rudimentos da medicina e da farmacologia ao determinar as qualidades terapêuticas e tóxicas de todas as plantas. Huang Di, o Imperador Amarelo, inventou a guerra e derrotou os "bárbaros" para garantir o que se tornou o núcleo do império chinês.

Segundo a tradição chinesa, o período subseqüente ao dos heróis da cultura é a idade de ouro da Antiguidade, a época dos "reis sábios" e do governo perfeito. Confúcio referiu-se aos reis Yao, Shun e Yu como governantes exemplares. Yao determinou que nenhum de seus filhos — eram dez — merecia governar, e assim buscou o homem mais virtuoso do reino para suceder a ele. Seu critério de virtude era a devoção filial, demonstrada por Shun, que continuou honrando e servindo seu pai e o meio-irmão apesar de eles terem tentado matá-lo mais de uma vez. Shun tornou-se rei e depois também desconsiderou os filhos, indicando Yu para sucessor (ver quadro, na página oposta).

Em todas as dinastias houve heróis e heroínas que encarnaram ideais como o do funcionário público virtuoso e altruísta, o filho extremoso e a mulher casta e dedicada. Suas histórias são recontadas há séculos em textos usados como cartilha, como o *Clássico da devoção filial* e as *Biografias de mulheres heróicas*, assim como em relatos divulgados nos jornais locais e nas histórias dinásticas. Essas histórias incluem a de Laizi, que se fingia de criança mesmo aos 70 anos, para que seus pais idosos não se sentissem velhos; outras falam de moças que se suicidaram quando o noivo morreu, para ser leais a ele, e da esposa secundária que correu para uma casa em chamas a fim de salvar os filhos da esposa principal de seu marido, deixando sem socorro os dela própria.

Em contraste com a inclinação ética, virtuosa e altruísta do herói de Confúcio, que afirma a moralidade e a legitimidade, os heróis taoístas exemplificam aqueles que praticam intenso auto-aperfeiçoamento para absorver os ensinamentos do taoísmo, a fim de adquirir poderes mágicos e, acima de tudo, atingir a imortalidade. Essas figuras são admiradas mas têm também um ar contracultural. Por exemplo, o monge taoísta com crostas na cabeça, libertado das expectativas e vínculos sociais, rindo estrondosa e irreverentemente, é uma imagem literária recorrente.

O DUQUE DE ZHOU

Muito louvado por Confúcio, por muito tempo o duque de Zhou (morto em 1094 a.C.) foi o modelo do funcionário público exemplar que cumpriu seu dever para sustentar a ordem e sua dinastia, mas sem reivindicar o trono. O duque era irmão do rei Wu, fundador da dinastia Zhou. Depois da morte de Wu, o duque atuou como regente para o filho de Wu, então com 7 anos, sem nunca tentar usurpar-lhe o trono, apesar das acusações — posteriormente desmentidas — que lhe foram feitas. Esse modelo heróico se revelou tão resistente que se criou o apelido de "duque de Zhou" para o respeitado primeiro-ministro comunista Chu En-Lai (ou Zhou Enlai, 1898-1976).

YU, O CONTROLADOR DE INUNDAÇÕES

Do ponto de vista chinês, o Estado ideal é caracterizado pelo bom governo e por governantes justos que lutam para criar um estado de ordem e harmonia entre a natureza e a humanidade. Isso é exemplificado pela história de Yu, um dos "reis sábios" da Antiguidade e fundador da lendária dinastia Xia (datas tradicionais: 2205-1766 a.C.), cujo valor foi demonstrado em seu incessante empenho para proteger o povo das inundações — em toda a história da China, o desastre natural mais freqüente.

Na época de Yu, o povo foi atormentado por uma grande inundação que destruiu tudo o que havia em seu caminho. Yu represou o grande rio que tinha causado a inundação, criando nove províncias e tornando habitável a terra. A dedicação de Yu a essa tarefa foi tão grande que durante dez anos ele não visitou seu lar, nem mesmo quando passou tão perto que pôde ouvir os gritos dos filhos.

Yu trabalhou até não ter mais unhas nas mãos e as pernas ficarem sem pêlos, e perseverou até quando contraiu tantas doenças debilitantes que seu corpo tinha encolhido para metade do tamanho, os órgãos internos haviam deixado de funcionar adequadamente e as pernas estavam numa situação tão tuim que ele quase não conseguia andar.

Esse rei é louvado por sua grande preocupação com o bem-estar das "pessoas de cabelos negros" e sua dedicação a elas. O tema da grande inundação é comum na mitologia mundial; na versão chinesa, é notável o fato de a humanidade ser salva apenas pelo esforço de um dedicado herói, e não por uma divindade poderosa.

Yu, o Grande, terceiro dos soberanos exemplares da lenda chinesa conhecidos como "reis sábios" e fundador da tradicional primeira dinastia. Seu túmulo pode ser visto hoje perto de Shaoxing, na província de Zhejiang.

A BUSCA DA CONCÓRDIA

A ética chinesa demonstra uma notável capacidade de sintetizar num sistema abrangente os diversos elementos dos ensinamentos religiosos. Componentes derivados das diferentes tradições confucionista, taoísta, budista e da religião popular são abarcados sem conflito aparente. A preocupação ética de todas as tradições pode ser resumida como a busca da concórdia: viver harmoniosamente na família, na sociedade e na natureza.

O ensinamento ético é importante no taoísmo, mas não necessariamente fundamental. O taoísmo filosófico enfatiza a procura da espontaneidade, da ação natural, ao passo que o centro do taoísmo religioso é a busca da longevidade e da imortalidade. O budismo tem seu próprio sistema ético, relacionado com suas preocupações de iluminação e salvação. Ele se acomodou ao *ethos* confucionista e taoísta, e as tradições nativas, por sua vez, incorporaram idéias budistas como a meditação.

O confucionismo enfatiza sobretudo os ensinamentos éticos, voltando-se para a criação de uma sociedade harmoniosa e de um Estado virtuoso,

Tapeçaria do século XII. Crianças saúdam os pais, de acordo com o ideal confucionista de devoção filial, que exige dos filhos reverência e obediência e dos pais proteção e preocupação.

benevolente. Ambos podem ser alcançados, acreditam os confucionistas, se todos forem ponderados e sinceros e praticarem o *ren*, "humanidade" ou altruísmo. Confúcio acreditava que o *ren* consistia em tratar a todos com respeito e viver de acordo com a regra de ouro (ver à direita).

O confucionismo prescreve que todas as pessoas sejam tratadas com humanidade, mas dentro de uma hierarquia bem articulada. A devoção filial — o dever, o amor e o respeito devidos aos pais — é uma virtude confucionista básica, assim como comportar-se de acordo com a categoria em que se está inserido. As relações mais importantes são as de pai e filho, imperador e ministro, marido e mulher, irmão mais velho e irmão mais novo, amigo e amigo. Considera-se que apenas a última ocorre entre pessoas da mesma categoria. Uma sociedade ordeira, harmoniosa, depende de cada pessoa desempenhar seu papel adequadamente e com boa intenção.

A ética confucionista dá pouca atenção à recompensa ou punição fora deste mundo. Contudo, a virtude da devoção filial integrou-se bastante aos conceitos de salvação na tradição popular, especialmente no culto dos ancestrais. Teoricamente, a fim de se tornar um ancestral satisfeito e benevolente, em vez de um fantasma potencialmente maligno, uma pessoa precisa ter descendentes masculinos vivos, que realizem os sacrifícios necessários depois de sua morte.

Como o confucionismo, o taoísmo filosófico não está preocupado com a

Este carimbo contém a versão de Confúcio para a regra de ouro: "Não faça com os outros o que você não gostaria que lhe fizessem" (Os analectos, *12, 2).*

O MACACO PEREGRINO

O romance chinês clássico *O macaco peregrino* ou *A saga ao Ocidente*, escrito em 1592 por Wu Chengen e baseado numa história verdadeira, é divertido, licencioso, irreverente e um ótimo entretenimento. Mas também pode ser interpretado como uma alegoria do aprimoramento da mente neoconfucionista, da alquimia fisiológica e da busca da imortalidade taoístas (ver p. 221) e da iluminação e da redenção budistas.

Na história, o monge Xuanzang (c. 596-664) vai para a Índia, numa viagem arriscada em busca de textos sagrados budistas, com companheiros que são seres celestiais que ganharam poderes graças a práticas taoístas. Sob as ordens do Buda e guiado e protegido por Guanyin (ver p. 211), seu avanço é registrado pelo taoísta Lao Tsé e pelo imperador Jade, uma figura confucionista (ver pp. 209-11). Depois de ter a vida, os membros e a virtude ameaçados por diversos monstros vorazes e lascivos, os cinco peregrinos chegam à Índia salvos e voltam com muitos textos budistas. Durante a viagem, Xuanzang atingiu a iluminação budista; teve percepções fundamentais do tao e alcançou a imortalidade física; e atravessou o terreno mental do aprimoramento mental neoconfucionista.

A recompensa suprema dos peregrinos é, portanto, atingir a iluminação e a salvação oferecidas pelos "Três Ensinamentos". Essa é uma boa articulação do fluxo tranqüilo que, para os chineses, existe entre essas tradições — na medida em que um indivíduo pode abarcar os objetivos das três.

Em O macaco peregrino, *o personagem-título, um trapaceiro de poderes mágicos e grande inteligência, tem um papel central. Ele representa a metáfora comum taoísta e budista do "Macaco da Mente", que denota a mente inquieta, tão difícil de controlar.*

salvação, mas com uma aceitação do fluxo constante do universo. Para os taoístas filosóficos, não há um estado da existência do qual é preciso salvar-se, porque todos os estágios da vida são parte da ordem natural do tao. A ética da "não-interferência" (*wu wei*) na natureza exige que a pessoa se submeta a processos naturais e mude. Nascer, amadurecer e morrer são, portanto, partes igualmente válidas, e necessárias, do processo natural. Criticado por não sentir a morte de sua mulher, o filósofo taoísta Zhuangzi respondeu: "Originalmente, ela não tinha vida; e não só vida: ela não tinha forma [...] a forma se transformou para tornar-se vida e agora a vida se transformou para tornar-se morte. É como a rotação das quatro estações [...] Se eu ficasse por aí chorando e uivando, estaria mostrando minha ignorância do destino" (Zhuangzi, "A eqüidade da morte"; Chan, *Source Book*, p. 209).

No taoísmo religioso, pelo contrário, há uma forte ênfase na busca da imortalidade, com a ajuda de diversas práticas — dieta, sexo, ginástica e meditação —, por meio das quais os taoístas procuram reverter o fluxo dos fluidos essenciais no corpo, e assim ficar mais jovens, nutrindo dentro de si mesmos um "embrião da imortalidade" que sobreviverá depois da morte. Os adeptos dessas práticas devem purificar a mente e o coração, assim como o corpo, e todo poder mágico adquirido deve ser empregado apenas para beneficiar os outros.

O ensino ético budista, sobretudo o antigo conceito indiano de carma (ver pp. 156-7), está bastante integrado na sensibilidade religiosa chinesa. O conhecimento das leis do carma incentiva atos meritórios e misericordiosos, que incluem a distribuição de textos sagrados, a libertação de animais cativos e a doação de alimentos aos mendigos, inclusive monges e monjas budistas.

A ARTE DA ILUMINAÇÃO

A arte é um meio pelo qual, sem recorrer a palavras, os budistas *chan* podem articular verdades aprendidas na meditação. A iluminação chega num lampejo, no qual se dissolvem as distinções entre o eu e o resto do cosmo; essa experiência é captada nas pinceladas rápidas e intensas dos artistas *chan*, que tentam registrar a descoberta. Se as palavras são insuficientes, a obra de arte perfeita lança o observador numa experiência semelhante à da descoberta da verdade suprema.

Muqi (em atividade na primeira metade do século XII), um dos mais famosos pintores budistas *chan*, é um mestre nesse estilo espontâneo. Ele pintou uma grande variedade de temas, mas sua obra sempre incentiva o observador a se identificar com a natureza íntima de seu tema e desfazer o limite entre o "eu" e o "outro".

Seis caquis, *de Muqi. Nesta obra-prima da arte* chan, *Muqi transformou sua revelação fugaz, vigorosa, em tinta preta sobre papel, no qual, para citar o sinólogo Arthur Waley, "a paixão se congelou numa calma estupenda".*

No budismo chinês, a salvação e a iluminação podem ser vistas como duas formas do mesmo objetivo. No caso de uma pessoa comum, para a qual o rigor do mosteiro e da meditação é excessivo ou inviável, a salvação é atingida por meio do budismo devocional terra pura. Nele o devoto invoca o nome do buda Amitabha (Amituo Fo em chinês), o bodisatva que prometeu ajudar os que procuravam a iluminação. Ao cantar "Salve, buda Amitabha", o devoto se salvará da reencarnação no Inferno e renascerá na Terra Pura, ou Paraíso Ocidental, onde Amitabha reina (ver p. 193).

A escola *chan* (do sânscrito *dhyana*, "diana"/"meditação") do budismo chinês enfatiza a iluminação, e não a salvação. A iluminação é o clarão de intuição que revela o vazio essencial de todas as coisas. Segundo a escola *chan*, todos os seres humanos podem se tornar iluminados, porque todas as criaturas vivas são dotadas da "natureza-buda". Esta pode ser realizada na vida pela meditação. Para ter o grande momento de revelação e forçar a mente a sair de seu caminho habitual de pensamento discursivo, o mestre *chan* pode empregar o que se chama "caso público" (*gong an*, daí o termo japonês *koan*), uma sessão de perguntas e respostas entre o mestre e o discípulo que inclui gritos, pancadas e declarações aparentemente absurdas. Por esse processo o discípulo é levado a abandonar a percepção mundana da realidade e apreender a verdade suprema.

A meditação também é um auxiliar importante para alcançar a iluminação no taoísmo e no confucionismo. No taoísmo, a imortalidade é atingida pelos que preservaram seu corpo e adquiriram a verdadeira percepção do tao. Na China medieval desenvolveu-se a reflexão meditativa sobre ensinamentos de Confúcio, com um objetivo semelhante.

Monges budistas num mosteiro de Xangai. Segundo a perspectiva ética chinesa tradicional, os monges e monjas budistas eram parasitas porque mendigavam e desnaturados porque eram celibatários. Histórias como a de Mulian, discípulo do Buda que resgata sua mãe do Inferno, ajudaram a ensinar que um budista pode ser um filho dedicado.

ÉTICA E BOM GOVERNO

Tanto o confucionismo quanto o taoísmo se preocupam com o bom governo, mas têm idéias muito diferentes sobre o que constitui um governante ético.
Os analectos, de Confúcio, vêem o governante como um exemplo ativo de virtude: "Se você quer o que é bom, o povo será bom. O [...] governante é como o vento e [...] o povo é como a grama. Qualquer que seja a direção para a qual o vento sopra, a grama sempre se curva" (*Os analectos*, 12, 19; Chan, *Source Book*, p. 40). O *Tao Te King* expressa o modo mais passivo como o taoísmo aborda o governo: "Eu não interfiro e as pessoas se transformam por si mesmas. Prefiro a paz e o povo se corrige. Não faço nada e o povo por si só tem abundância. Não tenho desejos e o povo se torna simples por si só (*Tao Te King*, capítulo 57).

No passado, os burocratas chineses eram escolhidos com base em seu domínio dos clássicos confucionistas (ver figura à p. 199). Eles eram exortados a ser leais e virtuosos, a ponto de castigar o próprio imperador se seu governo se afastasse da virtude e se retirar do serviço para não servir a um déspota. Como disse Confúcio: "Quando o [bom] caminho prevalece no império, então mostre-se; quando isso não acontece, esconda-se" (*Os analectos*, 8, 13; Chan, *Source Book*, p. 34). Depois que os invasores mongóis fundaram a dinastia Yuan em 1279, por exemplo, muitos cortesãos escolheram a "aposentadoria virtuosa" para não servir ao governante estrangeiro "bárbaro".

A *INSCRIÇÃO OCIDENTAL*

O erudito neoconfucionista Zhang Zai (1027-77) criou uma teoria tremendamente importante sobre a natureza do universo, exposta num texto breve, chamado com singeleza de *Inscrição ocidental*. Nele, Zhang explica a natureza fundamentalmente inter-relacionada do cosmo e evoca a santidade e a completude da ordem criada:

> "O Céu é meu pai e a Terra é minha mãe, e até mesmo uma criatura tão pequena como eu encontra um lugar íntimo no meio deles. Portanto, o que enche o universo eu considero meu corpo e o que dirige o universo considero minha natureza. Todas as pessoas são meus irmãos e irmãs, e todas as coisas são minhas companheiras. O grande governante [o imperador] é o filho mais velho dos meus pais [Céu e Terra] e os grandes ministros são os seus administradores. [...] Na vida eu sigo e sirvo [Céu e Terra]. Na morte estarei em paz."

(Chan, *Source Book*, pp. 497-8.)

UM COSMO SANTIFICADO

Na religião chinesa o sagrado pode ser encontrado em templos e santuários, no lar e na natureza. O templo é o lugar onde a comunidade cultua deuses e deusas e faz sacrifícios a eles. Embora sejam assim designados, os templos da religião popular, de modo geral, não são exclusivamente taoístas. Na verdade, muitos templos incorporam estátuas do Buda, da bodisatva Guanyin (ver p. 211) e de Confúcio, assim como divindades da religião popular. O culto nesses templos normalmente é informal — o devoto oferece comida, incenso e "dinheiro do espírito" (ver p. 232). Em outras ocasiões a comunidade se reúne num templo para festas e sacrifícios importantes, como no Ano-Novo chinês, nas cerimônias ao Deus da Terra, na primavera e no outono, na festa dos Fantasmas Famintos (ver p. 232) e no *jiao*, ou "grande oferenda", um ritual complexo de renovação para a comunidade (ver p. 226). Alguns templos também são locais de peregrinação, sobretudo no aniversário de uma divindade.

Os templos são construídos com doações de particulares e administrados por uma associação do templo composta por leigos do lugar. Especialistas em religião, como sacerdotes taoístas e budistas, são contratados para realizar cerimônias especiais. A comunidade do templo freqüentemente inclui médiuns que escrevem ou falam em nome de uma divindade qualquer, e exorcistas. Os templos também funcionam como centros comunitários. Podem ser um lugar para discutir questões da aldeia ou para fruir música e teatro, e freqüentemente são usados como espaço para clubes sociais e associações culturais.

Na crença taoísta e popular as divindades são classificadas numa hierar-

Parte do teto de um templo de mosteiro da Cidade Proibida, o antigo complexo de palácios imperiais de Pequim. O teto de um templo chinês assemelha-se a uma montanha sagrada e pode ser "povoado" com criaturas e personagens dos mitos chineses, como imortais famosos.

quia parecida com a do serviço público do império chinês (ver pp. 208-11). Os templos onde esses funcionários celestes residem seguem o modelo dos prédios da burocracia imperial, com características como beirais curvos, pilares e portas pintados de um vermelho auspicioso e leões de pedra guardando as entradas. O templo também reflete o cosmo: sua base é quadrada, como a Terra, e o teto pode ser abobadado para evocar a abóbada celeste (ver p. 222).

Os templos budistas e confucionistas fazem parte da paisagem religiosa da China. Os primeiros são normalmente mosteiros, onde moram monges e monjas. Nos templos confucionistas, os membros da burocracia (terrena) estatal tradicionalmente glorificaram Confúcio — como ser humano, não como deus — em sacrifícios feitos duas vezes ao ano, nos equinócios. Esses templos têm a base quadrada e internamente são simétricos — cada parede é uma imagem refletida da que lhe é oposta, o que transmite a ordem e a racionalidade ligadas ao pensamento confucionista.

Acredita-se que as características naturais da paisagem, como rios, caver-

O CORPO: UM MICROCOSMO SAGRADO

Algumas práticas meditativas taoístas exigem que o adepto olhe para seu interior e observe o "país do corpo". O "país" é um terreno conhecido, pois é um microcosmo, uma duplicação fiel do universo. Por exemplo, refletindo a antiga premissa cosmológica chinesa de que o Céu é redondo e a Terra é quadrada, a cabeça humana é o Céu e os pés "quadrados" são a Terra. Afirma-se também que esse cosmo corpóreo contém o Sol e a Lua, as constelações, as cordilheiras, pontes, lagos e pagodes. O país interior é habitado por uma grande população, administrada do mesmo modo que o Estado imperial chinês.

A interação do microcosmo com o macrocosmo é um tema constante do taoísmo. Quando um sacerdote taoísta realiza as ações e a liturgia da cerimônia do *jiao* (ver p. 226), ele simultaneamente emprega sobre o microcosmo corpóreo uma técnica de meditação conhecida como "alquimia fisiológica", em que se acredita que as essências e os fluidos vitais do corpo são purificados e transmutados. Ela é utilizada conjuntamente com práticas de dieta e de ginástica, sexuais e outras, em busca da longevidade ou até da imortalidade.

A alquimia fisiológica, que até hoje é praticada, tornou-se a atividade dominante, durante as dinastias Tang e Song, para quem anseia uma vida longa. Antes dessa época se empregava um modo mais convencional de alquimia, que envolvia substâncias externas ao corpo; criavam-se elixires de metais e outros ingredientes que eram consumidos na esperança de promover a longevidade. Os alquimistas fisiológicos também se esforçam para produzir elixires, mas procuram fazê-lo internamente, efetuando transformações nas substâncias que estão dentro de seu próprio corpo.

O uso de paralelos entre o macrocosmo do universo e o microcosmo do corpo humano reflete os princípios implícitos do cosmo chinês e do taoísmo: todas as coisas derivam da mesma fonte, e, uma vez que se percebeu o padrão subjacente do universo — o tao —, ele pode ser aplicado em proveito próprio.

Pintura em seda do fim do século XIX, uma das muitas representações das práticas sexuais esotéricas taoístas que visavam a promover a preservação do "cosmo interno". O taoísmo sustenta que, assim como o universo é sagrado e eterno, também se pode fazer com que o microcosmo do corpo humano se torne eterno por meio da prática da transformação alquímica do interior sagrado da pessoa.

O TEMPLO DO CÉU

Ao sul do palácio do imperador, em Pequim, fica um grande complexo sagrado que foi um dos lugares mais santos da China imperial: o Templo do Céu. Ali o imperador realizava rituais como os sacrifícios anuais do solstício de inverno, quando a energia *yin* estava no auge e a *yang*, que traz crescimento, calor e luz, acabava de ressurgir. Como Filho do Céu, o único intermediário entre o Céu (Tian) e o império (Tian Xia, "Tudo sob o Céu"), somente ele podia realizar esse sacrifício. Os movimentos regulares, previsíveis, dos corpos celestes demonstravam a capacidade do Céu de ajustar o cosmo. Por meio de seus sacrifícios, o imperador da China convocava o Céu a garantir a ordem do império.

O Templo do Céu era um terreno sagrado — as pessoas comuns não podiam nem mesmo olhar a procissão silenciosa do imperador e seu séquito entre o palácio imperial e o templo. No sacrifício do solstício de inverno o imperador oferecia incenso, jade, seda e vinho. Ele sacrificava um novilho vermelho, que simbolizava o *yang*, e se prostrava nove vezes (nove é considerado o número mais *yang* de todos) diante do altar do Céu.

O imperador recebia o mandato do Céu para governar (ver p. 204) porque desempenhava adequadamente os rituais e exercia um governo sempre virtuoso em prol do povo. O cumprimento do dever por ele garantia o crescimento satisfatório das colheitas e a continuidade da ordem no império. Mas, se o Céu não estivesse satisfeito com o imperador, a harmonia e os ritmos regulares do mundo natural e humano se rompiam. Presságios de caos como inundações, terremotos, fome, seca e revoltas indicavam o desgosto do Céu. Se persistiam, podiam por fim legitimar a substituição da dinastia.

Teto do Templo do Céu, em Pequim. Como todos os prédios do complexo do templo, tem uma base quadrada e o teto abobadado, simbolizando a Terra e o Céu. As configurações dos elementos de cada estrutura baseiam-se numa numerologia complexa.

Membros de uma família realizam seus cultos num altar doméstico em Dali, na província de Yunnan, no sul da China. Para a maioria dos chineses, o lar é o espaço religioso usado com mais freqüência, sobretudo o "altar doméstico", que pode não ter nenhum suporte próprio ou ficar num nicho na parede (ver também p. 230).

nas e montanhas, têm poder espiritual. O Taishan (monte Tai), a mais importante das cinco montanhas sagradas (ver foto à p. 198), era considerado provedor de fertilidade, protetor contra calamidades naturais e símbolo de estabilidade. Era cultuado na primavera e no outono para garantir bom plantio e colheita abundante. O povo chinês ainda faz peregrinações a esses picos sagrados e realiza atos de culto nos templos do alto da montanha.

Às vezes uma parte da paisagem pode assumir poder espiritual, como o local de uma morte não natural. Por exemplo, santuários à beira da estrada são construídos no lugar de um acidente rodoviário para propiciar o fantasma irritado que se supõe estar ali ameaçando os vivos.

A sacralidade e a força latente do mundo físico expressam-se na antiga arte do *feng shui*, que é praticada até hoje e se tornou popular no Ocidente. O *feng shui* (literalmente, "vento e água") é a arte de determinar o lugar mais auspicioso para sepulturas, prédios e até cidades, a fim de tirar o melhor partido da força sagrada presente no ambiente natural. Acredita-se que por meio do *feng shui* os seres humanos podem viver em harmonia com a ordem natural e entre si. O mestre de *feng shui* usa uma bússola especial para determinar as posições relativas do local e de elementos visíveis da paisagem adjacente, como picos de montanhas, cursos de água, trilhas e rochas proeminentes. Assim ele pode detectar as forças celestes e terrenas cuja interação determina a auspiciosidade do lugar.

O emprego do *feng shui* para determinar o local de sepulturas é extremamente importante, porque um descanso tranqüilo garante o conforto e, portanto, a benevolência dos ancestrais de uma pessoa. O *feng shui* também é usado para decidir a posição de portas, movéis etc., a fim de criar um espaço próspero e harmonioso no lar e no local de trabalho.

Frutas, bolos e outros alimentos de uma festa taoísta em Taiwan.

COMIDAS FESTIVAS

Os alimentos consumidos nas festas chinesas freqüentemente são escolhidos por seu simbolismo e pelas associações que suscitam. Muitas comidas aludem aos desejos para o novo ano. "Abacaxi" é homófono de "vida"; tâmara (*zao*) e castanha (*lizi*) juntos sugerem "brevemente" (*zaozi*); a expressão "sementes de lótus" tem um som parecido com "muitos filhos"; e o nome de certa laranjinha (*kumquat*) lembra "ouro". Outros alimentos são simbólicos, como o pêssego (fruto da longevidade, segundo a mitologia), a romã (suas muitas sementes representam muitos filhos) e o broto de bambu (de crescimento rápido, simboliza rápida ascensão profissional). Algumas comidas têm nomes auspiciosos, como o pão chamado "lingotes de ouro" e o macarrão conhecido como "fios da longevidade".

A forma redonda de muitas comidas simboliza completude e perfeição, e também a presença de todo o círculo familiar na festa. Exemplos disso são as enormes bolas de carne de porco ("cabeças de leão") e as de farinha de arroz (*yuanxiao*) do Ano-Novo; e as frutas e bolos redondos da festa do Meio do Outono, que também representam a lua cheia (ver p. 266).

OCASIÕES DE CULTO

O calendário chinês incorpora o cálculo de tempo lunar (ver quadro, p. 227), e muitas festas religiosas coincidem com as fases da lua. Outras decorrem do ciclo da agricultura, já que ela foi a principal atividade econômica chinesa desde a Antiguidade. As festas anuais também refletem a antiga cosmologia *yin-yang*, como se evidencia nas fases crescente (*yang*) e minguante (*yin*) da lua e no ciclo periódico de desenvolvimento e decadência.

Outros temas sustentam as principais festas do ano religioso chinês: a importância da família e a demonstração de respeito aos antepassados, a busca da longevidade, o desejo de receber bênçãos e a propiciação e o afastamento de forças potencialmente malignas. Muitos desses temas também são expressos no culto dos deuses e deusas da religião popular, particularmente nas celebrações que marcam seu aniversário. A importância dos ensinamentos de Confúcio é ressaltada na data de seu nascimento (28 de setembro), chamada Dia do Mestre, que hoje é comemorada com roupas, música e dança tradicionais nos templos confucionistas em Taiwan.

O Ano-Novo chinês, ou festa da primavera (ver quadro, na página oposta), é celebrado para marcar o fim da ascendência da força *yin*, que atinge seu pico no solstício de inverno, e o início da *yang*. É uma época em que a família se reúne e renova seus vínculos. A festa do Claro e Brilhante (Qinqming), que ocorre duas semanas depois do equinócio da primavera, também une a família, mas nesse caso o foco está na renovação dos laços com os mortos. Os espíritos dos mortos também são fundamentais na festa dos Fantasmas Famintos, que cai no décimo quinto dia (lua cheia) do sétimo mês (ver p. 232).

Outras duas festas importantes ainda são muito celebradas: o Duplo Quinto e o Meio do Outono. O Duplo Quinto cai no quinto dia do quinto mês lunar, perto do solstício de verão, quando se diz que as forças *yang* estão no seu pico anual. Antigamente essa estação quente era a época de epidemias, e até hoje, no Duplo Quinto, se penduram ervas profiláticas diante das portas. Acredita-se que as plantas acres e de pontas ou folhas finas são as mais eficazes na prevenção de doenças; considera-se, por exemplo, que as folhas pontudas da planta do cálamo agem como "espadas que matam o diabo".

O cinco é um número importante na cosmologia chinesa, e o Duplo Quinto é rico em imagens de grupos de cinco (ver p. 202), sobretudo os cinco venenos (centopéia, cobra, escorpião, sapo e lagarto) e as cinco cores (azul, vermelho, amarelo, branco e preto). Na época da festa, mostram-se imagens dos cinco venenos na roupa, na comida e em amuletos. Eles são criaturas auspiciosas, que com suas poderosas toxinas repelem ataques nocivos e perigosos. As cinco cores evocam o poder criador dos cinco elementos (ver pp. 200-2).

A festa do Duplo Quinto também celebra os dragões, a água e o poeta Qu Yuan. Do ponto de vista agrícola, corresponde ao período do transplante das mudas de arroz para o arrozal, que nessa época recebe chuvas pesadas. Segundo a tradição chinesa, essas chuvas são causadas pelos dragões que vivem em nuvens e regam e abençoam com fertilidade a terra. As famosas corridas do "barco de dragão" que ocorrem no Duplo Quinto refletem essa crença, assim como a lenda de Qu Yuan, famoso poeta que serviu no governo de Chu, um pequeno reino da dinastia Zhou, durante o século III a.C. Esse ministro consciencioso e sábio fez uma advertência impopular e foi exilado. Infeliz, errou pela terra. Finalmente, depois de compor seu mais famoso poema, *Li sao* ("Combate à tristeza"), que resumia seus ideais e sua vida, ele se atirou no rio Miluo, na atual província de Hunan. As pessoas acorreram em barcos, mas não conseguiram salvá-lo, e então jogaram arroz no rio para que, em vez de atacar o corpo de Qu Yuan,

O ANO-NOVO CHINÊS

O Ano-Novo, ou Festival da Primavera, é o feriado mais importante do calendário chinês. Começa no primeiro dia do primeiro mês lunar, normalmente entre 21 de janeiro e 19 de fevereiro. Antes, tiram-se totalmente da casa a sujeira e as "exalações ruins" do ano velho. A família inteira volta para casa, pagam-se as dívidas e resolvem-se as brigas. Então se manda para o Céu, com o Deus da Cozinha, um relato sobre o ano velho (ver p. 208).

Por toda parte se vê o vermelho, uma cor que propicia boa sorte. As portas são decoradas com imagens novas dos tradicionais deuses da porta e com palavras auspiciosas. Na véspera do Ano-Novo, a família se reúne para uma refeição, com a mesa posta também para os parentes mortos, presentes em espírito. Tradicionalmente, as portas são fechadas antes da meia-noite, para manter fora os espíritos maus, e reabertas no dia de Ano-Novo. Nos dois primeiros dias do ano ninguém trabalha e é proibido varrer ou usar lâminas, por se temer que a boa sorte do novo ano seja varrida ou cortada.

Na última noite das comemorações do Ano-Novo há a Festa da Lanterna, na primeira lua cheia do ano. Felizes, multidões ruidosas reúnem-se em meio a belas lanternas para ver homens sobre pernas de pau, dançarinos vestidos de leão e pessoas com roupas tradicionais.

Homens em pernas de pau entre a multidão que comemora o Ano-Novo chinês nas ruas de Pequim.

O *JIAO*

Uma grande cerimônia taoísta de sacrifício, o *jiao*, ainda ocorre hoje nos templos de Taiwan. É realizada a intervalos irregulares por sacerdotes taoístas de uma comunidade que assim renova sua ligação com os Três Puros, as forças cósmicas mais elevadas (ver p. 211). Toda a comunidade jejua, preparando-se para o *jiao*, mas só os sacerdotes, músicos e benfeitores destacados do templo assistem ao ritual. Contudo, as pessoas fazem abundantes oferendas no templo e participam das festas que acompanham o *jiao*.

os peixes comessem o cereal. Segundo a tradição, as atuais corridas de dragão reencenam a procura frenética por Qu Yuan. O arroz atirado ao peixe é hoje representado por *zongzi*, bolinhos grudentos de arroz embalados em folhas de bambu e amarrados com cordões de cinco cores.

A festa do Meio do Outono cai na lua cheia do oitavo mês lunar. É uma festividade de colheita que também celebra a lua e a busca da imortalidade. Segundo a mitologia chinesa, na lua moram a deusa da lua, Chang E, e um coelho que macera ervas especiais para fazer um elixir da imortalidade. Para essa festa a mesa é posta ao ar livre e carregada de frutas redondas (na forma da lua cheia), como laranjas, melões e romãs, e bolos redondos. As pessoas se reúnem para contemplar a lua da colheita e recitar histórias e poemas sobre temas lunares.

As celebrações religiosas chinesas centram-se na família e na comunidade, e não no indivíduo. À exceção dos rituais da morte, quando uma pessoa se torna um ancestral (ver p. 230-2), o rito de passagem chinês mais importante é o casamento, que garante a continuação da família pela promessa de descendentes. Tradicionalmente, o casamento se torna oficial quando, curvando-se o casal diante das placas dos ancestrais do noivo, a noiva é apresentada aos antepassados do marido. Essas práticas mantêm a ligação entre os vivos e os mortos, representam o comportamento filial adequado e assim garantem as bênçãos dos ancestrais à família. Há também cerimônias de entrada na vida adulta para homens e mulheres, mas elas não são tão importantes, e com o tempo passaram a ser celebradas

Participantes da corrida do dragão durante a festa do Duplo Quinto no rio Miluo, em Hunan, onde se diz que o poeta Qu Yuan se afogou. Os barcos, enfeitados com cabeça e cauda de dragão, podem ter mais de 30 metros de comprimento e até 80 remadores.

O CALENDÁRIO CHINÊS

O ano religioso chinês associa os calendários solar e lunar. O calendário lunar compõe-se de 12 meses lunares, com meses intercalados acrescentados a cada dois ou três anos para ajustar os calendários lunar e solar. Os solstícios e equinócios determinam o início das estações do ano solar, que se divide em 24 períodos de aproximadamente 15 dias, chamados "nodos". Eles resultam da observação do clima e dos céus e refletem a passagem do ano agrícola.

Oito desses períodos são nomeados segundo os equinócios, solstícios e inícios de estação. Outros evocam fenômenos importantes da agricultura e da meteorologia e têm nomes como "Despertar dos Insetos" (início de março); "Claro e Brilhante" (início de abril, e daí o nome da festa que cai nessa época); "Limite do Calor" (fim de agosto); e "Gelo Desce" (fim de outubro).

Os animais do zodíaco chinês: rato, boi, tigre, coelho, dragão, serpente, cavalo, cabra, macaco, galo, cão e porco. Disco de bronze do século XIX.

Conhecido de muitos que não pertencem à cultura chinesa é o ciclo de 12 anos baseado nos animais do zodíaco chinês. Esse plano integra um sistema de ciclos mais amplo. Por exemplo, um ciclo de 60 anos envolve os animais do zodíaco, as cinco cores (ver pp. 224-5) e dois conjuntos de símbolos, as dez hastes celestes e os doze ramos terrenos. Cada animal liga-se a um ramo e cada cor relaciona-se a duas hastes. Assim, o ano 2000 foi o ano do dragão branco; 2012 será o do dragão negro. O primeiro ano do ciclo de 60 anos é *jiazi*, o ano do rato azul — 1984 foi o mais recente deles.

logo antes do casamento, e não numa idade específica. O aniversário de 16 anos, que simboliza o encerramento de um ciclo básico de tempo (ver quadro acima), também é significativo.

Atos de culto às grandes forças cósmicas, sobretudo o Céu e a Terra, eram privilégio e responsabilidade exclusivos do imperador. A observância adequada desses rituais garantia que a natureza continuaria benevolente. Na capital, o imperador fazia oferendas nos Templos do Sol no equinócio da primavera, no Templo da Terra no solstício de verão, no Tempo da Lua no equinócio do outono e no Templo do Céu (ver p. 222) no solstício de inverno. Além disso, ele realizava ritos no início de cada estação e durante o Qingming fazia sacrifícios para seus próprios ancestrais, para os ancestrais de todos os imperadores passados e para os heróis da cultura (ver p. 214).

Todos os outros ritos e festivais do império eram realizados de acordo com um almanaque anual de eventos celestiais preparado pelo Departamento de Astronomia, órgão do Ministério dos Ritos. A presciência imperial nessas questões indicava harmonia entre o imperador e o Céu; qualquer acontecimento cósmico inesperado podia ser interpretado como sinal de perda iminente do mandato do soberano (ver p. 204).

PRÓXIMAS PÁGINAS *Menina e leão dançarinos participam de um desfile tradicional de Ano-Novo na China.*

Altar doméstico em Pequim, com oferendas de incenso diante de retratos de ancestrais. Em placas de madeira sobre o altar estão os espíritos dos ancestrais, para quem a família queima incenso e oferece comida e bebida. No altar os ancestrais também são informados sobre acontecimentos importantes da vida da família, como aniversários, mortes, noivados e viagens.

PLACAS DE ANCESTRAIS

O altar doméstico é em muitos sentidos o local da unidade familiar, abrangendo todas as gerações, vivas e mortas. É ali que são mantidas as placas onde se acredita que moram os espíritos. Elas registram o nome, datas de nascimento e morte e o número de filhos de cada ancestral, que é tratado como membro próximo da família. Teoricamente, são os ancestrais do chefe da família que estão representados no altar, mas outras placas podem estar presentes. Por exemplo, numa família em que não há filhos homens, uma das filhas pode pôr as placas de seus ancestrais no altar da família do marido.

As placas abrangem de três a cinco gerações. Com a inserção de membros de uma nova geração, as placas mais antigas são retiradas do altar e colocadas numa parede de ancestrais usada por vários grupos da mesma família extensa. Nesse caso, a devoção ocorre em relação aos ancestrais comuns; as emoções são mais formais e indicam gratidão aos antepassados, mais do que amor filial em relação aos que partiram há menos tempo.

CORPO E ALMA IMORTAIS

As concepções chinesas de morte e vida após a morte refletem idéias retiradas de todas as principais tradições. A maioria das idéias e rituais pode ser identificada com o taoísmo religioso, o budismo ou a religião popular. Embora o confucionismo não se preocupe diretamente com a crença na vida após a morte, a virtude confucionista da devoção filial é crucial para a compreensão da vida dos mortos e da responsabilidade dos vivos em relação a eles. O budismo tem sua própria concepção sobre o destino das pessoas depois da morte; ao longo de muitos séculos, ela se fundiu com as idéias chinesas nativas e as moldou. Em geral, os ritos funerários e outras práticas chinesas são mais importantes do que as crenças subjacentes a eles, porque os rituais representam grandes expressões da unidade familiar e do comportamento ético em relação aos outros.

Os chineses acreditam que os mortos estão próximos e exercem grande influência sobre os vivos. Aqueles que já faleceram têm um papel importante no contínuo bem-estar da família. A devoção filial exige que os membros mortos da família recebam um enterro adequado e sacrifícios regulares. Tratados assim eles se tornam ancestrais, uma fonte de bênçãos e fertilidade (ou seja, progênie) para a família. Essa idéia data pelo menos da dinastia Shang (ver p. 204). Quem não foi adequadamente cuidado depois da morte — por negligência ou falta de descendentes — e quem morreu violenta ou prematuramente torna-se fantasma: uma força perigosa, maligna, que precisa ser aplacada.

Os limites materiais entre os vivos e os mortos são fluidos e vagos. Quem reside neste mundo e no próximo é composto do mesmo fluido vital material (*qi*) em suas formas *yin* e *yang* (ver p. 200). Todas as pessoas têm duas almas, uma alma *hun*, composta do *qi yang*, e uma alma *po*, composta do *qi yin*. Ao morrer, a alma *hun*, que representa o aspecto espiritual e intelectual, separa-se do corpo e sobe, graças à sua natureza *yang*, e acaba indo residir nas placas que se encontram no altar doméstico de um lar tradicional chinês (ver texto à esquerda). A alma *po*, como energia *yin*, mergulha no solo. Continua com o corpo até ter sido enterrada com os ritos adequados e ser propiciada com oferendas tumulares.

Se o enterro não for feito corretamente ou a morte for precoce ou violenta, ou se a alma não for "alimentada" de forma adequada (ver abaixo), a alma *hun* não subirá para residir nas placas dos ancestrais e tampouco a alma *po* descerá à sepultura. Em vez disso, o espírito do morto assombrará os vivos como um fantasma até ter sido propiciado.

Os vivos têm a responsabilidade de fornecer as coisas de que os mortos precisam para estar bem: comida, dinheiro e outras amenidades. No nível mais básico, a assistência aos ancestrais compõe-se da oferta de incenso duas vezes ao dia no altar da família. Na lua nova e na lua cheia, as ofertas podem incluir alimento e "dinheiro do espírito" (ver p. 232), assim como incenso.

Quando recebem oferendas de comida, acredita-se que os ancestrais consomem a "essência" e deixam a parte de matéria bruta para a família desfrutar. Durante o ritual funerário os mortos ganham itens úteis como carros, empregados, casas, dinheiro e mobiliário doméstico — tudo feito de papel e queimado para que suba na fumaça até os ancestrais. Nos dias santos e no aniversário da morte de um ancestral, oferecem-se no altar familiar

IMORTALIDADE

A história da civilização chinesa registra uma longa série de tentativas de aperfeiçoar o corpo humano para que ele viva eternamente: a imortalidade, no entendimento dos chineses, não era possível sem um corpo físico. Técnicas para obtê-la, e a crença de que algum povo as aperfeiçoara, fazem parte da história chinesa desde a dinastia Zhou. Essas técnicas incluíam a regulação dos fluidos do corpo físico (ver p. 211), mas também a purificação do coração e da mente, pois não havia dicotomia radical entre corpo e alma: qualquer meio de purificação e preservação ajudaria a conquistar a imortalidade.

Nos tempos antigos, as pessoas buscavam o elixir ou a pílula da imortalidade em seu próprio laboratório (onde se fazia "ouro potável" a partir de diversas substâncias, inclusive cinabre) ou com personagens que viviam em lugares lendários nos confins do mundo chinês conhecido. Dois desses lugares, a ilha de Penglai e o monte Kunlun, eram procurados pela realeza e por plebeus. Dizia-se que Penglai era habitada por imortais e situava-se ao largo da costa sul da China. Qin Shihuangdi, o primeiro imperador da dinastia Qin (221-209 a.C.), mandou expedições em busca de Penglai e do lendário remédio da imortalidade ali existente. Acreditava-se que o monte Kunlun, na área da fronteira noroeste entre a China e a Ásia central (ver mapa à p. 201), era a morada da Rainha-Mãe do Ocidente, uma deusa que podia conceder a imortalidade. A Rainha-Mãe do Ocidente também cultiva pêssegos da imortalidade, produzidos por suas árvores uma vez a cada 3 mil anos. Adornos de pessegueiro ainda são populares na China para atestar o desejo de longevidade.

Pintura do século XX que retrata os Oito Imortais do taoísmo. Os relatos de como cada uma dessas figuras celebradas atingiu a vida imortal constituem um elemento popular da mitologia taoísta.

Aqueles que atingiram a imortalidade vivem nos limites externos do cosmo, voando entre as estrelas e vagando pela terra em perfeita serenidade, nutrindo-se do vento e bebendo orvalho. Alguns imortais são representados como "homens-pássaros" que desenvolveram plumas e voam para longe. Outros parecem morrer como qualquer mortal comum, mas depois do enterro, se o seu caixão for exumado e aberto, só se encontrará algum objeto pessoal, como uma bengala ou sandálias.

comida, bebida e "dinheiro do espírito", além de incenso. Os rituais praticados para os mortos garantem bênçãos para os vivos; além disso, proclamam a unidade e a força da família no tempo e no espaço. As oferendas mostram que os ancestrais, como a família, recebem o respeito e o amor que lhes cabem (ver também quadro abaixo).

A tendência fortemente sincretista da religião chinesa é ilustrada por sua capacidade de abranger várias concepções — em alguns casos aparentemente contraditórias — sobre o destino da alma após a morte. Assim, acredita-se também que a alma *po* do morto desça para o além, ou Inferno, onde um judiciário julga seus pecados e ela é punida, para por fim reencarnar. Essa é uma crença antiga, bem consolidada antes da chegada do budismo à China no século I. O budismo acrescentou seus próprios conceitos à estru-

DIAS SANTOS DOS MORTOS

No ano, existem dois dias santificados em que se propiciam os mortos. Um, a festa do Claro e Brilhante (Qingming), na primavera, é voltado para os ancestrais. O outro, o Banquete dos Fantasmas Famintos (Gui Jie), no décimo quinto dia do sétimo mês lunar, visa a aplacar espíritos potencialmente malevolentes.

O Qingming cai duas semanas depois do equinócio da primavera. Nesse dia as pessoas se unem para visitar os túmulos da família com um piquenique comemorativo. Arrancam-se ervas daninhas e repintam-se as inscrições. Depois de acender incenso e velas vermelhas, a família faz oferendas aos mortos: arroz, vinho, chá, comida, roupas de papel e "dinheiro do espírito".

O Banquete dos Fantasmas Famintos não está voltado para a unidade familiar, mas para a proteção da comunidade. Os que não têm descendentes que cuidarão deles, eufemisticamente chamados de "bons irmãos", são fantasmas malignos, infelizes e potencialmente perigosos. O Banquete dos Fantasmas Famintos pretende aplacar esses fantasmas com coisas de que eles precisam, como sustento e diversões (música e teatro). No dia dos Fantasmas Famintos, sacerdotes budistas e taoístas realizam uma celebração da comunidade num altar ao ar livre para propiciar os fantasmas. Os sacerdotes exortam os fantasmas a se arrepender e a entrar na Terra Pura budista. Os fantasmas que não se arrependem são mandados de volta para o Inferno depois da cerimônia, para ali continuar seus sofrimentos.

As oferendas de comida apresentadas aos fantasmas e ancestrais nessas e em outras ocasiões simbolizam sua relação com os vivos. Os ancestrais são parte da família e recebem comida no lar, no salão dos ancestrais ou ao lado de seu túmulo. Esses alimentos são preparados com cuidado, cozidos e temperados como os dos vivos; alguns ancestrais particularmente reverenciados podem receber as comidas que preferiam quando vivos.

Os fantasmas, por sua vez, são alimentados na porta de trás da casa ou fora dela, e sua comida é genérica e inferior — um suborno relutante, temeroso, e não um gesto carinhoso para os membros amados da família.

Restos de uma oferenda de "dinheiro do espírito". Ele é impresso especialmente e usado para sustentar o morto na outra vida; a exemplo de outras dádivas, é queimado e enviado ao ancestral na fumaça.

tura existente: a idéia do carma (equilíbrio entre méritos e deméritos); a figura do Yama, rei do Inferno; e os vários níveis de punição do Inferno, nos quais os pecadores sofrem para reparar seu desequilíbrio cármico antes de reencarnar na terra. Ao entrar no Inferno, as almas são julgadas pelos Dez Magistrados, tradicionalmente representados com trajes do antigo judiciário imperial chinês; eles controlam os Dez Tribunais do Inferno e cada um deles é encarregado de julgar crimes específicos. Depois do julgamento, a alma paga por seus crimes percorrendo diversas camadas do Inferno. Por fim, atinge o último tribunal do Inferno, onde, tendo compensado suas imperfeições na vida por que acabou de passar, reencarna de acordo com os méritos que acumulou em todas as existências anteriores. As famílias podem acelerar a passagem de seus entes queridos no Inferno com oferendas e boas obras, como o canto de sutras budistas.

Os "livros da vida e da morte", onde estão registrados os dias designados para cada pessoa, também são mantidos no Inferno. O folclore chinês contém muitos relatos de erros burocráticos devido aos quais uma pessoa é equivocadamente mandada para o Inferno até o engano ser descoberto.

A alma de uma pessoa excepcionalmente virtuosa pode, em vez de reencarnar, ser admitida na burocracia celeste como uma divindade. A burocracia celeste reflete todos os aspectos de um típico serviço público terreno (ver p. 208), inclusive suas deficiências potenciais: erro, incompetência, corrupção, nepotismo, formalidades tediosas e pilhas de papéis.

Os conceitos chineses sobre o que acontece depois da morte também incluem os ensinamentos do budismo terra pura. Os devotos de Amitabha (Amituo Fo), o buda da Terra Pura, antecipam o renascimento nesse paraíso como um prelúdio da chegada ao nirvana (ver p. 193).

MORTE E TAOÍSMO FILOSÓFICO

Embora as tradições religiosas chinesas enfatizem muito a longevidade e a imortalidade (ver quadro à p. 231), a atitude quanto à morte e à vida após a morte diferia entre os que tinham apenas uma inclinação filosófica. Em vez de buscar a imortalidade para escapar à morte, os taoístas filosóficos se divertiam com as possibilidades criadoras apresentadas pelos padrões incessantemente mutáveis do tao. Eles saudavam a morte como o tempo em que o *qi* de que eram feitos se transformaria milagrosamente em algo diferente na criação.

Pintura em seda do século XVIII mostra os quatro reis que guardam o registro dos julgamentos feitos no Inferno.

O ESTADO, A FAMÍLIA E O INDIVÍDUO

Monjas budistas invocam o nome de Amituo Fo (o buda Amitabha) num templo da montanha do Tambor, próximo de Fuzhou, na província chinesa de Jiangxi.

UMA PALAVRA PARA "RELIGIÃO"

Até recentemente, a língua chinesa não tinha uma palavra para "religião" no sentido ocidental de um conjunto específico de crenças, doutrinas e rituais. Os chineses nunca consideraram o confucionismo, o taoísmo e o budismo exclusivistas, e tradicionalmente se referem a eles apenas como "ensinamentos". Contudo, um resultado do crescente contato com o Ocidente a partir do século XIX (ver quadro, na página oposta) foi a necessidade de traduzir o sentido de "religião", em referência a um sistema de crenças tal como o cristianismo. O neologismo *zongjiao* foi adotado no fim do século XX; traduzido literalmente, significa "ensinamentos dos ancestrais (ou do clã)".

Muitas práticas e crenças chinesas, contudo, não podem ser categorizadas como *zongjiao*. Para os chineses, os caminhos das "Três Doutrinas" refletem-se em muitos aspectos da vida cotidiana, e não só na formalidade dos ritos "religiosos" e dos atos de culto.

Os ensinamentos formais do confucionismo, do taoísmo e do budismo marcaram a formação da sociedade chinesa, cuja tradição popular reflete a ética e as preocupações das três tradições. Contudo, o confucionismo desempenhou o papel mais óbvio na constituição das expectativas sociais e das normas chinesas, tanto que muitas atitudes culturais derivadas dos preceitos confucionistas são designadas simplesmente como "chinesas".

O confucionismo foi o princípio ordenador de duas entidades muito influentes na formação da vida chinesa: o Estado e a família. O ideal expresso no confucionismo — o governo virtuoso em benefício do povo — foi a base da teoria da arte de governar na China imperial. Os imperadores autocráticos sabiam que seu reinado seria julgado de acordo com a ética confucionista e registrado nas histórias dinásticas para avaliação da posteridade. Ministros e burocratas eram escolhidos com base em seu conhecimento dos ensinamentos confucionistas e em sua adesão às virtudes confucionistas.

A relação entre o imperador e o súdito era considerada análoga à relação primordial da sociedade chinesa: a do pai com o filho homem. Os filhos deviam aos pais lealdade e obediência absolutas. Esperava-se que cuidassem deles quando idosos e produzissem descendentes que continuariam a cuidar de seu espírito quando eles morressem (ver pp. 230-3). A lei chinesa tradicional refletia essa relação: por exemplo, um pai estaria em seu direito se matasse um filho desobediente, e um filho podia ser executado por bater no pai.

A sociedade chinesa tradicional era autoritária e hierárquica. Segundo o pensamento confucionista, cada membro da família e da sociedade tinha um papel específico. As mulheres eram consideradas corporificações da energia *yin* e portanto passivas e nutridoras, em contraste com a dinâmica *yang* dos homens. De acordo com esse plano, elas eram subordinadas aos homens e deviam viver em obediência aos pais quando meninas, aos maridos quando casadas e aos filhos quando velhas. Uma mulher casada devia mostrar devoção filial aos pais do marido, com quem o casal vivia freqüentemente.

Na era moderna, a forte ênfase na unidade familiar e nas relações entre filho e pai se mantém, embora tenha diminuído em grau. Na China, ela foi submetida a uma grande tensão durante a Revolução Cultural (1966-76), quando Mao Tsé-tung incentivou os jovens a denunciar os pais e os mais velhos como burgueses e contra-revolucionários. Era inevitável que essa experiência, tão profundamente oposta à tradição de devoção filial, deixasse terríveis cicatrizes psicológicas. Até na República Popular, oficialmente igualitária, ainda há uma preferência marcante pelos filhos em detrimento das filhas — a política comunista de combate à superpopulação que permite aos casais terem apenas um filho fez surgir uma série de métodos para garantir que a criança seja homem.

O taoísmo e o budismo forneceram perspectivas complementares ou alternativas para o confucionismo. O taoísmo ofereceu uma variedade contemplativa e o ideal de retiro na natureza para escapar da vida urbana e oficial. A busca taoísta de longevidade reflete-se em artes como o *tai chi chuan* e o *qigong* (*chi kung*), ainda muito praticadas na China e em outros lugares, que visam a fortalecer o corpo e aguçar a mente. Muitas outras artes, como a pintura, a culinária e a medicina, são influenciadas pelos ensinamentos taoístas de harmonia e equilíbrio. Para as mulheres, o taoísmo fornece uma alternativa à visão confucionista de domínio masculino. O taoísmo filosófico mostra uma preferência pelas mulheres em detrimento dos homens, e ao longo dos séculos tem havido monjas e iniciadas taoístas.

O budismo coloriu, mais do que criou, as tradições chinesas. Os monges budistas ligam-se aos ritos funerários chineses, recitando sutras para ajudar a acelerar a passagem das almas pelo Inferno. Além disso, muitos chineses, sobretudo mulheres, escaparam da rigidez dos ideais hierárquicos confucionistas buscando um refúgio no budismo, com sua promessa de salvação universal.

CHOQUE COM O OCIDENTE

No século XIX, as relações da China com o Ocidente assumiram a forma de humilhantes derrotas militares, tratados unilaterais e um afluxo indesejado de missionários, diplomatas e negociantes. Essa experiência, assim como o impacto das opiniões ocidentais sobre a cultura chinesa, estilhaçaram a percepção que a China tinha de si mesma como o árbitro da civilização e tiveram um profundo efeito sobre o modo como os chineses compreendiam suas tradições religiosas.

O confucionismo, base teórica para o governo e a moralidade durante dois milênios, passou a ser atacado como rigidamente tradicional e a causa subjacente da fraqueza política e militar da China. À medida que a busca da modernização e da industrialização se tornou mais premente, o budismo, o taoísmo e as tradições populares começaram a ser criticados como supersticiosos e como barreira para o progresso. A tradição revelou-se, contudo, forte demais para ser totalmente rompida, apesar das pressões por vezes severas que sofreu. No século XX, o pensamento chinês tradicional passou a conciliar-se com a modernidade, não só em Taiwan, Hong Kong e em comunidades no exterior como em economias capitalistas de estilo ocidental e também no resto da China, onde o comunismo exerceu suas próprias pressões.

Dragões de neon e emblemas da religião chinesa enfeitam os arranha-céus de Hong Kong para marcar a volta da cidade à China em 1997.

Na China, a filosofia estrangeira do marxismo-leninismo foi moldada para se ajustar ao contexto local. Por exemplo, embora sucessivos líderes comunistas tenham difamado o confucionismo tradicional, a retórica oficial sobre trabalhar para o bem do Estado, do partido ou da coletividade não difere da tradicional ênfase confucionista no grupo em detrimento do individual.

聚楽

Capítulo Sete

TRADIÇÕES JAPONESAS

C. Scott Littleton

Estátua de Buda em Kamakura, no Japão. Ele é representado em zazen *(posição de lótus), a postura ideal para meditação, de acordo com os zen-budistas.*

PÁGINA OPOSTA *Devotos com a roupa tradicional dos peregrinos curvam-se ante um santuário xintoísta em Karatsu, na ilha de Kyushu, na festa anual de Kunchi, em novembro (ver p. 262).*

INTRODUÇÃO

Oferendas deixadas por peregrinos no Koya-san (monte Koya), sede da shingon, *fundada por Kobo-daishi no século IX (ver p. 243) e uma das maiores seitas do budismo japonês.*

Os habitantes do Japão esposam simultaneamente duas crenças principais: o xintoísmo e o budismo, que coexistiram e se influenciaram mutuamente nos últimos 1.500 anos. O xintoísmo é nativo do Japão, ao passo que o budismo japonês é um ramo de uma religião mundial que inspira a devoção de centenas de milhões de pessoas no leste e no sudeste da Ásia e no Ocidente.

A religião nativa do Japão é chamada de "Caminho dos Deuses (ou Espíritos)", o que se expressa tanto por "*Kami no Michi*" quanto pelo sinônimo "*shinto*", uma articulação japonesa das palavras chinesas *shen* ("espírito") e *dao* ("caminho"). As duas expressões são escritas com os caracteres chineses de *shen* e *dao*. Desde o ressurgimento dessa religião, nos séculos XVIII e XIX, *shinto* tornou-se a designação mais comum — ironicamente, já que os promotores do renascimento tendiam a ser antichineses (ver p. 255).

As raízes do xintoísmo estão cravadas profundamente na pré-história japonesa. Seu conceito mais antigo e fundamental, o de *kami* ("espírito", "ser divino" ou "deus/deusa"; ver pp. 246-9), ainda é fundamental para a consciência religiosa japonesa. A fonte suprema do budismo ficava longe do Japão, na Índia (ver capítulo 5). Mas, como a maioria dos adornos da civilização japonesa, essa nova fé chegou por intermédio da China, a grande civilização-mãe do leste da Ásia, de onde foi levada para o Japão, passando pela Coréia, em meados do século VI. Nessa época o Japão não tinha escrita, mas o budismo levou consigo a alfabetização. Os escritos budistas eram acessíveis apenas nas traduções chinesas, e assim os aristocratas japoneses recém-convertidos — o budismo levaria séculos para se espalhar por toda a população — foram obrigados a aprender a ler os caracteres chineses.

O confucionismo e o taoísmo também chegaram ao Japão nesse período, e ambos tiveram um profundo impacto no xintoísmo e no desenvolvimento do budismo japonês. Entretanto, só em raras ocasiões (por exemplo, na corte de Tokugawa, c. 1700) eles atingiram o *status* de seitas religiosas.

Apesar do enorme impacto das crenças, da filosofia e das artes religiosas chinesas, o Japão sempre permaneceu diferente de sua vizinha do outro lado do mar. A tendência, profundamente arraigada na nação, de readaptar e transformar o que emprestava de outras culturas logo se manifestou. Com isso, as seitas budistas maaianas que se fixaram ou surgiram no Japão — as "escolas de Nara", *tendai*, *shingon*, *jodo-shu* e *jodo-shinshu*, *nichiren-shu* e *nichiren-shoshu*, zen e outras — logo se tornaram, e assim permaneceram, exclusivamente japonesas. Por essa razão, a linha entre budismo e xintoísmo pode às vezes ser um tanto nebulosa — como demonstra o fato de muitas divindades budistas passarem a ser cultuadas como *kamis* xintoístas (ver p. 249).

JAPÃO SAGRADO

Há em todo o Japão centenas de lugares importantes do ponto de vista religioso, e alguns dos mais conhecidos estão nos mapas desta página. Assim como os locais formais de culto, como templos budistas (*otera*) e santuários xintoístas (*jinja*), inúmeros elementos naturais, a exemplo dos montes Fuji e Koya, são reverenciados por seu significado sagrado e constituem destino de peregrinação.

Legenda

- ▲ Montanha sagrada
- ● Local de significado religioso especial
- ● Outra cidade

Mais recentemente, o Japão assistiu à consolidação das chamadas "novas religiões" (ver pp. 270-1) e ao ressurgimento do cristianismo, que chegou ao Japão no século XVI mas depois foi reprimido (ver p. 244). O crescimento dessas crenças foi estimulado respectivamente pelo caos social das últimas três décadas (1837-67) do xogunato de Tokugawa e pelo rápido desenvolvimento econômico verificado depois da Segunda Guerra Mundial. Contudo, nos dois casos o resultado final foi puramente japonês, uma mistura relativamente harmoniosa de idéias, costumes, ritos e crenças estrangeiros e nativos.

O sincretismo — fusão de crenças e práticas díspares num único sistema — tem sido há muito tempo um traço da vida religiosa do Japão, junto com o que o Ocidente teria considerado um alto grau de "tolerância à ambigüidade". Com algumas importantes exceções, a maioria do povo japonês provavelmente se considera xintoísta e budista, e não percebe nenhuma contradição na prática de duas crenças com raízes tão radicalmente diferentes. Muitos diriam: o xintoísmo é a "religião da vida" e o budismo é a "religião da morte". Assim, por exemplo, a grande maioria dos casamentos japoneses é feita de acordo com os ritos xintoístas, ao passo que uma maioria igualmente grande dos funerais é budista e a maior parte dos cemitérios é ligada a templos budistas. De modo geral, o xintoísmo se concen-

CRONOLOGIA *Todas as datas são d.C., exceto quando se indica o contrário*

PERÍODO PRÉ-HISTÓRICO

Era Jomon (c. 11.000-300 a.C.)
• Cultos de fertilidade mais antigos

Era Yayoi (c. 300 a.C.-300)
• Novo povo chega do sudeste da Ásia; início do xintoísmo

Era Kofun (c. 300-552)
c. 400 • Nômades vindos da Ásia central introduzem os enterros *kofun* e as estatuetas *hanniwa*

PERÍODO HISTÓRICO

Era Asuka (552-646)
552 ou 538 • Introdução do budismo
592 • O regente Shotoku faz do budismo a religião da corte

Era Hakuho (646-710)
• Fundadas quatro das seis "escolas de Nara" do budismo

Era Nara (710-794)
• Fundadas mais duas "escolas de Nara"; primeiro grande florescimento do budismo japonês
712 • Ono Yasumaro compila o *Kojiki*
720 • Composição do *Nihonshoki*

Era Heian (794-1185)
804-6 • Kobo-daishi e Dengyo-daishi, fundadores da *tendai* e da *shingon*, visitam centros budistas na China
850-1000 • A *tendai* e a *shingon* disseminam-se pelo Japão

Era Kamakura (1185-1333)
Honen (1133-1212) funda a seita "terra pura" (*jodo-shu*) do budismo japonês;
Eisai (1141-1215) introduz a seita *rinzai* do budismo *chan* (zen), vinda da China;
Shinran (1173-1263) funda a seita budista "verdadeira terra pura" (*jodo-shinshu*);
Dogen (1200-53) introduz a seita *soto* do budismo *chan*, vinda da China;
Nichiren (1222-82) funda a seita budista *nichiren-shu*

Era Ashikaga (1333-1568)
1549 • Missão jesuítica de Francisco Xavier inaugura o "século cristão" do Japão

Era Momoyama (1568-1603)
1571 • Oda Nobunaga destrói o grande complexo do templo budista *tendai* no monte Hiei
1596 • O xógum Toyotomi Hideyoshi proíbe o cristianismo; noviços mortos

Era Tokugawa (1603-1868)
1615 • Missionários cristãos expulsos
1638 • O xógum Iemitsu faz cumprir os éditos anticristãos
meados do século XVIII • Início do renascimento do xintoísmo
início do século XIX • "Novas religiões" começam a aparecer (ex.: *tenrikyo*, 1838)

Era Meiji (1868-1912)
1872 • O imperador Meiji repele éditos anticristãos; início do "xintoísmo de Estado"

Era Taisho (1912-26)
• Reflorescimento do budismo

Era Showa (1926-1989)
1945 • Depois da derrota do Japão na Segunda Guerra Mundial, os EUA fazem cumprir a abolição do xintoísmo de Estado e o imperador Hirohito renuncia ao *status* divino
décadas de 1950 e 60 • Florescem "novas religiões", como a Soka Gakkai

Era Heisei (1989-)
1995 • A seita *aum shinrikyu* promove atentado no metrô de Tóquio.

tra nas questões referentes a este mundo, na procriação, na promoção da fertilidade, na pureza espiritual e no bem-estar físico. O budismo, por outro lado, embora não rejeite o mundo real, sempre enfatizou mais a salvação e a possibilidade da vida após a morte. Na verdade, as seitas "terra pura" se formaram exatamente para atender a essa necessidade.

Qualquer avaliação do papel desempenhado pela religião no antigo e no moderno Japão precisa levar em conta alguns aspectos fundamentais da cultura japonesa. O mais importante é a subordinação do indivíduo ao grupo, expressa no dito japonês "o prego que se destaca será martelado". Muitos especialistas acham que esse *ethos* tem origem na cooperação estreita e na tomada de decisão coletiva exigida pelo cultivo do arroz em terreno alagado, até recentemente a principal fonte de sustento do Japão. A rizicultura, introduzida nesse país no fim do primeiro milênio antes de Cristo, exige mão-de-obra extremamente intensiva; antes da mecanização, cada planta de arroz tinha de ser inserida individualmente no campo molhado. Mesmo na época moderna, todos os membros de uma família subordinam suas inclinações pessoais ao trabalho coletivo pelo bem da colheita — e, por extensão, para a sobrevivência mútua. Num nível mais amplo, a atividade abrange a própria aldeia, onde um grupo de famílias se ajuda mutuamente no plantio, na retirada de ervas daninhas e na colheita.

A cooperação social e a concomitante ausência de um individualismo marcante caracterizaram desde o início tanto o xintoísmo quanto o budismo japonês. As duas religiões sempre fizeram da subordinação ao bem-estar da unidade social uma virtude primordial, quer essa unidade fosse a família, a aldeia produtora de arroz, o feudo dominado por uma elite de samurais ou o corpo de assalariados de uma moderna multinacional.

Gankakeema *(placas de prece) deixadas por devotos no templo budista de Kiyomizu, em Kyoto. A cidade foi a capital imperial do Japão desde 794 (quando se chamava Heian) até 1868 e um dos centros mais importantes do budismo japonês.*

FÉ E COEXISTÊNCIA

Estatueta hanniwa *de um guerreiro — talvez num ato de devoção a uma divindade ou a um senhor — encontrada em Yamato-mura, na região de Ibaraki, no leste de Honshu.*

As origens do xintoísmo remontam à Pré-História. Não se sabe se a cultura pré-histórica *jomon* (c. 11.000-300 a.C.) tinha uma fé centrada na reverência aos *kamis*, parecida pelo menos em algum aspecto com a conhecida atualmente. Esses extrativistas e pescadores pré-letrados e seminômades produziram as *dogus*, estatuetas femininas estilizadas que realçavam os quadris e os seios. Não se conhece a natureza exata das crenças que as cercavam, embora elas talvez reflitam a existência de um culto da fertilidade. As *dogus* eram quase sempre colocadas dentro ou perto das sepulturas, depois de ter sido quebradas de propósito, talvez ritualmente "mortas" para libertar sua "essência" espiritual. Mas a questão de se essa "essência" era concebida como algo que se parecia com um protótipo de *kami* xintoísta continua sendo matéria para especulação.

Contudo, a partir da chegada da cultura *yayoi* (c. 300 a.C.-300), mais complexa, há notáveis testemunhos iconográficos xintoístas. Entre os bens sepulcrais ligados aos *yayois* — cultivadores de arroz cuja terra natal ficava em algum ponto do sudeste da Ásia ou do sul da China — se encontram pequenas imagens de depósitos de grãos bastante semelhantes à arquitetura do santuário de Ise, que ficou inalterado durante pelo menos 1.200 anos (ver p. 258). Há também imagens de fertilidade feminina, assim como bastões de pedra que parecem ter um simbolismo fálico. A introdução do plantio do arroz em terreno alagado parece ter se acompanhado de rituais associados à semeadura e à colheita, provavelmente semelhantes em sua essência aos ritos xintoístas ligados à rizicultura existentes até hoje no Japão rural.

As jóias em forma de vírgula chamadas *magatama* ligam-se intimamente ao culto de fertilidade dos *yayois*, assim como os espelhos cerimoniais e as espadas sagradas, que têm todos um papel importante na mitologia xintoísta e até hoje fazem parte das insígnias reais. Muitos especialistas suspeitam que a maioria dos *ujigamis*, as divindades tutelares ligadas aos mais antigos *ujis* (clãs) japoneses registrados, data desse período. O *ujigami* mais importante foi (e é) Amaterasu, a deusa do sol (ver p. 247), mãe mitológica do *uji* Yamato ("clã do Sol"), ou seja, a família imperial japonesa.

No século IV, o Japão foi conquistado por cavaleiros nômades vindos da Ásia central — quase certamente uma elite governante, e não uma população invasora — e surgiu uma nova forma de sepultura de chefe de clã: o *kofun*. Freqüentemente se colocavam *hanniwas*, estatuetas votivas de cavalos e guerreiros, perto desses grandes cômoros em forma de buraco de fechadura, para acompanhar o guerreiro morto em sua jornada para o além.

No início do século VI, o imperador Yamato, que vivia na região que até hoje tem o seu nome, exercia autoridade sobre a maioria do país, até o sul e o leste da planície de Kanto (ver mapa à p. 239). Foi para esse estado embriônico que, de acordo com a tradição, viajou em 552 o primeiro contingente notável de missionários budistas, embora especialistas achem que 538 seja uma data mais provável. Conforme o *Nihonshoki*, datado de 720 (ver p. 250), o recém-convertido rei de Paekche, no sudoeste da Coréia, mandou missionários para a corte de Yamato recomendando a seu "irmão" japonês a nova religião vinda da remota Índia.

Na corte de Yamato muitos abraçaram entusiasticamente a nova religião — embora quase sempre de modo xintoísta, cultuando estátuas do Buda como manifestações de um *kami* poderoso —, enquanto outros se ressentiram de sua intrusão. Contudo, em 592, o regente Shotoku declarou o budismo a religião oficial da corte imperial.

Nos dois séculos seguintes o budismo expandiu rapidamente sua influência entre a aristocracia imperial. A maioria dos japoneses, entretanto, continuou intocada pela religião até o início da era Heian (794-1185). Em 806, os monges Kobo-daishi e Dengyo-daishi voltaram de estadas na China para fundar duas novas seitas que seguiram os moldes chineses, respectivamente a *shingon* (do chinês *zhen yan*, "mundo verdadeiro") e a *tendai* (de Tiantai, montanha e seita do leste da China). Ambas tinham sede nas montanhas perto da nova capital de Heian (Kyoto) — a *shingon* no monte Koya e a *ten-*

AS ESCOLAS DE NARA

Entre os anos de 625 e 738, seis importantes escolas de budismo surgiram em Nara, a primeira capital do Japão, ou em suas redondezas, fundadas por monges japoneses que tinham estudado na China: *jojitsu* (625), *sanron* (625), *hosso* (654), *kusha* (658), *kegon* (736) e *ritsu* (738). Cada uma dessas "escolas de Nara" estava ligada a um templo da China. A mais conhecida delas é provavelmente a *kegon*, cuja grandiosa sede de madeira, o templo Todai-ji, em Nara, abriga uma enorme estátua de bronze de Buda e é um dos monumentos mais famosos do Japão.

O PRÍNCIPE SHOTOKU

O segundo filho do imperador Yomei, o príncipe Shotoku (Shotoku Taishi), nasceu em 574, nem duas décadas depois da chegada dos primeiros missionários budistas. Seu pai foi um dos primeiros imperadores que abraçaram a nova fé, e tratou de fazer com que o filho aderisse às idéias budistas desde o nascimento.

Em 587 o futuro do budismo no Japão foi assegurado quando o clã Soga derrotou uma coalizão conservadora chefiada pela família Mononobe. Posteriormente, depois de ter sido designado regente em nome de sua tia, a imperatriz Suiko, o jovem Shotoku declarou, em 592, o budismo a religião oficial da corte Yamato.

Logo depois Shotoku construiu (e talvez tenha projetado) um importante templo budista em Horyuji, perto de Nara, e durante todo o seu reinado trabalhou incansavelmente para fazer avançar a causa budista. Por isso freqüentemente se diz que ele é o "fundador do budismo japonês".

Mas a contribuição de Shotoku para o desenvolvimento da religião japonesa não se limitou às suas atividades em prol do budismo. Ele também estava impregnado dos clássicos chineses e fez mais que qualquer outro para introduzir o confucionismo e o taoísmo no Japão. Em 604 promulgou sua famosa "Constituição de 17 Artigos", calcada nos princípios éticos confucionistas e budistas. Com a morte de Shotoku, em 622, o Japão deixara de ser um proto-Estado periférico, quase iletrado, para se tornar um império civilizado e altamente sofisticado, bastante inspirado no da China.

Príncipe Shotoku em pintura de c. 1850. Considerado o fundador do budismo no Japão, o príncipe tornou-se objeto de veneração popular.

dai no monte Hiei. Desses bastiões os missionários das novas seitas viajavam pelo campo, e o número de convertidos ao budismo elevou-se rapidamente nos séculos IX e X. Mais tarde Kyoto se tornou sede das seitas zen vindas da China durante os séculos XII e XIII (ver p. 252).

Os budistas não tentaram solapar ou suplantar o xintoísmo, mas simplesmente construíram seus templos perto dos santuários xintoístas e proclamaram que não havia conflito fundamental entre as duas crenças. No fim da era Heian, essa tendência à inclusão levou ao desenvolvimento do xintoísmo *ryobu*, ou "duplo xintoísmo", no qual os *kamis* xintoístas e os *bosatsus* (bodisatvas; ver pp. 176-7) budistas se associaram formalmente em entidades divinas únicas. Essa fusão teológica muitas vezes foi repre-

O CRISTIANISMO NO JAPÃO

Em 1549, Francisco Xavier, padre espanhol e um dos fundadores da ordem jesuítica, chegou ao Japão chefiando uma missão cristã, apenas quatro anos depois da visita dos primeiros navios mercantes portugueses. A nova religião foi apoiada, pelo menos implicitamente, pelo poderoso daimiô (comandante) Oda Nobunaga (1534-82), que fez uso efetivo das armas européias. A nova fé disseminou-se rapidamente, e no início dos anos 1580 quase todos os daimiôs da ilha de Kyushu tinham se convertido, junto com seus súditos. Havia também grandes bolsões de cristianismo em outras regiões, inclusive na capital, Kyoto, e o número total de convertidos não pode ter sido muito menor do que 1 milhão. Não há provas cabais de que o próprio Nobunaga tenha se convertido ao catolicismo, mas num de seus últimos retratos ele está usando um crucifixo.

O monumento aos Mártires Japoneses em Nagasaki — sede, no passado e hoje, da Igreja Católica Romana no Japão. Eles foram mortos durante a perseguição aos cristãos, na época de Toyotomi Hideyoshi.

Em 1582, Nobunaga foi assassinado por um subalterno. Sucedeu-o seu general mais proeminente, Toyotomi Hideyoshi (1536-98), que em 1587 reverteu a política de tolerância. Muitos noviços jesuítas japoneses foram crucificados — os "Mártires Japoneses" — e expulsaram-se missionários. O cristianismo foi oficialmente proibido em 1596. A perseguição ficou menos intensa na época de Tokugawa Ieyasu (1542-1616), sucessor de Hideyoshi e fundador do xogunato Tokugawa, que governou o Japão de 1603 a 1867. Mas o neto de Ieyasu, o xógum Tokugawa Iemitsu, dedicou-se a erradicar a fé. Suspeitos de cristianismo, por exemplo, foram sumariamente executados por se recusar a pisar numa imagem da Virgem. Enfrentando tal repressão, a maioria dos daimiôs cristãos e seus subordinados renunciaram à fé. Em 1640, o chamado "século cristão" do Japão tinha acabado.

Uns poucos japoneses continuaram a praticar em sigilo o catolicismo, a maioria em Nagasaki ou em suas proximidades. Quando os éditos anticristãos foram revogados, em 1872, eles não tinham contato com Roma havia mais de dois séculos, e boa parte de suas práticas estava muito distante do cristianismo dominante (por exemplo, a devoção a Jesus e Maria assemelhava-se ao culto do poderoso *kami* xintoísta ou do *bosatsu* budista). A maioria recusou-se a juntar-se à Igreja Católica, e esse ramo do cristianismo constitui agora uma peça minúscula do mosaico religioso japonês. Hoje há cerca de 600 mil cristãos no Japão, numa população de quase 130 milhões.

sentada por imagens de *kamis* sob forma humana "sonhando" com seus correspondentes *bosatsus*.

Os últimos anos da era Heian foram marcados por uma guerra civil sangrenta que culminou com a nomeação de Minamoto no Yoritomo para o novo cargo imperial de xógum, ou "generalíssimo". Seguiram-se quatro séculos de luta interna quase constante, e muitos sacerdotes chegaram a achar que o *mappo*, a "era do caos" do budismo maaiana, havia chegado (ver pp. 266-7). No início da era Kamakura (1185-1333), três seitas surgiram em resposta ao desafio espiritual: *jodo-shu* (a "seita da terra pura"), *jodo-shinshu* ("seita da verdadeira terra pura") e *nichiren-shu* ("seita de Nichiren"). Os fundadores dessas novas vertentes do budismo, respectivamente Honen (1133-1212), Shinran (1173-1263) e Nichiren (1222-82), foram todos formados no grande complexo do budismo *tendai* do monte Hiei.

O evento religioso mais importante das eras Ashikaga e Momoyama (1333-1603) foi a chegada do cristianismo em 1549, mas as conquistas iniciais se reverteram depois da morte de seu primeiro defensor, Oda Nobunaga (ver quadro, na página oposta). Na época do xogunato de Tokugawa (1603-1868), o budismo estava em ascensão, especialmente as seitas terra pura. Os Tokugawa também abraçaram a filosofia hierárquica do neoconfucionismo chinês (ver p. 205); o único templo confucionista de Tóquio foi fundado em 1690 pelo quinto xógum Tokugawa. O taoísmo também veio a ocupar uma posição importante, pelo menos entre a *intelligentsia* da corte.

No fim do século XVIII, os esforços de Motoori Norinaga (1730-1800) e outros por eruditos xintoístas levaram a um interesse renovado pelo *Kojiki*, pelo *Nihonshoki* e por outros textos xintoístas antigos (ver p. 250). Um século depois, esse renascimento xintoísta, que enfatizava fortemente o culto imperial, foi um fator importante no desmoronamento do xogunato, então economicamente moribundo, e na restauração em 1868 do poder imperial, sob o imperador Meiji. Nos anos imediatamente seguintes à restauração Meiji, o xintoísmo tornou-se a religião oficial do Japão (conhecida como "xintoísmo de Estado") e o budismo entrou num breve eclipse (ver texto lateral).

Na década de 1870, missionários de várias denominações cristãs voltaram a um Japão novamente tolerante, mas poucos japoneses viram algum mérito em deixar o xintoísmo, uma fé ligada de perto ao regime imperial e portanto à crescente prosperidade resultante da política governamental de industrialização no estilo ocidental. Hoje, apenas cerca de 600 mil japoneses professam a fé cristã.

Um fenômeno importante na história recente da religião japonesa é o crescimento das *shinko shukyo* ("novas religiões"), expressão usada para designar as muitas seitas que surgiram no início do século XIX em meio ao caos social que marcou o fim do feudalismo do xogunato. A maior parte delas eram misturas de xintoísmo e budismo, mas desde a restauração Meiji algumas adotaram elementos do cristianismo e de outras crenças (ver pp. 270-1).

A PERSEGUIÇÃO AO BUDISMO

O triunfo do xintoísmo depois da restauração Meiji resultou numa forte reação contra o budismo, que tinha sido favorecido pelo xogunato. Símbolos e práticas budistas de longa tradição foram retirados à força dos principais santuários pelo novo governo imperialista, e na década de 1870 o clero budista perdeu drasticamente a influência que tinha tido durante a era Tokugawa. Muitas vezes com a conivência das autoridades, museus e colecionadores da Europa e dos EUA rapidamente compraram artefatos inestimáveis pilhados dos templos por fanáticos antibudistas.

Contudo, no fim da década de 1880, o governo imperial cessou a oposição ao budismo, que rapidamente se reergueu. O xintoísmo continuou sendo a religião do Estado até 1945, mas o equilíbrio histórico entre as duas crenças foi restaurado e persiste até o presente. O xintoísmo de Estado foi desestabilizado depois do fim da Segunda Guerra Mundial, e desde então nenhuma fé desfrutou *status* oficial.

Mapa do complexo budista tendai *em Hieizan (monte Hiei), perto de Kyoto. Muitas personalidades fundadoras do budismo japonês se formaram ali, inclusive Honen, Shinran, Nichiren, Eisai e Dogen (ver pp. 252-5).*

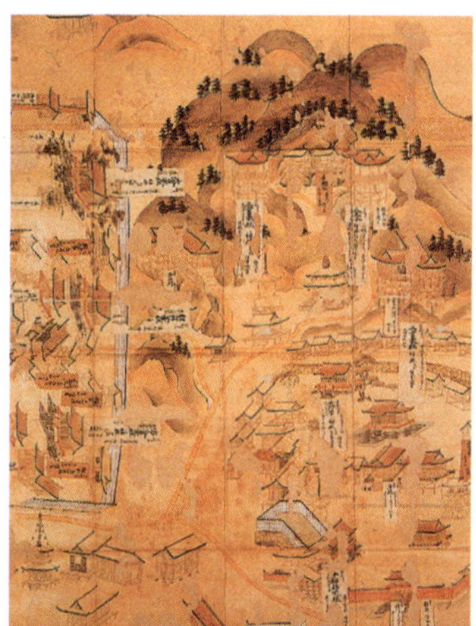

Jimmu Tenno na viagem de conquistas que o estabeleceria como primeiro imperador do Japão. Gravura do século XIX.

O MITO IMPERIAL

A região de Izumo, no Japão, deu importante contribuição à mitologia xintoísta, em particular com a história do estabelecimento do domínio de Jimmu Tenno, o primeiro imperador, e da linhagem imperial japonesa.

Depois de ter sido expulso do céu (ver quadro, na página oposta), Susano desceu à Planície de Junco (a terra), onde salvou uma linda donzela de um dragão. Ele encontrou uma espada fabulosa, a Kusanagi, em uma das oito caudas do dragão, e deu-a à sua irmã, a deusa Amaterasu, como oferecimento de paz. Susano casou-se com a donzela, construiu um palácio perto de Izumo e deu origem a uma dinastia de divindades poderosas que vieram a reinar sobre a terra. A maior delas foi Okuninushi, o Grande Senhor do País. Preocupada com o poder de Okuninushi, Amaterasu lhe enviou seu neto Honinigi para restabelecer sua soberania sobre a terra. Um acordo foi alcançado: a partir do descendente de Honinigi, Jimmu Tenno, os herdeiros terrenos de Amaterasu governariam como imperadores, enquanto Okuninushi seria o guardião divino perpétuo da terra.

UM MUNDO DE ESPÍRITOS

A palavra japonesa *kami* é traduzida freqüentemente como "divindade" (um deus ou deusa), mas na verdade designa uma série muito grande de seres espirituais e também uma profusão de forças e "essências" misteriosas e sobrenaturais. No *Kojiki* (ver p. 250), diz-se que existem 8 milhões de *kamis*, o que, em japonês, é outro modo de dizer que seu número é infinito. Eles incluem inúmeras divindades tutelares de clãs, aldeias e bairros (*ujigamis*) que não são definidas claramente, além de espíritos "de lugares" — as essências de elementos geográficos proeminentes, inclusive montanhas, rios e cachoeiras — e de outros fenômenos naturais, como o *kamikaze* ("vento divino"), o tufão que no século XIII salvou o Japão de uma invasão mongol pelo mar. Alguns *kamis* são *onis*, espíritos demoníacos, vingadores (ver p. 248); outros combinam divindades benignas taoístas e budistas importadas.

Os espíritos dos ancestrais são outra importante categoria de *kamis*. No xintoísmo, acredita-se que a alma de uma pessoa se torna um *kami* depois da morte de quem a hospeda, e os *kamis* dos ancestrais de uma família são reverenciados em santuários domésticos. Alguns *kamis* de ancestrais, como o espírito do modernizador imperador Meiji (1867-1912) e de outros governantes, podem se tornar foco de cultos mais disseminados. Por exemplo, o santuário de Meiji é o templo xintoísta mais importante de Tóquio. Os *kamis* de todos os mortos nas guerras japonesas desde 1872 continuam sendo cultuados no controverso santuário Yasukuni de Tóquio (ver p. 268).

Os *kamis* mais conhecidos são os deuses e deusas antropomórficos que surgiram durante o que os textos antigos chamam de Era dos Deuses (ver quadro, na página oposta). Eles são os "*kamis* celestes" (*amatsukamis*), como Amaterasu, a deusa do sol, amplamente venerada, e os "*kamis* terrenos" (*kunitsukamis*), como o popular Okuninushi, deus guardião do Japão e de seus imperadores (ver texto lateral). Okuninushi é venerado em Izumo Taisha, o santuário xintoísta mais importante depois do de Amaterasu, em Ise.

Outros *kamis* importantes incluem Inari, o deus do arroz, muito cultuado como a divindade que garante uma colheita abundante de arroz e, por extensão, prosperidade geral. Seu culto é especialmente relevante para os lojistas, negociantes e artesãos. O mensageiro e guardião de Inari é a raposa, e imagens desse animal se destacam em todos os santuários de deuses. Antigamente, Inari também era considerado protetor dos fabricantes de espadas.

Os chamados Sete Deuses da Fortuna incorporam diversas características desejáveis. Os mais populares são Daikokuten e seu filho Ebisu, que representam abundância material e freqüentemente estão juntos no santuário. Daikokuten, em geral retratado com um grande saco no ombro esquerdo, é bastante cultuado pelos cozinheiros e donos de restaurantes. Muitas vezes o igualam a

A ERA DOS DEUSES

As histórias dos grandes deuses e deusas do xintoísmo são contadas nos épicos *Kojiki* e *Nihonshoki* (ver pp. 250-1). Eles registram o período primitivo conhecido como Era dos Deuses, quando as divindades estavam em atividade na terra, antes de instituir o domínio de seus descendentes mortais, os imperadores, e então se retirar para o território celeste.

No início, quando o mundo era um caos fluido, turbulento e informe, surgiram sete gerações sucessivas de *kamis* invisíveis. Na oitava geração nasceram o deus Izanagi e a deusa Izanami, que, de pé na "Ponte Flutuante do Céu" (provavelmente um arco-íris), mergulharam um arpão cravejado de gemas numa massa gelatinosa e criaram uma ilha, Onogoro. Essa foi a primeira terra.

Izanagi e Izanami desceram para a ilha. Nesse ponto os dois se deram conta da diferença de sexo entre eles e se relacionaram sexualmente. O primeiro rebento de Izanami, entretanto, foi um "filho sanguessuga" (ou seja, um monstro), e o casal pediu ajuda aos *kamis* mais velhos. De Izanami nasceram *kamis* em profusão e também ilhas — o arquipélago japonês. Mas o nascimento de seu último filho, o deus do fogo, queimou-a tanto que ela morreu e foi para Yomi, a terra dos mortos (ver p. 267).

Izanagi ousou ir a Yomi, tentando em vão recuperar sua esposa amada, mas não atendeu ao pedido dela para que não a olhasse. Ele viu que Izanami tinha se tornado um demônio putrefato, hediondo, e fugiu horrorizado, perseguido por Izanami e pelas chamadas "Bruxas de Yomi". Quase não escapou com vida.

Para se purificar da podridão de Yomi, Izanagi banhou-se no rio Hi (ver mapa à p. 239). Enquanto se lavava, Amaterasu, a deusa do sol, nasceu do seu olho esquerdo; Tsuki-yomi, a deusa da lua, do seu olho direito; e Susano, o deus da tempestade, do seu nariz. Então Izanagi retirou-se para a ilha Kyushu, a noroeste, onde hoje existem alguns santuários dedicados a ele e a Izanami. Antes de ir embora, Izanagi transmitiu o poder a seus descendentes: Amaterasu seria a divindade suprema, Tsuki-yomi tornou-se senhor da noite e Susano senhor do mar.

Susano, no entanto, tinha inveja de sua irmã e vociferou pelo céu, causando o caos. A resposta de Amaterasu foi fechar-se na Caverna da Escuridão Celeste, piorando as coisas ao privar da luz o mundo e causar a perda das colheitas. Por fim ela foi levada a reaparecer, e quando isso aconteceu a luz voltou.

Depois do reaparecimento da deusa do sol, Susano foi banido e confirmou-se a soberania de Amaterasu. Seu descendente Jimmu tornou-se o primeiro imperador (ver texto lateral, na página oposta), e com o estabelecimento da linhagem imperial encerrou-se a Era dos Deuses.

Tríptico do século XIX mostra Amaterasu, a deusa do sol, surgindo da Caverna da Escuridão Celeste num esplendor de luz. Ela só deixou a caverna depois que as outras divindades a fizeram acreditar que seu reflexo num espelho — um símbolo xintoísta sagrado — era uma deusa do sol mais poderosa. Acredita-se que esse episódio tenha se baseado num eclipse solar.

ESPÍRITOS DO MAL

Na tradição japonesa, a maioria dos espíritos do mal, ou *onis* ("demônios"), é invisível. Acredita-se que alguns são espíritos de animais que têm a capacidade de possuir as pessoas. Entre os mais temidos estão o espírito da raposa; se ele possui alguém, pode lhe trazer todo tipo de calamidades, inclusive doença e morte. Em áreas do Japão rural, sobretudo no norte, onde as crenças e os costumes antigos tendem a permanecer, os *yamabushi* ("guerreiros da montanha"; ver p. 260) são considerados particularmente peritos em exorcizar esses espíritos e assim devolver a saúde à vítima.

Outra variedade de espírito mau é o *obake*, ou fantasma. Acredita-se que essas entidades também são capazes de causar muitos danos; elas podem ser afastadas com os rituais apropriados.

Okuninushi, conhecido também como Daikokusama. Ebisu leva na mão esquerda uma vara de pescar e na direita um peixe. Os outros cinco são Benten (deusa da habilidade na música e em outras artes), Fukurokuju (deus da popularidade), Hotei (deus da generosidade), Jurojin (deus da longevidade) e Bishamonten (deus da autoridade benevolente).

O budismo japonês, seguindo a tradição maaiana, venera uma grande quantidade de seres sagrados conhecidos como *butsu* (do sânscrito "*buddha*"/ "buda") e *bosatsu* (do sânscrito "*bodhisattva*"/"bodisatva"; ver pp. 176-7). Três desses seres divinos destacam-se no budismo japonês: Amida, Kannon e Jizo. Contudo, o *butsu* Amida ("Amitabha" em sânscrito) é o mais importante: ele comanda a Terra Pura, ou Paraíso Ocidental, que tem um papel fundamental na seita *tendai* e em suas vertentes terra pura (ver p. 193).

Depois de Amida, a divindade budista mais popular é Kannon, que deriva diretamente da deusa chinesa Guanyin (ver p. 211) e fundamentalmente do bodisatva indiano masculino Avalokitesvara (ver p. 176). Retratado ora como homem ora como mulher, Kannon é o protetor das crianças, dos mortos e das mulheres em trabalho de parto. É também o *bosatsu* a quem os devotos pedem clemência e perdão. Freqüentemente é retratado como Kannon dos Mil Braços, o que evoca a idéia de que a divindade tem uma compaixão ilimitada para conceder ao devoto. Encontram-se templos dedicados a Kannon em quase todas as comunidades japonesas.

O *bosatsu* Jino também tem relação com as crianças, sobretudo com as almas das que morreram (incluindo, em tempos recentes, os fetos abortados). Minúsculos *jizo-yas*, ou templos para Jizo, são encontrados em todo o

TENJIN: O BUROCRATA DIVINO

O melhor exemplo de figura histórica que se tornou um importante *kami* xintoísta é Sugawara no Michizane, também conhecido como Tenjin, ou "Pessoa do Céu". Brilhante administrador e erudito, Tenjin (845-903) estava no auge de sua carreira como membro da corte de Heian (Kyoto) quando vários colegas invejosos conspiraram contra ele. Acusado injustamente de má conduta no trabalho, Tenjin foi banido de sua cidade natal e sofreu o restante da vida como exilado político.

Depois de sua morte, Heian foi devastada por incêndios e pestilência. As autoridades imperiais convenceram-se de que isso era um castigo divino devido ao tratamento dado a Tenjin e tentaram apaziguar seu espírito irado construindo um grande santuário para o seu *kami* — Kitano Temmangu, até hoje um dos mais importantes santuários xintoístas da moderna Kyoto.

De acordo com a história, as condições em Heian melhoraram imediatamente. Depois disso Tenjin tornou-se um membro importante do panteão xintoísta, venerado em todo o Japão. Ele é considerado útil sobretudo em questões referentes à educação e ainda é invocado regularmente por estudantes que vão fazer exames importantes e por especialistas que buscam ajuda divina para suas pesquisas.

Japão, facilmente identificados pelos grupos de imagenzinhas do *bosatsu*, que usa um lenço vermelho e muitas vezes uma peça de roupa de uma criança morta. Jizo é o protetor de todos os que têm dores.

No culto popular, a distinção entre os *kamis* xintoístas e o *bosatsu* e o *butsu* budistas não é nada clara. No passado, os sacerdotes xintoístas às vezes usavam a expressão "natureza-*kami*" de modo semelhante à "natureza-buda" budista. O *kamis* e os *bosatsus* são considerados complementares, e algumas divindades são importantes para as duas crenças, como Hachiman (ver texto lateral), Kannon e Jizo.

Hachiman não é a única divindade com raízes históricas ou quase históricas. Outras são Tenjin (ver quadro) e, entre as mais recentes, o imperador Meiji. Os budistas japoneses às vezes invocam os espíritos dos mestres budistas Honen, Shinran e Nichiren (ver pp. 253-5) como se fossem *kamis* — embora eles nunca tenham se tornado o centro de cultos importantes.

HACHIMAN

O *kami* xintoísta Hachiman é um importante deus guerreiro derivado em grande parte do semilendário imperador Ojin (c. 300). Hachiman é muito cultuado em todo o Japão nos santuários budistas e também xintoístas. Surpreendentemente, é ele a divindade tutelar do templo Todai-ji, em Nara (que abriga a maior estátua do Buda existente no Japão), e do santuário de Hachiman, em Kamakura.

Os templos de Hachiman são espaços privilegiados para o ritual chamado *omiyamairi*, no qual os bebês — principalmente meninos, no caso de Hachiman — são levados a santuários pela primeira vez e purificados (ver p. 264). A imagem de Hachiman pode também ser encontrada em muitos templos budistas, onde ele é venerado como um *bosatsu*.

Estátua de Hachiman, obra do escultor Kaikei, que trabalhou em Nara no século XIII. O admirável realismo dessa figura era típico da era Kamakura (1185-1333). O deus está representado com a roupa de um monge budista.

Um mestre calígrafo budista de Tóquio trabalha num manuscrito. A caligrafia, proveniente da China, tornou-se uma importante forma de arte, sobretudo depois do século IX, quando se inventou uma escrita japonesa simplificada (ver p. 253).

O *NIHONSHOKI*

Ao que tudo indica, os principais clãs japoneses ficaram insatisfeitos com o *Kojiki* antes mesmo de Ono tê-lo completado (ver texto principal), em grande parte porque o livro enfatizava a história do clã imperial em detrimento da sua. A corte respondeu a essa insatisfação encomendando o *Nihonshoki* ("Crônicas do Japão") a uma comissão de cortesãos.

Ono havia apresentado uma narrativa de compreensão relativamente fácil, mas os autores do *Nihonshoki* sentiram-se forçados a recontar cada evento mitológico importante a partir de várias perspectivas, que refletiam as versões sagradas dos diversos clãs principais. O resultado foi uma miscelânea de concessões, redundâncias e até contradições. Contudo, o *Nihonshoki* é um tesouro de histórias que lançou muita luz sobre a extensão e a diversidade da antiga mitologia xintoísta e seus *kamis*.

Diferentemente do *Kojiki*, o *Nihonshoki* foi escrito em chinês clássico, embora inclua trechos poéticos em japonês arcaico. Sempre que possível, os autores apresentaram os mitos de uma perspectiva chinesa, e o texto contém muitos temas e referências mitológicos. Um bom exemplo é a história de Pan Gu, um mito chinês da criação que ressurge de forma quase idêntica em vários pontos do *Nihonshoki*.

CRÔNICAS E ESCRITOS SAGRADOS

As fontes escritas mais antigas e importantes do xintoísmo são dois épicos do início do século VIII: o *Kojiki* e o *Nihonshoki*. Nenhum desses textos pode ser chamado de livro sagrado no sentido de revelação divina. Mais exatamente, são crônicas com base genealógica que se estendem até os primórdios do período histórico. O *Kojiki* ("Registro de questões antigas"), o texto mais antigo existente em japonês, foi compilado e organizado em 712 pelo cortesão erudito Ono Yasumaro com base em fontes anteriores. Essas fontes, algumas escritas (e infelizmente perdidas há muito tempo) e outras orais, eram em sua maior parte genealogias dos vários *ujis*, clãs poderosos que dominaram a vida política japonesa na era Nara (710-794), dos quais o mais importante foi o clã imperial Yamato. Cada genealogia remontava a ascendência do *uji* em questão até um *kami* (deus ou deusa).

Nesse período, o Japão estava tomando emprestados da China quase todos os traços culturais imagináveis. Inspirada pelo gênero chinês da "crônica imperial" que serviu para legitimar a dinastia no poder, a corte japonesa encarregou Ono de compilar uma crônica japonesa coerente que estabelecesse para todo o sempre a supremacia do clã Yamato. A primeira parte do texto de Ono contém o principal registro da cosmologia e da teogonia xintoístas: a criação das ilhas do Japão pelas divindades primordiais Izanagi e Izanami, o nascimento da deusa do sol Amaterasu, a extensão de sua autoridade à "Planície de Junco" (o Japão) e o aparecimento de Jimmu, o primeiro imperador, descendente de Amaterasu (ver pp. 246-7).

O *Kojiki* e o *Nihonshoki* (compilado em 720 como uma espécie de correção do *Kojiki*; ver texto lateral) não são absolutamente as únicas fontes das crenças xintoístas. Entre outros textos, há o *Manyoshu* (c. 760), vasta antologia de poesia que abrange poemas sobre temas religiosos, mitológicos e seculares; o *Fudoki*, crônicas de província escritas em 713, que incluem lendas de *kamis* locais; e o *Engishiki*, que data do fim do século X e reúne um grande corpo de *norito*, preces rituais para cerimônias públicas.

De longe, o texto mais importante do budismo japonês é o *Sutra do lótus* (*Hokkeyo*; ver quadro, na página oposta). Vem a seguir o *Dainichi-kyo*, ou *Sutra do sol*, base da seita *shingon*, introduzida no Japão por Kobo-daishi (774-835). De acordo com o *Sutra do sol*, todo o cosmo emanou de Vairochana, o Buda Sol, e o objetivo do devoto é compreender o significado interno desse processo. Como o *Sutra do lótus*, o *Sutra do sol* afirma que a "natureza-buda" é inerente a todas as pessoas e que é possível alcançar a iluminação numa única vida. Contudo, o caminho do *Sutra do sol* para a salvação se baseia no conhecimento esotérico contido numa mandala (representação simbólica do cosmo; ver p. 177) altamente complexa, e não em profissões de fé nos bodisatvas.

Os muitos outros textos reverenciados no budismo japonês incluem os escritos originais de grandes mestres como Kobo-daishi, Dengyo-daishi, Honen, Shinran, Nichiren e os fundadores do budismo zen, Eisai e Dogen (ver p. 252). O budismo zen também se distingue pelo *koan* (enigma sagrado, do chinês *gong an*), uma declaração semelhante a um mantra ou uma pergunta enigmática para contemplação, às vezes aparentemente impossível. Um *koan* famoso é: "Qual é o som de uma mão batendo palma?"

O *SUTRA DO LÓTUS*

Supostamente baseado em sermões feitos pelo próprio Buda, o *Sutra do lótus* é um dos textos religiosos mais importantes da tradição budista maaiana (ver também p. 181). Ele chegou ao Japão com os primeiros missionários budistas, em meados do século VI, mas não atingiu importância máxima antes da introdução da seita *tendai* (em chinês, *tiantai*) da China por Dengyo-daishi (762-822). Todas as seitas japonesas mais importantes que se irradiaram a partir da *tendai* estão enraizadas no *Sutra do lótus*, inclusive as seitas terra pura pregadas por Honen e Shinran e especialmente a seita fundada por Nichiren (ver pp. 254-5).

A tese fundamental do *Sutra do lótus* é que toda vida contém, em maior ou menor grau, a "natureza-buda". Isso pode ser entendido como a capacidade de uma compaixão completa, aliada à serenidade que acompanha a renúncia a todo desejo. A salvação só será possível se a "natureza-buda" da pessoa puder se realizar plenamente, e para chegar a isso o devoto precisa se dedicar a uma vida de oração e meditação e buscar a ajuda de vários bodisatvas (ver pp. 176-7). A realização da "natureza-buda" aproxima o devoto do objetivo supremo: o nirvana, libertação definitiva do infinito ciclo de morte e renascimento.

Versos do Sutra do lótus *inscritos com letras chinesas em tinta dourada sobre papel escuro. Acredita-se que este manuscrito faça parte de um exemplar do sutra produzido, provavelmente em Kyoto, para o imperador Go-Mizunoo (no poder entre 1611-29).*

LUZES DA SABEDORIA

Nos últimos 2 mil anos, grandes contribuições para o desenvolvimento religioso do Japão foram dadas por indivíduos que eram desde sacerdotes e monges até burocratas, príncipes e imperadores. A maioria dessas pessoas reverenciadas eram budistas — os fundadores de novas seitas e escolas. Eles estabeleceram entre si a estrutura religiosa que ainda governa o budismo japonês e que teve também um profundo impacto sobre a evolução do xintoísmo, uma vez que as duas crenças tentaram encontrar um terreno comum. Os que se destacaram na história do xintoísmo incluem eruditos como Ono Yasumaro (ver p. 250) e Motoori Norinaga (ver p. 255), que lutaram incansavelmente para preservar as histórias antigas da crença nos *kamis*.

Destacam-se entre os primeiros mestres budistas Saicho (762-822) e Kukai (774-835), mais conhecidos respectivamente como Dengyo-daishi

A CRIAÇÃO DO ZEN

A era Kamakura testemunhou o surgimento do zen — o ramo do budismo japonês mais conhecido fora do Japão. Seus fundadores foram Eisai (1141-1215) e Dogen (1200-53), ambos formados no "seminário" *tendai* do monte Hiei (Hieizan).

Eisai desiludiu-se com o que considerava a frouxa disciplina monástica de Hiei e em 1168 começou uma peregrinação de seis meses à China, onde visitou os principais templos da seita *tiantai* (da qual se originou a *tendai*) e compilou textos sagrados até então sem tradução para o japonês. Numa peregrinação mais longa (1187-91) ele conheceu Xu'an Huaichang, mestre da *linji*, uma seita do budismo *chan*, escola centrada na meditação intensiva (a palavra *chan* deriva do termo sânscrito *dhyana*; ver p. 219).

Eisai, fundador da zen rinzai. *A* rinzai *espalhou-se rapidamente entre a elite de samurais japoneses, que descobriu que a disciplina mental zen os tornava guerreiros melhores.*

Inspirado pelos ensinamentos de Xu'an, Eisai voltou para o Japão a fim de pregar as doutrinas da *chan linji* ("zen *rinzai*", em japonês). Ele partiu de Hieizan e foi para Kamakura, onde ganhou a proteção do xogunato e escreveu vários textos importantes, inclusive *Shukke taiko* ("Fundamentos da vida monástica", 1192), *Kozen gokku ron* ("A proclamação do zen como defesa da nação", 1198) e *Nihon buppo chuko gammon* ("Apelo ao renascimento do budismo japonês", 1204).

Dogen, fundador da seita zen *soto*, também estudou em Hiei e, como Eisai, desencantou-se com o que considerava frouxidão espiritual daquele meio. Suas dúvidas o levaram a ir para Kenninji, ali perto, um mosteiro zen *rinzai*. Seis anos mais tarde, Dogen também fez uma peregrinação à China, onde estudou orientado por um mestre da seita *chan cuotong*.

Dogen voltou para casa a fim de estabelecer uma seita japonesa da *chan cuotong* ("zen *soto*", no Japão). A zen *soto* caracteriza-se pela ênfase na postura *zazen*, em que se fica sentado com as pernas cruzadas na "posição de lótus", como pré-requisito para atingir o *satori*, ou iluminação. Ao contrário de Eisai, que defendeu o estudo e a contemplação dos *koans* (ver p. 251), Dogen sentia que a chave para a iluminação espiritual está na disciplina centrada num intenso conhecimento da própria "natureza-buda". Ele elaborou essa idéia em *Fukan zazengi* ("Uma promoção universal dos princípios *zazen*", 1227), um de seus muitos tratados importantes.

e Kobo-daishi, os fundadores das seitas *tendai* e *shingon* (ver pp. 243-4). Até hoje ambos são reverenciados como sábios pelos budistas japoneses de modo geral — e não apenas por suas próprias seitas —, e a Kobo-daishi também se atribui tradicionalmente a invenção do *hiragana* e do *katakana*, silabários que simplificaram bastante a escrita japonesa, baseados nos sons representados por 51 caracteres chineses.

A era Kamakura (1185-1333) produziu várias figuras budistas relevantes que receberam sua formação religiosa fundamental no grande complexo do templo *tendai* do monte Hiei, durante séculos o principal "seminário" budista do Japão. Essas figuras incluem os grandes mestres Eisai e Dogen, que introduziram a *chan* (zen), a escola budista chinesa de meditação, como uma força importante no Japão (ver quadro, na página oposta).

O primeiro dos reverenciados alunos do monte Hiei nesse período foi Genku (1133-1212), mais conhecido como Honen, fundador da seita terra pura (*jodo-shu*). Honen tornou-se monge aos 15 anos, mas com o passar do tempo discordou do dogma ortodoxo *tendai*. No fim da década de 1170, fundou uma nova seita baseada em doutrinas que tinham se originado na China muitos séculos antes e se centravam na Terra Pura, um paraíso celeste dirigido pelo buda Amida (ver p. 193). Refletindo a respeito do caos social da época, Honen afirmou que todos os seres humanos eram inerentemente maus demais para conseguir a salvação por conta própria, mesmo vivendo uma vida claramente perfeita. A única esperança, afirmou ele, era entregar-se à misericórdia de Amida. Era possível atingir a Terra Pura por meio do *nembutsu* — a prática *tendai* de recitar a frase "*namu Amida butsu*" ("deposito minha fé no buda Amida") — e pelos ensinamentos dos mestres chineses Daochuo, Shandao e Zhiyi.

A teologia de Honen baseava-se no conceito de *mappo*, a idéia budista maaiana de que o mundo havia entrado numa era em que o poder da lei (darma) tinha declinado e a fé, e não a meditação, se tornara a chave para a salvação. Honen pregava que, se uma pessoa praticasse o *nembutsu* repetidamente e sobretudo logo antes de morrer, Amida teria piedade de sua alma e a faria renascer na Terra Pura. (Ver também pp. 266-7.)

De 1207 até poucos meses antes de morrer, Honen foi banido do Hiei e morou na distante ilha de Shikoku. A maioria de suas obras importantes, inclusive *Senchaku hongan nembutsu-shu* ("Tratado sobre a seleção do *nembutsu* da promessa primordial"), que enfatiza a importância suprema do *nembutsu*, foi escrita durante esse período de exílio. A seita de Honen acabou recebendo reconhecimento formal da corrente *tendai* e tornou-se uma força importante na história subseqüente da espiritualidade japonesa.

Uma doutrina ainda mais influente foi pregada pelo principal discípulo de Honen, Shinran (1173-1263), fundador da *jodo-shinshu*, a "seita da verdadeira terra pura" (ver quadro, na página seguinte). Inicialmente a *jodo-shinshu* era um conjunto de congregações frouxamente organizadas

Esta gravura moderna retrata a figura aureolada de Honen, que fundou o budismo terra pura, sentado num alto pedestal na forma de lótus. Ele segura um fio com contas para recitar as orações.

SHINRAN: O GRANDE REFORMADOR

Shinran, que defendia a fé numa relação pessoal entre o devoto e Amida, e não a confiança no nembutsu, *como propunha Honen. Aquarela sobre seda.*

Conhecem-se poucos detalhes sobre o início da vida de Shinran (1173-1263), o fundador da *jodo-shinshu*, a "seita da verdadeira terra pura", hoje a maior do budismo japonês. Sabe-se que ele começou sua formação monástica aos 8 anos e serviu como *doso* (monge de categoria inferior) no monte Hiei até 1201. Depois passou a ser influenciado por Honen (ver texto principal) e o acompanhou no exílio de 1207 a 1211.

Após a morte de Honen, em 1212, Shinran recebeu o perdão das autoridades. Nessa época suas interpretações particulares da doutrina do *nembutsu* (ver p. 253) tinham começado a divergir das de seu mestre, e ele havia também rejeitado a doutrina do celibato sacerdotal. Durante o exílio com Honen, ele se tornara o primeiro monge budista a se casar e ter família (hoje, seguindo o exemplo de Shinran, muitas outras seitas budistas permitem que seus sacerdotes se casem).

Shinran resolveu migrar para a região de Kanto, no leste, onde reuniu seu próprio grupo de discípulos, e esse período marca o início da *jodo-shinshu*. Alguns anos depois, em 1235, Shinran voltou para Kyoto, e lá permaneceu até morrer, aos 90 anos.

O que distingue Shinran de Honen é sua ênfase sobre o que ele chamou de "promessa primordial", ou seja, um compromisso absoluto com o buda Amida (ver p. 177) como o "salvador pessoal", para emprestar uma expressão da teologia cristã. Shinran afirmou que uma fé muito abrangente, intensamente pessoal, no poder do divino — Amida — era a chave para a salvação (uma idéia admiravelmente semelhante à doutrina protestante da "justificação pela fé" formulada três séculos depois por Martinho Lutero). Basicamente, o que contava era esse pacto entre o suplicante e Amida — tudo o mais era fundamentalmente secundário. Portanto, não era importante a freqüência com que a pessoa recitava o *nembutsu* ou se ela o recitava logo antes de morrer, como Honen pregava. Um único *nembutsu* intensamente fervoroso era tudo de que se precisava para ganhar o renascimento final na Terra Pura.

que Shinran fundara durante um périplo pelo Japão, cada uma delas com uma interpretação própria dos ensinamentos de seu mestre. Somente dois séculos depois da morte de Shinran o monge Rennyo (1414-99), conhecido como o "segundo fundador" da *jodo-shinshu*, organizou a seita numa comunidade muito unida e hierárquica.

Um terceiro mestre, mais controverso, que saiu de Hieizan durante esse período foi Nichiren (1222-82). Desde bem jovem Nichiren alimentou muitas dúvidas sobre as crenças da terra pura — sobretudo quanto ao poder do *nembutsu* — e também sobre as das seitas zen (ver p. 252). Ele chegou à conclusão de que um único texto, o *Sutra do lótus*, com sua doutrina de salvação universal, detinha a suprema autoridade espiritual (ver p. 251), e atribuía-lhe um poder tão espantoso que incentivou seus seguidores a salmodiar a frase conhecida como o *daimoku*: "*Namu myoho renge kyo*" ("Eu me refugio no *Sutra do lótus*"). Nichiren rejeitou todos os outros

Em sua viagem para o exílio nas ilhas de Izu (cerca de 160 km ao sul de Tóquio), Nichiren acalma o mar enquanto a tripulação se encolhe, aterrorizada. Nesta gravura de Kuniyoshi (1797-1861), a frase sagrada de Nichiren, o daimoku *(ver texto principal), aparece nas ondas.*

dogmas budistas, inclusive a crença no poder de Amida de salvar almas.

Em 1253, depois de deixar Hieizan, Nichiren começou a pregar contra a terra pura e as seitas zen e foi exilado pelas autoridades em Izu — a primeira de uma série de banimentos e prisões. Em 1268, Nichiren afirmou que uma iminente invasão mongol pelo mar só seria evitada se o Japão adotasse suas doutrinas como a única religião. As denúncias que fez contra o governo tornaram-se tão virulentas que ele foi sentenciado à morte por traição — uma penalidade posteriormente revogada. (Nesse meio-tempo, a esquadra mongol foi destruída por um tufão saudado como um *kamikaze*, ou "vento divino".)

Briguento, carismático, fanático e ultrapatriota, Nichiren se opunha ao temperamento japonês. Nenhum outro budista reivindicou pregar a única verdade, e desde o início esse aspecto de sua doutrina melindrou os japoneses. Por essa razão, as duas seitas baseadas em seus ensinamentos, a *nichiren-shu* e a posterior *nichiren-shoshu*, continuaram relativamente insignificantes até este século, quando a *nichiren-shoshu*, apoiada por uma organização chamada Soka Gakkai (Sociedade Criadora de Valor), lançou uma campanha para reavivar os ensinamentos de Nichiren. Desde a Segunda Guerra Mundial a Soka Gakkai e a *nichiren-shoshu* ganharam milhões de adeptos, mas continuam a ser causa de controvérsia entre os budistas e os xintoístas tradicionais (ver p. 271).

Desde Nichiren, o Japão produziu muitos outros pensadores e eruditos, budistas e xintoístas, inclusive Motoori Norinaga, o grande erudito xintoísta do século XVIII (ver texto lateral). Contudo, nenhum deles tem a mesma estatura das figuras criadoras que surgiram nos 150 anos entre o nascimento de Honen e a morte de Nichiren.

O RENASCIMENTO DO XINTOÍSMO

O maior erudito do xintoísmo talvez tenha sido Motoori Norinaga (1730-1801), responsável em grande parte pelo renascimento xintoísta conhecido como Kokugaku ("Movimento de Erudição Nacional"), a partir da década de 1700. Motoori estudou medicina antes de se dedicar aos clássicos mitológicos japoneses, sobretudo o *Kojiki* e o *Nihonshoki* (ver p. 250). Ele se inspirou no monge budista *shingon* Keichu (1640-1701) e, mais diretamente, em Kamo no Mabuchi (1697-1769). Ambos haviam tentado definir a identidade nacional japonesa consultando os textos xintoístas antigos.

Motoori passou o resto da vida interpretando a crença nos *kamis* e atraiu muitos seguidores. Sua obra-prima monumental (44 volumes), o *Kojiki den* ("Interpretação do Kojiki", 1798), é uma exaustiva exegese do *Kojiki* e também um vasto compêndio de conhecimento sobre o Japão antigo.

Motoori chegou à conclusão de que a influência chinesa — incluindo o budismo — havia obscurecido por muito tempo o essencial do caráter japonês. Nem ele nem seus dois antecessores intelectuais renunciaram explicitamente ao budismo, mas sua atitude em relação a ele foi de modo geral negativa. Motoori atacou eruditos budistas e confucionistas por buscarem "conhecer o incognoscível".

O sentimento antichinês e a importância dos *kamis* xintoístas — promovidos incansavelmente por Motoori — foram elementos significativos no Kokugaku e influenciaram profundamente os homens que arquitetaram a restauração Meiji em 1868.

Mestre zen em meditação. O adepto do zen (ver texto abaixo) busca alcançar uma concentração intensa, tranqüilidade e a eliminação de pensamentos irrelevantes.

HARMONIA E ILUMINAÇÃO

Já se disse algumas vezes que os japoneses, em todas as situações, confiam em sua herança budista para orientação ética. Contudo, isso pode ser contestado. No núcleo da teologia xintoísta, há a idéia de que uma harmonia benigna, ou *wa*, é inerente à natureza e às relações humanas, e que tudo o que perturba esse estado é ruim. Isso ajuda a explicar a crença japonesa muito difundida e profundamente arraigada de que o indivíduo é menos importante que o grupo, seja este de família, escola ou trabalho. As normas que governam o comportamento humano são consideradas necessárias para a manutenção do *wa*, sem o qual a sociedade e o mundo natural se desintegrariam no caos.

As idéias confucionistas e taoístas importadas da China também afirmavam que o caos sobreviria caso se tolerasse a não-conformidade social, mas esses conceitos serviram principalmente para reforçar a ética xintoísta existente, procedente do Japão pré-histórico e antigo, com sua sociedade baseada no clã. Essa ética gira em torno de dois conceitos fundamentais intimamente relacionados: a necessidade de manter a "máscara social" (*tatemae*) que a pessoa apresenta para o mundo externo; e a família extensa (*ie*), que inclui todos os espíritos ancestrais (ver p. 246). Embora se tenha exagerado a idéia de que a ética japonesa se baseia na vergonha e não na culpa, não deixa de ser verdade que a conformidade é imposta em grande parte pela perda da *tatemae* que um indivíduo — e conseqüentemente seu *ie*, sua escola, seu empregador ou outro grupo social — sofreria por causa da violação de parte do código social. A gravidade da perda da máscara social determina o modo como a pessoa pode se redimir: curvando-se profundamente, com um ato cerimonial de presentear ou cometendo suicídio (*jisatsu*). Até hoje freqüentemente se explica o suicídio pela incapacidade de enfrentar a vergonha de, por exemplo, ser reprovado num exame.

Se um grupo inteiro é estigmatizado, faz-se um ato coletivo de expiação. Por exemplo, quando o famoso Shinkansen ("trem-bala") está atrasado, todos os funcionários, do engenheiro ao condutor, recepcionistas e vendedores de bilhetes, se sentem responsáveis e pedem muitas desculpas aos passageiros afetados pelo atraso. Quando se faz a expiação, a vergonha e a culpa cessam e não são passadas adiante.

A ética xintoísta atingiu seu apogeu na fase do "xintoísmo de Estado" (1872-1945), quando a obediência ao imperador se tornou a forma mais nobre de comportamento — o que incluía o sacrifício da própria vida em nome dele. É um fenômeno bastante terreno, com pouca ou nenhuma ênfase na recompensa ou na punição no além (ver pp. 266-7). Contudo, o estado da alma depois da morte é uma preocupação das tradições budistas japonesas.

ZEN E *SATORI*

As seitas zen *rinzai* e zen *soto* são exceções à regra geral budista por serem menos preocupadas com a iluminação (do sânscrito *bodhi*) como um recurso para o nirvana e a salvação (ver texto principal) do que com a adequação às exigências do mundo atual. Essa "iluminação prática" é chamada *satori* ("despertar espiritual"), e nela a mente e o corpo desaparecem subjetivamente durante a meditação e se atinge uma consciência direta do eu interior.

A *rinzai* e a *soto* diferem no modo como que se atinge o *satori*. Na *rinzai* enfatizam-se os *koans* (ver p. 251): o *satori*, acredita-se, freqüentemente chega de repente, no momento em que a mente penetra o significado interno de uma dessas frases, semelhantes a mantras. Mas a *soto* enfatiza sobretudo o próprio processo de meditação, ou seja, sentar-se em *zazen* (na posição de lótus). À medida que o noviço se torna mais experiente, a mente se liberta — gradualmente, e não num instante de descoberta — daquilo que Alan Watts (1915-73), um dos primeiros ocidentais praticantes do zen-budismo, chamou de "conversa interna". Quando se atinge essa liberdade, o *satori* logo se sucede.

Desde o início, o budismo maaiana teve um conceito bem definido da inerente maldade humana, e o objetivo supremo do budista é atingir a salvação na forma do nirvana, ou "libertação" do ciclo de nascimento, morte e renascimento. Esse ciclo é sustentado pela acumulação de mérito e demérito, o que se conhece como carma (ver pp. 156 e 192). Segundo a visão budista, o demérito vem do desejo, e a perda do desejo é, assim, a chave para a salvação.

No budismo maaiana, atingir o nirvana depende essencialmente da adesão ao Caminho Óctuplo (ver pp. 184-5). Do ponto de vista das escolas terra pura, existem apenas dois caminhos para a salvação. O primeiro, ou caminho "difícil", implica levar uma vida moralmente perfeita — evitar o egoísmo que reside na raiz do desejo e realizar boas obras — e empenhar-se em intensa meditação para atingir o estado de iluminação que é um pré-requisito para o nirvana. No Japão, a insistência do budismo em suprimir o desejo pessoal complementa a tradição ética xintoísta que exige subordinação ao grupo para que as relações harmoniosas (*wa*) sejam mantidas.

O segundo caminho para a graça, o caminho "fácil", defendido pelas seitas terra pura, baseia-se na idéia de que o esforço exigido para atingir a salvação é grande demais para quem vive neste mundo agitado e perturbador. De acordo com ele, deve-se professar uma fé irrestrita no buda Amida, que guiará a alma depois da morte até o paraíso da Terra Pura, onde é mais fácil buscar a salvação (ver pp. 266-7).

Jardim zen no templo de Ryoanji, em Kyoto. Ao longo dos séculos, a disciplina exigida para atingir o satori *(ver texto lateral, na página oposta) inspirou a estética da "elegância tranqüila e simples"* (shibui, *ou* wabi-sabi), *que se pode ver numa ampla série de artes japonesas, como o* iquebana *(arranjo de flores), o* haicai *(gênero de poesia em que uma idéia ou imagem é expressa com apenas 17 sílabas), o* chanoyu *("cerimônia do chá", um ritual preciso para servir chá) e o projeto de jardins. O ambiente harmonioso e simples do típico jardim zen é ideal para contemplação.*

UMA PAISAGEM DE SANTUÁRIOS

Os dois tipos principais de construção destinada ao culto no Japão são o templo budista (*otera*) e o santuário xintoísta (*jinja*). Há também um número considerável, embora bem menor, de igrejas cristãs (*kyokai*).

A China forneceu os modelos para os templos budistas japoneses. Os primeiros monges japoneses consideravam que seus templos eram descendentes dos que eles haviam visitado na China, e assim seguiram o costume chinês de construí-los nas montanhas. Por isso a palavra *san* ou *zan* ("montanha"), do chinês *shan*, aparece freqüentemente no nome dos templos japoneses — até nos que ficam em terreno plano —, em homenagem à localização da instituição chinesa que lhes deu origem. Entre os templos famosos situados no topo de montanhas, encontram-se o grande complexo *tendai* do monte Hiei (Hieizan; ver p. 245) e os locais sagrados *shingon* que adornam o monte Koya (Koya-san; ver p. 238).

O SANTUÁRIO DE ISE

O Naiku (Santuário Interno), de Amaterasu em Ise, diante do qual fica o torii, *ou portão sagrado (ver p. 260). Sua última reconstrução foi em 1993.*

Destino de peregrinos japoneses há mais de um milênio, Ise é um magnífico complexo de santuários próximo à costa sudeste de Nara, no distrito de Mie (ver mapa à p. 239). O santuário mais antigo do local — e também o lugar xintoísta mais sagrado — é o Naiku ("Santuário Interno"), dedicado à deusa do sol, Amaterasu. O complexo também inclui o Geku ("Santuário Externo") da deusa do arroz, Toyouke-omikami.

O que torna Ise verdadeiramente excepcional é o fato de que desde o século VII todas as construções do complexo do santuário são substituídas a cada 20 anos por réplicas que são cópias exatas até a última cavilha de madeira. Isso faz com que Ise seja ao mesmo tempo velha e sempre nova. Há nisso um simbolismo extremamente importante: a cada reconstrução, tanto a deusa do sol (ancestral divina da casa imperial) quanto a deusa do arroz adquirem vigor renovado, e isso por extensão garante a contínua vitalidade da linhagem imperial e da safra de arroz, sem as quais a nação não sobreviveria.

No fim do ciclo de 20 anos, os novos prédios do santuário são construídos ao lado dos antigos. Durante um breve período o visitante pode ser perdoado por experimentar uma sensação de dupla visão, porque o complexo e sua cópia ficam lado a lado até as imagens sagradas terem sido ritualmente transferidas para o novo santuário por sacerdotes do Ise que envergam roupas características. Somente então as estruturas antigas são desmontadas e se limpa o terreno, que será mantido cuidadosamente até o ciclo de reconstrução se iniciar novamente. As peças das construções desmontadas continuam impregnadas da poderosa essência sagrada das deusas e não são destruídas. Em vez disso, são distribuídas por santuários de todo o Japão e incorporadas a suas paredes, o que revigora espiritualmente todo o universo xintoísta.

Um *otera*, do mesmo modo que seus correspondentes budistas chineses, é normalmente um complexo de construções, como os mosteiros cristãos medievais. O *kondo*, ou salão principal, contém imagens sagradas do Buda, junto com outros budas ou *bosatsus*. Além disso, há um *daikodo*, ou salão de conferências, e diversas tesourarias, armazéns, residências dos monges e, em geral, um pagode de cinco andares (*goju no to*), que tradicionalmente abriga relíquias sagradas e deriva da antiga estupa (ver p. 186). Sempre que a geografia do lugar permite, o complexo é cercado por um jardim, algumas partes do qual, como no famoso jardim zen do templo Ryoanji de Kyoto, são elas próprias lugares sagrados e centros de devoção. Um dos primeiros *oteras*, e também um dos mais notáveis, foi construído em 607 por Shotoku Taishi (ver p. 243) em Horyuji, perto de Nara; afirma-se que esse é o grupo de construções de madeira mais antigo do mundo. O complexo inclui dez estruturas principais, várias delas oficialmente declaradas "tesouros nacionais" pelo governo japonês.

O *jinja* xintoísta típico também é um complexo de vários prédios e, com exceção dos minúsculos santuários que às vezes se vêem no teto das lojas de departamentos e em outros arranha-céus modernos, localizam-se quase

O otera *(templo budista) de Ryoanji, em Kyoto. Foi construído em meados do século XV pelos Hosokawa, uma das muitas dinastias de daimiôs (comandantes feudais) rivais dessa época.*

SINCRETISMO E ARQUITETURA SAGRADA

Pode não ser coincidência o fato de que, na era Nara, enquanto os santuários xintoístas adotavam mais características arquitetônicas chinesas, passando assim a lembrar na aparência os templos budistas (ver texto principal), prosseguia o processo de sincretismo entre as duas crenças. Na verdade, quase todo templo budista (*otera*) importante inclui pelo menos um pequeno santuário xintoísta (*jinja*).

Um curioso resultado desse processo foi o movimento conhecido como *shugendo* ("caminho da montanha"), que tomou forma na era Heian (794-1185). Disseminado por místicos conhecidos como *yamabushi* (literalmente "guerreiros da montanha"), ele envolveu uma fusão de *bosatsus* budistas e *kamis* xintoístas (ver pp. 246-7), especialmente o *kami* que se acredita viver nas montanhas. O *shugendo* sobrevive até hoje em partes do nordeste do Japão e é praticado em construções sagradas que são ao mesmo tempo *otera* e *jinja*.

sempre em cenários naturais, que podem ser até mesmo umas poucas árvores sombreando um espaço aberto urbano. Os *jinjas* mais antigos eram recintos sagrados ao ar livre, talvez em torno de um objeto natural reverenciado, como uma árvore ou uma pedra. Os santuários fechados começaram a surgir no início da era cristã. Muitos destinavam-se à veneração de divindades do arroz e foram construídos sobre depósitos desse cereal. Os dois mais antigos são também os mais sagrados: o de Ise (ver p. 258) e o de Izumo. Dedicado ao deus protetor da região de Izumo, Okuninushi, o Grande Senhor do País (ver p. 246), o santuário de Izumo é de madeira e coberto, e, como o de Ise, freqüentemente é reconstruído com um projeto idêntico, embora não a intervalos regulares.

Durante a era Nara (710-794), muitos santuários xintoístas começaram a incorporar elementos dos projetos chineses, como a empena voltada para cima e pintura brilhante vermelha em vez de madeira natural sem enfeites. Um dos primeiros exemplos importantes do novo estilo chinês é o Kasuga-jinja, em Nara. A partir dessa época o *jinja* e o *otera* passaram a ter um aspecto muito parecido. Contudo, assim como a presença de um pagode é um modo comum de identificar um *otera*, o *jinja* é imediatamente reconhecível por seu portão cerimonial sagrado, ou *torii*. Em sua forma mais simples, como em Ise (ver p. 258), ele é formado por um par de postes encima-

*O famoso portão cerimonial (*torii*) "flutuante" do santuário de Itsukushima, na ilha de Miyajima, na baía de Hiroshima. O visitante precisa passar de barco pelo portão antes de entrar no santuário, um grande local de peregrinação há muitos séculos. Seu projeto, com visível influência chinesa, pode ser comparado ao do portão do Santuário Interno de Ise, mais antigo e simples (ver p. 258).*

dos por dois travessões, um dos quais se estende além dos postes. O *torii* serve para marcar o limite entre o mundo secular impuro e o território sagrado do santuário. Ao atravessá-lo, o visitante simbolicamente passa por uma purificação ritual da poluição acumulada no mundo externo.

Transposto o *torii*, o prédio principal do *jinja* é o *honden* (salão principal), onde é mantida a imagem sagrada do *kami* a que o santuário é dedicado. Há também depósitos, um prédio externo diante do qual os devotos rezam e fazem oferendas e um tanque de pedra para as abluções rituais — enxágüe das mãos e da boca.

Muitas montanhas tornaram-se sagradas para uma ou outra das principais crenças do Japão — e às vezes para ambas (ver quadro abaixo), e inúmeros outros elementos naturais também são considerados sagrados. Na verdade, quase todo afloramento de rocha, rio, montanha e cachoeira tem uma ligação com um templo ou um santuário, ou ambos, situados nas redondezas. Um exemplo disso é a majestosa cachoeira na região de Wakayama (ver mapa à p. 239), que, como o monte Fuji, é tida em geral como um poderoso *kami*.

Regiões inteiras também são consideradas sagradas por sua associação a divindades xintoístas. Por exemplo, a região de Yamato é reverenciada como a terra natal da dinastia imperial.

MONTANHAS SAGRADAS

O fascínio pela santidade de montanhas permeia tanto o budismo quanto o xintoísmo. Duas das mais importantes seitas budistas, a *tendai* e a *shingon*, têm sede em complexos de templos no Hieizan e no Koya-san (montes Hiei e Koya), respectivamente (ver p. 258).

Contudo, a mais famosa de todas as montanhas sagradas japonesas é o monte Fuji, ou Fuji-san (ver mapa à p. 239), tradicionalmente considerado, ele próprio, um importante *kami*. Há muito tempo esse é um local de peregrinação em massa, e a cada ano milhares de devotos escalam-o para orar no pequeno santuário xintoísta em seu cume. No século XIX, quando a viagem era mais difícil, surgiu um "culto do Fuji": erigiram-se pequenas réplicas da montanha em *jinjas* xintoístas de muitas partes do Japão; assim, quem não podia escalar a montanha real subia a réplica num ato simbólico de peregrinação.

O monte Fuji também é sagrado para muitas escolas budistas japonesas, como a *nichiren-shu* (ver p. 254). O principal templo dessa seita fica nas encostas da montanha, em Minobu, no distrito de Yamanashi.

O pico coberto de neve do monte Fuji é reverenciado como uma dinvindade xintoísta pelos muitos milhares de peregrinos japoneses que anualmente sobem até o santuário em seu topo. Considera-se que escalar o vulcão inativo de 3.800 metros de altura é em si um ato de devoção.

PARTICIPAR DO ESPÍRITO

Talvez o traço mais destacado da religião japonesa seja a grande abundância de festas e rituais locais, tanto xintoístas quanto budistas. Além de observâncias muito disseminadas, como a do Ano-Novo japonês (ver texto lateral, na página oposta) e a da festa do ancestral Obon (ver p. 264), cada santuário xintoísta e quase toda seita e templo budista têm seu próprio calendário de rituais e solenidades (ver texto à esquerda). Isso também vale para as "novas religiões" (ver pp. 270-1). Outras cerimônias comuns são os funerais, quase todos realizados de acordo com ritos budistas; a principal exceção são as exéquias imperiais, cuja forma é totalmente xintoísta (ver p. 266).

Na maioria das comunidades, o ritual xintoísta mais importante é a festa anual (ou, em alguns casos, bienal) local, ou *matsuri*. No Japão, praticamente toda cidade, bairro ou aldeia tem sua festa, centrada no santuário para o *kami* xintoísta do lugar. Existem dois tipos básicos de *matsuri*. O primeiro, uma "festa comum", ou "*matsuri* da escuridão", não envolve diretamente o *kami* local, mas ainda assim tem o santuário como centro e culmina na procissão festiva com o *mikoshi*, um santuário portátil, por suas adjacências. O segundo tipo de *matsuri* é o *taisai*, ou "grande festa", durante o qual o *mikoshi* contém a imagem sagrada

O REINO DA PUREZA SAGRADA

Um bom exemplo de ritual exclusivo de uma única seita budista é o famoso *goma*, ou cerimônia de purificação pelo fogo, que ocupa um lugar destacado no culto *shingon*. Os japoneses dedicam-lhe especial respeito em razão de sua grande antiguidade: como a maioria dos ritos budistas, ele foi levado da China para o Japão, mas originou-se na Índia nos tempos védicos e alguns especialistas acham que ele se relaciona com o antigo cerimonial soma indiano (ver p. 131). O *goma* centra-se na purificação dos devotos, que buscam se transportar simbolicamente pelas chamas para um reino de consciência mais elevado. Os sacerdotes *shingon* empilham achas num quadrado, cada uma delas com uma prece ou uma passagem de um sutra budista escrita. Enquanto os sacerdotes entoam salmodias sagradas, a pilha pega fogo e derrama-se *goma* (óleo de semente de gergelim) santificado nas chamas, fazendo-as saltar e dançar.

À medida que a fumaça sagrada sobe, os sacerdotes fumegam diversos objetos que lhes foram dados por membros da congregação — fotos de pessoas amadas, pastas, carteiras, cartas de habilitação etc. —, purificando-os e, acredita-se, tornando-os imunes a danos. No encerramento da cerimônia, cada membro da congregação recebe na testa um borrifo de óleo de gergelim como marca de purificação e de sua exposição ao reino esotérico simbolizado pelas chamas e pela fumaça.

Um enorme peixe laqueado é empurrado pelas ruas de Karatsu, na ilha de Kyushu, durante o matsuri *de Kunchi anual. Gigantescas bóias coloridas na forma de várias criaturas são uma característica dessa festa de 300 anos (ver também foto à p. 236).*

Bailarinas de gigaku *(teatro de dança sagrada), tradicional no Meiji-jingu, o santuário do imperador Meiji em Tóquio. Milhões de japoneses visitam o santuário durante o Shogatsu Matsuri, a festa japonesa do Ano-Novo (ver abaixo).*

do *kami* local. O *taisai* costuma ocorrer a cada três anos, embora possa ser mais freqüente, até anual, em alguns santuários importantes. Nos dois tipos de *matsuri* os três agrupamentos que representam a comunidade local — as associações de comerciantes (*shotenkai*), de moradores (*chokai*) e dos veteranos do santuário (*sodaikai*) — colaboram para apresentar uma imagem positiva da comunidade local e ao mesmo tempo reforçar seu próprio senso de solidariedade social e orgulho do lugar (ver quadro, p. 265).

Além de participar de ritos coletivos da família e de festas locais, muitos japoneses vão a templos e santuários buscar as bênçãos dos *bosatsus* ou *kamis* locais, especialmente quando enfrentam uma crise pessoal. Num templo budista, isso normalmente implica queimar um bastão de incenso como uma oferenda para a divindade e fazer a fumaça flutuar sobre si. Num santuário, o devoto primeiro faz uma ablução purificadora, lavando a boca e as mãos, antes de se aproximar da parte externa do santuário e colocar uma oferenda, normalmente dinheiro, na caixa de coleta.

Então, a fim de alertar a divindade sobre sua presença, o devoto bate duas palmas ou puxa uma corda para tocar um sino, ou ambos. Depois, cabisbaixo em sinal de respeito e com as mãos postas, o suplicante faz um pedido de ajuda. Por exemplo, uma mãe pode pedir auxílio ao *kami* para que seu filho seja aprovado num exame. Pode-se também pedir ao *kami*, por exemplo, que cure um bebê doente ou garanta a fertilidade de um casamento. O devoto bate palmas novamente, querendo dizer que o pedido foi feito, e deixa o santuário. Se o pedido é atendido, a etiqueta manda que o suplicante volte ao santuário para agradecer ao *kami*.

A FESTA DE ANO-NOVO

A festa de Ano-Novo japonesa dura três dias e se chama Shogatsu Matsuri. É celebrada de 1 a 3 de janeiro desde que o Japão abandonou o calendário lunar chinês para adotar o gregoriano, no dia 1º de janeiro de 1873. Nos dias que antecedem o Ano-Novo, as pessoas limpam a casa para começar o ano com o mínimo de sujeira possível. Há refeições familiares (osechi) que incluem uma sopa especial (ozoni) e bolinhos de arroz (moti); e presenteiam-se os superiores como sinal de apreço.

A atividade mais importante do Shogatsu Matsuri, contudo, é uma visita cerimonial a um santuário ou templo para fazer uma oferta e rezar por prosperidade e boa saúde nos próximos meses. Em alguns cultos xintoístas, as miniaturas de santuários familiares que ficam no alto do *kamidana* e das placas com o nome dos ancestrais da família (ver texto lateral, p. 264) são ritualmente queimadas e substituídas por novas.

A VOLTA DOS MORTOS

Uma das festas japonesas de comemoração mais disseminada é o Obon, a celebração budista do retorno anual dos mortos a seu lar ancestral, em meados de agosto. No Obon, cuja data ainda é determinada pelo calendário lunar, as pessoas que podem fazê-lo voltam ao lugar onde nasceram e limpam as sepulturas da família. Dizem preces para os mortos, sobretudo os que se foram há pouco, e dançam juntas o *bon-odori*, dança tradicional em homenagem aos mortos.

Em outras épocas do ano, ritos regulares dedicados aos ancestrais ocorrem no lar. Do ponto de vista xintoísta, as almas dos mortos tornam-se uma divindade de categoria inferior; já os budistas dizem que elas são almas que buscam a salvação. No entanto, os dois conceitos são aceitos, refletindo a "tolerância da ambigüidade" dos japoneses nas questões espirituais.

Alguns rituais domésticos voltados para os antepassados, sobretudo durante o Obon, envolvem a queima de incenso no *butsudan*, o altar budista doméstico, e a oferta de travessinhas de arroz para as almas dos ancestrais da família. Sete dias depois da morte, a alma recebe um "nome de morto" (*kaimyo*), que é escrito numa das placas de ancestrais (*ihai*) mantidas no *butsudan*. As mesmas almas de ancestrais também são reverenciadas como *tamas* xintoístas (ver p. 266) ou *kamis*, representados por placas no *kamidana*, a "prateleira de deus" doméstica, quase sempre imediatamente acima do *butsudan*. Também se fazem oferendas aos *kamis* da família. A maioria dos ritos domésticos é realizada no início da manhã, hora considerada sagrada pelo budismo e pelo xintoísmo.

Um dos ritos de passagem xintoístas mais comuns é o ritual de nascimento conhecido como *omiyamairi*, literalmente "visita ao nobre santuário" (*omiya* é sinônimo de *jinja*), quando o bebê é acolhido pela comunidade de sua família. Alguns meses depois do nascimento, os pais levam a criança a um santuário para ser purificada pelo *kannushi* (sacerdote xintoísta). Normalmente a família extensa da criança — avós, tios etc. — também está presente, e depois há uma refeição festiva. Nos santuários importantes, como o Meiji-jingu de Tóquio, a festa acontece num salão especial no espaço do santuário.

O *oharai*, ato de purificação ritual, é uma parte essencial da maioria das cerimônias xintoístas. Agitando um ramo sagrado de *sakaki* ("árvore da prosperidade", *Cleyera ochnacea*, um arbusto sempre-verde da família do pinheiro) e salmodiando preces adequadas (*norito*), o *kannushi* ou *guji* (o sacerdote mais antigo de um santuário) tenta retirar qualquer poluição espiritual que contamine uma pessoa, lugar ou coisa. Essa poluição pode incluir a possessão por um espírito do mal, ou *oni* (ver p. 248).

A purificação do noivo e da noiva é fundamental nas cerimônias de casamento japonesas tradicionais, que normalmente são realizadas por sacerdotes xintoístas. Contudo, elas costumam ocorrer não em santuários, e sim em hotéis e "palácios de casamento" construídos para isso.

Sacerdote xintoísta entoa preces como parte do Saigusa Matsuri (Festa do Lírio) anual no santuário de Isagawa, em Nara. Durante a festividade, que remonta ao século VIII, oferecem-se lírios como um sortilégio contra doenças.

UM TÍPICO *TAISAI* EM TÓQUIO

O *matsuri* (festa) local celebrado em Nishi-Waseda (no distrito *3-chome*), na periferia de Tóquio, a noroeste da capital, é um *taisai* (grande festa) trienal em honra à deusa do sol Amaterasu, que é o *kami* do santuário do lugar, o Tenso-jinja. O Tenso é um dos milhares de santuários à deusa em todo o Japão, dentre os quais o de Ise (o Ise-jingu) é o mais importante (ver p. 258).

O *matsuri* ocorre tradicionalmente durante um período de dois dias no início de setembro. Na manhã do primeiro dia, as crianças carregam pela cidade um *mikoshi* infantil, um santuário portátil cujo tamanho corresponde a um quarto do da versão adulta. O Tenso-jinja é pequeno demais para ter o seu próprio *guji* (um sacerdote xintoísta decano, e não o sacerdote comum, ou *kannushi*), e por isso os organizadores do *taisai* convocam os serviços de um *guji* de outro santuário próximo. À tarde, ajudado pelos *sodais* (anciões do santuário) do lugar, o *guji* realiza uma cerimônia em que salmodia preces xintoístas e purifica o santuário e o que há dentro dele agitando um ramo de *sakaki* (pinheiro sagrado; ver texto principal).

À noite, há um espetáculo público no espaço do santuário. Em alguns anos ele pode ser realizado por um grupo de dança tradicional, em outros por uma trupe xintoísta que encena o *kagura*, teatro sagrado japonês (ver p. 268). Concessionários itinerantes do *matsuri*, chamados *roten*, montam suas bancas e vendem lembranças e comidas tradicionais da festa, como o *okonomiyakai* — travessa de ovos preparados numa grelha — e macarrão frito.

Na manhã seguinte, bem cedo, o *guji* retira dos recintos interiores do santuário a imagem sagrada (e raramente vista) de Amaterasu e coloca-a no *mikoshi* que está à espera. Então equipes de 30 ou 40 moços e moças se revezam para carregar o santuário portátil subindo e descendo por ruas estreitas e entoando "*Wa shoi! Wa shoi!*" (algo que equivale a "Salve!"). Parando freqüentemente para que seus integrantes matem a sede, a procissão é liderada pelo *guji* e inclui cantores, um percussionista, um jovem que personifica Tengu — o demônio guardião do santuário — e os *sodais*. Depois de cerca de seis ou sete horas, ela finalmente volta para o terreno do santuário, quando o sacerdote retira a imagem do *mikoshi*. Esta retorna a seu lugar no Santuário Interno, onde ficará até o próximo *taisai*.

Nesta foto feita pelo autor, a procissão infantil com o mikoshi *prepara-se para sair na primeira manhã da festa de Nishi-Waseda. O envolvimento de meninos e meninas no* taisai *é considerado essencial para transmitir à nova geração as tradições da festa. Nas procissões com* mikoshi, *originalmente havia apenas meninos, mas desde 1978 meninas e moças passaram a participar (ver p. 269).*

O objetivo fundamental desse ritual é santificar a área atendida pelo *jinja* expondo-a periodicamente à aura sagrada emitida pela imagem divina que desfila no *mikoshi*; este, evidentemente, santifica também os que o levam. Assim, o *matsuri* é uma ocasião alegre, em que as pessoas sentem que participam da essência divina do *kami* local. No processo, elas podem ter experiências próximas do êxtase.

Depois de uma prece final feita pelo sacerdote, os carregadores do *mikoshi* fazem uma refeição no *mikisho*, ou sede da festa, que fica no terreno de um pequeno templo budista para o *bosatsu* Jizo (ver p. 248), a alguma distância do Tenso-jinja.

CÉUS E INFERNO

Nesta xilogravura do século XVIII, um devoto tem uma visão do buda Amida entronizado na Terra Pura celeste.

Já observamos que para os japoneses o xintoísmo é essencialmente a "religião da vida" e relaciona-se sobretudo com o aqui e agora, a abundância da natureza e a fertilidade humana e animal. Desde o advento do budismo, as idéias especificamente xintoístas de vida após a morte e de salvação da alma limitaram-se à crença de que o espírito de uma pessoa subsiste depois da morte e continua ativo em proveito dos vivos. Os espíritos dos ancestrais, ou *tamas*, são considerados parte do grupo social com o qual a pessoa tem deveres a cumprir, se não quiser cair num estado de vergonha (ver p. 256). Assim, os *tamas* dos recém-falecidos são nutridos com oferendas no santuário xintoísta doméstico, ou *kamidana* (ver p. 264); em troca, eles devem abençoar e proteger os vivos.

As questões da morte e do que acontece depois são fundamentais para a maioria das tradições budistas japonesas. Existem vários "céus" budistas, dos quais o mais difundido é a Terra Pura (ver p. 193). Para as seitas budistas terra pura, o caminho para a "salvação" final (nirvana, a libertação do ciclo de vida e morte; ver p. 257) está em renascer na Terra Pura, uma região celeste onde, livre de perturbações terrenas, os mortos podem atingir a iluminação e depois o nirvana. A Terra Pura é, assim, uma espécie de "meio do caminho para o céu", entre a dor e o sofrimento do mundo mortal e a libertação final e perpétua. A chave para renascer nesse paraíso é a fé absoluta na figura do buda Amida, expressa na recitação do *nembutsu* (ver pp. 253-4). Amida tem uma compaixão quase ilimitada pelos seres humanos, a ponto de, mesmo tendo atingido o estado de iluminação de um buda, abster-se de entrar no nirvana para poder ajudar outras pessoas a atingir o céu da Terra Pura.

Em tese, uma pessoa também pode atingir o nirvana diretamente por meio do "caminho difícil" da intensa meditação e da atenção à limpeza espiritual. Mas Honen, fundador da seita terra pura (ver p. 253), estava convencido de que a fé em Amida é necessária porque a maioria dos seres humanos é tão inerentemente má que até uma vida espiritual quase perfeita neste mundo talvez não seja suficiente para atingir a salvação final.

A ajuda de Amida tornou-se mais necessária pela suposição da maioria do clero budista de que o universo tinha atingido a sua "terceira era", a época de caos crescente conhecida em japonês como *mappo*. Nesse período, a confusão cada vez maior, a desordem e o mal dificultariam para muitas pessoas encontrar a paz necessária que as capacitaria a seguir o caminho "difícil" para a salvação. Se elas falhassem, poderiam (da perspectiva das seitas terra pura) ser mandadas para o fogo do inferno budista, Jigoku (ver quadro ao lado). Os budistas terra pura confiam na ajuda de Amida para evitar que a massa dos devotos tenha esse destino.

O ADEUS AOS MORTOS

A profissão de fé no buda Amida veio a se tornar uma parte vital do caminho japonês da morte, e hoje a grande maioridade dos japoneses opta por ser cremada com ritos budistas e ter suas cinzas enterradas num cemitério budista. Quase todos os cemitérios japoneses estão ligados a templos, especialmente os das seitas terra pura (*jodo-shu* e *jodo-shinshu*).

Contudo, é possível ser queimado de acordo com os ritos xintoístas, e existem pelo menos dois cemitérios xintoístas em Tóquio. Um deles é reservado à família imperial, cujos funerais são tradicionalmente xintoístas. O mais recente, dirigido por sacerdotes xintoístas (*kannushis*) de Ise e outros santuários importantes, foi o do imperador Hirohito, em 1989.

De acordo com as seitas terra pura, quem não foi "salvo" por Amida pode recorrer a outra importante figura da escatologia budista, o bodisatva Maitreya ("o Benevolente", "Miroku", em japonês), o "buda da era futura".

Maitreya, diz-se, virá restaurar os ensinamentos de Buda (o darma) e criar um paraíso budista terreno quando acabar a atual era do mundo, no encerramento do *mappo*.

Ninguém pode dizer quando virá o apocalipse, mas algumas "novas religiões" baseadas no budismo têm feito previsões apocalípticas; a mais recente (e notória) delas foi a da seita *aum shinrikyu*, que em 1995 promoveu um atentado fatal com gás sarin no metrô de Tóquio.

TERRA DOS MORTOS

A religião pré-histórica do Japão parece ter tido um conceito bem desenvolvido de vida após a morte. Dava-se muita atenção ao destino do corpo, e durante a era Kofun (c. 300-552) se construíram túmulos elaborados para abrigar os espíritos dos imperadores mortos. O xintoísmo antigo parece mesmo ter tido o conceito de uma região semelhante ao inferno, como se vê na imagem de Yomi no *Kojiki*, mas, com exceção do celebrado episódio em que o deus primal Izanagi visita esse reino subterrâneo numa vã tentativa de recuperar a esposa morta (ver p. 247), não há menções ao lugar, que não tem nenhum papel na moderna teologia xintoísta.

As idéias budistas substituíram a maioria dos conceitos xintoístas a respeito de regiões dos mortos, mas não inteiramente. Acredita-se que, depois de 33 anos, o *tama*, ou espírito de um ancestral morto (ver texto principal), perde sua natureza individual e se funde no corpo coletivo dos espíritos ancestrais da família, ou *kami*. Afirma-se que estes moram numa montanha sagrada, freqüentemente em Kumano, Yoshino ou outra região montanhosa do coração do Japão antigo. A amorfa família *kami* também é invocada em rituais, mas num nível mais abstrato que o *tama* de um membro da família morto recentemente (ver também p. 264).

Muitos conceitos de além-mundo, inclusive de regiões paradisíacas presididas pelo próprio Buda (as seitas *nichiren*), pelo buda Vairochana (a seita *shingon*), por Maitreya e Kannon, foram introduzidos por seitas budistas, assim como a noção de julgamento divino, segundo o qual, 49 dias depois da morte, a alma é avaliada por um ser chamado Emma (Yama, em sânscrito). Dependendo de seu julgamento, o destino da alma é um paraíso, uma das regiões demoníacas do inferno (Jigoku) ou o renascimento como um animal, uma divindade ou um novo ser humano. Contudo, o conceito budista de além-mundo que teve mais difusão foi o da Terra Pura, um paraíso onde as almas podiam escapar dos tormentos do Jigoku e por fim atingir a libertação permanente, o nirvana.

A crença xintoísta na alma como *tama* e *kami* é sustentada paralelamente à crença budista de que a alma é mandada para o inferno, o paraíso ou a reencarnação. Como costuma acontecer, a religião japonesa não vê conflito em adotar as duas noções, por mais contraditórias que possam parecer inicialmente.

Emma, o senhor do Jigoku (na parte de cima), julga o carma (equilíbrio entre méritos e deméritos) dos mortos; os que têm excesso de deméritos são punidos. Gravura do século XVIII.

O SANTUÁRIO DE YASUKUNI

De vez em quando, o espectro do passado militarista japonês mostra sua cara a propósito do santuário de Yasukuni, em Tóquio. Os *kamis* reverenciados nesse *jinja* são as almas dos mortos nas guerras do Japão desde a criação do Exército Imperial, em 1871, até o fim da Segunda Guerra Mundial. Por isso o santuário continua sendo motivo de controvérsia, especialmente quando membros proeminentes do governo — às vezes até o primeiro-ministro — o visitam para fazer uma homenagem.

Essas ocasiões podem não ser freqüentes, mas sempre recebem muita cobertura da mídia no Japão. A esquerda japonesa, evocando o xintoísmo de Estado de antes da guerra (ver p. 245) e sua ideologia intensamente nacionalista, acusa os políticos de violar a constituição japonesa de 1947, que claramente proíbe o Estado de se envolver em qualquer religião. A direita rebate com a alegação de que o santuário de Yasukuni é uma instituição religiosa privada e que quem ali reza o faz como pessoa privada.

Complica a questão o fato de que recentemente houve várias tentativas de transformar o *Yasukuni-jinja* no equivalente japonês de um "túmulo do soldado desconhecido", um lugar onde dignitários estrangeiros em visita ao país depositam coroas. A sensibilidade da esquerda a essa questão, no entanto, ressoa em grande parte do espectro político japonês, e até agora a medida não recebeu apoio suficiente na Dieta (parlamento) japonesa.

CRENÇAS ANTIGAS NO MUNDO MODERNO

A antiga sociedade japonesa organizava-se em *ujis*, ou clãs, e as raízes do xintoísmo estavam muito entrelaçadas com os valores coletivos promovidos por essa unidade social onipresente. Na verdade, o *kami* tutelar guardado num santuário xintoísta local ainda é chamado de *ujigami*, ou "divindade do clã", apesar de o sistema de *ujis*, como uma força importante na vida japonesa, já estar extinto há mais de um milênio. Mais recentemente, o *ie*, ou família extensa, que suplantou o *uji* como unidade social dominante a partir de cerca de 1185, enquanto o feudalismo se instalava, fez surgir uma ênfase firmemente estabelecida na família tanto no xintoísmo quanto nas seitas budistas mais populares (ver p. 256). A filiação a um santuário ou templo ainda é determinada pelo *ie* da pessoa, fato que contribuiu para a ascensão das chamadas "novas religiões" (ver pp. 270-1).

Durante séculos as mulheres tiveram um papel relativamente pequeno na vida religiosa do país, embora tenha havido imperatrizes até mesmo no início do período histórico: Shotoku Taishi, por exemplo, foi regente de uma delas (ver p. 243), e a encomenda do *Kojiki* foi feita por outra (ver p. 250). Houve também altas sacerdotisas de Ise, o santuário da deusa do sol (ver p. 258). Por volta do ano 800, contudo, o impacto do confucionismo chinês e de sua ideologia fortemente patriarcal pôs um fim definitivo nessa precoce igualdade de *status*. Desde essa época, todos os imperadores e a maioria dos sacerdotes foram homens, embora Amaterasu continue sendo a divindade xintoísta mais reverenciada.

Recentemente, o movimento feminista internacional começou a exercer uma influência sobre as crenças e práticas japonesas tradicionais. Um

Dançarinas participam do kagura, *teatro sagrado xintoísta, num santuário de Nara. Há muito as mulheres participam das cerimônias xintoístas como músicas ou dançarinas, mas até pouco tempo atrás elas praticamente não podiam oficiar como sacerdotisas.*

número crescente de santuários xintoístas permite hoje às jovens levar o *mikoshi* (santuário portátil) durante as festas (ver quadro abaixo). Aumentou também o número de sacerdotisas xintoístas, apesar da oposição dos santuários mais conservadores. Em 1996, de 21.091 sacerdotes, 10% eram mulheres, um índice que era de 9% em 1993.

Até hoje a ligação do xintoísmo com o militarismo do Estado, existente até 1945, ainda faz surgir controvérsias (ver texto lateral, na página oposta). Embora tenham de modo geral se mantido afastadas da política, as seitas budistas também foram menos sensíveis à pressão para a mudança que levou à entrada das mulheres no sacerdócio xintoísta. O budismo japonês tem poucas monjas, se é que tem alguma.

Houve freiras budistas durante séculos, mas elas constituem um elemento muito conservador da vida religiosa japonesa.

MULHERES QUE CARREGAM SANTUÁRIOS

O ato de carregar o *mikoshi*, ou santuário portátil, durante um festival local ou *matsuri* (ver p. 262-3) é visto como um considerável privilégio, sobretudo nas ocasiões em que ele contém a imagem da divindade do santuário xintoísta local. Tradicionalmente, a tarefa de carregar o *mikoshi* era reservada aos moços: as mulheres deviam ter um papel de apoio nas procissões do *matsuri*, oferecendo refrescos aos carregadores e preparando o jantar depois que o santuário portátil voltasse para o santuário principal.

Mulheres carregando o santuário são uma visão comum nas festas xintoístas. Estas mulheres participam de um matsuri *em Asahikawa, em Hokkaido.*

Contudo, isso começou a mudar no fim da década de 1970, quando, num lugar depois do outro, as mulheres adquiriram o direito de juntar-se a seus irmãos e maridos para carregar o *kami* pelas ruas.

No bairro de Nishi-Waseda, em Tóquio (ver p. 265), essa mudança ocorreu em 1978. Em março desse ano, seis meses antes do "*matsuri* da escuridão" (ver p. 262), uma das mulheres da comissão feminina da associação dos moradores do bairro (*chokai*) — cuja presidente tem responsabilidade total pela festa — ressaltou que nos *matsuris* das vizinhanças o *mikoshi* estava sendo carregado por moças e afirmou que já era chegada a hora de seu bairro seguir o exemplo.

O processo de tomada de decisão que se seguiu foi tipicamente japonês, com discussão polida em vez de brigas polarizadas. A idéia foi considerada pelos principais grupos envolvidos na organização do *matsuri*: o *chokai*, os anciãos do santuário e a associação local de comerciantes (em sua maioria, as candidatas a carregar o santuário eram filhas de lojistas). O *guji* (principal sacerdote) de um santuário vizinho, que regularmente oficiava durante o *matsuri* de Nishi-Waseda, também foi consultado. Ele aprovou a mudança, citando como precedente o fato de que havia antigamente sacerdotisas de Amaterasu em Ise (ver texto principal) — Amaterasu também é a divindade local de Nishi-Waseda.

Passados muitos meses, depois que todos os grupos importantes envolvidos tinham discutido informalmente a proposta e ela fora aprovada, a mudança foi formalmente acordada pelo presidente do *chokai*. Cerca de uma semana antes do *matsuri*, um grupo de moças foi devidamente incorporado à lista dos carregadores do *mikoshi*.

AS "NOVAS RELIGIÕES"

Desde o início do século XIX, o Japão gerou uma profusão de movimentos espirituais chamados coletivamente de "novas religiões" (*shinko shukyo*). A grande maioria deles deriva do xintoísmo, embora esteja bastante impregnada de idéias retiradas de uma variedade de fontes, incluindo budismo, tradições chinesas como o confucionismo e o taoísmo, cristianismo e, na época moderna, até ocultismo ocidental. Apesar de excessos ocasionais e eventuais amputações de escoras teológicas, as novas religiões oferecem evidências vívidas de que o ímpeto antigo para a inovação religiosa está muito vivo e vigoroso no Japão moderno.

As primeiras novas religiões surgiram contra o panorama de crescente caos social que acompanhou o colapso do xogunato de Tokugawa. Nessa época emergiu um grande número de seitas bem-sucedidas, normalmente dirigidas por indivíduos carismáticos. Seu sucesso continuou na era Meiji (1868-1912), ao fim da qual 13 seitas xintoístas, inclusive a *tenrikyo* (ver quadro abaixo), foram reconhecidas pelo governo japonês. Vários movimentos também surgiram diretamente das tradições budistas, o mais influente dos quais é a Soka Gakkai (Sociedade Criadora de Valor), fundada no fim dos

A SEITA *TENRIKYO*

Em 1838, enquanto cuidava do filho doente, Miki Nakayama (1798-1887) foi possuída por um *kami* que se identificou como Ten-taishogun, o "Grande Suserano Celeste". Nos anos seguintes, Ten-taishogun disse a Nakayama que ele e suas nove entidades subordinadas eram os únicos *kamis* verdadeiros e que eles a haviam escolhido para disseminar o que passou a ser chamado de "verdade celestial", ou *tenri*.

A mensagem do *kami* acabou sendo escrita num longo poema, completado em 1883, chamado *Ofudesaki*, "A sugestão do divino pincel de escrever". Nele encontram-se as revelações reunidas que Nakayama recebeu sobre a natureza do céu e especialmente dos *kamis* que ali moram. Suas relações com os seres humanos eram análogas às de um pai com os filhos. Assim, a primeira manifestação da divindade, na fé de *tenrikyo*, chama-se Oyakami, "Deus, o Pai".

Devotos no principal santuário tenrikyo, *na cidade de Tenri, ou Oyasato, o "Lar do Pai". Segundo a crença* tenrikyo, *foi ali que "Deus, o Pai" criou a humanidade.*

No início do século XX a *tenrikyo* tinha se tornado uma seita xintoísta reconhecida, e até hoje é uma das novas religiões mais bem-sucedidas. Embora tenha se originado essencialmente do conceito de uma hierarquia de *kamis*, a religião fundada por Miki Nakayama (ou Oyasama, "Genitora Honrada") incorpora conceitos emprestados do budismo terra pura, inclusive o de "salvação" por uma intensa profissão de fé, nesse caso no poder de Oyakami, e o de um além-mundo bem definido.

De sua base na cidade de Tenri, perto de Nara, a fé espalhou-se pelo Japão e recentemente foi levada para o Havaí, para a América do Norte, para o Brasil e outros países com muitos imigrantes japoneses.

Esta xilogravura contemporânea do artista Yoshitoshi retrata um dos navios de guerra do comodoro Matthew C. Perry, da Marinha americana, na costa de Uraga, em Edo (Tóquio), em 1853. O fim do xogunato começou quando os "Navios Negros" de Perry romperam à força o bloqueio de dois séculos que o Japão havia se imposto. A partir dessa época, os japoneses foram novamente receptivos às influências externas, que emprestaram grande ímpeto às novas religiões. Muitas delas surgiram em resposta a condições das últimas décadas do xogunato, quando o xintoísmo e o budismo organizados tinham estagnado e não reagiam às novas condições sociais.

anos 1920 por Makiguchi Tsuesaburo (1871-1944) e intimamente ligada à seita existente *nichiren-shoshu*. Na Segunda Guerra Mundial, Tsuesaburo e seu discípulo Toda Josei (1900-58) só tinham atraído uns poucos milhares de discípulos antes de ser reprimidos em razão de sua devoção aos ensinamentos de Nichiren (ver p. 255). Depois de 1945, contudo, liderado por Toda, o movimento cresceu rapidamente, estimulado pelas revoltas sociais que acompanharam o rápido crescimento econômico do pós-guerra (ver texto lateral).

A Soka Gakkai exercia apelo principalmente sobre as massas que tinham migrado das áreas rurais para as cidades e perdido o contato com as redes sociais que são tão importantes na vida japonesa. A ida ao templo ou santuário acontecia junto com a *ie*, ou família (ver p. 256), e assim quem era novo numa área freqüentemente achava difícil integrar-se num lugar de culto. Muitas novas religiões surgiram para atender às necessidades espirituais dessas pessoas. As novas religiões mais "tradicionais", como a *tenrikyo*, tornaram-se muito parecidas com as seitas japonesas mais velhas em sua promoção dos "valores familiares". Uma pequena minoria de novas seitas, contudo, foi acusada de se comportar como os cultos mais notórios do Ocidente, fazendo, por exemplo, "lavagem cerebral" em jovens suscetíveis. Uma delas foi a *aum shinrikyo*, seita apocalíptica de base budista que em 1995 fez um ataque com gás no metrô de Tóquio, matando muitas pessoas.

De acordo com uma estimativa, há hoje 200 mil novas religiões, embora muitas tenham poucos seguidores. Um bom exemplo de movimento menor é o *shukyo mahikari*, ou "divina luz", fundado no início da década de 1960. Ele enfatiza a cura e tem uma teologia de base extraordinariamente ampla que se inspira no xintoísmo, no budismo e em uma série de outros elementos — inclusive a lenda de Atlântida. Como outras novas religiões, a *shukyo mahikari* demonstra a persistente vitalidade da capacidade japonesa de misturar elementos de muitas tradições espirituais e culturais.

SOKA GAKKAI

No fim da década de 1960, dirigida pelo sucessor de Toda Josei, Daisaku Ikeda (1928-), a Soka Gakkai tinha atraído mais de 11 milhões de membros. O movimento também havia recrutado muitos não-japoneses, sobretudo nos Estados Unidos.

A estrita hierarquia da Soka Gakkai, com uma organização quase militar, assembléias gigantescas e exigência de compromisso quase total de seus membros, levantou suspeitas de que a religião era uma fachada para subversivos militaristas. Essa suspeita — depois desmentida — foi alimentada quando do lançamento do Komeito, o "Partido do Governo Limpo", nos anos 1960. O Komeito foi visto em geral como uma tentativa de politizar a *nichiren-shoshu* ou até de tomar o poder. Esse sentimento continua, apesar de o Komeito ter cortado todas as ligações oficiais que 20 anos atrás tinha com a Soka Gakkai (e na verdade ter se dissolvido recentemente).

Outra fonte de mal-estar são os intensos esforços de proselitismo da Soka Gakkai, que contrariam a atitude tradicionalmente inclusiva do Japão em relação a religiões diferentes. Contudo, apesar dos escândalos financeiros, de um recente declínio do número de adeptos e de uma briga com o clero da *nichiren*, a Soka Gakkai continua sendo uma força importante na vida religiosa japonesa.

GLOSSÁRIO

bodisatva Do sânscrito *bodhisattva*, "futuro buda" (literalmente "ser iluminado"). No budismo, indivíduo que atinge a iluminação (*bodhi*) mas opta por adiar o nirvana (ver abaixo) para ajudar outras pessoas em sua busca espiritual.

bosatsu Japonês, "bodisatva" (ver acima).

buda Do sânscrito *buddha*, "o iluminado". No budismo, quem atingiu a iluminação e o nirvana (ver abaixo). Usado como um título ("o Buda"), o termo refere-se a Sidarta Gautama, fundador do budismo.

carma Do sânscrito *karma*, "ação". No hinduísmo e no budismo, o equilíbrio de méritos e deméritos acumulados por um indivíduo, que determina a natureza de sua próxima reencarnação.

chan Chinês, "meditação", do sânscrito *dhyana* (ver *diana*, abaixo). Escola de budismo chinês na qual a busca da iluminação se centra na prática da meditação.

darma Do sânscrito *dharma*, "verdade", "ordem", "retidão", "dever", "justiça". O termo é usado no hinduísmo e no budismo; neste último, refere-se especificamente à "verdade" sobre a existência humana descoberta e ensinada pelo Buda.

davídico De ou pertencente a Davi, rei de Israel c. 1000-960 a.C., e sua linhagem.

diana Do sânscrito *dhyana*, "meditação", de onde derivou o chinês *chan* (ver acima), e o japonês zen (ver abaixo).

dualismo Crença de que o cosmo é controlado por forças duplas opostas (por exemplo, bem e mal), que têm fontes diferentes (por exemplo, Deus e o demônio). Essa idéia é rejeitada pelo monoteísmo estrito, que vê Deus como fonte de todos os fenômenos.

época rabínica, período rabínico No judaísmo, a era (geralmente considerada do fim do século I até o início do século VII) marcada pelos textos de grandes rabinos (professores) como Yohanan ben Zakkai, Akiva e Judá, o Príncipe. Esse período viu a produção das grandes compilações da lei judaica, a Mishna (c. 200) e o Talmude (Talmude de Jerusalém, c. 400; Talmude da Babilônia, c. 500).

época talmúdica, período talmúdico A época da história literária judaica em que se produziram os textos que constituem o Talmude (c. 200-500). (Ver também *época rabínica*, acima).

escatologia Do grego *eschatos*, "último". Doutrina ou doutrinas relacionadas com o fim do mundo.

guru Sânscrito, "mestre". No hinduísmo, mestra ou mestre reverenciado.

hadith Árabe, "notícia". Relato que registra as palavras, ensinamentos e feitos do profeta Maomé.

Halaka Todo o corpo da lei judaica.

imã Do árabe *imam*, "líder". Pessoa escolhida para dirigir a sessão de prece regular da sexta-feira na mesquita. Entre os xiitas, a palavra é usada para designar os únicos herdeiros legítimos de Maomé na terra.

mantra No hinduísmo e no budismo, palavra ou verso curto pronunciado ou cantado repetidamente como auxiliar da meditação.

mosaico De ou pertencente a Moisés, e especialmente às leis que, segundo os cinco primeiros livros da Bíblia hebraica, ou Velho Testamento, foram transmitidas por Deus a Israel por meio de Moisés.

nirvana Do sânscrito, literalmente "apagar". No budismo, estado de inexistência de ignorância e desejo, em que a pessoa deixa de acumular carma (ver acima) e assim atinge a libertação do ciclo de morte e renascimento.

Profeta, o O profeta Maomé.

rabínico De ou pertencete aos rabinos do judaísmo e a seus ensinamentos, sobretudo os da "época rabínica" (ver acima).

sufista De ou pertencente ao sufismo (misticismo islâmico); místico islâmico.

tantras Nome dado aos textos sagrados antigos que constituíram a base dos movimentos conhecidos como tantrismo, no hinduísmo (a partir de c. 500) e no budismo (a partir de c. século VII). O tantrismo hindu centra-se na utilização das energias divinas do homem e da mulher; o tantrismo budista enfatiza o ritual, o simbolismo e a rápida iluminação, que envolve o conceito de "divindades coléricas". O uso de mandalas (representações circulares do cosmo) é comum às duas formas.

Terra Pura Sukhavati, o "Paraíso Ocidental" onde reina o buda Amitabha (conhecido como Amituo na China e Amida no Japão); é um lugar de bem-aventurança e tranqüilidade onde seus devotos, depois da morte, podem buscar a iluminação e o nirvana (ver acima). A crença na Terra Pura é forte no budismo do leste da Ásia.

ulemás Árabe, "conhecedores". No islã, o corpo de especialistas religiosos e legais que constitui a autoridade erudita máxima em questões religiosas.

védico De ou pertencente aos textos sagrados sânscritos conhecidos como *Vedas*, às práticas religiosas antigas baseadas em sacrifícios para as quais eles eram fundamentais, ou ao período durante o qual eles foram compilados (c. 1750-600 a.C.).

zen Japonês, "meditação", do chinês *chan*, a partir do sânscrito *dhyana* (ver *diana*, acima). Escola de budismo japonês que se centra na prática da meditação.

BIBLIOGRAFIA

BIBLIOGRAFIA GERAL

BOWKER, John. *The Oxford Dictionary of World Religions.* Nova York: Oxford University Press, 1997.

BRANDON, S. G. F. *A Dictionary of Comparative Religion.* Londres: Weidenfeld & Nicolson, 1970.

ELIADE, Mircea. *The Sacred and the Profane: The Nature of Religion.* Traduzido por Willard R. Trask. Nova York: Harcourt Brace, 1959.

——, org. *The Encyclopedia of Religion,* 16 v. Nova York: Macmillan, 1987.

FREEDMAN, David Noel, org. *The Anchor Bible Dictionary.* 6 v. Nova York: Doubleday, 1992.

HASTINGS, James, org. *Encyclopaedia of Religion and Ethics.* 12 v. Nova York: Charles Scribner's Sons, 1913.

HICK, John. *Philosophy of Religion.* 4ª ed. Englewood Cliffs, NJ: Prentice-Hall, 1991.

HINNELLS, John R., org. *A Handbook of Living Religions.* Nova York: Viking, 1984.

JAMES, William. *The Varieties of Religious Experience.* Cambridge, MA: Harvard University Press, 1985 (orig. 1902).

LEEUW, G. van der. *Religion in Essence and Manifestation.* 2 v. Nova York: Harper & Row, 1963.

LUDWIG, Theodore M. *The Sacred Paths: Understanding the Religions of the World.* 2ª ed. Upper Saddle River, NJ: Prentice Hall, 1996.

METZGER, Bruce M. e Michael D. Coogan, orgs. *The Oxford Companion to the Bible.* Nova York: Oxford University Press, 1993.

NOSS, David S. e John B. Noss. *A History of the World's Religions.* 9ª ed. Nova York: Macmillan, 1993.

OTTO, Rudolf. *The Idea of the Holy.* Traduzido por John W. Harvey. 2ª ed. Nova York: Oxford University Press, 1958.

PORTER, J. R. *The Illustrated Guide to the Bible.* Nova York e Oxford: Oxford University Press, 1995.

SHARMA, Arvind, org. *Women in World Religions.* Albany: State University of New York Press, 1987.

SMART, Ninian e Richard D. Hecht. *Sacred Texts of the World: A Universal Anthology.* Nova York: Crossroad, 1982.

SMITH, Jonathan Z., org. *The HarperCollins Dictionary of Religion.* San Francisco: HarperSanFrancisco, 1995.

SMITH, Wilfred Cantwell. *The Meaning and End of Religion: A New Approach to the Religious Traditions of Mankind.* Nova York: Macmillan, 1963.

SULLIVAN, Lawrence E., org. *Enchanting Powers: Music in the World's Religions.* Cambridge, MA: Harvard University Press, 1997.

WACH, Joachim (org. J. M. Kitagawa). *The Comparative Study of Religion.* Nova York: Columbia University Press, 1961.

WILLIS, Roy, org. *World Mythology: The Illustrated Guide.* Nova York: Simon & Schuster, 1993.

YOUNG, Serenity, org. *Encyclopedia of Women and World Religion.* Nova York: Macmillan, 1998.

CAPÍTULO 1 JUDAÍSMO

Carl S. Ehrlich

AVINERI, Shlomo. *The Making of Modern Zionism: The Intellectual Origins of the Jewish State.* Nova York: Basic Books, 1981.

BASKIN, Judith R., org. *Jewish Women in Historical Perspective.* Detroit: Wayne State University Press, 1991.

BEN-SASSON, H. H., org. *A History of the Jewish People.* Cambridge: Harvard University Press, 1976.

BIALIK, Hayim Nachman e Yehoshua Hana Ravnitzky, orgs. *The Book of Legends (Sefer Ha-Aggadah): Legends from the Talmud and Midrash.* Traduzido por William G. Braude. Nova York: Schocken, 1992.

BOROWITZ, Eugene B. *Choices in Modern Jewish Thought: A Partisan Guide.* 2ª ed. West Orange, NJ: Behrman House, 1995.

CARMI, T., org. *The Penguin Book of Hebrew Verse.* Nova York e Londres: Penguin Books, 1981.

COHEN, Arthur A. e Paul Mendes-Flohr, orgs. *Contemporary Jewish Religious Thought: Original Essays on Critical Concepts, Movements, and Beliefs.* Nova York: Free Press, 1987.

DAWIDOWICZ, Lucy S. The War *against the Jews, 1933-1945.* Toronto e Nova York: Bantam, 1986.

ELBOGEN, Ismar. *Jewish Liturgy: A Comprehensive History.* Traduzido por Raymond P. Scheindlin. Filadélfia: Jewish Publication Society, 1993.

EPSTEIN, I., org. *The Babylonian Talmud.* 18 v. Londres: Soncino Press, 1961 (orig. c. 1935-48).

FRIEDMAN, Richard Elliot. *Who Wrote the Bible?* Nova York: Summit, 1987.

GREEN, Arthur, org. *Jewish Spirituality.* (V. 1: *From the Bible through the Middle Ages*; v. 2: *From the Sixteenth Century Revival to the Present.*) Nova York: Crossroad, 1988.

HESCHEL, Abraham Joshua. *God in Search of Man: A Philosophy of Judaism.* Northvale, NJ: Jason Aronson, 1987 (orig. c. 1955).

HOLTZ, Barry W., org. *Back to the Sources: Reading the Classic Jewish Texts.* Nova York: Summit, 1984.

IDELSON, A. Z. *Jewish Music: Its Historical Development.* Nova York: Dover, 1992 (orig. c. 1929).

KLEIN, Isaac. *A Guide to Jewish Religious Practice.* Nova York: Jewish Theological Seminary of America, 1979.

KUGEL, James L. *The Bible as It Was.* Cambridge, MA: Harvard University Press, 1997.

LEVIANT, Curt, org. *Masterpieces of Hebrew Literature: A Treasury of 2000 Years of Jewish Creativity.* Nova York: Ktav, 1969.

MARCUS, Jacob R. *The Jew in the Medieval World: A Source Book, 315-1791.* Westport, CT: Greenwood, 1975 (orig. c. 1938).

MENDES-FLOHR, Paul e Jehuda Reinharz, orgs. *The Jew in the Modern World: A Documentary History.* Nova York: Oxford University Press, 1980.

PLASKOW, Judith. *Standing Again at Sinai: Judaism from a Feminist Perspective.* San Francisco: Harper & Row, 1990.

PLAUT, W. Gunther, Bernard J. Bamberger e William Hallo. *The Torah: A Modern Commentary.* Nova York: Union of American Hebrew Congregations, 1981.

ROTH, Cecil, org. *Encyclopaedia Judaica.* 16 v. Nova York: Macmillan, 1972.

SCHOLEM, Gershorn. *Major Trends in Jewish Mysticism.* Nova York: Schocken, 1961 (orig. c. 1954).

SELTZER, Robert M. *Jewish People, Jewish Thought: The Jewish Experience in History.* Nova York: Macmillan, 1980.

STRASSFELD, Michael, org. *The Jewish Holidays: A Guide and Commentary.* Nova York: Harper & Row, 1985.

Tanakh: A New Translation of the Holy Scriptures According to the Traditional Hebrew Text. Filadélfia: Jewish Publication Society, 1985.

TRACHTENBERG, Joshua. *The Devil and the Jews: The Medieval Conception of the Jew and Its Relation to Modern Anti-Semitism*. 2ª ed. Filadélfia: Jewish Publication Society, 1983.

URBACH, Ephrahim E. *The Sages: Their Concepts and Beliefs*. Traduzido por Israel Abrahams. Cambridge, MA: Harvard University Press, 1987.

WERBLOWSKY, R. J. Zwi e Geoffrey Wigoder, orgs. *The Oxford Dictionary of the Jewish Religion*. Nova York: Oxford University Press, 1997.

WIGODER, Geoffrey, org. *Jewish Art and Civilization*. Nova York: Walker, 1972.

CAPÍTULO 2 CRISTIANISMO

Rosemary Drage Hale

APPIAH-KUBI, Kofi e Sergio Torres, orgs. *African Theology en route*. Maryknoll, NY: Orbis, 1979.

BROWN, Peter. *The Rise of Western Christendom: Triumph and Diversity, 200-1000 AD*. Oxford: Blackwell, 1997.

Brown, Schuyler. *The Origins of Christianity: A Historical Introduction to the New Testament*. Ed. rev. Nova York: Oxford University Press, 1993.

CARSON, D. A., Douglas J. Moo e Leon Morris. *An Introduction to the New Testament*. Ed. rev. Grand Rapids, MI: Zondervan, 1994.

CHADWICK, Henry. *The Early Church*. Nova York: Pelican, 1964.

CLARK, Elizabeth e Herbert Richardson. *Women and Religion: A Feminist Sourcebook of Christian Thought*. Nova York: Harper and Row, 1977.

COPLESTON, Frederick. *A History of Christian Philosophy in the Middle Ages*. Londres: Sheed and Ward, 1978.

CROSS, F. L. e E. A. Livingston, orgs. *The Oxford Dictionary of the Christian Church*. 3ª ed. Oxford: Oxford University Press, 1997.

CROSS, Lawrence. *Eastern Christianity: The Byzantine Tradition*. Filadélfia: E. J. Dwyer, 1988.

DILLENBERGER, John e Claude Welch. *Protestant Christianity: Interpreted Through Its Development*. 2ª ed., Nova York: Macmillan, 1988.

JEDIN, Hubert. *The Church in the Modern World*. Nova York: Crossroad, 1993.

JOHNSON, Paul. *A History of Christianity*. Nova York: Atheneum, 1976.

KAZHDAN, Alexander P., org. *The Oxford Dictionary of Byzantium*. 3 v. Nova York: Oxford University Press, 1991.

KNOWLES, David. *Christian Monasticism*. Nova York: McGraw-Hill, 1969.

LOSSKY, Vladimir. *The Mystical Theology of the Eastern Church*. Londres: James Clarke, 1968.

MCGINN, Bernard. *The Foundations of Mysticism*. Nova York: Crossroad, 1992.

MCGRATH, Alister E. *Christian Theology: An Introduction*. Oxford: Blackwell, 1996.

MCKENZIE, Peter. *The Christians, Their Beliefs and Practices: An Adaptation of Friedrich Heiler's Phenomenology of Religion*. Nashville: Abingdon, 1988.

MCLAREN, Robert Bruce. *Christian Ethics: Foundations and Practice*. Englewood Cliffs, NJ: Prentice-Hall, 1994.

MCMANNERS, John, org. *The Oxford Illustrated History of Christianity*. Oxford: Oxford University Press, 1992.

MEYENDORFF, John. *Byzantine Theology: Historical Trends and Doctrinal Themes*. Nova York: Fordham University Press, 1974.

PORTER, J. R. *The Illustrated Guide to the Bible*. Nova York e Oxford, Oxford University Press, 1995.

QUEBEDEAUX, Richard. *The New Charismatics: The Origins, Development, and Significance of Neo-Pentecostalism*. Nova York: Doubleday, 1976.

RAITT, Jill, org. *Christian Spirituality*. 3 v. Nova York: Crossroad, 1985-1989.

SELF, David. *High Days and Holidays: Celebrating the Christian Year*. Oxford: Lion, 1993.

SOUTHERN, R. W. *Western Society and the Church in the Middle Ages*. Nova York: Penguin, 1970.

CAPÍTULO 3 ISLAMISMO

Matthew S. Gordon

ABBOTT, Nabia. *Aishah, The Beloved of Muhammad*. Nova York: Arno, 1973 (orig. 1942).

AL-GHAZZALI, Abu Hamid Muhammad. *The Alchemy of Happiness*. Traduzido por Claud Field (revisado por Elton L. Daniel). Londres: M. E. Sharpe, 1991.

ALI, A. Yusuf. *The Koran: Translation and Commentary*. Washington, D.C.: American International Printing, 1946.

ALI, Muhammad. *A Manual of Hadith*. Londres: Curzon, 1977.

ARBERRY, A. J. *The Koran Interpreted*. Nova York: Macmillan, 1955.

ARMSTRONG, Karen. *Muhammad: A Biography of the Prophet*. San Francisco: Harper San Francisco, 1992.

DANIEL, Norman. *Islam and the West: The Making of an Image*. Edimburgo: Edinburgh University Press, 1960.

DENNY, Frederick M. *An Introduction to Islam*. Nova York: Macmillan, 1985.

DUNN, Ross. *The Adventures of Ibn Battuta: A Muslim Traveller of the Fourteenth Century*. Berkeley: University of California Press, 1986.

ERNST, Carl W. *The Shambhala Guide to Sufism*. Boston: Shambhala, 1997.

ESPOSITO, John L. *Islam and Politics*. Syracuse: Syracuse University Press, 1987.

——. *The Oxford Encyclopedia of the Modern Islamic World*. 4 v. Nova York: Oxford University Press, 1995.

——. *Islam: The Straight Path*. 3ª ed. Nova York: Oxford University Press, 1998.

FERNEA, Elizabeth. *In Search of Islamic Feminism: One Woman's Global Journey*. Nova York: Doubleday, 1998.

GIBB, H. A. R. e J. H. Kramers, orgs. *Shorter Encyclopaedia of Islam*. Leiden: E. J. Brill, 1991.

GUILLAUME, A. *The Life of Muhammad: A Translation of Ibn Ishaq's Sirat Rasul Allah*. Londres: Oxford University Press, 1967.

IBN KHALDUN. *The Muqaddimah: An Introduction to History*. Traduzido por Franz Rosenthal. 3 v. Nova York: Bollingen Foundation, 1958.

KHOMEINI, Ruhollah. *Islam and Revolution: Writings and Declarations of Imam Khomeini*. Traduzido por Hamid Algar. Berkeley: Mizan, 1987.

LAPIDUS, Ira M. *A History of Islamic Societies*. Cambridge: Cambridge University Press, 1988.

MALCOLM X. *The Autobiography of Malcolm X*. Escrito com a ajuda de Alex Haley. Nova York: Grove, 1965.

MOMEN, Moojan. *An Introduction to Shi'i Islam*. New Haven: Yale University Press, 1985.

NANJI, Azim A., org. *The Muslim Almanac: A Reference Work on the History, Faith, Culture, and Peoples of Islam*. Nova York: Gale Research, 1996.

RAHMAN, Fazlur. *Islam*. Chicago: University of Chicago Press, 1979.

RENARD, John. *Seven Doors to Islam: Spirituality and the Religious Life of Muslims*. Berkeley: University of California Press, 1996.

ROBINSON, Francis, org. *The Cambridge Illustrated History of the Islamic World*. Cambridge: Cambridge University Press, 1996.

ROBINSON, Francis. *Atlas of the Islamic World since 1500*. Nova York: Facts on File, 1982.

RODINSON, Maxime. *Europe and the Mystique of Islam*. Traduzido por Roger Veinus. Seattle: University of Washington Press, 1987.

SAID, Edward. *Orientalism*. Nova York: Vintage, 1979.

CAPÍTULO 4 HINDUÍSMO

Vasudha Narayanan

BAIRD, Robert D., org. *Religion and Law in Independent India*. Nova Delhi: Manohar, 1993.

BASHAM, Arthur L. *The Wonder That Was India: A Survey of the History and Culture of the Indian Sub-continent before the Coming of the Muslims*. 3ª ed. Londres: Sidgwick and Jackson, 1967.

DANIELOU, Alain. *Hindu Polytheism*. Nova York: Bollingen Foundation, 1964.

ECK, Diana L. *Darsan: Seeing the Divine Image in India*. Chambersburg, PA: Anima, 1981.

ERNDL, Kathleen M. *Victory to the Mother: The Hindu Goddess of Northwest India in Myth, Ritual, and Symbol*. Nova York: Oxford University Press, 1993.

GANDHI, Mahatma. *An Autobiography: The Story of My Experiments with Truth*. Ahmedabad: Navjivan Publications, 1959.

GOLD, Ann Grodzins e Gloria Goodwin Raheja. *Listen to the Heron's Words: Reimagining Gender and Kinship in Northern India*. Berkeley: University of California Press, 1994.

HART, George. *Poets of the Tamil Anthologies: Ancient Poems of Love and War*. Princeton: Princeton University Press, 1979.

HAWLEY, John S. e Donna M. Wulff, orgs. *Devi: Goddesses of India*. Berkeley: University of California Press, 1996.

HAWLEY, John S. e Mark Juergensmeyer. *Songs of the Saints of India*. Nova York: Oxford University Press, 1988.

HIRIYANNA, Mysore. *The Essentials of Indian Philosophy*. Londres: Allen and Unwin, 1960.

Hymns for the Drowning: Poems for Viosonu. Traduzido por A. K. Ramanujan. Princeton: Princeton University Press, 1981.

KANE, P. V. *History of Dharmasastra*. 5 v. Pune, Índia: Bhandarkar Oriental Research Institute, 1953-1974.

LESLIE, Julia, org. *Roles and Rituals for Hindu Women*. Rutherford, NJ: Fairleigh Dickinson University Press, 1991.

LUTGENDORF, Philip. *The Life of a Text: Performing the Ramcaritmanas of Tulsidas*. Berkeley: University of California Press, 1991.

MILLER, Barbara Stoler, org. e trad. *Love Song of the Dark Lord: Sayadeva's Gitagovinda*. Nova York: Columbia University Press, 1977.

NARAYAN, R. K. *The Ramayana*. Nova York: Viking, 1972.

——. *The Mahabharata*. Nova York: Viking, 1978.

NARAYANAN, Vasudha. *The Vernacular Veda: Revelation, Recitation and Ritual*. Columbia: University of South Carolina Press, 1994.

O'FLAHERTY, Wendy Doniger. *Hindu Myths: A Sourcebook*. Baltimore: Penguin, 1975.

O'FLAHERTY, Wendy Doniger, org. *Karma and Rebirth in Classical Indian Traditions*. Berkeley: University of California Press, 1990.

PANDEY, Raj Bali. *Hindu Samskaras: Socio-religious Studies of the Hindu Sacraments*. Delhi: Motilal Banarsidass, 1982.

PETERSON, Indira Viswanathan. *Poems to Siva: The Hymns of the Tamil Saints*. Princeton: Princeton University Press, 1990.

RAJAGOPALACHARI, C. *Mahabharata*. Mumbai (Bombaim): Bharatiya Vidya Bhavan, 1953.

SAX, William S. *The Gods at Play: Lila in South Asia*. Nova York: Oxford University Press, 1995.

SINGER, Milton B. *Krishna: Myths, Rites, and Attitudes*. Honolulu: East-West Center Press, 1966.

Speaking of Siva. Traduzido por A. K. Ramanujan. Harmondsworth: Penguin, 1973.

THARU, Susie e K. Lalita. *Women Writing in India 600BC to the Present*. 2 v. Nova York: The Feminist Press at the City University of New York, 1991.

The Bhagavad Gita: Krishna's Counsel in Time of War. Traduzido por Barbara Stoler Miller. Nova York: Columbia University Press, 1986.

The Laws of Manu. Traduzido por Wendy Doniger e Brian Smith. Harmondsworth: Penguin, 1991.

The Upanisads. Traduzido por Patrick Olivelle. Nova York: Oxford University Press, 1996.

WAGHORNE, Joanne P., Norman Cuder e Vasudha Narayanan. *Gods of Flesh, Gods of Stone: The Embodiment of Divinity in India*. Chambersburg, PA: Anima, 1985.

YOCUM, Glenn E. *Hymns to the Dancing Siva: A Study of Manikkavacakar's Tiruvacakam*. Nova Delhi: Heritage, 1982.

YOUNG, Katherine. "Hinduism". In *Women in World Religions* (org. Arvind Sharma). Albany: State University of New York Press, 1987.

CAPÍTULO 5 BUDISMO

Malcolm David Eckel

AUNG San Suu Kyi. *Freedom from Fear and Other Writings*. Ed. rev. Nova York: Viking, 1991.

BECHERT, Heinz e Richard Gombrich, orgs. *The World of Buddhism: Buddhist Monks and Nuns in Society and Culture*. Nova York: Facts on File, 1984.

CONZE, Edward, org. *Buddhist Scriptures*. Nova York: Penguin, 1959.

ECKEL, Malcolm David. *To See the Buddha: A Philosopher's Quest for the Meaning of Emptiness*. Princeton: Princeton University Press, 1994.

GOMBRICH, Richard F. *How Buddhism Began: The Conditioned Genesis of the Early Teachings*. Londres: Athlone, 1997.

GOMBRICH, Richard e Gananath Obeyesekere. *Buddhism Transformed: Religious Change in Sri Lanka*. Princeton: Princeton University Press, 1988.

HORNER, I. B. *Women under Primitive Buddhism: Laywomen and Almswomen*. Londres, 1930; repr. Delhi: Motilal Banarsidass, 1975.

KITAGAWA, Joseph M. *Religion in Japanese History*. Nova York: Columbia University Press, 1966.

LAMOTTE, Etienne. *History of Indian Buddhism from the Origins to the Saka Era*. Traduzido por Sara Webb-Boin. Louvain-la-Neuve: Institut Orientaliste, 1988.

NAKAMURA, Hajime. *Indian Buddhism: A Survey with Bibliographical Notes*. Delhi: Motilal Banarsidass, 1987.

PAUL, Diana Y. *Women in Buddhism: Images of the Feminine in the Mahayana Tradition*. 2ª ed. Berkeley: University of California Press, 1985.

RAHULA, Walpola. *What the Buddha Taught*. Nova York: Grove, 1974.

RHIE, Marylin M. e Robert A. F. Thurman. *Wisdom and Compassion: The Sacred Art of Tibet*. Nova York: Harry N. Abrams, 1991.

SNELLGROVE, David e Hugh Richardson. *A Cultural History of Tibet*. Boulder, CO: Prajna Press, 1980.

SUZUKI, Daisetz T. *Zen and Japanese Culture*. Princeton: Princeton University Press, 1959.

TAMBIAH, S. J. *Buddhism Betrayed? Religion, Politics, and Violence in Sri Lanka*. Chicago: University of Chicago Press, 1992.

——. *World Conqueror and World Renouncer: A Study of Buddhism and Polity in Thailand against a Historical Background*. Cambridge: Cambridge University Press, 1976.

TENZIN Gyatso, o décimo quarto dalai-lama. *Freedom in Exile: The Autobiography of the Dalai Lama*. Nova York: HarperCollins, 1990.

TWEED, Thomas A. *The American Encounter with Buddhism, 1844-1912: Victorian Culture and the Limits of Dissent*. Bloomington: Indiana University Press, 1992.

WILLIAMS, Paul. *Mahayana Buddhism: The Doctrinal Foundations*. Londres: Routledge, 1989.

WRIGHT, Arthur F. *Buddhism in Chinese History*. Stanford: Stanford University Press, 1959.

ZWALF, W., org. *Buddhism: Art and Faith.* Londres: British Museum, 1985.

CAPÍTULO 6 TRADIÇÕES CHINESAS

Jennifer Oldstone-Moore

BIRRELL, Anne. *Chinese Mythology: An Introduction.* Baltimore: Johns Hopkins University Press, 1993.

CHAN, Wing-tsit. *A Source Book in Chinese Philosophy.* Princeton: Princeton University Press, 1963.

CHEN, Kenneth. *Buddhism in China: A Historical Survey.* Princeton: Princeton University Press, 1964.

CONFÚCIO. *The Analects.* Traduzido por D. C. Lau. Nova York: Viking, 1979.

DE BARY, William Theodore, Wing-tsit Chan e Burton Watson, orgs. *Sources of Chinese Tradition.* V. 1. Nova York: Columbia University Press, 1960.

FINGARETTE, Herbert. *Confucius: The Sacred as Secular.* Nova York: Harper & Row, 1972.

JORDAN, David. *Gods, Ghosts, and Ancestors: The Folk Religion of a Taiwanese Village.* Berkeley: University of California Press, 1972.

LAO-TSÉ. *The Tao Te Ching.* Traduzido por D. C. Lau. Baltimore: Penguin, 1963.

LOPEZ, Donald S., Jr. *Religions of China in Practice.* Princeton: Princeton University Press, 1996.

MARTIN, Emily. *The Cult of the Dead in a Chinese Village.* Stanford: Stanford University Press, 1973.

MÊNCIO. *The Mencius.* Traduzido por D. C. Lau. Harmondsworth: Penguin, 1970.

OVERMYER, Daniel L. *Religions of China: The World as a Living System.* San Francisco: Harper & Row, 1986.

OVERMYER, Daniel L.; Alvin P. Cohen; N. J. Girardot e Wing-tsit Chan. "Chinese Religions." V. 3. pp. 257-323. In *The Encyclopedia of Religion* (org. Mircea Eliade). Nova York: Macmillan, 1987.

SASO, Michael. *The Teachings of Taoist Master Chuang.* New Haven: Yale University Press, 1978.

SCHIPPER, Kristofer. *The Taoist Body.* Traduzido por Karen C. Duval. Berkeley: University of California Press, 1993.

STEPANCHUK, Carol e Charles Wong. *Mooncakes and Hungry Ghosts: Festivals of China.* San Francisco: China Books and Periodicals, 1991.

The I Ching. Traduzido por Richard Wilhelm, e do alemão para o inglês por Cary F. Baynes. 3ª ed. Princeton: Princeton University Press, 1967.

THOMPSON, Laurence. *Chinese Religion: An Introduction.* 5ª ed. Belmont, CA: Wadsworth, 1998.

——. *The Chinese Way in Religion.* 2ª ed. Belmont, CA: Wadsworth, 1998.

TU WEI-MING. *Confucian Thought: Selfhood as Creative Transformation.* Albany: State University of New York Press, 1985.

WATSON, Burton. *Chuang Tzu: Basic Writings.* Nova York: Columbia University Press, 1996.

WELCH, Holmes. *Taoism: The Parting of the Way.* Boston: Beacon, 1974.

WOLF, Arthur P., org. *Religion and Ritual in Chinese Society.* Stanford: Stanford University Press, 1974.

WRIGHT, Arthur F. *Buddhism in Chinese History.* Stanford: Stanford University Press, 1959.

YAMPOLSKY, Philip B. *Platform Sutra of the Sixth Patriarch.* Nova York: Columbia University Press, 1978.

CAPÍTULO 7 TRADIÇÕES JAPONESAS

C. Scott Littleton

ASHKENAZI, Michael. *Matsuri: Festivals of a Japanese Town.* Honolulu: University of Hawaii Press, 1993.

A Short History of Tenrikyo. Tenri, Japão: Tenrikyo Kyokai Honbu, 1958.

BLACKER, Carmen. *The Catalpa Bow: A Study of Shamanistic Practice in Japan.* Londres: Allen and Unwin, 1975.

BLOOM, Alfred. *Shinran's Gospel of Pure Grace.* Tucson: University of Arizona Press, 1965.

BOXER, C. R. *The Christian Century in Japan: 1549-1650.* Berkeley: University of California Press, 1951.

BRANNEN, Noah S. *Soka Gakkai: Japan's Militant Buddhists.* Richmond, VA: John Knox Press.

DAVIS, Winston Bradley. *Dojo: Magic and Exorcism in Modern Japan.* Stanford, CA: Stanford University Press, 1980.

DUMOULIN, Heinrich. *Zen Buddhism: A History.* Traduzido por James W. Heissig e Paul Knittnerr. 2 v. Nova York: Macmillan, 1988; 1990.

EARHART, H. Byron. *Japanese Religion: Unity and Diversity.* 3ª ed. Belmont, CA: Wadsworth, 1983.

FOARD, James H. "In Search of a Lost Reformation: A Reconsideration of Kamakura Buddhism." *Japanese Journal of Religious Studies* 7 (1980): pp. 261-291.

HALL, John Whitney. *Japan from Prehistory to Modern Times.* Nova York: Delacorte, 1970.

HARDACRE, Helen. *Shinto and the State,* 1868-1988. Princeton, NJ: Princeton University Press, 1989.

Kojiki. Traduzido por Donald L. Philippi. Princeton: Princeton University Press, 1969.

LITTLETON, C. Scott. "The Organization and Management of a Tokyo Shinto Shrine Festival." In *Ethnology* 25 (1986): pp. 195-202.

——. "Shinto". In *Eastern Wisdom: An Illustrated Guide to the Religions and Philosophies of the East.* Org. C. Scott Littleton, pp. 144-61. Nova York: Henry Holt, 1996.

MATSUNAGA, Daigan e Alicia Matsunaga. *Foundation of Japanese Buddhism,* v. 1. Los Angeles: Buddhist Books International, 1974.

MCFARLAND, H. Neil. *The Rush Hour of the Gods: A Study of New Religious Movements of Japan.* Nova York: Macmillan, 1974.

NELSON, John K. *A Year in the Life of a Shinto Shrine.* Seattle: University of Washington Press, 1996.

Nihongi: Chronicles of Japan from the Earliest Times to AD697. Traduzido por W. G. Aston. Rutland, VT: Charles E. Tuttle, 1972 (orig. 1896).

ONO, Sokyo. *Shinto: The Kami Way.* Rutland, VT: Charles E. Tuttle, 1962.

READER, Ian. *Religion in Contemporary Japan.* Honolulu: University of Hawaii Press, 1991.

SADLER, A. W. "Carrying the Mikoshi: Further Notes on the Shrine Festival in Modern Tokyo." In *Asian Folklore Studies* 31 (1976): pp. 89-114.

SASO, Michael R. *Tantric Art and Meditation: The Tendai Tradition.* Honolulu: University of Hawaii Press, 1970.

SUZUKI, D. T. *Zen and Japanese Culture.* 2ª ed. Nova York: Pantheon, 1959.

TAKAHATAKE, Takamichi. *Young Man Shinran. A Reappraisal of Shinran's Life.* Waterloo, Ontario: Wilfrid Laurier University Press, 1987.

TANABE, George J. e Willa J. Tanabe. orgs. *The Lotus Sutra in Japanese Culture.* Honolulu: University of Hawaii Press, 1989.

The Nichiren Shoshu Sokagakkai. Tóquio: Seikyo Press, 1966.

WATTS, Alan. *The Way of Zen.* Nova York: Pantheon. 1957.

YAMASAKI, Taiko. *Shingon: Japanese Esoteric Buddhism.* Nova York: Random House, 1988.

ÍNDICE

A

B

C

D

E

F

G

H

I

J

K

L

M

N

O

P

Q

R

S

T

U

V

W

X

Y

Z

CRÉDITOS DAS FOTOGRAFIAS

Os editores querem agradecer aos seguintes fotógrafos e organizações a permissão de reproduzir seu material. Tomou-se todo o cuidado para chegar aos detentores do copyright. Contudo, se houver alguma omissão teremos prazer em retificá-la nas edições futuras.

LEGENDA:
a: no alto; **b**: embaixo; **c**: no centro; **d**: na direita; **e**: na esquerda

AA&A:	Ancient Art and Architecture
BAL:	Bridgeman Art Library
BL:	British Library
BM:	British Museum
RHPL:	Robert Harding Picture Library

Página. **2ae** Zev Radovan; **2ad** Christie's Images; **2ca** BL; **2cc** BL; **2cb** BAL/BM; **2be** Christie's Images; **2bd** BL; 7 RHPL/Nigel Blythe; 8 BAL; 9 Christie's Images; 11 Angelo Hornak; 12 RHPL/J.H. Wilson; 13 Frank Spooner Agency; 14 AA&A; 15 BL; 16 BM; 18 Zev Radovan; 19 Getty Images/Stephen Studd; 20 Zev Radovan; 21 AKG, Londres/BL; 22 AKG, Londres; 23 Zev Radovan; 24 Sonia Halliday Photographs/Barry Seale; 25 BAL; 26 The Stockmarket; 27 Zev Radovan; 28 Zev Radovan; 29 Zev Radovan; 31 Zev Radovan; 32 Zev Radovan; 33 Zev Radovan; 34-5 The Stockmarket; 36 Zev Radovan; 37 AKG, Londres/University Library, Jerusalém; 38 Zev Radovan; 39 Michael Abrahams/Network; 40 Zev Radovan; 41 Getty Images/Alan Puzey; 42 AKG, Londres; 43 AKG, Londres/Biblioteca Nacional de Lisboa; 44 The Stockmarket; 45 BAL/Museo Correr, Veneza; 46 Zev Radovan; 47 The Stockmarket; 48 Zev Radovan; 49 Getty Images/Sarah Stone; 50 Arcaid/ Richard Bryant; 52 e.t. Archive; 53 Christie's Images; 54 RHPL/E. Simanor; 56 Christie's Images; 57 Panos Pictures/Mark Hakansson; 58 RHPL/E. Simanor; 59 Christie's Images; 60 e.t. Archive/San Apollinare Nuovo, Ravenna; 61 Christie's Images; 62 e.t. Archive/Galeria Uffizi, Florença; 63 Getty Images/John Livsey; 64 BAL/Biblioteca Medicea-Laurenziana, Vaticano; 65 e.t. Archive/Galeria de Arte Nacional, Budapeste; 66 BAL/Santa Maria della Vittoria, Roma; 67 AKG, Londres; 68 Christie's Images; 69 Christie's Images; 70 Christie's Images; 71 BAL/Museu e Galerias do Vaticano; 73 Christie's Images; 74 Panos Pictures/Bruce Paton; 75 RHPL; 76 RHPL; 77 MAS/Institut Amatller d'Art Hispanic; 78 Impact Photos/Alain le Garsmeur; 79 Angelo Homak; 80 Magnum/Meyer; 81 Panos Pictures/Jeremy Horner; 82 Magnum/Gruyeart; 83 Magnum/Abbas; 84 Christie's Images; 85 Getty Images/Michael Townsend; 86 RHPL; 87 Impact Photos/Caroline Penn; 88 RHPL; 89 Christie's Images; 90 The Stockmarket; **93a** Magnum/Abbas; **93b** Christine Osbourne; 94 BAL/Chester Beatty Library; 95 e.t. Archive/Museu de Arte Turca e Islâmica; 96 RHPL; 97 Images Colour Library; 98 Christie's Images; 99 Magnum/Abbas; 100 Christie's Images; 102 Christine Osbourne; 103 Magnum/Abbas; 104 Magnum/Abbas; 105 BAL/Musée Condé; 106 Images Colour Library; 107 AKG, Londres/Bibliothèque Nationale, Paris; 108 Christie's Images; 109 Christine Osbourne; 111 Axiom/James Morris; 112 e.t. Archive; 113 Christie's Images; 114 Magnum/Abbas; 115 The Stockmarket; 116 The Stockmarket; 117 RHPL/Mohammed Arnin; 118 e.t. Archive/Museu de Arte Turca e Islâmica; 119 Magnum/Abbas; 120 Frank Spooner Agency; 121 Hutchison; 122 RHPL; 123 Magnum/Abbas; 124 Impact Photos/Mike McQueen; 125 Christie's Images; 126 Impact Photos/Simon Shepherd; 129 Hutchison/Jenny Pate; 130 RHPL; 131 e.t. Archive/V&A; 132 e.t. Archive; 134 e.t. Archive; 135 The Stockmarket; 136 Hutchison/Liba Taylor; 137 BAL/BL; 138 BAL/BL; 139 BL/DBP; 140 BM/DBP; 141 BAL/V&A; 142 Frank Spooner Agency; 143 BAL/V&A; 144 Hutchison; 145 BL/DBP; 146 Images Colour Library; 147 Impact Photos/Mark Henley; 148 Dinodia; 149 Link; 150-1 Magnum/Raghu Rai; 152 Bal/V&A; 153 Panos Pictures/Jean-Leo Dugast; 154 Hutchison/John Hatt; 156 V.R. Rajagopalan; 157 BAL/V&A; 158 Julia Ruxton; 159 V.R. Rajagopalan; 160 Dinodia; 161 The Temple of Consciences/DBP; 162 The Stockmarket; 163 Christie's Images; 164 BL/DBP; **167a** Hutchison; **167b** Hutchison; 168 e.t. Archive/ Musée Guimet; 169 John Bigelow Taylor; 170 Christie's Images; 171 Hutchison/Alex Stuart; 172 Magnum/Abbas; 173 Hutchison/Bernard Regent; 174 Hutchison/Jeremy Horner; 175 Hutchison/ Alex Stuart; 176 Christie's Images; 177 e.t. Archive/Musée Guimet; 178 BM/DBP; 179 Hutchison/Sarah Errington; 180 BM/DBP; 181 Hutchison/Sarah Errington; 182 Panos Pictures/Catherine Platt; 183 Christie's Images; 184 The Stockmarket; 185 e.t. Archive/Museum of Fine Arts Boston; 186 Panos Pictures/Jean-Leo Dugast; 187 Magnum/Bruno Barbey; 188 Hutchison/Sarah Errington; 189 Panos Pictures/Sean Sprague; 190 Magnum/Bruno Barbey; 191 Panos Pictures/D. Sansoni; 192 Hutchison; 193 e.t. Archive/Musée Guimet; 194 Magnum/Raghu Rai; 195 The Stockmarket; 196 The Stockmarket; 197 Frank Spooner Agency; 198 National Geographic Image Collection/Georgia Lowell; 199 e.t. Archive; 200 Images Colour Library; **203a** BM/DBP; **203b** Getty Images/Paul Grebliunas; 204 BM/BAL; 205 e.t. Archive; 206 BAL; 207 RHPL/Sibyl Sassoon; 208 e.t. Archive; 209 Magnum/Meyer; 210 Christie's Images; 211 Christie's Images; 213 BL/BAL; 214 BM/DBP; 215 National Palace, Taiwan; 216 e.t. Archive/National Palace, Taiwan; 217 DBP; 218 Mosteiro de Daitoku-ji/BAL; 219 RHPL; 220 Images Colour Library; 221 e.t. Archive; 222 National Geographic Image Collection/Dean Conger; 223 Network/Barry Lewis; 224 Magnum/Meyer; 225 RHPL/G&P Corrigan; 226 National Geographic Image Collection/George Mobley; 227 Images Colour Library; 228-9 Hutchison/Woodhead; 230 RHPL/G&P Corrigan; 231 Images Colour Library; 232 Images Colour Library; 233 BM/Michael Holford; 234 National Geographic Image Collection/James P. Blair; 235 Magnum; 236 TRIP/C. Rennie; 237 TRIP/A. Tovy; 238 Axiom/Jim Holmes; 241 Axiom/C. Rennie; 242 WFA/Ono Collection, Osaka; 243 Sam Fogg Rare Books of London; 244 Panos Pictures/Jim Holmes; 245 AA&A; 246 The Japanese Gallery/DBP; 247 The Japanese Gallery/DBP; 249 AA&A; 250 Magnum/Thomas Hopker; 251 BL; 252 BL; 253 Sam Fogg Rare Books of London; 254 BAL/Museu Nacional de Nara; 255 AA&A; 256 RHPL; 257 Getty Images/Paul Chesley; 258 Axiom; 259 TRIP/C. Rennie; 260 TRIP/C. Rennie; 261 Hutchison/ Liba Taylor; 262 TRIP/C. Rennie; 263 The Stockmarket; 264 TRIP/B.A. Krohn Johansen; 265 G. Scott Littleton; 266 BM/DBP; 267 Michael Holford; 268 Magnum/Ernst Haas; 269 RHPL/Gavin Heller; 270 Centro Tenrikyo, Cidade de Tenri; 271 e.t. Archive/BM

As citações às pp. 218, 219 e 220 foram extraídas de CHAN, Wing-tsit, A Source Book in Chinese Philosophy. *Copyright © 1963 da Princeton University Press, renovado em 1991 pela Princeton University Press. Reeditado com permissão da Princeton University Press.*